観想の文法と言語

観想の文法と言語

東方キリスト教における神体験の記述と語り

大森正樹著

南山大学学術叢書

知泉書館

凡　例

一、Ps.-Dionysiusについては「偽ディオニュシオス」と表記されることがあるが、本書では「擬ディオニュシオス」と表記する。ただ本文中ではたんに「ディオニュシオス」とだけ記し、各章のタイトル等のみ「擬ディオニュシオス」とする。

一、引用する聖書は概ね『新共同訳』に従ったが、文脈上必ずしもいつもそれに従ったわけではない。

一、使用したテキストはその都度注記した。

目　次

第一部　テオリアの光景

第二部　擬ディオニュシオスをめぐって

目　次

第三部　パラマスの思想とパラマス主義

観想の文法と言語

——東方キリスト教における神体験の記述と語り——

もしも私が人間の言葉で語ろうとも、
あるいは天使の言葉で語ろうとも、
愛を持っていなければ、
鳴る鉢か騒がしいシンバルになってしまったのである。

(Ἐὰν ταῖς γλώσσαις τῶν ἀνθρώπων λαλῶ καὶ τῶν ἀγγέλων,
ἀγάπην δὲ μὴ ἔχω, γένονα χαλκὸς ἠχῶν ἢ κύμβαλον ἀναλάζον.)

(I Cor., 13:1)

総　序

東方キリスト教において「観想（θεωρία）」は、特に修道士にとっては極めて重要なものであり、この観想を通して、神と出会い、神と一致することは修行の最高の目的であった。しかし「観想」と言い、「出会い」と言い、「一致」と言ってもその内実は一体何であるのか。個々の修道士がそれこそ命を賭けてその目的に向かっていくとき、彼はさまざまな体験をしたはずである。その体験は決して自分一人の力で出来るものではなく、優れた先達の導きがあってはじめてある境涯に達するものである。独りよがりな、誤った観想の道に迷いこまないためには必ず霊的指導者を必要とする。これはその修行の伝統の上に立った時間的により先なる者から次の時代の者へと連綿として継続される豊かな流れの中で育まれる指導であった。

だから伝統としての修行の体系は自ずから指導の均一化を招来するが、しかし人間は個々違った主体であるため、その修行の過程で生じるさまざまのことに対する処理の仕方や感じ方は人それぞれであろう。しかしその個々それぞれの感じ方や霊の道の歩みを伝統という側面において見てみれば、この体系はその凹凸を一様に均したものと映る。だから一様と見える修行指南や指導の奥には、指導者各人の特質が潜んでいることをわれわれは忘れてはならないだろう。

ところで観想が一人の人間と神との間の密やかな交流であってみれば、もとよりそこに言語が介在する余地はないはずである。すなわち、一個の人間の体験を言語化したとたん、その体験はある限定された言語を介している以上、もはや純正の体験を表現するものではなくなり、たとえ自らの口からその体験を語っても、自らが体験した通りのことが表出されるとは限らない。つまり人間はいくら正確に言葉を選んで己の心の中にあるものを表現しても、外に現れたものはもはや原初の体験そのものではないのだ。

この矛盾とも言える人間の言語使用の限界性ゆえか、言語を介さないはずの観想の体験や観想そのものの説明に、彼ら、霊的師父たちは言葉を尽くして語っている。語れば語るほど、生の体験が色褪せていくことを承知していないはずはないのに、彼らは言葉を重ねるのである。

他方で、言葉を介さない伝達もある。その場合でも、人間はそれを自らのうちでいったん言葉に置き換えた上で、行為するのだろうか。あるいはすぐさま反応して、後で言葉による反省を行うのだろうか。いずれにしても身をもってわかる体験と、言葉を介して解明される体験があり、じっさいには両者相俟って一つの現実を形作る。そういう作業の中核に師父たちの語る「観想」がある。

しかし言葉があろうとなかろうと、この観想という行為は、実践があってはじめて語られることである。実践なくして観想の伝達はありえない。ここで言う実践は、観想の技法という意味での実践だけではなくして、実生活における、他者への配慮までも含む意味での実践である。修行者は一般的に他者の本来的幸いを心に念じながら、己と神との一致を祈念して、一心に観想を行うと言う。ではそれは己の心の安立をのみ願う、きわめてエゴイスティックな行為ではないのか。ただ己と神との一致を願うというかぎりにおいては、それは当然自己中心的な行為でしかない。だが人間は通常、二つの困難なことを同時に完全に行うことはできない。観想と他者への配慮は二つながら、ときに多大の困難を伴う。それを易々とこなすことは人間業を超える。だからこそ、たとえばロシアのスターレッツ（ロシア修道制での長老）と言われる老師、修行者は、その出発点において、孤独のうちなる観想に徹底的に専心し、しかる後に一般の人びとからの相談を受け、親身にそれに応えるという利他行をしたのである。

しかし彼らはある時突然利他行に移ったのではなく、孤独のうちで観想に専心しているときでも、他者の存在、救いを希求する人間存在を忘れることはなかった。厳しい修行がまっすぐに実行され、神を通して他者に向かう心が涵養されると、そこに他者に対する「穏和な心」「憐みの心」が育まれる。この人々への奉仕の基礎を摑んだ者のみが、適切な指導をすることができる（スタールチェストヴォ。前述の長老による弟子の指導を指す）。このことを東方の修行者はよくわきまえていたからこそ、修行の出発点において観想に専心する方向を選んだのであった。

ところでこれからわれわれは「ヘシュカスム」によって展開された「観想」の世界を取り扱う。「ヘシュカスム」というのはキリスト教東方霊性の根幹にあるものであり、また一種の霊性運動でもある。それは伝統的には、キリスト教の初期にすでにエジプトやシリアやパレスティナにおいて、必ずしも組織体を形成しないで、終末意識や修養的観点をもち、現世の生活を捨て、より密接に神と結びつこうとした一群の人びとが砂漠や荒れ野で孤独のうちに深い祈りに沈潜していったことに端を発すると言われている。それがやがて組織体としての修道制が定着していった後も、初期の霊的修行者にならって孤独の中で祈りに身を捧げる行為が東方キリスト教の基礎をなしていった。その中で培われた霊性を観想という点からわれわれは問題にしようとしている。

ただここで一言、「ヘシュカスム」という言葉について述べておきたい。「ヘシュカスム」はギリシア語で、ἡσυχάσμος と言い、これは「静寂」などを意味する ἡσυχία（ヘーシュキア）から来ているとされるが、正確な語源は不明である。しかし表に現れた霊性の形態としては、人から離れ、孤独の中で一心に、絶えず祈りを捧げるということはどのような時代でも共通している。この祈りの運動の内容については本書でさまざまな角度から明らかにしていきたいと思うが、今は呼称についてのみ触れておく。ギリシア語 ἡσυχασμός を西洋の言語では、そのまま使っていて、たとえば hesychasm（英）、hésychasme（仏）、Hesychasmus（独）、esicasmo（伊）といったぐあいである。ギリシア語に忠実ならば、ヘーシュハスモスとでも転記するのであろうが、いかにも語呂が悪いので、英語読みでもなく、その他の言語に順ずるのでもなく、折衷的な「ヘシュカスム」というごっちゃまぜの表記にすることにした。またこれを「静寂主義」と訳す向きもあるようだが、この「静寂主義」は十七世紀西ヨーロッパで問題視された「キエティスム quietisme」を連想させるので、本書では使用しない。

さてわれわれは本書を三部に分け、第一部では観想の諸相をさまざまな霊的師父の書物から展開させ、観想を実践する場において、言語はいかなる働きをなしえたか、あるいはなしえなかったかを視野に入れて、論を進めてゆく。

特にわれわれが目指すのは、先に触れた東方教会の霊性の白眉ともいえる「ヘシュカスム」における修行者の苦闘を素描することである。西方教会の霊性とはやや趣を異にするかに見える東方霊性の中で観想はどのような地位を占め、そこから観想言語にまつわる諸側面とは何かをこれから探究してゆく。ただしその議論は言語のみに集中するのではない。およそ言語とはかけ離れているかに見える「祈りの方法・技法」や「聖像画（イコン）」をも観想言語の領域に収めて考察する。観想言語とはそのような領域を含めないかぎり、十全な理解をすることが困難だからである。

続く第二部では、擬ディオニュシオスに照準を当て、彼が取り扱った「神名」、「否定神学」、「テアルキア」、「秘跡」等の問題を解明し、ディオニュシオスもまた観想を自らの論の中心に据えていることを確認し、後世のディオニュシオス解釈の一例を見て、ディオニュシオス思想がどういう仕方で受容されたかに言及する。

第三部は、東方霊性を理論的に集大成したと言われるビザンティンの神学者、グレゴリオス・パラマスを取り上げ、まずはパラマスがよく引用するディオニュシオスを実際はどう解釈しているかを見、ついでパラマスがかかわったヘシュカスム論争の真相を突き止めるべく論を起こし、錯綜したパラマス解釈にどれだけ光が当てられるかを試みる。そして彼はヘシュカスムという霊性の理論家でもあるが、彼においてもその立論の土台は自己や仲間の修道士たちの観想体験にあることは明らかである。加えてパラマスの思想は後代の神学者にとっていかなるインパクトを持っていたのかをも合わせて考察する。

以下「観想」の現実をいくつかの局面に基づいて考察するが、それは彼ら修道士の「観想」という一見浮世離れのした行為の目指すところが、実は変転きわまりない市井に生きる現代のわれわれにとって、人生の局面局面において、自らの内面を注視し、その内奥からわれわれに語りかけてくる密やかな声を聞き取るすべを見出すところと同じであるという認識に基づいてのことである。

第一部　テオリアの光景

第一章　アトスの修道士ニケフォロスにおける東方霊性（ヘシュカスム）のかたち

序

それでは観想言語にまつわる問題に入っていくため、まずは言語以前の祈りの態勢を準備する、いわば祈りの前段階に相当する、祈りの際の「呼吸」に焦点を定めて、霊的師父の発言を見ることにしよう。「呼吸」をまず取り上げることは奇異な感じを抱かせるかもしれない。しかしわれわれの狙いが言語にあるとはいえ、当の修行者たちは祈りの成就、すなわち神との一致を目指すことは当然であるから、いかにすれば神へと通ずる祈りをなすことができるかが彼らの最大の関心事である。従ってこの問題を一度は取り上げないと、修行の核心には至らない。もちろん彼らは表面上、言語を問題とはしない。しかしそうは言っても、修行の内実のいかほどかは言葉によって伝達される。「呼吸」についてもそれをいかに行うべきかは言葉を介して、他に伝えられるのである。この意味で、言語の問題はこの「ヘシュカスム」という霊性の根底にある。

こうした意識をもって、この問題に迫るための素材として、われわれはアトス山の修行者、ニケフォロスの言葉を取り上げる。ニケフォロスはイタリア出身と言われ、十三世紀にアトス山で修行した人物であるとされる(1)が、ヘシュカスムの精神を伝える者としてよく知られている。

第一節　ニケフォロスが目指すもの

さて邦訳『フィロカリア』第七巻に収録されている内容を見てみると、そこで取り扱われている霊性の熟達者は、テオレープトス、ニケフォロス、シナイのグレゴリオス、パラマスのグレゴリオスの四人である。この中にニケフォロスの著作は『隠修士ニケフォロスの確固たる助けに満ちた心の覚醒と監視についての論考』と題される一書のみが収録されていて、今はこれに基づいて考察する。

ではニケフォロスの何がその霊性の特色とされるのだろうか。それは周知のように、祈りにおける「方法」、それもいわゆる「呼吸法」、あるいは祈りの「精神―身体的技法」と言われるものである。しかしニケフォロスはそれをその書の冒頭から取り上げるのではない。彼はそのことだけに焦点を当てているのではなく、論考の主たる目的は、修道生活を完遂しようとして苦労する修道士を助けることにあり、その際「心の覚醒と監視」をいかようにすればよいかを、諄々と説く。その流れの中で一番最後に「呼吸」に触れている。このように呼吸に関する言及が最後に来ていることには何がしかの意味があるのかもしれない。

ただニケフォロスと言えば「呼吸に言及した人」として、「方法」それ自体を取り上げることについては、筆者は以前から若干疑問を抱いてきた。通常、ニケフォロスをはじめ、新神学者シメオンなどの霊的修行には「精神―身体的技法」、ないし「呼吸法」が見られ、それが重要な東方霊性のポイントであるかのように喧伝されてきた（特に『フィロカリア』原典第五巻には新神学者シメオン作とされる、呼吸に言及した『祈りの三つの方法』なる著作が収められているのを見られたい）。「方法」と言われるからには、何らかの明確な手順を踏んで、初歩の段階から高度な段階へと進んでいくのが普通である。すなわち祈りの実践に対する何らかの方法的・体系的認識が前提として必要である。そのようなある種の体系的な方法がニケフォロスたち、霊的師父に確固として存在しているのだろうか。むしろそうした厳密な意味での「方法」は存在していないのではないか。筆者の疑問はそこにある。そのことをも念頭に置きつつ、以下考えていきたい。

さてニケフォロスは修行で苦労する修道士たちに言う、

「（神と交わるために）この世のすべてを捨て去ったあなたたち、……天の王国を知り、把握したいと望んでいるあなたたち、さあここへ来なさい。私はあなたたちに永遠の、いや天の生の知を、あるいはむしろ方法をこれから述べよう(2)」。

そしてその方法を自分のものにした暁には、どんな悪魔の誘いにも負けないで、最終の目的地に導かれると言う。それほどの方法を彼はこれから教えると言うのである。

そしてその前提として彼はまたこうも言う、

「兄弟たちよ、……己自身に帰ろう。なぜならもしわれわれが、まずはじめにわれわれに可能なかぎり、自己自身へ戻るか、あるいはむしろ帰るかしないなら、神と和解したり、また親しくなれないからである。というのも世の交わりや空しいことの思い煩いから自らを引き離して〔いながら〕、われわれの中にある天の国については、同意しないでいることはありえないことだからだ(3)」。

ここでは神へと至るためには、まず己自身に帰れ、と言っている。このことは重要である。というのは「己自身に帰る」ということは、やがては「己自身を知る」ことに繋がっていくと考えられるからである。もちろん彼は「汝自身を知れ」というような哲学的自己認識を要請しているのではない。しかしそれにしても、もし「己自身に帰る」ことができれば、そこで「己とは何か」がわかってくるはずである。つまり己に「帰る」過程は己のありようを「知る」ことに繋がり、己への帰還が己の何たるかを知る契機にもなりうる。だから、まず己に帰り、己を知ることを通して、神に至れと言っているのである。それはなぜか。ニケフォロスは多分、この「己自身に帰れ」ということによって、「人間とは何なのかを知るように」と言っていると思われる。じっさい彼は「われわれの中の天の国」と言っているので、彼によれば、われわれは自らのうちに天の国を胚胎している者なのだ。キリスト教の伝統によれば、われわれはもともと「神の像」として造られたのだから、神と深くかかわる人間存在の在り方が人間本来の姿である。そこから「神に至れ」ということは、とりもなおさず「己にとり本源的な」ものとしての神に逢着する、ということになる。従ってわれわれは何ものにも煩わされない透明な心の状態を保持しておけば、そのことは実現し、そうなることがむしろ自然なのだ。しかし残念なことに、われわれは多くの場合、「世の交わりや空しいことの思い煩い」に捉えられ、日常的には容易にそこから離れられない。むしろそうした心配事は生きていく上で重要だ、それこそがむしろ人間的なことだと考えがちであり、そのただ中にいるのがわれわれの実情である。これは修道生活の熟練者ではない者も同様である。だからそういう意味で、まずは自己自身のありようをとくと考えてみよ〔自己吟味・識別〕と言っている。本来われわれは自己の外に何者をも求めえないものである。自己の外に何かがあって、それが自分を救ってくれると考えること自体が迷妄なのだ。神とは己がまっすぐに存立しているとき、自らの内面に見ているものであり、そのかぎり外は目に入らぬもののことである。その意味で神は自己に一番近く、一番親しく存しているものだ。しかしそれにしては現実問題として、われわれ人間には真直ぐに神に向かうことを困難にする状況が自己の内外に多すぎる。だからその困難を可能なかぎり減少させていく方法をニケフォロスは教えようと言うのである。

そのためにはわれわれの先達である諸々の師父の業をまずは真似、われわれの心の中にある宝を彼らを模範にして探すことが大切だと言う。しかもこうした指導的な内容はたんに言葉で示すだけでは、なかなか身につかないので、書かれたものとして提示したいと言う。(4) この理由の一つは、われわれから見れば、ニケフォロスは練達の修行者であり、深い修行の経験者であり、修行の結果を確信している者だが、その当人がそのことを口にしても、当時それだけでは多くの者がなかなか信用しないから、高名な師父の言をもって示そうとしているのだろう。それは自己の言がたんなる思い付きではなく、すでに霊的経験を多く積んだ師父たちが証明してくれると考えてのことである。

第二節　引用される師父たちとその言葉

ではどのような師父をニケフォロスは範とするのだろうか。彼は都合十四人の師父を挙げている。すなわちアントニオス（二五一頃―三五六年）、コイノビアルコスのテオドシオス（五二九年没）、アルゼーオス（五世紀）、ラトロスのパウロス（九―十世紀）、サバ（四三九―五三二年）、アガトン（五世紀頃？）、アバ・マルコス（？―四三〇年以降）、ヨアンネス・クリマクス（五七〇頃―六四九年）、アバ・イザイア（五世紀頃）、大マカリオス（四世紀）、ディアドコス（五世紀中頃）、シリアのイサーク（七―八世紀）、カルパティオスのヨアンネス（七世紀頃）、新神学者シメオン（九四九頃―一〇二二年）である。

そこにはアントニオスをはじめとする砂漠の師父から、つまり三世紀の終わりから十一世紀までの修行の練達者の言葉が取り込まれている。ニケフォロスは彼らの言葉をもちろん逐一引用したりせず、肝心な点を述べ、それに自分の解説を加えている。以上の師父たちからニケフォロスは何を学び取ると言うのか。それを簡略に見てみよう。

まずアントニオスの場合、その透視能力が例として挙げられる。砂漠で行き倒れになった二人の修道士をアントニオスは遥かに心のうちに見て、弟子を助けにやらせる話である（一人は助かり、もう一人は死んでしまう）。その内容はともかく、ここではアントニオスの心が覚醒していたこと、それによって何らかの仕方で神を「見」、その結果先のことを見通す能力をもったということが語られている。神はまず「愛する者を清める火のように、心のうちでヌース（知性）に現れ、それから光のようにヌースを照らす」(5)のである。従ってまずもって心が覚醒していることが観想達成の条件である。心が覚醒状態になると、神は助けを与え、自身を修行者に知らしめるのである。透視能力は確かに驚異的ではあるが、ここではそれが主題ではない。それを求めることは霊的修行の本筋から離れることであろう。むしろ「覚醒」や「心」や「ヌース」と言われていることに注意を喚起したい。これらは東方では非常に重要な用語である。

次いでテオドシオスの場合は、彼が「神の甘き矢に射られ、その枷で結びつけられ」、神を衷心から愛したこと、そして沈黙と孤独のうちに生き、感覚をそのままにせず、自らそれを導いて内面に招じ入れ、神の傷ついた虜になったことが述べられ(6)、何よりも神への愛を貫くこと、神の愛の虜になること、さらに言えば神の愛に酔うことが模範とされる。

アルゼニオスでは、徹底的なへりくだりがその模範である。彼はものを書いて人に忠告を与えうるくらい十分な修行をし、語る能力を有していたであろうが、極力人目につくことを避けた。人一倍修行に励み、それが本物の境地に至ったのに、そういう人であると見られることを避け、自己自身に注意し、ヌースを自己のうちに集める努力をした(7)。ここでも自己への集中と注意が必要であることが述べられる。

パウロスは砂漠で修行したり、また共同体で生活をしたらしいが、先のアルゼニオスとは違い、積極的に修行の忠告をしたようである。そしてその指導は情念の攻撃から身を守るために、ヌースを見張るところに中心があった(8)。

サバは修道士各人の修行の進展状況に加え、身体的状況、すなわち身体が剛健であるか、そうでないかによって修行のやり方、つまり具体的には、剛健な者には修道院の外に独居小屋をもつようにさせ、そうでない者には修道院内に小屋を設けて修行させたと言う(9)。要するに一律な修行方法を修道士に課さなかったという点が評価されている。サバは大きな修道院を設立し、そこでたくさんの修道士の指導に当たったので、さもありなんというところである。

アガトンの場合は、修行するとき、身体的苦痛を課すのと内面のヌースの監視とどちらがよりよいかと尋ねられて、人間を木に、身体的苦痛を木の葉に、ヌースの監視を木の実に譬え、すべての木がよい実を結ぶわけではなく、葉だけの者は火に投げ入れられるとして、ヌースの監視を重要視した(10)。このとき葉は、たんに修行の実践のみに励むが、何が実を結ぶ努力であるかわからない者を指している。ここでもやはりヌースの見張りや監視が問題とされている。

アバ・マルコスではどうなのか。彼の忠告を少し引用してみよう。

「子よ、この世の深い夜の中を妨げなく歩くことができるように、霊的知識の、可知的光の自分自身のランプを自らのうちに手にしたいと望むなら、……私はあなたに驚くべき方法と霊的な方法の工夫を示す。それにはただ身体的な苦行や戦いが必要なのではなく、霊的な働きとヌース、そして祈りによる熟考が必要なのである。また神への畏れと愛においてともに働くことである。この工夫を通してあなたは敵の戦列を容易に鞭で懲らしめることができるのだ。

ところでもし情念に抗して勝利を求めたいなら、祈りと自分のうちに神の協働をえて、心の深処に潜り、この三つの巨人の強い力、すなわち忘却、無思慮そして無知を探し出せ。……大いに注意し、ヌースを吟味〔せよ〕……真の知、神の言葉の記憶、そして善との協調を熱心に求めることにおいて、またしっかりと立つことを熱心に求め、注意深く守ろうとする心のうちに働く恵みを通して、忘却と無知と怠惰の足跡が心の中で取り去られる(11)」。

ここでもまた必要とされるのは、身体的な苦行や戦いではなく、霊的な働きとヌースの吟味や祈りの工夫である。それが「方法」だと言う。この方法をもって己の心の深処に潜り、忘却、無思慮、無知を探し、ヌースの吟味を通して、それらを真の知、神の言葉の記憶と取り換えるのである。方法だということはそれを正しく、正確に用いれば、成功するということだ。

クリマクスもまたヌースの監視を強調する。彼は非身体的なものを身体的な住居の中に取り込んで、それと一体になって、ヌースを監視し、想念（λογισμός）に抵抗するよう勧める。[12]

アバ・イザイアは少し違った観点から勧告する。それは自分の犯した罪、あるいは自分の不十分さを心底思い起こし、それを痛悔することである。そしてたとえ完全に心をさまざまな情念から守りえなかったとしても、身体を汚すことだけはしまいと努力する。そうすれば神は憐れんでくださると言うのだ。[13] それは少しの猶予もない断罪などではなく、神に全面的に信頼する心をこそ尊重する態度と言えよう。

大マカリオスは、大切なことは自らの心に入って、サタンと戦い、サタンを憎み、抵抗することを勧める。ニケフォロスはこの一見、先のイザイアと反対の考えに見えるものも、それは齟齬ではなくわれわれは身体の浄さだけではなく、霊の浄さも必要だから、両者は整合した考えを述べていると言う。[14]

ディアドコスは自らの心あるいは霊のうちに住まうことを勧める。霊のうちに住んでいながら肉の望みを知ることはできないからである。[15] シリアのイサークもまた、「あなたの内なる宝庫に入るよう努めよ」[16]と言う。またカルパティオスのヨハネは、祈りには多くの試みや労苦が必要であると言うが、それも「キリストの住まう、心の中の別の天」を見出すためだと言う。[17]

最後の新神学者シメオンはどうか。シメオンは特に方法的なことは言わない。むしろ人間の神への不従順以来悪魔が人間の理性を狂わせ、それから脱しようとすれば、神の記憶を心に刻み込ませる以外にないこと、その辛い戦いを通してキリストが人間を再び価値あるものにしてくれる、と言うに留まる。[18] しかしニケフォロスはそれを受けて、以上のことに精出す者は、不受動心（ἀπάθεια）[19]と見神へと導く方法があると断言する。

ところでこれら霊的師父の言うことをまとめてみれば、次のようなことが重要であることがわかる。すなわち、①自己自身に帰ること、②ヌースの監視、見張り、自己への集中をはかること、③心の覚醒、心の深処に下ること、心（あるいは霊）のうちに住まうこと、それは内なる宝庫であり、またキリストが住まう処であって、霊の浄さを必要とすること、④神への甘美なまでの愛に貫かれること、⑤謙虚さ、⑥神の記憶を大切に求めること、⑦身体的苦行よりはヌースの監視の方が重要であること、また修行は各人の身体的状況にも相応することが必要なこと、⑧想念を排すること、⑨神に信頼して、心底痛悔すること、⑩神との協働が必要で、その上で祈りに工夫をすること、である。

確かにこうした事柄は東方の霊的師父に共通するポイントである。それはこうしたことが東方の伝統的霊性の要だからである。

それでは以上の準備を経た上でニケフォロスは何を言おうとしているかを、探ってみよう。

第三節　ニケフォロスの考え

ニケフォロスは以上のような準備をした上で、あるいは準備をしたからこそ、いよいよ理解の度が深まることを望んで、彼自身の見解を述べる。このような準備をしたと言うことは、彼が述べることは何の下準備もなければ理解がかなわぬことなのだということだ。

つまりニケフォロスは用意周到なやり方をしたのだと思う。というのは当時ヘシュカスムにおいて権威をもつ者とされる新神学者シメオンの言をまず紹介し、その次に、一つの問いとそれへの答えを用意し、いわば一段階置いて、自分の考えを述べているからで、これはあらかじめ考えられた戦略であろう。

その問いは次のようなものである。すなわち以上の諸師父の文章から知りうることは、主に嘉される者の実践とは何であるか、魂を情念から解放すること、そして神の愛に結びつく業とはどんなものであるか、であった。これについては東方霊性の伝統の中にある者には何ら異存のないことであり、またそうであると信じてもいる。しかし問題は、その中でもたびたび語られている「注意」である。それは何か、そして人はどうすればそれを見出すのにふさわしい人になれるのか、ということについては、まったく手ほどきを受けていない[20]、と言うのである。

これはニケフォロス当時の東方世界における霊的修行の状況を暗示している。つまり東方霊性は連綿と片時も途切れることなく続いてきたと、一般では思われているが、核心的な修行の意義や方法が正確に世代から世代へと伝えられていたかどうかは甚だ怪しいということである[21]。ニケフォロスの時代は十三世紀である。砂漠で修行をした師父たちは、三―四世紀であるから、千年近く前の人々である。砂漠の師父は何らかの霊的修行の方法を見出し、感得し、それを実践し、また後輩に伝えたであろうが、それが実は必ずしもビザンティン時代にまで正確には伝わっていなかったのではないか、と筆者は考える。従って、そうした修行に特別な霊的方法があるということは、修道士はどこかで聞いたかもしれないが、一般的には、それは未知のものであったと推測してよいのではないか。あるいはそのような修行の方法は誰もが実践している方法ではなかったかもしれない。

ただニケフォロスのような人はその方法について何らかのことを知っていて、それを後輩たちに伝えようとしたのである。しかしそれは単刀直入に伝えられるものではなく、下準備ともいえるものが必要であったのだ。そこでニケフォロスはそのことの仔細を可能なかぎり述べようとするのである[22]。

第四節　ニケフォロスによる呼吸の問題――「注意」との関連で

ニケフォロスは霊的師父や聖人が「注意」をさまざまな仕方で呼んでいるが（たとえば「ヌースの守護」「心の守り」「覚醒」「霊的なヘーシュキア」等々）、それは皆同じ事だと言う。(23) そして注意はあらゆることに及び、あらゆる霊的な領域で活躍するものだ。つまり注意は純粋な回心の印、魂の回復、神への復帰、罪の拒否、徳の取り戻し、観想の前提でもあり、観想の始めでもあり、ヌースの静謐さを示すもの、想念の除去、神の記憶の宮居、信・望・愛に付随して起こるもの、等である。(24)

そしてこの注意の状態に達することは誰でもその気があれば可能だと彼は言う。可能なのは人が学びうるからであり、つまりは何らかの方法があるからである。まったく人に教えられることなく、天賦の才として「注意」を実行できるものは稀だと彼は言うくらいである。従ってよき指導者に恵まれて、その方法を正確に把握すれば、誰でもこの状態に達しうるのである。だからそれはある種の規則に基づくものであると言ってもよい。霊的指導者自身このことで大変な苦労をして、現在の状況にあるのだから、適切な仕方で初心者に教えを授けることができる。放置すればとんでもない脇道に逸れてしまうが、指導者はよく注意して、警告してくれるので、初心者は安心して指導を任せられるのである。これは人間のすることに何でも応用可能なことである。音楽やスポーツや勉強など、何でもよき指導者が必要である。しかし不幸にして指導者が見つけられなかったときはどうすればよいのか。そのときこそニケフォロスは自分の言うことに耳を傾けよと言う。(25)

そこで教えるのが、「呼吸」についてである。

ニケフォロスは人間の呼吸の重要性を説く。彼によれば心（臓）は熱の源であって、その熱は空気を取り込むことによって、空気に熱を伝導し、肺から熱を体外へ吐き出して体温を正常に保つ。この肺は神により、狭く、ゆるやかな組織をもって造られ、ふいごのように大気を内へ取り込み、また外へ出す。この肺の助けによって、心（臓）はすでに言ったように体温を正常に保つのである。

こうした身体組織の働きを知った上で、彼が言うのは、

「座って、あなたのヌースを集め、それを鼻孔に導き入れ、息を心（臓）に到来させる。そしてヌースを押しつけ、心（臓）にヌースが沈み込むようにさせる。そうするとそこに喜びが湧き起こる[26]」。

また必要なことはヌースを心から出ていってしまわないように、しっかりと内に留めることである。ということは心がふらふらしているとヌースも動揺して外に出ていってしまうのだ。ヌースを心の外に出ないように留めておくのは、神と出会うところである心のある場所に集中していくためである。ヌースは場合によっては気を散らすかのように、彷徨うものなので、そうならないよう、つまり注意を凝らすために、絶えず「イエスの祈り」などの支えが必要とされるのである[27]。

となるとここで必要なことは，ヌースを空気のように集めて鼻孔から身体内へ、つまりは心（臓）へ招じ入れること、その間に行う「イエスの祈り」である。

だがしかしこれは何か特別の呼吸法を教えているのだろうか。これだけを聞いてニケフォロスが考えている通りの呼吸をすることのできる人はいるだろうか。東洋のヨーガなどでは、吸気や呼気の停止や呼気の割合などが

詳しく教えられる。その意味でヨーガでは呼吸が基本だと言われるが、もっともなことである。しかしこのニケフォロスの場合、どこにそういうことが語られているのだろうか。もしここにヨーガのような呼吸法があるとしたら、「ヌースを容易に外に出さないよう留めておくべきだ」というところのみが当たるかもしれない。ただしこうした考えはシナイのグレゴリオスにも見られる。ニケフォロスの後に『フィロカリア』に収録されているシナイのグレゴリオスの『ヘーシュキアと祈りの二つの方法について』(28)で、彼は「呼気をしっかりと留めるべきである」と言っている。それはヌースがやはり気散じなどにより分裂しやすいので、それをしっかりと自分に繋ぎ止めるためだという意味である。またクリマクスはイエスの記憶を呼吸に結びつけよ、と言っていると彼は言う。それは一つに神の生命を呼吸して生きるためだと言うのだ。つまりこの場合、呼吸法と言ってもかなり理念的・メタファー的なのである。

第五節　ニケフォロスの東方での位置づけ

さてこのニケフォロスはいったい誰かということについては、あまり正確なことはわからないようである。英訳『フィロカリア』の解説にもあるように(29)、パラマスによればもとはイタリア人で、西方教会の教義が正しくないと断じて、東方教会に移った人、しかも当時のビザンティン皇帝ミカエル八世の教会合同に反して立ち上がり、獄に繋がれ、また追放の憂き目に遭ったという(30)。パラマス自身はその著作の中で何回かこのニケフォロスに触れ、その霊的指導のやり方に言及している。

しかしむしろこのニケフォロスは同じ『フィロカリア』の原典第五巻に収録されている近代ギリシア語で書か

れた『祈りの三つの方法』の著者が新神学者シメオンであるとされていたことが問題となったとき、その本当の著者であるとオーシェールによって同定された人物であると言った方がわかりやすいかもしれない。しかしこの『祈りの三つの方法』がニケフォロスのものかどうかについては必ずしも確定されてはいないようであるが[31]。

しかし誰がその著者か、たとえそれがわかったとしても、現在のわれわれのテーマにはそれほど関係がないように思われる。というのは新神学者シメオン作とされていた論考を見ても、確かに呼吸について言及はなされているが、しかしそれはこの場合と同じように実際的なものではない。すでに見たように理念的なものにすぎないように見える。呼吸よりもそこではむしろ祈りの時の姿勢が説かれている（ヘシュカスム論争でオムファロプシュコイ〔臍に魂をもつ者〕と揶揄されたもの）。ただこれまでの研究者が言っているように[32]、姿勢や呼吸を含めた何かこうした方法というものはすでにあったのである。英訳『フィロカリア』の解説によれば、「こうした「方法」は聖山アトスや他のどこかで伝統的なものであったし、師から弟子へと口頭で伝えられたと考える方が妥当である」[33]。

事実はそうなのであろう。しかしそのやり方は必ずしも正確なものとは言えなかった。だからニケフォロスは口頭で伝えられていたものを、書き物としてそれを表そうとしたのだ。しかしそれを読めばいいとは言いながら、じっさいどう呼吸をしていいのかは、この書によれば不分明なままで、概略的なことに尽きている。その意味では、こうした方法は必ずよき指導者によらなければならないとしたことは正しかったと考えざるをえない。つまりニケフォロスは指導者が見つからなければ、じぶんの書いたものを読めばいいと言っていても、口伝には書き物にはなしえないことがあった。そうでなければ書き物による方法だけでは、受け取り方によって、てんでばらばらで、いい加減な祈りの方法が流布してしまい、それでは祈りの伝統は形成できないからである。

第六節　呼吸法は存在したか？

東方の「イエスの祈り」において呼吸が問題とされるとき、吐く息、吸う息に注意して、「イエスの祈り」の前半部分を吸気で、後半部分を呼気で行うということをわれわれは聞いていないわけではない。それは呼吸法の一つの形である。(34) しかしこれまで見てきたように、ニケフォロスに関しては、その『フィロカリア』の著作を見るかぎり、またオーシェールによってニケフォロスの作とされた『祈りの三つの方法について』においても、そのような厳密な意味での呼吸法は見出されないのである。「イエスの祈り」は文言上、「主イエス・キリスト、神の子」と「(罪びとなる) 我を憐みたまえ」の前と後とに分けられ、そしてまずは「主イエス・キリスト」とその名を呼んで、それを自分の心の中に据えつけるわけであるから、「イエスの祈り」の前後を呼吸によって分かつということは考えうることである。しかしこの祈りは短いので、一気に唱えればそれで済んでしまう。だが上述のように、少しの間、呼吸を止めることによって、イエスを自分の中にとどめるよう努力することは、イエスに身も心も集中させていくための技法だとは言いうるだろう。ルイ・ブイエはニケフォロスにおいて「『イエスの祈り』の技法が決定的な一歩を踏み出した(35)」と言っているが、こと呼吸に関しては、新神学者シメオンよりは突っ込んだ議論をしているとは言っても、その方法はニケフォロスの場合必ずしも厳密でない。このことはどう考えるべきであろうか。

これについてニケフォロスの時代は、ブイエの言うように、呼吸への言及の黎明期であると考えることができる。というのはニケフォロスの衣鉢を継いだパラマスは、同じ『フィロカリア』の中で、ヌースを身体のうちに送りこむことを問題にしているからだ。それは次のような弟子の疑問から始まる。つまり当時パラマス（一二九六頃―一三五九年）の論敵、つまりヘシュカスムに反対する者は、ヘシュカストたちがヌースを体のうちに閉じ込めていると非難していた。つまりヘシュカストは己自身に注意し、ヌースを呼吸によって体のうちに送りこんでいるが、ヌースは魂と分離してはいないものなのにそれをあたかも外的なもののように体のうちに取り込むよう言っていると非難するのである。そして神の恩恵をも鼻孔を通して招じ入れると中傷していた。(36) これはかなり合理的な反論であろう。

しかしこれに対するパラマスの解答を見ると、呼吸に触れてはいるが、呼吸法ではなく、これまで見てきたこと以上のことは述べられていない。

もちろんパラマスはこの文書の中でアトスの修道士の行う修行の方法、特にヘシュカストがイエスの祈りのとき、腹や胸を臍につける姿勢をとることで、「オムファロプシュコイ（臍に魂をもつ者）」と揶揄されたことへの反論を述べるのだが、やはり『フィロカリア』の編集者は一貫した姿勢で諸文書を編集していて、パラマスの文書もテオレープトス（十四世紀）に始まる原典第四巻のテーマ、すなわちヌースを注意深く監視し、心の内奥で神と出会うという観点のもとに配置している。パラマスの文書はこのテーマに関して彼の先人たちが言っていたことの理論的説明として機能しているのである。

もちろんパラマスも「ヌース」「心」「呼吸」といったものを取り上げている。パラマスによればヌースは魂の能力そのものであり、(37) 心は器官全体を導き、また心は思考の小部屋であり、ヌースをこの心に閉じ込める必要があると言う。(38) 閉じ込めるというのは呼吸によって自己のヌースを自己自身の中へ送ることであり、先にも触れたように、ヌースは飛び去っていくものなので、いつも自らに戻さなければならない。従ってヌースを呼吸（吸気）

にしっかりととどめる必要があるのだ。[39]

ここでパラマスは擬ディオニュシオス（六世紀頃、以下ディオニュシオスとする）を援用して、ヌースはまず働き始めると自己以外のものを見る（これはディオニュシオスの言う直線運動を指す）が、次いで自己を見ると、自己へ立ち返り自己に即して働く（これはディオニュシオスの円環運動を指す）ようになる、と言う。この直線運動を経たのちの円環運動によってヌースは自らを超越し、神と出会う。さらにバシレイオス（三三〇頃―三七九年）によっても、ヌースは自己自身に帰り、自己自身を通して神へと昇るとされている。[40] ここではヌースの自己自身への立ち返りが自己を超越していくことの端緒となっている。つまり自己に立ち返り、自己を省みて、自己を知ると、自己の目指すべきもの（すなわち神）が明らかとなり、自己の現在のあり様を超え、神への熱い思いに駆られて、自己の本源たる神を見出すと、この大きな、宇宙的とも言える円環運動が終結するわけである。これは最初にニケフォロスのところで触れた「自己還帰」とも連動し、呼応するものである。

結語

以上のようなことをパラマスは述べているが、すでに述べたように、呼吸の詳しい仕方を語っているわけではない。やはりここでも重要なのはヌースを如何にして自己自身の心の奥底に留めておくかということで、それが可能となるのには古人も言うような注意、つまり心やヌースの監視を必要とする、ということに尽きる。呼吸は祈りの姿勢との関連で語られているにすぎないと思われる。

そうであるが、しかし師父たちの言葉を読めば、呼吸が祈りの時に重要な要素であることは間違いがない。しかし呼吸の仕方というものについて何か伝統的な教示があるのかもしれないが、それはこれまで調べてきたところでは明確な形では示されてはいない。ただパラマスの場合、「力強く内省を行う際には、特に体や思考を鎮める者にあっては、呼吸の出入りは静かになる」[41]と言っているので、呼吸を整えることは精神の静謐化をはかるために重要であると考えられていたことは確かである。この点を精神―身体的技法と言ってもいい。すなわち呼吸を整えるという準備作業が「注意」を自分のものにする方法なのである。呼吸を整えることによって、自己自身に集中し、自己を吟味していく中で、注意が成立し、ヌースの監視が可能となる。問題は、もしあるとしての話だが、いわゆる「呼吸法」などということは、実は霊的師父たちにとって門外不出のものであったのか、それとも先に述べたように、呼吸は整えるべきもので、注意力を涵養するきっかけであるのか、あるいは呼吸は一種のメタファー的役割を果たしているにすぎないものであるか、ということである。これまでのところ霊的師父は呼吸に注意することを人に促しはするが、どのようにやるかという方法は述べていないように思われる。重要なのは何度も述べたように、ヌースの扱い方なのだ。ヌースはある意味でしっかりととどめおかないと、どこへ行くかわからないものとして捉えられている。従ってこのヌースを制御することが霊的修行にとって重要なことであり、それとの関連で、やはり人間の内に入り、また外へ出ていく呼吸というものを念頭に置いて、語っているのだ。つまり呼吸は心を落ち着かせるために重要であり、ヌースの出入りのシミュレーションでもある。だから呼吸の仕方そのものには、関心が薄く、それほどの重要性を与えなかったのかもしれない。かえって「イエスの祈り」の各文言にこそ注意が払われていたと言いうるだろう。

結論的には、「呼吸」をこれほどまでにヌースの監視との関連で取り上げ、霊的修行の中に組み入れようとしたこと、つまり精神集中に呼吸が重要であることを発見したそのことに東方霊性、特にヘシュカスムの特質があると言えるのではないか、ということである。西方教会の霊性の中でも、このように修行者の口から「呼吸」について語られたかどうかは問題であるが、われわれとして残る問題は、東方霊性で当然のごとくたびたび語られ、またここではその内実に迫ることができなかった「ヌース」とは何かということである。それを確実に押さえないうちは、東方霊性の核心もなかなか見えてこないだろう。しかしそれを取り上げる前に、東方霊性において注意しておくべきことを二つほど考察しておこう。

註

（1）ニケフォロスの簡略な紹介は、拙訳『フィロカリア』第七巻（新世社、二〇〇九年）五八―五九頁の註（1）を参照。

（2）*ΦΙΛΟΚΑΛΙΑ ΤΩΝ ΙΕΡΩΝ ΝΗΠΤΙΚΩΝ συνερανισθεῖσα παρὰ τῶν ἁγίων καὶ θεοφόρων πατέρων*, τομος 4 (Athen, 1976), 18. 邦訳、『フィロカリア』第七巻四〇―四一頁。原典は以下〔Philok. IV〕等と略記。

（3）Philok. IV, 18.　邦訳四一頁。

（4）Philok. IV, 19. 邦訳四二―四三頁。

（5）Ibid., 20. 邦訳四四頁。

（6）Ibid., 22. 邦訳同頁。

（7）Ibid., 20-21. 邦訳四五頁。

（8）Ibid., 21. 邦訳四五―四六頁。

（9）Ibid. 邦訳四六頁。

（10）Ibid., 22. 邦訳四七頁。

（11）Ibid., 22-23. 邦訳四七―四八頁。

（12）Ibid., 23. 邦訳四九頁。

（13）Ibid., 23-24. 邦訳五〇頁。

（14） Ibid., 24. 邦訳五一頁。
（15） Ibid. 邦訳五一―五二頁。
（16） Ibid., 25. 邦訳五二頁。
（17） Ibid. 邦訳五二―五三頁。
（18） Ibid. 邦訳五三―五四頁。
（19）「不受動心」はギリシア語で「アパテイア」であるが、もともとこの用語はストア哲学でよく用いられたものである。何ものにも捉われない、自由な境地、人間が幸福な生を送るための到達すべき目標とされた。これがキリスト教に入ってくると、教父や霊的師父はこれを人間が情念に打ち負かされない境地と捉え、特に修道士は情念的な囚われから脱するために、是非とも身に着けねばならぬものとされた。
（20） Philok. IV, 25-26. 邦訳五五―五六頁。
（21） 東方霊性の連続性について、メイエンドルフはその著『聖グレゴリオス・パラマス』(Jean Meyendorff, *St Grégoire Palamas et la mystique orthodoxe* (Éditions du Seuil, 1958), 135-、邦訳、岳野慶作訳（中央出版社、一九八六年）一五五頁以下）において、ヘシュカスムの伝統は東方世界に連綿と続いていたと述べている。確かにイエスの祈りというような簡便な祈りの方法は伝えやすく、行いやすい。従ってその祈りは保持され、伝えられていたであろう。しかしその本当の意味について、細かく修道士たちの間に伝えられ、また教えられていたかどうかは、この「注意」とは何かと弟子に尋ねているニケフォロスの文章によれば（たとえこの質疑応答がフィクションであったとしても）、そのままでは信じがたい。ビザンティン教会がトルコの支配のもとで弱体化していた時に、マカリオスによって、『フィロカリア』が編まれたというところにもこのことはよく表れている。つまり霊的な伝統が正しく伝わっている状態ではなかったがゆえに、霊的刷新を図って往昔の霊的修行者の詞華集が編まれたからである。邦訳『フィロカリア』第一巻の大森による解説、二二〇―二二二頁参照。
（22） Philok. IV, 26. 邦訳五五―五六頁。
（23） Ibid. 邦訳五四―五五頁。
（24） Ibid. 邦訳五五頁。
（25） Ibid., 27. 邦訳五六頁。ただそうは言っても、霊的な指導者は必要であって、単純に祈りを実践すればいいと言うものではない。祈りの修行の中で初心者はともすればあらぬ方向に進みがちであり、その軌道修正は、よく祈りの展相を「識別」できる経験者の忠告が必要なのである。

（26）Ibid. 邦訳五六頁。

（27）Ibid. 邦訳五六―五七頁。

（28）シナイのグレゴリオス、Philok. IV, 72. 邦訳一四七―四八頁。

（29）*The Philokalia*, The complete text compiled by St. Nikodimos of the Holy Mountain and St. Makarios of Corinth, translated by G. E. H. Palmer, Philip Sherrard, Kallistos Ware (Faber and Faber, 1995), vol. 4, 192-93.

（30）Grégoire Palamas, *Défense des saints hésychastes (Triades, II-2-3)*, Introduction, texte critique, traduction et notes par Jean Meyendorff (Louvain, 1973).

（31）これについては、本書第一部第二章「祈りの方法論――『フィロカリア』における伝「新神学者シメオン」と二つの不詳の著者による論攷を中心に」を参照。ここで扱った研究者は次の通りである。Irénée Hausherr, *La méthode d'oraison hésychaste* (Roma, 1927).; Hans Georg Beck, *Kirche und theologische Literatur im byzantinische Reich* (München, 1977), 693.; *Petite Philocalie de la prière du cœur*, traduite et présentée par Jean Gouillard (Éditions du Seuil, 1979), 154.

（32）前掲書および英訳の解説（一九二―九三頁）参照。

（33）英訳解説、一九三頁。

（34）*Récits d'un pèlerin russe*, traduits et présentés par Jean Laroy (Éditions de la Baconnière, Ed. Du Seuil, 1978), 68. 邦訳『無名の順礼者』六〇頁参照。

（35）ルイ・ブイエ『キリスト教神秘思想史1　教父と東方の霊性』大森正樹・長門路信行・中村弓子・宮本久雄・渡辺秀訳（平凡社、一九九六年）六一三頁。

（36）パラマス『同じ著者の聖なるヘシュカストのための弁護。第一部第二の論述から』、Philok. IV, 123. 邦訳二四七―四八頁参照。

（37）Ibid., 125. 邦訳二五一頁。

（38）Ibid., 邦訳二五二頁。

（39）Ibid., 127. 邦訳二五六頁。

(40) Ibid., 126. 邦訳一五四頁。
(41) Ibid., 127. 邦訳一五六頁。

第二章　祈りの方法論

――『フィロカリア』における伝新神学者シメオンと二つの不詳の著者による論攷を中心に――

序

さて前章では、呼吸をともなった祈りの方法論とでもいうべきものに触れたが、もう少しこの問題に目を向けてみたい。ここでは原典『フィロカリア』第五巻（最終巻）に、古典ギリシア語ではなく、いわゆる近代ギリシア語、すなわち現在言うところの民衆語（ディモティケー）への過渡期に書かれた作品が都合七つ掲載されているが、それを取り上げる。(1) もっともこの場合民衆語と言っても、現代ギリシア語での純粋な民衆語というよりはかなりの程度古典語の語彙や語形を保っているもので、いわゆる純正語（カタレウウサ）に民衆語の混じったものと考えてよいように思う。ここで近代ギリシア語が使用されているのは、『フィロカリア』がすべての人のために編まれたということを示している。そしてその言語で編まれた部分の内容は五つが「祈りの方法」についてであり、他の二つは、マクシモス・カプソカリュベとグレゴリオス・パラマスの生涯についてである。つまり『フィロカリア』はその内容においても、一般の人々も含めて、祈り、つまりここでいうヘシュカスムの実践を勧めるものだったのである。

というのは『フィロカリア』は四世紀から十五世紀までの主として東方の師父たちの文章を集めたものであり[2]、修道士はもとより一般の人々にとっても霊的書物としての位置を占めていたのである。選集としてこうした形をとったのは、周知のように、聖山のニコデモス（一七三一―一八〇五年）とコリントの府主教マカリオス（一七四九―一八〇九年）が編纂したことによるが、初版は一七八二年にヴェネチアで出版された。第二版は一八九三年にアテネで出版されている[3]。従って十八世紀もずっと遅くなってこうした形をとったわけであるから、『フィロカリア』の歴史は比較的新しいと言ってよいであろう。しかしその影響は大きく、ギリシア語地域の他、ルーマニア、モルダヴィア、スラヴ（ロシア）といった正教の地域に伝播され、修道士や一般民衆に修徳の書として読まれ、人前で語られたのであった。この意味でも『フィロカリア』は祈りの啓蒙書であったのである。そしてここに述べられた「祈りの方法」を多くの人は実践したことであろう。

第一節　『祈りの三つの方法について』

ところで近代ギリシア語で書かれた「祈りの方法」に関する論考の中で、特に重要と思われるものがある。それは『祈りの三つの方法について』（近代ギリシア語での題名。以下『方法』と略記）と題されるもので、作者は新神学者シメオンとなっている。先走って言えば、この論攷は祈りの時の身体の姿勢などを述べていることから、キリスト教の霊的文献の中では特異なものとされ、夙に知られていた。ところがこれを詳細に研究したイレネ・オーシェール（Irénée Hausherr、一八九一―一九七八年）は、著者は新神学者シメオンではなく、十四世紀のアトスの修道士、ニケフォロスであるとしたのだった。[4] それはここで述べられている方法がシメオンの他の著書で語られている神秘体験と必ずしも一致しないことが主な理由である。実際にはいつの間にかこの文章がシメオンの著作の中に紛れこんだのであろう。それは一つにはシメオンという名をもつ者は数多く、そこに混同が生じたこと、もう一つは新神学者シメオンがこの祈りの発明者でなくても、彼にはこの祈りが普及するのに若干の責任があったことである。[5] つまり自ら深い神秘体験をしたシメオンにとって、神秘体験は是非とも万人が味わうべきものであり、彼自身が体験したことはその著述によってすでによく知られていたから、少なくとも彼自身がこの方法の発明者ではないにしても、素早くかつ科学的に神秘体験に至る方法がもしあるとすれば、当然その普及には責任があると考えうるからである。[6] ここからオーシェールは結論する。シメオンはこの『方法』の著者ではない、この著作はシナイの霊的伝統を引き継ぐが、部分的には奇異なところがあり、シナイの伝統の変形したものがうかがえる。しかしシメオンは自身の神秘体験に関する理論からして、この方法を広めることには貢献したはずだ。この『方法』の著者はそれらのことを無視せず、むしろこの著作が「新神学者シメオン作」と呼ばれることを心底望んだのであろう、[7] と。

それではこの『方法』の著者はいったい誰であるか。オーシェールは結局のところ『フィロカリア』の編纂者はいわば偽シメオンが誰かを知っていて、この作品をアトスの修道士ニケフォロス（パラマスの師と言われる）に帰せしめており、クサントプロスのイグナティオスとカリストスがそれを肯定していると言う。[8] ところでニケフォロスが書いたとされる『心の監視について』はこの『方法』と類似点が多く、さまざまな要素が考えられるが、オーシェールは、結局、偽シメオンとニケフォロスは同一人物で、『方法』と『心の監視』は、もともとは一つの論考であったと言うのである。[9] しかしこれについてはベック（Hans-Georg Beck）などは『方法』と『心の監視』には成立年代に百年くらいの開きがあり、ニケフォロスは『方法』を知っていた、と言う。(10) またグイヤール（Jean Gouillard）は、これはニケフォロスの同時代人のものであろう、とも言う。(11)

　このように著者の確たる同定についてはほとんど不可能な状態であるが、(12) そうしたことも考慮のうちに置きつつ、われわれはテクストそのものに接することにしよう。

第二節　第一の祈り

　さて本章で扱う『方法』のテクストは『フィロカリア』中の近代ギリシア語のものではなく、オーシェールの校訂した古典ギリシア語のものを用いる。(13) おそらく近代ギリシア語のものは古典ギリシア語のものの翻訳であって、本来のテクストは古典ギリシア語のものであると考えられるからである。

　まずオーシェールのタイトルは『聖なる祈りと注意の方法』となっている。ところですぐ目につく「注意」（προσοχή）というのは何であろうか。これはヘシュカスムにおいて重要な用語であって、人の心の中のさまざまな思い（λογισμός、主として悪魔によって掻き立てられる悪しき思いや想念を指す）や想像を監視すること、つまり「心の監視」（φυλακή καρδίας）の謂いである。これは霊的に目覚めた状態（覚醒、νῆψις）と深く関連し、覚醒は注意を強化する。(14) 従ってよき覚醒状態なくしては、祈り、つまりヘシュカストのいう祈りは十分には成立しえないのである。

　本論考は祈りと注意についての解明とそれへの質問およびその回答から構成されている。はじめに著者は「祈りと注意」には三通りの仕方があることを述べる。著者によれば、祈りと覚醒は身体と魂のように堅く結び合い、この用い方いかんによって、魂は上昇もすれば、下降もする。というのは覚醒が何か看視者のように魂を吟味し、罪に傾く性向を厳しく取り締まるからである。たんなる注意だけではとてもそれはできず、注意と祈りは覚醒によって浄められる必要がある。不注意な祈りは命取りにもなりかねない。[15] あたかも酔いからさめたような覚醒状態において、己の心のあり様に注意を払うことが要請されている。

そして「第一の祈り」の説明に入っていく。しかし奇妙なことに、ここで第一の祈りと言われているものを著者は推奨せず、その反対にそれを退けるのである。というのはその祈りは著者によれば錯誤の祈り、つまり本当に祈っているように思いなしているだけであって、かえって危険な祈りだからである。ここには思いなすこと（臆見）の危険性が指摘されている。思いなしは、真実の自己から目を逸らさせ、ひいては真理を見誤らせるからである。さてその祈りは手と眼をヌースとともに天に上げる形をとって始まる。この場合ヌースは神とはこういうものだという概念を勝手に作りあげ（思いなし）、天使の序列や義人の住まうところといった、聖書などから学んだことを祈りのときにかき集めて想像し、そのかぎりにおいて神を欲求するのである。天をのぞんで涙が出ることもあるが、そうなると心は増長し、神の慰めが得られるかのように錯覚する。そもそもこうしたことが錯誤の印である。もしこういう人が独居してヘーシュキアを実践するなら、精神に不調をきたすだろう。そうならなくても、修道生活の目標である徳の獲得や不受動心（ἀπάθεια）に達することはできない。こうした間違った意味での注意から、感覚的に光を見たり、香しい匂いを嗅いだり、声を聞いたりすることがある。このような迷妄の結果は悲惨で、あちこち徘徊したり、本当の天使にも気づかず、人の忠告にも耳を貸さず、あげくの果てには自殺する者も出る。とにかくこうしたことを真の祈りと思いこんで祈っている者には何の益もないのである。[16]

以上のことから著者はこの第一の祈りと注意は、それがイマジネーションに基づいているかぎりにおいて、妄想を誘発するものであり、真の祈りとはなりえない、と考えていることがわかる。これは、たとえば禅も想像力によってさまざまなイメージが湧出してくる状況を魔境として退けているが、それと若干似ていよう。いずれにしても、勝手なイメージが一人歩きすることに価値を見出さないばかりか、危険性をすら嗅ぎとっていることはキリスト教霊性に特質的な傾向でもあり、これは積極的にイメージを利用するイスラームのスーフィーたちの神秘体験と袂を分かつところかもしれない(17)。

第三節　第二の祈り

「第二の祈り」は第一のものと少しく趣を異にする。それは一種闘争的祈りである。すなわち、ヌースが感覚的なものに十分注意し、それらから身を離すように注意し(18)、心に到来する思い・想念を吟味し、神への懇願に注意を向け、虜となった思いを自らに引き寄せ、情念に囚われた自己から本来的自己へと力づくでも戻ろうと努力し、戦おうとする。しかしこのような者には心の平和や勝利は訪れない。その理由は、こうした者は夜間に戦っている者に似ていて、彼はヌースの闇の中にあるため、敵そのものを見分けることができないし、どこから、また何のために戦いをしかけてくるかもわからないからだ。そういう者はヌースとはまったく似ても似つかぬ者から攻撃され、その攻撃にたとえ耐えたとしても、今度は虚栄心に惑わされて、自分は祈りの際に注意深くある人間だ、だから他の人と同じではないと思い上がり、盲が盲を導くように人々を指導するという結果になる(19)。

このように自ら戦っているという意識をもち、またそれなりに努力をしている者は、どうしても己を特別視しやすい。戦っているという意識そのものが虚栄心を生み、この虚栄心が自己をいっそう高く見せる。しかしそこに大きな陥穽がある。著者によれば第二の祈りは第一のそれよりも性質が悪いのである。

第四節　第三の祈り

「第三の祈り」は、著者自身、これが奇妙なものであり、説明することがむずかしく、無知な者には理解しがたいものだと言う。著者はこの祈りや注意が、現今、従順とともに消え去っていることを嘆く。従順という徳は、この世の悪を避け、憂いを取り去り、情念を追い払い、かくして人に修行の道を歩ませるのである（もっともこうしたことには指導が必要であるが）。従順であることはこの世と身体に関するあらゆる執着を取ることであり、執着のなくなった人間は神と自らの霊的師父（霊的指導者）に一切を委ね切るのである。このような者には、

「〔神に〕反抗する力の知的な回転、つまり網のような仕方で、ヌースを思い・想念の無数の回路に引きずりこむものが破れ、〔そのために自らが〕自由であることが示され、権能をもって戦い、敵の思惑・考えを吟味して、巧みに追い払い、浄い心で祈りを上らせる」[20]。

これが修道生活の始めである。つまり修道生活の基本は従順にあるわけである。だから第一や第二の祈りのように、上方を注視して手を挙げたり、天よりの援けを懇願したり、一種の霊的闘争をして、外的感覚に注意を凝らすあまり、己のうちなる敵を感知しない状況では、著者の言う本当の祈りや注意になっていないのである。かえって彼はうぬぼれの強い人間に成り下がってしまうのだ[21]。

ただし真の祈りから豊かな恵みを受けるためには準備が必要である。まず従順の徳を身につけ、しかる後に良心（συνείδησις）をもってあらゆることをなすべきである。この良心を、第一に神に対して、そして霊的師父に対して、そして人と物に対して守らなければならない。神に対しては、これは神に仕えることにはならないと自ら知っていることをしないためであり、霊的師父に対しては、彼が何らか目的をもって自分に語りかけてくることがらに（勝手に）付加や削除をしないためである。人に対しては、自分にとって嫌なことを人にしないため、物に対しては、食物や衣類などを濫用しないため、総じて神の面前にあって、良心から何らか非難を蒙らないためである。[22] すなわち従順を軸とし、良心のどんな吟味にも耐えうる人となることが要求されている。そしてそれは内面の状況に留まるのではなく、己の内面が端的に現れる、身の回りのさまざまな物の使用や執着についても注意されている。それは個人の生活全般を貫く最も基本的な態度なのである。

これに続いて真にして誤りなき注意と祈りが語られる。それによれば、まず祈るとき、ヌースは心がぐらぐらと転回するのを監視し、心の深処から主に向かって懇願が立ち昇るようにさせるのである。するとヌースは主がよき方であり、主は喜んで人間の心の中に留まられるということを知る。そして主のいます場所が悪しき考えに染まっていないかを吟味する。しかしこのことも決して容易な業ではない。経験のない者は特にこうしたことを敬遠するものである。しかし心を監視し、それに成功すれば、あらゆる徳を自分のものにしうるのである。逆にまた心の監視の十分でないところには他の徳も存立しえない。このような状況を伝統的に師父たちは、ヘーシュキア、注意、心の監視、覚醒、反駁、想念の吟味、ヌースの見張り、などと呼んできた。[23] 名称に違いはあるものの、彼らはおしなべて「心の監視」が何より重要であることを明言しているのである。

そしてこの世界のあらゆること（理にあわぬことも、理にかなったことも）において死ぬこと、良心が浄くあるよう監視すること、この世のことや己の身体に傾いていく情念に無関心になること、以上の二つをまず自分のものにしなければならない(24)。それらはすべて自己を正当化し、保全しようとするエゴイズムを打破するための行為である。

第五節　この論考の中核的部分

このような準備を経た上で、いよいよこの論考の中核であって、かつ問題の箇所にさしかかる。ここでは原文を引用しよう。

「それから静かな独居室の中に坐って、たった一人で片隅に寄り、私の言うことをしなさい。戸を閉め、あなたのヌースをあらゆる空しいもの、つまり一時的なものから高く上げなさい。それから胸にあなたの鬚をつけ、あなたの感覚的な眼をヌース全体で腹の真中、すなわち臍に向けなさい(25)。さて思うままに呼吸しないで、鼻からの息の吸入を押しとどめ、腹の中で知的に（νοητῶς）心の場所を見出すよう努め、そこにすべての魂の力が住まうようにしなさい。するとまずあなたは闇と堅い厚さを見出すが、あなたがこの業を夜も昼も続けてなすなら、驚くべきことよ、あなたは絶えることのない快さを見出すであろう。というのはヌースは心の場所を見出すと同時に、すぐにこれまで決して知らなかったものを見出すからである。というのは心の真中に彼は空気を見、自らが全体として光っており、識別力に満ちているのを見、そしてその後、想念が頭をもたげてくると、それが完成したり、何か形をとったりする前に、イエス・キリストの名を呼ぶことによって〔想念〕を追い払い、また見えなくするのである。そこからヌースはダイモーンに対し、その害を忘れずに、自然に生じる怒りを目覚めさせ、追い払いつつヌースの敵を投げ飛ばすのである。他のことどもはあなたが神とともにヌースの監視〔の業〕をなして、イエスを心のうちに占めることで学ぶであろう」[26]。

以上の引用によって、この祈りの特色が理解できよう。それは特異なものと映るかもしれないが、『フィロカリア』にこれが収められているということは、実際に修道士たちがこうした実践を行っていた証拠であり、またアトス山の修道士は本気になってこの業の修得に励んでいたばかりか、この論考が近代ギリシア語に翻訳されたということは、一般の人々にもこの祈りの方法が推奨されていたということでもある。それゆえこれは、バルラアムが揶揄したように、たとえその方法や、そこに描き出されているヌースの見るものが奇異と映ろうとも、たんなる迷妄による修行ではないであろう。

第六節　この祈りの吟味

それでは順次この祈りを吟味していこう。まず要請されることは、独りで部屋の片隅に坐ることである。つまり静かな、そして外界の騒音に煩わされない環境が必要である。ここには書いていないが、部屋自体があまり明るくない方が精神の集中によいことは容易に想像できる。そしてヌースが一切の空しいものから離脱することが必要である。「ヌース」はギリシア哲学以来、人間のもつ貴重な能力とされる。それは「精神」とも「知性」とも「思考」とも訳されるが、感覚的認識とは別の、感覚の範疇を逸脱するもの、つまり霊的・精神的世界を認識する能力である。それゆえヌースは三次元的存在の限界を超えようとする。そこで教父や霊的師父の文献では、ヌースの位置は高く、神と交わるための非常に高次な霊的能力であるとされる。それは「知性」的であるが、いわゆる「理性」や「悟性」の類ではない。というのはヌースは直観に貫かれて、何らの悟性的媒介もなしに、直截に人間を超える神を、たとえ限定された仕方であっても、把捉する力をもつからである。そうしたヌースが神へと自己を集中させる。

次いで祈りの姿勢あるいはいわゆる身体的技法と称せられるものに触れる。自らの腹の中心（臍）に注意を凝らすこの方法は奇異なものと映るかもしれない。そして呼吸を抑制するこのやり方は一種東洋のヨーガを連想させるかもしれない。じっさいイヴァーンカ（Ivánka、一九〇一―七四年）はヘシュカスムの祈りを行う者を捉えて、「ビザンティンのヨーガ行者であるか」と問うている。(27) もちろんそれに関してイヴァーンカは慎重であって、結論を明確に述べることをせず、その仕事はインド学のなすことであると他の学問分野に下駄を預けてはいる。しかし実際はこの問題についていまだ十分には明確にされていない。ただこの祈りがヨーガと関係があるか、ないかは別としても、こうしたことは比較宗教学的には興味のあることで、多くの研究者の関心をひくものであるが、たとえば、“*Petite Philocalie de la prière du coeur*” では、補遺として、ヨーガではなく、スーフィーの祈りの技法「ズィクル（Dhikr）」をヘシュカスムとの比較のために紹介している。(28) ズィクルとはアラビア語の動詞 dhakara（語根：dh. k. r）の名詞形であるが、その意味は「記憶」、「想起」、「名づけること」などであって、井筒俊彦によれば、「なにかをありありと心に思い浮かべること、とくにそのものの名を口に唱えることによってそのものの形象を心に呼び起こし、それを心から離さずに長いあいだ保持すること」(29) と説明される。

スーフィーの場合もやはり神を呼び求める。その言葉は一応 La illaha illa Allah（唱えるときはラーイラーハイッララーと言う）であって、意味は「アッラーのほかには神は絶対にいない」ということである。[30] ここでも比較的短い言葉が選ばれ、そのかぎり、それはヘシュカストたちが「神の子、イエス・キリスト、我を憐れみ給え」と唱えるのと似ている。もちろんこうした言葉は繰り返し、繰り返し、呪文のように唱えることによって、仏教でいうマントラ（真言）がそうであるように、日常的意識状態に変容を来たし、修行者を一種のトランス（夢幻様・憑依）状態に陥れる。そしてこの状況は確かに不断の唱名が生み出す効果である。しかしそれに先立って考えておかねばならないことは、ヘシュカストの場合は人間の思念をイエスに、スーフィーの場合はアッラーに集中させることが目的であって、トランス状態が目的ではないということである。各修行者にとって、イエスが、そしてアッラーが最大の関心事なのであって、それ以外に思念を凝らす対象はありえないのである。その意味でスーフィーのこの方法とヘシュカストのそれはどこか通底するのかもしれない。それの学問的探求は今のところ詳らかではまだない。しかしそれが互いに関連しようがしまいが、ここでわれわれが認識することは宗教・宗派や教義の違いはあっても、真剣に絶対者に対峙する修行者の〔深層〕意識の達するところ、それは似通ってくるということである。

第七節　祈りの高まり

さて『方法』の著者は、呼吸を整え、抑制することで、腹（ἔγκατα）の中にヌース・精神をこめて（νοετῶς）心の場所を見つけよ、と言う。"ἔγκατα" とはふつう腸や内臓を指すが、ここでは「腹部」ととってよいであろう。しかしこの表現は比喩なのか、それとも現実的な腹なのか。著者は鬚を胸に付けよ、と言っているわけだから、その姿勢で自然と見えてくるのは自分の腹である。さすればそれはやはり現実的な腹なのである。己の腹の中をよくのぞいてみよ、と言われている。ところで市川浩は「ヨーロッパ人にとっては心がハート〔心臓のこと〕より下にあるというのは考えにくいようですね。どっちかというとハートより上にあり、一種の頭化現象がみられる。心の座が頭であるという考え方はギリシア時代からあるわけです。それにたいして日本の場合には、……腹でわかりあうとか、……臍下丹田に力をこめて気力を養うとか、心臓より下のレヴェルにほんとうの心があるという考え方が強いように思います」(31)と言っているが、『方法』の著者の考えを読めば、この指摘はどうであろうか。『方法』では腹が心の座だと言っているのである。しかもそこに魂のすべての力が宿りうるのである。丹田とまでは言わないけれど、臍を凝視せよ、と言っている。たとえギリシア人の思惟に頭化現象が見られるとしても、この場合は決してそれではない。ヘシュカストの意識はギリシア的思惟方法の範疇には入らない。セム系の宗教的伝統を引くヘシュカスムに頭化現象はない。あくまでわれわれの体の中心的な部位に、魂の力が宿る心は場を占めるのである。そしてこの心の場所を見定めるやり方は「νοητός」であって、たんなる推論的認識能力ではない、直截的な神認識に近い直観の業によるのである。ここにもヌースの力は効いている。

ではこのような業を絶えず行うとどうなるのか。修行者は「闇と堅い厚さ」を見出すのである。この場合の心的状況は人間にとり、かなり辛いことではあろうが、この祈りを日夜続けていくと、今度は終わることのない快活さ（ἄληκτος εὐφροσύνη）を見出すのである。そしてヌースは心の場所、その本来的なありかを見つけ、これまで決して知りはしなかったものを見出す。それは心の間に靄のかかったような空気の層（ἀήρ）のあることに気づき、自己自身これまでになかったほどに霊的なことがらを見分ける識別力（διάκρισις）を有していることに気がつくのである。

ここにまで至れば修行者が念じていた霊的昂揚の状況に達したということになるのだろう。『方法』ではわりと簡単にこの状況に至る筋道が述べられているが、先ほど触れたスーフィーのズィクルはこの過程がもっと複雑に描かれ、アッラーの名を唱える唱え方もかなり細かく定められている。そしてやはりズィクルにおいても『方法』で述べられていたようにかなり早い段階において、修行者は何か深い、深い井戸の中や地中の穴に投げ込まれたように感じ、その暗闇と厚い壁を意識するのである。[32] これはさまざまな神秘主義的修行において語られる、一度は潜り抜けなければならない「霊魂の暗夜」であり、あるいは霊魂の暗夜のプレリュードのごときものであろう。それに耐えて、怯むことなくこの祈りの業を行った者だけが、その終局に輝きを見るのである。ここにもまた光の神秘主義の一端が見受けられる。絶対者なる神も「光」として表象されると同時に、有限の人間であっても、この絶対者に近接しうるほどの者もまた「光」輝くのである。もちろんそれは絶対者たる根源的光の反照にすぎないものではあろうが。

だがここでもヌースは常に目を光らせておかねばならない。たとえどれほど祈りに精進しても、隙があれば想念は湧出する。この想念を追い払うのはイエスの名を呼び求めることによる。ここにヘシュカストの祈りが別名「イエスの祈り」と呼ばれることの片鱗がうかがわれるのだが、この論考を読むと、『イエスのみ名の祈り』の著者も言うように、やや奇異な感じを受けるのは否めない。つまり「イエスの祈り」の定式句がここでは述べられていないからである。[33] ただ『フィロカリア』では「主イエス・キリスト、我を憐れみ給え」と付加されているが、[34] オーシェールの校訂本にはない。この定式句はすでに早い時期に定まっていたと思われるのに（つまり『フィロカリア』の成立時期にはこの句は知られていた）、十四世紀頃の著作と思われるこの論考や、それが範とした他の書には、この定式句は載っていなかったのであろうか。それともいわずもがなであったのに、『フィロカリア』はわざわざそれに言及したのだととるべきであろうか。いずれにしてもわれわれの拠った『方法』では、祈りの言葉や祈りの言葉の唱え方については極めて淡白な表現しかなされていないのである。

第八節　作者への問いと答え

ところで続く本文の後半部では、問いとそれに対する答えといった一種補遺的な構成になっている。問いは一つであって、それはこの『方法』を読んだ者が誰でも抱く疑問で、どうして第一と第二の祈りや監視は不十分なのだろうか、ということである。

答えとして、それはものの順序をしっかりと踏んでいないからだと言う(35)。そのわけは修行の階梯を、梯子を登っていくことに譬えて説明したヨアンネス・クリマクスの次の言葉を中心に据えて考えているからである。クリマクスは次のような意味のことを言っている。すなわち

「ある者は情念を減じるよう努め、ある者は詩編を朗唱し、大部分の時間をそうしたことに忍耐強くかかわり、ある者は祈りに時間をかけ、ある者は観想に視線を固定して深処に入っていく。そして己のいる梯子に従って、そこで問題を探究すべきである(36)」。

ところで第一の祈りと注意の問題点はイマジネーションの助けを受けて、すでに自分が観想の深処や高処に上昇したと誤認することであった。そしてさまざまな身体感覚がそこに立ち騒いでいたのである。また第二のそれ

は、神へと至る勝利の冠を得ようとして徒に霊の敵と戦うことであった。己が果敢にも霊の敵と戦っていると思いなしているために、かえって尊大な気持ちを有してしまうのであった。『方法』の著者はそうしたことは一つ一つ段階を踏んで到達していくことから大きく逸脱していると言うのである。ものには順序があるのだ。下から上へ、地上から天上へと登りゆく順序が。そしてそれはまた人が子供から青年、そして壮年、最後に老年へと成熟してゆくのにも似ている。初心者は何よりも情念を減少させ、克服していくよう努めねばならない(37)。次いで燃えさかる情念の火を減じた者は詩編の朗唱に専心する。しかし彼はまだまだ若年者である(38)。第三段階はいわば壮年の状態であって、祈りを忍耐強く行う時期である(39)。続く第四の段階は髪に白いものを戴く老年である。ここに至って観想は成熟し、梯子の頂点に達する(40)。

このことをさらに説明すればこうなる。すなわち霊的に再生を遂げんと望む者には、つまり光へと前進したい者には、何よりも情念の減少、すなわち心の監視が必要である。そして次に注意深く詩編の朗唱を行うこと。心が情念に対抗して、情念の火をおさめると、ヌースは神と和解しようと燃え上がる。この力あるヌースは想念に対しても強く抵抗する。すると今度は通常のごとく例の第二の注意と祈りに向かうことになる（ただしここまできちんと段階を踏んできていれば）。ここで荒々しい情念の嵐はもう一度吹き荒れるが、イエスへの呼びかけによってそれらは雲散霧消してしまう。しかし逃げ出したものは再びヌースの表面をかき乱すが、この段階で修行者はへーシュキアに達しているため、もはやことごとしく戦うことはしないのである。それは最初に述べた第二の祈りの状況と大いに違うところである。ここでは心が十全に監視され、成熟した白髪の老人になっている。その人は完全な者と言えるであろう。ここに至れば第一の祈りのように天を注視して、真理に向かって懇願することもできよう(41)。すなわち第三の注意と祈りを実践しえた者にして始めて、第一と第二のそれも成就する。つまり第三のものが第一と第二をも完成させるのである。

しかしここまで読んで感ずることは、この著者の執拗なまでに情念を排除する傾向性である。情念の排除にかけるエネルギーは莫大で、それだけこの情念の見極めは重要な要素となる（識別力）。先に触れたクリマクスの『楽園の梯子』においても、一章から二六章に至るまで、悪徳やさまざまな情念の列挙とそれに対処する心構えが述べられ、二七章以下になって、ヘーシュキアや祈り、心の平静さ、信・望・愛に言及する。それほど修行者にとって情念とは手強い、やっかいな相手であったのだ。まことに情念とは観想の生活に入ろうとする者に好んで取憑くもので、往昔の人がこれをダイモーンと呼んだのも無理からぬことである。このダイモーンが外にいるものならまだしも、己の中に在るものであってみれば、なおさらのことである。ところでここでは情念との戦いについては、このように記されているが、それら情念を克服した後、魂がどのように平静になってゆくのか、また魂や自己といったものが意識レヴェルでどう変容してゆくのか、それらについては詳らかにされていない。そういう問題は確かに残る。しかしながら情念の詳細な描出は別の面では大変重要な試みのようにも思われる。それは取りも直さず人間の心理を追求すること（情念論の成立）になるからである。東方の師父たちは、優れた人であればあるだけ、彼のもとに集う弟子たちの心・魂の配慮に努めたように見える。弟子たちが修行の過程で陥るさまざまの心的危機状況に経験豊かな師父たちは賢明に対処していった。新しいところではロシアのスターレッツなどがそのよい例である。ただし実践に徹した彼らは、それを学として形成することには関心がなかったから、修道生活の「心理学」は成り立たなかった。それを一つの「学」として捉え直すことはわれわれの仕事であるかもしれない。確かにここには人間の深層心理に至る道が開けているのだから。

第九節　イエスの祈りの意味

さてところで『方法』の著者は祈りと注意の方法については詳述していたが、肝心のイエスに呼びかける祈りが何であったのかは記していなかった。われわれは当時の状況からして、それがいわゆる「イエスの祈り」であったと考えられることをすでに述べた（第七節）。ここでその祈りの内実が描き出されていないために『フィロカリア』の編者は近代ギリシア語で書かれた部分において、祈りの言葉について、他の不詳の著者による文章を載せていると考えられる(42)。

その一つは「主イエス・キリスト、神の子、我を憐れみ給え」という、いわゆるイエスの祈りそのものの解明である(43)。その冒頭にこの祈りの力や祈りによる恵み、祈りによってどんなに価値ある状態に至るか、等については、われわれの力を超えているから、語ることができない、として、先ほど問題にした神秘体験による自己の意識の変容については始めから、注意深く、口を閉ざしている。それはこの論考が一般民衆をも視野に入れて書かれたものであるからであろう。イエスの祈りの技法については、あくまで経験豊かな指導者を要することだからである。そこで問題にするのは、この祈りの起源である。それによれば聖書にそもそも源があり、パウロ、ヨハネ、ペトロという三人の使徒が祈りの言葉として語ったということになる。そして後代の者はこれを伝統的な遺産のように受け継いだのである。これら三人の使徒の言は神の託宣であり、聖霊の啓示、神の声であり、使徒の書はキリストの言葉だということが著者の信ずるところである(44)。

では三人の使徒の言葉は何であるか。まずパウロは「主イエス」と言った。それは「誰も主イエスとは言えない、聖霊によらないならば〔ギリシア語原文にあわせて日本語の順序を変更〕」（一コリント一二・3）とあるからである。そしてこのイエスという名は他のどんな名よりも崇高で、遥かな高処にあるものだと「名」を称揚する[45]。イエスの名はここで聖霊と結びつく。次いでヨハネはパウロの最後の言葉（聖霊・霊）を引き受けて、「すべての霊――イエス・キリストが肉となって来られたことを公に言い表すところの――は神からのものである」（一ヨハネ四・2）と言う。ここでもイエス・キリストの名の告白は神の霊の恵みであることに注意を喚起する[46]。ペトロは「キリスト」という言葉をとり上げる。それは、イエスがあなたたちは私を誰であると言うのかと尋ねたとき、「あなたはキリスト、生ける神の子」（マタイ一六・17参照）とペトロが言ったからである。するとここにパウロによって「主イエス」、ヨハネによって「イエス・キリスト」、ペトロによって「キリスト、神の子」という言葉の流れが生じ、「主」→「イエス」→「キリスト」→「神の子」→「主」という一つの円が形成される。最後の「神の子」が最初の「主」に接続するが、それは人が「主」とか「神の子」と言っても同じことを指すからであって、二つとも神の子の神性を表しているからだと言う[47]。

ところでこの祈りの神秘的伝統はパウロというキリストの弟子としては最後の者から始まり、ヨハネという中間の者を通して、首位者たるペトロに至って完成する。これは愛のうちに実践と観想を媒介にしてわれわれが神に至る道である。つまりパウロは「実践」を意味し（これは一コリント一五・10の「私は多く働いた」による）、ヨハネは「神学者」という呼称をもつゆえ「観想」を意味し、ペトロは主が「お前は私を愛するか」と問われたように「愛」を表すのである。従ってこの祈りを行う者は実践に励んで、徳を積み、さらに上昇して観想し、そして神の愛を得、神と一致する（すなわち実践→観想→愛へ進み行く[48]）。

著者は後の者から初めの者へという順序を用いながら、三者のそれぞれの言葉が互いに関連し、互いにこだまし合い、一つの祈りを形成したと主張する。その関係は円で表すのが一番ふさわしい。それはこの祈り自体が一つの完結体だからである。

そしてさらにこの祈りが正統なものであることを示すために、この祈りは正統教義をも表現しているのだと述べる。すなわち「主」はキリストの神性を、「イエス」は人性を、「キリスト」は二つの本性、つまり一つのプロソーポンにおいて二つの本性をもち、しかも唯一のヒュポスタシスであることを、「神の子」はキリストにおいて神性は人性と一致しても互いに混じることがないことを示す。[49] つまり「主」はサモサタのパウロス（イエスは人間であると主張したアンティオキアの主教、在位二六〇―七二年）を、「キリスト」はネストリオス派を、「神の子」は単性論者を反駁する。かくして「イエスの祈り」によって、あらゆる異端は撲滅されるというのである。極めて護教的色彩の強い、正統性の弁明である。

以上がこの論考の中心であるが、この後特に注意すべきは、「イエス」という名が最も甘美であること、その甘美さを大切にして往昔の修行者は生きたのであり、それを後世に伝えた。加えて不完全極まりないわれわれには大いなる神の憐れみが必要であることが述べられる。[50]

ところでもう一つの作者不詳の論考は特に「キリエ・エレイソン（主よ、憐れみ給え）」を中心に述べたものである。[51] ここでも「キリエ・エレイソン」は使徒時代から祈られたものであることを強調した上で「キリエ・エレイソン」の本当の意味を知っている人が少ないという現状を指摘する。人間が基本的に知らなければならないことは、以下のことである。すなわち神の子、ロゴスの受肉と受難は人間への憐れみからなされたことであり、受肉と受難によって、本来は全宇宙の主であった者が、人間の主（人性をとったから）となったのである。そして主の憐れみは、神に歯向かう悪魔の力を凌駕するほどに大きい。しかし神は悪魔を力づくで支配しようとはしない。むしろ人間を神の洗礼により造り変え、秘跡で人間の魂を養い、魂を賦活させる。不幸にして悪魔の罠のもとにある人間のために神の憐れみを乞う(52)。このような筆致はやや月並みで、通俗的である。そこには人を啓蒙あるいは教化する意図があるのであろう。ただここで「憐れみ」については少々面白いことを言っている。それによると、貧しい者は「私が貧しい」ので、「可愛そうに思って憐れんでください」と言うし、負債を負っている者は、「負債のために」「私を可愛そうに思って憐れんでください」と言うだろう。同様に罪を犯した者も、「私があなたになした罪過ゆえに私を憐れんでください」と言う。自己自身が極めて卑小な者であることを認識し、それには神の恵み以外は何ら役立たないことを知って、神に懇願する。いかなる面においても自らの力だけでは何事もなしえない私を根底から支えてくださいという哀訴のほとばしり、それが「キリエ・エレイソン」だと言うのである。

おそらく近代ギリシア語によって『フィロカリア』を紐解く信徒には以上のような語り口で十分であったのであろう。その意味で、二つの近代ギリシア語の作品は説明的・説得的である。そのためにいわゆる「イエスの祈り」の源泉は福音書にあること、使徒時代からのものであることを述べて権威づけをする必要があった。しかし最初に見た作者不詳の論考は、もともと祈りを専門とする修道士に向けられたものであったためか、かなり深く祈りの核心に触れる記述がなされていると考える。

結　語

さて以上の三つの論考を概観した結果、われわれはヘシュカストの祈りは、第一の論考がその祈りの内容を明示しなかったとはいえ、「イエスの名」を呼び求めることに収斂していくことを知った。「名」は多くの場合、当のものの本質側面を何らかの仕方で表現するものである。ヘシュカストは「イエス」という名のもとに、イエスを通して、見えぬ神に至る一本の筋道を感知したのであった。この「イエス」という名を終生、念頭から、心から、口から、立ち居振舞いから離さないかぎり、ヘシュカストは見えぬ神とともにあり続ける。それは彼らの信念であった。この揺るぎない信念はヘシュカストの全存在をかけて「イエスの名」に凝集したのである。

しかもこの「イエス」の名は甘美なものでさえあった。イエスの名の呼称はヘシュカストにとって、舌なめずりするくらい甘いものなのである。イエスの名に酔っているとさえ言ってよいだろう。そこには、これまで述べたように、イエスの名に人間の全実存を託していく祈願とともに、イエス＝神の子＝神という図式から割り出されてくるように、イエスの名を呼び求めることは、また神の名を呼ぶことでもあるという確信が見えてくる。イエスは一切を超越しながら、一切の被造物に真の愛と慰めを注ぐところの神の名でもあるからこそ、甘美なのである。そこには「神名」呼称への伝統的な憧憬がある。周知のように旧約聖書において、神の名はみだりに唱えるものではなかった。それは堅く禁じられ、神の名は奥深い暗闇の中に守られていたのである。それゆえユダヤ教徒は直接神の名を呼ぶことはせず、YHWHというテトラグラマトンに、音声的に類似の呼び名を与えることによって、直接名を呼ぶことの禁令を逃れ、他方で、名への憧憬を満たしたのであった。しかしキリスト教の場合、父なる神に人間が接近する度合いに比べ、子なる神にはより以上の接近の可能性が開かれ、またその子なる神は人としての「名」を有していたゆえに、いっそうの親しみをもったのである。ここに至って「神名」は公然と誰憚ることなく語られる。たとえ神のウーシア（本質）にまつわる名は口にしえなくとも、神のエネルゲイア（働き）にまつわる名は堂々と発語されてよい。そうしたキリスト教の神名呼称の伝統がヘシュカスムでは、「甘美さ」という感覚的表現をとるまでに血肉と化したのであった(53)。
祈りに沈潜した結果のその深まりにおける記述はまだまだ淡白な表現ではあるけれど、それは体験したことに基づいた上での記述である。その究極的体験の現場におけるさらなる自己・意識の変容については、意図的にか触れられていない。この禁欲的態度はどこから来るのか。あるいは個人の深層的体験についての記述はどこかで抑制される機構が働いていたのか。そしてまたこうした祈りの形式はキリスト教以外の宗教のそれとどのような連関が見出されるのか。これらの諸問題については、また別に稿を改めて論ずる必要があろう。

註

（1）*Philok. V.* (Athen, 1976), 63-112. 邦訳『フィロカリア』第九巻一一三―二〇二頁。

（2）ちなみに『フィロカリア』に収録されている師父たちの名前は次の通りである（収録順）。アントニオス（二五一頃―三五六年）、隠修士イザイヤ（四九一年頃没）、エヴァグリオス・ポンティコス（三四五頃―三九九年）、カシアヌス（三六〇頃―四三〇／四三五年頃）、隠修士マルコス（?―四三〇年以降）、ヘシュキオス（四世紀?）、ネイロス（?―四三〇年頃）、フォティケーのディアドコス（五世紀中頃）、カルパティオスのヨアンネス（七世紀頃）、エデッサのテオドロス（七世紀頃）、証聖者マクシモス（五八〇頃―六六二年）、リビアのタラシオス（七世紀頃）、ダマスコスのヨアンネス（六七五頃―七四九年頃）、フィレモン（六世紀頃?）、テオグノストス（八世紀あるいは十四世紀?）、シナイのフィロテオス（十一―十二世紀前半）、エリアス・エクディコス（十二世紀頃）、ヨアンネス・クリマクス（五七〇頃―六四九年）、ダマスコスのペトロス（七世紀）、エジプトのマカリオス（四世紀）、新神学者シメオン（九四九頃―一〇二二年）、ニケタス・ステタトス（一〇〇五頃―一〇八〇年頃）、フィラデルフィアのテオレープトス（十四世紀）、シナイのグレゴリオス（十三世紀末―一三四六）、グレゴリオス・パラマス（一二九六頃―一三五九年）、クサントプロスのカリストスとイグナティオス（十四世紀頃）、総主教カリストス（前と同一人物?）、カリストス・テリコウデス（十四世紀）、カリストス・カタフィギオテス（十四世紀）、テサロニケのシメオン（十四世紀）。その他不詳の者。

(3) Cf. *The Philokalia*, translated by G. E. H. Palmer et alii., vol. 1 (London, 1976), 11-13.

(4) Irénée Hausherr, ibid., 116.

(5) Ibid., 118-19.

(6) Ibid., 127.

(7) Ibid., 129.

(8) Ibid.

(9) Ibid., 131-33.

(10) Hans-Georg Beck, *Kirche und theologische Literatur im byzantinischen Reich* (München , 1977), 693.

(11) *Petite Philocalie de la prière du cœur*, traduite et présentée par Jean Gouillard (Éditions du Seuil, 1979), 154.

(12) この著者が新神学者シメオンであるとされたのは、以上オーシェールが言うような理由が考えられるのであろうが、シメオンに「新」神学者という称号が冠せられていることに注意を払ってもいいかもしれない。というのは周知のように、東方では三人の人物に「神学者」という称号が付せられることになっている。福音記者ヨハネ、ナジアンゾスのグレゴリオス、そしてこのシメオンである。しかしシメオンにだけ「新（カイノス）」という形容詞がついているのは、当初彼の神秘神学的思想は新奇で危険なものと見られており、それで否定的意味合いで「新」が付けられたという研究者もいる。このことから推測するなら、本章の『方法』は幾分新奇なものと考えられていたからこそ、著者は「新」神学者シメオンに帰せられたという可能性もありうるであろう。Cf. Hilarion Alfeyev, *St. Symeon the New Theologian and Orthodox Tradition* (Oxford, 2000), 1.

(13) I. Hausherr, ibid., 150-51.

(14) Cf., *The Philokalia*, ibid., 357-67 (Glossary).

(15) I. Hausherr, ibid., 150-51.

(16) 以上、I. Hausherr, ibid., 154-55 の大意。

(17) 井筒俊彦『超越のことば』（岩波書店、一九九一年）一七七頁を参照。

(18) この辺りオーシェールの示す原文は意味が取り難い。先述の *Petite Philocalie...* もオーシェールとは異なる訳を与え、このテクストは非常に疑わしいと言っている（一五六頁）。しかしここではテクストそのものを詮索せず、一応意味は通るものとして読む。

（19）以上、I. Hausherr, ibid., 154-55. の大意。

（20）I. Hausherr, ibid., 157.

（21）Ibid., 157-58.

（22）以上、Ibid., 158-59 の大意。

（23）以上、Ibid., 159-63 の大意。

（24）Ibid., 163-64.

（25）この行為が後に〔十四世紀〕グレゴリオス・パラマスの論敵であるバルラアムがアトス山の修道士から聞きとり、ヘシュカストをオムファロプシュコイ〔臍に魂をもつ人々〕と揶揄したところのものである。

（26）Ibid., 164-65.

（27）Endre von Ivánka, "Byzantinische Yogis?", *Zeitschrift der deutschen Morgenlandischen Gesellshaft* 102 (1952), 234-39. 現在は、Id. *Plato Christianus, Übernahme und Umgestaltung des Platonismus durch die Väter* (Einsiedeln ,1964), 418-25 に収められている。その他、久松英二「ビザンツのヨーガ行者——『ヨーガ・スートラ』と「イエスの祈り」」『南山神学』第二十四号（二〇〇〇年）を参照。

（28）*Petite Philocalie*…, 232-48.

（29）井筒、前掲書、一七一—七二頁。他にズィクルについてはR・A・ニコルソン『イスラム神秘主義——スーフィズム入門』中村廣次郎訳（平凡社、一九九六年）六三—六七頁。その他、G.-C. Anawati, Louis Gardet, *Mystique musulmane, aspects et tendances-expériences et techniques* (Paris, 1968), 187-213. しかしこの書に対する井筒の評価は「〔この書は〕体系的だが、内容的に信頼できない」と手厳しい。井筒俊彦『イスラーム思想史』（岩波書店、一九七五年）一八六頁。

（30）井筒、前掲書、一七二—七三頁。*Petite Philocalie*…, 245.

（31）市川浩『〈身〉の構造　身体論を超えて』（青土社、一九八五年）四三頁。

（32）井筒、前掲書、一七二—七三頁、*Petite Philocalie*…, 245.

（33）東方教会無名の修道者『イエススのみ名の祈り——その歴史と実践』古谷功訳（あかし書房、一九八三年）三九—四〇頁。

(34) Philok. V. 87.

(35) Hausherr, ibid., 165-72.

(36) Ibid., 166. クリマクスの文章はPG 88, 1105C. を参照のこと。

(37) Hausherr, ibid., 167.

(38) Ibid.

(39) Ibid.

(40) Ibid., 167-68.

(41) Ibid., 168-72.

(42) 祈りの方法や祈りの内容について、もっと体系的に述べているのは、シナイのグレゴリオスである。シナイの霊性をアトス山に伝えたとされる彼の著作はPhilok. IV. 31-88; V.90-103に収録されている（邦訳、第七巻、六四―一八一、第九巻、一六五―八六）。グレゴリオスについては、Eiji Hisamatsu, *Gregorios Sinaites als Lehrer des Gebetes* (Münster, 1994) を参照。

(43) Philok. V. 63-68.

(44) Ibid., 63.

(45) Ibid.

(46) Ibid., 63-64.

(47) Ibid., 64.

(48) Ibid., 65.

(49) Ibid.

(50) Ibid., 66.

(51) Ibid., 70-72.

(52) Ibid., 70.

(53) 「神名」に関する東方教父の思惟については、本書第二部第二章、「神名の「記述」と「語り」――擬ディオニュシオス『神名論』の一側面」、拙論「東方教父における神現と神名解釈の問題」『中世思想研究』第四三号（二〇〇一年）等参照。イエスの名については、I. Hausherr, *Noms du Christ et voies d'oraison*, OCA 157 (Roma ,1960).

第三章　観想における φαντασία の問題

――クサントプロス修道院のカリストスとイグナティオスの場合――

序

祈りの極地である観想あるいは瞑想において、観想者がある種のイメージを抱くことやヴィジョンを見るということがあるが、それに対する態度は宗教によりさまざまである。よく知られているように、禅においては、そうしたものは「魔境」として退けられる。しかし同じ仏教でも密教になると、イメージ豊かな曼荼羅などを使用したり、あるいは阿字という文字を頼りとして、それを観想し、大日如来との合一をはかろうとする阿字観といった瞑想法などがある。一神教でもイスラームの神秘主義において、こうしたイメージの奔流をどこまでも利用する一派も存在する。スーフィズムがそうであり、これは夙に井筒俊彦が指摘した通りである。すなわち「スーフィズムにおける意識の深層の開顕の過程が、イマージュに満たされたものであり、そしてある一定のイマージュ、あるいはイマージュ群が、意識のある一定の層に相関的に結びつき、それを指示する……観想状態が深くなり意識がある深みまできますと、必ずそれに伴っておのずからある種のイマージュが湧き上がってくるのでありまして、弟子を指導する師匠は、それによって弟子がいまどの段階にいるかがわかる。これが禅宗の座禅などでしたら、このような湧き起こってくるイマージュは妄想としてたちまち排除されることになるでありましょうが、スーフィズムでは逆に、湧き起こってくるイマージュを全部、一〇〇パーセント利用いたします」[1]と井筒は言っている。スーフィズムはイスラームにあっても、その精神性においてやや特殊であるが、このようにイメージという側面は非常に重要とされていることがわかるし、ユダヤのカバラ思想においてもイメージは観想者のうちに噴出する。

ところでキリスト教においてこれはどう考えられるのであろうか。たとえば、キリストの受難を黙想する場合、黙想指導者はキリストの受難の有様を思い浮かべるようにという指示を出すことがある。それはイメージを媒介、あるいは助けとして、黙想を容易ならしめるという配慮があったものと思われる。しかしそうした方法は、黙想する者が恣意的にキリストの受難を受け止め、ややもすれば情緒的な思い込みに脱してしまう恐れがなきにしもあらずである。もちろん黙想指導者は、そのような方向に進まないよう適宜軌道修正するはずではあるが。ところでキリスト教神秘家の中に、非常に鮮明なヴィジョンをもつ者も大勢存在する。たとえば、ビンゲンのヒルデガルト（一〇九八―一一七九年）のような女性神秘家のヴィジョン（『スキヴィアス』を見よ）はよく知られているし、その話を基に形象化がなされていて、われわれもどのようなイメージであったのかわかるようになっている。その他一群のラインラントの女性神秘家でのヴィジョンも報告されている。総じて女性のヴィジョンの方が男性にくらべて生々しい。どちらかというと男性はものごとを知的に処理してしまうからであろうか。

ところがこうしたヴィジョンないしイメージは東方キリスト教の文脈において、そうたびたび見ることはできないように思われる。もちろん新神学者シメオンのヴィジョンは有名であるし[2]、フォティケーのディアドコスという古い時代の修行者にもそれは見られる。またロシアの修道者セラフィームの幻視も有名である。では東方キリスト教霊性の精華、『フィロカリア』においてはどうであろうか。『フィロカリア』においては特にファンタシア（φαντασία）への警告が見られ、それはヘシュカスムの後期に属する文献で言及されることが多い。そうした文献の多くを“*Petite Philocalie de la prière du cœur*”の編者グイヤールなどは「エピゴーネン」の時代の産物ととっている。(3) それはヘシュカスムそのものが形成されてしまって、その創成期の力や若々しさを失い、硬直化あるいは形骸化して、方法のみに固守しようとした時代の産物であるという意味である。ヘシュカスムの創造的働きは、確かにそうした霊的運動がいったん確定した後は、この霊的運動の維持と啓蒙、およびその特異さを強調するという点に重心がシフトしていくことであろう。しかしそういう、いわば「エピゴーネン的」資料からでも、そこに描かれた世界を通して、われわれは何らかの観想に関する興味ある状態を看取することはできるのである。その意味で本章ではイメージやファンタシアを若干でも祖述している、クサントプロス修道院のカリストスとイグナティオスを取り上げてこの問題を考察してみたい。

第一節　著者たちとその著書について

クサントプロス修道院のカリストスとイグナティオスが誰であるか、長い間はっきりとしていなかった。われわれがそのテクストを参照することになる『フィロカリア』の編者、ニコデモスはカリストスがコンスタンティノポリス総主教（在位一三五〇―五四年、五五―六三年）であったカリストス一世であるとし、しかもパラマス論争の後で『聖山教書』に署名したアトスのマグラ修道院のカリストスと同一視している。(4) しかしこれは史実に合わないとして、このカリストスはやはりコンスタンティノポリス総主教であったカリストス二世・クサントプロス（一三九七年に総主教位、しかしわずか後に死去）であるとされている。(5) そしてイグナティオスはこのカリストスに協力した親友である。『フィロカリア』ではここで参照するテクストの後にやはり総主教カリストス作という『祈りについて』というテクストがあるが、一応この著者も先のクサントプロスのカリストスであろうとされる。

さて今回のテクストはこのクサントプロス修道院のカリストスとイグナティオスの手になるとされる「祈りの方法」に関するもので、都合、百の章に分けられているので、便宜上これを『百章』と呼んでおく。[6] もちろんヘシュカスムの祈りの方法を説くものであるが、大部分、先行する諸教父の引用から成っている。つまり自説の後にそれを補強する意味で先行の教父たちの説がちりばめられているのである。

この百の章をアンマン(Ammann)の解説を頼りとしながら、[7] いくつかの群れに分けてみよう。まず第一の部分は序文的なもので、かなり長く続く。ヘシュカスムの修行をしていく上で心構えのようなもの述べられていると言ってよいであろう。第二の部分は実践に関するもので、「呼吸法」「イエスの記憶」「祈りの場所」などが挙げられている。第三はたとえば夕方から明け方までの過ごし方といったような、修道院での実生活にまつわることがら、第四は一週間の間の食事や断食、等について。第五は修練期の過ごし方や祈りの意味や祈りの集中による体内での「熱」の発生などを述べる。第六は神の顕現やイマジネーション、悪しき幻覚的なものと正しいものの区別、霊的な快、情念の問題が扱われ、この部分が本論文のテーマになる。第七は信・望・愛や秘跡について、第八は勧告、第九は総括的まとめとでもいうべき部分である。

問題の部分は第六〇章から八九章までにわたる。以下この中で重要と思われる部分を取り出して考察することにする。

第二節　ファンタシア（φαντασία）の扱い

ファンタシア（φαντασία）についてはすでに述べたところからも推察されうるが、総じて肯定的ではない。修行者はその目標とする神との一致に到達するためには、悪しき業はもちろんのこと、情念に彩られた思念（λογισμός）や相応しからざるファンタシアから身を避けることが肝要である。カリストスらはそれに加えて、「むしろすべての思念やあらゆるファンタシアから引き退き、ちょうど徳を求める熱き心意気によって、感覚的にも、知性的にも（νοητῶς）以前自らのうちに働いていたすべての悪しき行いを、それらの指導者、悪意に満ちたダイモーンともども焼き焦がし、焼失させること(8)」を勧める。

ここでギリシア語 φαντασία はアンマンの独訳では Vorstellung、仏訳の『フィロカリア(9)』では imagination、英訳(10)では imagination となっていて、ギリシア語では動詞 φαντάζομαι（あるものの姿・形をとって現れる）から来る名詞で、意味は「見え姿」「現われ」「外観」「威儀」「表象」等である。従って近代欧米語の Vorstellung, imagination によって表されるような一種の想像による外的表象、イメージなのである。そうした表象が祈りをする修道士に現れてくることは、当の人間の資質によって異なりはあろうが、普通に起こることである。そして初心者や十分な霊的経験を積んでいない者は容易にこれを神の顕現と同一視してしまう危険性があったのである。つまり神が何かの姿をとってその者に現れたと錯覚してしまう危険性である。このところの消息をギリシア語 φαντάζομαι はよく語っているように思われる。

そしてさらに著者たちはイサークの次の言葉を引いてくる。すなわち以上のような雑念を排して、観想の道で進歩した者は

「自分に向けて、神の愛の、明確な現われと恵みが位格的に結合した（ἐνυποστάτου）、神的な照明のうちに留まっているという確信(11)」。

をもつのである。「こうした状態にある者は『心の清い者』であるから、『神の顔』を見る」（マタイ五・8）。

そしてさらに注意がなされ、

「ただ彼をして神の現われ（ἐμφάνεια）を捜し求めしめるな、実は闇であるものを光であると誤って受け取らないために(12)」。

と言われる。だからここには修行者に現れる「表象」めいたものへの徹底した拒絶がある。人は容易に思い込むのである。自らの感覚知覚したものが真であると。

しかし次の第六一章では面白いことを言う。

「ある人〔つまり修行者〕のヌースが求めているわけではないのに光を見るなら、それを受け容れることも、捨てておくこともするな」と。(13)

これはマルコスが次のように注意しているからだと言われる。つまりマルコスによれば、こうしたことが初心者に起こる場合、彼は「恵みの働き ἐνέργεια χάριτος」をよく知らず、間違いを犯すからである。すなわち現実には真理によく似た悪しき働きがあり、それに騙されてしまうために、こうしたものを眺めない方がいいのだ。他方、しかしそれが真理の場合もあるので、むげにこれを退けない方がいい。しかしともかく一番いいのは、希望を抱いて神により頼むことである。神はどちらが正しいものかよく知っておられるからである。実際的には神の恵みで識別能力をもらった人に相談することである。ここでは問題のファンタシアが語られているわけではなく、光が取り上げられているのだが、ファンタシアが人を欺く可能性をもっていると同時に「光」もまた二面性をもつことが指摘されている。光は神を表象するものと考えられやすいし、またそうであるのだが、ここでは光にも注意し、経験あるものの助言を勧めているわけである。そこには「神の恵み」とは何であり、かつ、いかように働くのかの理解が大いに問題だということである。

第三節　照　明

こうした光との関係で問題になるのは、いわゆる神からの照らし、すなわち照明（φωτισμός）である。第六三章では、真と偽の照明を扱う。そこでは先行する師父、すなわちラトロスのパウロスに従って、真と偽の照明の印を区別しようとする。つまりパウロスは弟子たちにこう言っているからである。

「対立する力をもつ光は火の形をし、煙を出すが、これは感覚的な火に似ている。謙虚で清められた魂がそれを観ると、それに対して不快感を抱き、いまわしいという感じになる。これに対し、善きものからくる善き〔光〕は恵みに満ち、純粋で、やってきて聖化し、光と喜びと快活さで魂を満たし、優しくし、人を愛するようにさせる(14)」。

ここでは火や煙がイメージであって、光はイメージとしては捉えられていない。もちろん火には光が存すると考えられるが、そういう理屈ではなく、純粋に光によって照らされる状況を指しているので、火で炙られるような状況を指しているのではない。そしてその光を観ることによって、当人が人間として穏やかで、快活で、喜びに溢れ、人を愛することができる心的状況になることが肝要である。燃え盛る火のような、おどろおどろしい形象を見て、何か自分に大きな力が宿ったように思うのは迷妄だというのである。神との交わりはどこまでも己を脱却する方向（自己否定）に赴かせるものなのであって、己が修行によって他よりも抜きん出ることではない。

しかしここからわかることはそれがたとえ真正のものではなくとも、祈りや瞑想の中で、ある人には火の形をとる形象が現れるということである。もちろんここで真正のものとされる光も現れる。つまりファンタシアは修行者を、言ってみれば、襲うわけである。だから修行者は光と火といったものの鬩ぎあいの中に真の印を見てとらねばならないのである。

ところがそれではファンタシアなるものはすべて悪いものであるかというと、そうとは言い切れない。第六四章では、よいものと悪いものが区別されているからである。まず悪しきものはどういうものかというと、それは清い心の祈りに対立するもので、

「神話に出てくるダイダロスのように多様な形をし、ヒュドラのように多頭のファンタンアをもつ、あたかも悪魔への架け橋のようなものである。というのはそのファンタシアを通して、復讐の気に燃えた殺人者がやってきて、通りかかり、何らかの仕方で魂と交わって、混合し、それを雄蜂の巣、つまり不毛の考えと情念の住居とするからである(15)」。

こうしたファンタシアは「みっともない」もの、下品で、粗野なもので、完全に拒絶しなければならない。そのためにはこのみっともないファンタシアに「相応しい」ファンタシアを対抗させ、そしてこのみっともないものを駆逐するのである。相反するものを戦わせることによって、不都合なものを追放すると言うのである。だがしかし善きファンタシアとはどういうものかは明確にはされていないが、善きファンタシアをもって悪しきそれに対抗させるのは、初心者の段階のことであって、さらに修行の進んだ者は、善いものも悪しきものもともに投げ捨てねばならないと言うのが第六五章である。ここに至るとファンタシアそのものが否定されてくる。ここではファンタシアに対抗するものは、清い祈りだと明言される。

「それはちょうど蜂蜜が火の前で溶けるように、清い祈りとすべてのものからヌースを無形の仕方で遠ざけ、裸形にすることによって、それらを灰にし、粉々にするのだが、それは神へと単純に突き進み、もし望むな

ら、〔神を〕迎え入れ、無形にして単一な一致を来たすためである」(16)。

つまり神との一致に関してファンタシアは邪魔なのである。それは先行する多くの師父たちが、ファンタシアを退けているからで、そうした論を立てるものとして、著者は五人の師父を引用している。たとえばヘシュキオスは「すべての思念はヌースにあって何らかの感覚的なもののファンタシアである」と言って、思念を根拠とした反ファンタシア論を述べている。つまりどの師父にとっても思念は祈りの妨げになるものであったが、この思念はファンタシアと深い関係にあるというのである。というのは「すべての思念は何らかの感覚的なファンタシアを通して心に入ってくるもの」だからである。つまり思念はファンタシアを通して形成されるものなのだ。さらにエヴァグリオスの言葉として、「神の思惟（νόημα）はヌースに〔ファンタシア〕を刻印する知解作用・理解力（νόησις）のうちには見出されず、〔ファンタシアを〕刻印しない知解作用のうちに見出される」が挙げられている。またマクシモスがディオニュシオスの註解として次のように述べていると言う。すなわち

「ファンタシアと理解力、すなわち思惟は異なる。というのはそれらは違う能力から生じるのであって、運動も同じではないからである（別版の読みに従う）。なぜなら理解力は働きであり、所作である。対してファンタシアは情念であり、何らかの感覚を表現する刻印であり、あるいは何らかの感覚である。また感覚は集合した形によって存在するものを受け取る。ヌースは把握するが、違った仕方で受け取るのであって、感覚がするようにではない。さて身体的あるいは霊的なものについて、そこでも感覚があることをわれわれは先に言ったが、受動的で、形態的な運動がある。しかし魂やヌースには判断し把握可能な能力を与えるべきで

ある。そこでこの魂の把握能力によってファンタシア的なるものは追い払われねばならない。ファンタシアの能力は三つの部分に分けられる。すなわち一つは把握したものをイメージにして、それを感覚で受け取れるようにすること。第二は、それらの印象の結果残っている形象で、その像が何らかのものに依存しないもの、この像を固有の意味でファンタシアと呼ぶのである。第三はそこではすべての快やファンタシアは苦痛を基によきものとか悪しきものと思われることが成立する。語られているところによれば、一つとしてファンタシアは神の前では場所をもたない。神はすべてのもののうちで端的にまた絶対的に思惟を超え、高くましますからである(17)」。

著者は以上がマクシモスの言葉と言うが、正確にはマクシモスの言葉とは断定できない(18)。しかし一応マクシモスの文章として考えてみると、ファンタシアと理性的な能力とが区別されていることがわかる。ファンタシアには判断する力はなく、ただ受け取るのみであって、識別能力は理性的なものの方にある。それゆえしっかりとした識別能力によって偽なるものは駆逐される。そもそもファンタシアは第一に感覚の働きであって、受け取ったままに表象するのであるが、それを真だと判定するところに問題がある。ただしファンタシアそのものは、二義的に快や苦痛によって影響を受けるとしていた。

第四節　預言者たちのヴィジョン

当時の人間にとって「預言者」こそは神との交わりを遂げた人であった。彼らは神の言葉を預かる際に、何らかのことを聞いたり、見たりすることによって、それが神の言葉であることを確信したのである。第六七章ではこの問題を扱う。もし人が預言者たちのヴィジョンや彼らが見た形姿や啓示をファンタシアや自然的ななりゆきによるものだと考えるなら、その人は正しくないと著者は言う。正しい事態はファンタシアや自然の織り成す現象ではなく、ヌースが言うに言われぬ力と聖霊の恵みによって、神的で超自然的な仕方で刻印を受け、印を受け取ることだと著者たちが判断しているからである。

著者はここで近代人のように厳密な理由づけをしない。そうしないでバシレイオスや神学者グレゴリオスといった権威をもちだしてくる。近代人であるわれわれには、そうした手法ではいくらか物足りない気がするが、著者はそういうことに頓着しない。彼らにとっては以上のような権威が語っていることはそのまま確たる証拠になるし、こうした働きは預言者個人の力によるのではなく、神の働きであると信じているからである。バシレイオスは言う、

「清いヌースは何か名づけようのない力によってイメージを見る（φανταζόμενοι）。神の言葉がそれらにおいて鳴り響くように」。

神学者グレゴリオスは言う、

「聖霊は天使的で天上的な力において働く」、「教父や預言者のある者たちは神の姿を見（ἐφαντάσθησαν）、また神を知った。そしてある者たちは彼らを導く霊によって刻印されて、未来のことを先に知り、彼らは現在

のように未来のことがらのうちにあった(19)」。

ここでやっかいなのは φαντασιούμενοι や ἐφαντάσθησαν と、いずれも φαντασιόω という言葉が使われていることである。もし著者たちの言っていることが整合性をもっているなら、先に見た φαντάζομαι と φαντασιόω は意味が違うということにならなければいけない。同じことならどうして先にはよくないと言ったことが、ここでは認められているのかが問題となるからである。

すでに見たように φαντάζομαι は φαντασία と関係し、その意味は「見え姿」「現われ」「外観」「威儀」「表象」等であった。これに対し、φαντασιόω という動詞は「心にイメージを描く」「想像する」という意味で、語形から当然前者は受身的で、後者は能動的である。ただランペ（Lampe）の『教父ギリシア語辞典』(1471)によれば、φαντασιόω には直ちに「非真実の姿」「まどわし」「幻想」という意味を表示しており、φαντασιόω は受身の意味で「まどわされる」としている。つまりわれわれが心に描いたり、思い描いたりすることは、真実の姿をもつことから遠いのは事実である。それゆえいずれにしても「外見」や「表象」や「想像」は真実を伝えることからは離れている。そのかぎり両方の言葉に意味の差異はそれほどないと考えられるが、能動的意味で使うときは当人が感覚作用の主体であるということが先に考えられ、受身の場合はそうした思い描く像による過ちの可能性の方を優先して考えているのであろう。ともかくそれは人間の魂の働きなのである。

第五節　魂の能力について

上述の魂の能力について、著者たちもまた問題にする[20]。すなわち魂には五つの能力があるとし、それとの関連でこのファンタシアに言及している。つまり魂には、ヌース、理性、憶見、想像力（φαντασία）、感覚の五つが自然に備わっている（これは体の五感、すなわち視覚・嗅覚・聴覚・味覚・触覚に対応させている）。そしてこの能力の一つがファンタシアであって、

「魂はそれ〔ファンタシア〕を通して想像する（φαντάζομαι）。魂は自らの自由で選んだことを正しく処理し、区別しなければならず、その能力は、むしろ、それにともに付着しているものを今においても、来るべき世においても、神へと飛翔させ、神へと完全に導くことを強いられる。その余のことはふさわしさに従って、考え、使い、為すのである[21]」。

そして魂の諸能力の中でも、ヌースと理性以外はこの世のものであるとマクシモスにならって言う。著者たちがマクシモスの言葉として挙げているのは次のようなことである。すなわち

「魂はそれ自身によって、つまりその本質によって、理性的であり、知性的であり、すべてのものの自存するもの（αὐθυπόστατος）であるから、もしもそれが自存するもの、すなわちそれ自身を通して自然的に、ま

たそれ自身に即して、そして体とともに働くなら、自然本性に即して認識し、推論し、決して自然本性的にそれに内在している知性的能力をやめてしまわない。というのは自然本性において、どんな存在においても内在するものは、存在し、存立するまで、分離できないものだからである。

魂はじっさい生成されてよりこのかた常にあり、このように魂を創造した神を通して存立し、それ自身に即して、また身体とともにそれ自身とそれの本性を通して、常に認識し、推論し、知る。さて魂に自然的に属するものから、魂を身体を通してではなく、それの解放〔死のこと〕の後でも、敵の手に渡すような力についてのどんな根拠も見出されないだろう。さてヌースと理性は神の周りを今も来るべき世にも動き、働いている……[22]」。

ということでヌースと理性以外はこの世のものであると言うのである。そして続いて

「魂もまた技量優れた舵取りのように、自然的にそれらの主であって、現在の世において働くのみではなく、むしろ来るべき世でも〔働く〕のであって、ヌースと理性をあらゆる仕方で神へと向け、動かし、清い祈りにおいて付着させ、知性的で一様で単純な業のときに、一般的にファンタシアや他の能力からヌースは分離させるべきである[23]」。

ここでは「魂論」あるいは一種の「存在論的心理学」が述べられている。その眼目は魂の諸能力のすばらしさであり、魂は神に創造されたかぎりにおいて受動的だが、しかし、それ自体自存性をもつということを示してい

る。魂の優れた面はヌースと理性の側面にある。他方で、魂は身体と共働するものだが、全体として、そういう働きがすばらしいのもヌースと理性のおかげなのである。ここには相当な精神主義が見られる。こうしたものに比べれば、想像力や感覚はどうしても地位が低くなってしまうであろう。想像力や感覚は、その発生源が身体にあると考えられ、修徳文芸において身体は情念と深い関係をもつと考えられていたため、想像力や感覚は分が悪い。特にアレクサンドリア学派の影響を受けたところではそうした傾向が強いと考えられる。こういう考え方は、伝統的修徳文芸の問題点であろう。そこで勢い関心はヌース、理性、心に向かうことになる。

第六節　ヌースの力

かくてヌースは魂の最も優秀な能力のうちに数え入れられ、そのかぎりで考察される。

「ヌースそのものは部分なく、単純で絶対的な本質をもち、清く、光り輝いており、自らを保全し、守る、そしてファンタシアにかかわる部分をもたない[24]」。

そしてヌースが優れているのはその不動性あるいは静止していること（στάσις）によるのであって、不動性は神の恵みであると言う。神は動かされずして、他を動かすものであり、その意味でヌースは神の性格を有していると考えられている。ヌースを不動にさせるのは、聖霊の働きであるというクリマクスを引用してその証拠とする。

しかし他方、ヌースは魂の能力である以上、自然の状態で魂と関係すれば、それは魂の影響力のもとにある。だからヌースもまた魂の力の及ぶ範囲から超出していかなければならない。そうなるとヌースは不動の状態になり（他のものから影響されないということ）、形なく、単純な神の思惟へと向かうのである。バシレイオスはこう言っている、

「外的なものに気を散らさず、感覚的なものによって世界へと注ぎ出されないヌースは、自らへと戻り、自らによって神の思惟にまで上る」と。

そしてこの神的状況の美しさに照らし出されて、ヌースは自然本性を忘れるのである。[25] ヌースは、ヌースであるかぎりにおいて神の像と似姿を身に引き受け、それを保全する。そしてヌースは自らを通して直接的にまた知性的に神のヌース、すなわち神と一致し、神とともにある。これを著者らはディオニュシオスの論に倣って、こうした業は円環運動であると言う。すなわちそれは

「ヌースの自己自身への上昇と還帰と一致であり、また自己自身を通して神へと上昇すること[26]」

であるとする。またマクシモスの言を援用する。

「直接に神との一致をとるヌースは本性上完全に知解したり、知られたりする能力を自らが動くことなく

もっている。じっさいこの能力を解き放ち、神にまつわることがらが何であるかを知って区別したとき、知解を超える一致を断つのである。しかしこの一致によって神に付着するまで、自然を超えるかのように、また分有によって神となり、ちょうど揺るがない山のように、魂はその本性の法を移し変えるのである」(27)。

さらに

「清いヌースは、その原因との一致において知解を超える状態を受け取った。そしてこうした状態に即してその原因の後にある多様な色彩をもった自然的な運動や状態をやめ、言うに言えない言葉によってただ無識になって、知解を超えるまったき幸いな沈黙に、身を捧げる。その沈黙を言葉も知解も完全に明らかにしえないが、知解を超える享受に値する者の分有による経験のみが明らかにしうるのである。その印はよく知られており、すべての者に明らかである。それはまたこの世に対する態度において完全に魂が無感覚になり、離れ去ることである」(28)。

このようにヌースはその独自の使命に目覚めて、魂という身体との共働性の強い、つまりイマジネーションに関わりの深いものから可能なかぎり独立して己の力を働かせることによって初めて神へと伸長しうるのである。そしてそれを助けるのが、「清い祈り」なのである。もちろんこの祈りこそはヘシュカストが「イエスの祈り」とか「心の祈り」というものに他ならない。これを記した箇所については始めに触れたグイヤールがその"*Petite Philocalie de la prière du cœur*"において、抄訳してくれている(29)。そこではもちろん名を呼び求めるという祈りの根本性格や祈りの深化による神の光を観ること、呼吸方法、祈りを行う場所について、心の覚醒、悔恨の涙の効用、神を嘉させる方法、絶えざる祈りがもたらす身体の熱などが述べられている。確かにそのかぎりにおいて、この著作は一種のハウツーものであるかもしれない。だがそういうものがあるということは、当時こうした祈りの方法が修道士や一般の人々の間に普及していたということを物語っている。つまり実践者が多くいたということになるだろう。当然そこには方法について雑多な見解があったにちがいない。従って正統な実践者は正しい祈りの方法を人々に伝えねばならなかった。このカリストスたちの書もそうした範疇に入るものであろう。その証拠に第七三章は誤ったイマジネーションの見分け方とでも言うべきものを扱うのである。

結語　なぜファンタシアは退けられるのか

第七三章では「誤ったファンタシア」について述べている。それによればこう書かれている。

「もしもあなたがヘーシュキアを生き、神だけとともにいたいと切に望み、またもしもあなたの中か、あなたの外かに何か可感的なもの、あるいは可知的なものを見たとしても、たとえそれが明らかにキリストの姿であろうと、天使のそれであろうと、聖人のそれであろうと、あなたのヌースにおいて想像される光の浮彫りであろうと、それを受け容れるな。すでに言ったように、経験をもった人に聞かないかぎりは、たとえそれがよいものであっても、このことを信じず、それで悩んだままでいよ。というのは、それがもっとも有用なことであり、もっとも神を喜ばせ、神にもっとも心地よいことだからである。あなたのヌースを常にあらゆる色、あらゆる形、あらゆる外観、あらゆる姿形、あらゆる質、あらゆる量〔に惑わされない〕よう見張れ。すなわちクリマクスが言っているように、祈りの言葉だけを注意深く見守り、心の運動の内面で黙想し、内省せよ。つまり『祈りの初期段階は、その始まりから攻め寄せてくる思いを単一の言葉によって追い出すことである。その中間段階は、語られたこと、またその中にのみ思惟があることである。最終段階は主に捉えられることである[30]』」。

ここで再び「ファンタシア」についてくどい程の注意が述べられる。すでに見たところでは、修道士に湧出してくるファンタシアそのものには善いものと悪いものがあるが、それらの識別は初心者には困難で、また上達者はそれらに惑わされたり、影響を受けてはならないとされていた。ここでも見たものについては判断中止が要請されている。これほど再三再四ファンタシアが拒否されるのはどうしてであろうか。

一番単純に考えられることは、神との交わりはそうたやすく誰にでも可能なことではない。特にファンタシアを伴った、あるいはヴィジョンを伴っての一致は特に困難なものである。従って自らが体験したファンタシアが即、神との一致の表象ではないことを知れという戒めであろう。

しかしそれは当然のことではないか。祈りの修行をしようとする者にとっては、そういうことは常識に属することであったろう。にもかかわらず、この禁止の執拗さは何であろうか。

そうなるとまず考えられることは、ローマ帝国に承認されて以来、キリスト教が制度としての宗教の道を歩み始めたことによる影響である。ローマ帝国での公認後、教会は位階制に基づく組織化を行った。これによって教会の外で生じるさまざまな霊的な業は、いったんは教会という制度を通したもの以外は、真正なものと承認されなくなったことである。もちろんそのように言うことは当時、さまざまな霊的体験を唱える人がいて、彼らは自分の体験が真正のものであると勝手に主張したことを意味する。それは多様な基準が出来上がってしまったということでもあり、そもそも当初は基準などがなかったことを意味する。しかし司牧上、一定の基準がないと人々を導くことは不可能に近い。それでは「教会」というシステムは作動しないからだ。その上、多くの人々を導くという必要性から教義というものが生まれ、生まれてしまえば、あらゆることがそれを基準にして判断されるようになる。だが霊的なことは、ロゴス化した教義の埒外にあることはしばしばであり、そうしたことは組織としての教会全体が体験するよりはむしろ個人の内面で体験されることが多い（もちろん教会は学校などではないから、教会における人間の生活は制度上のものだけにかかわるわけではなく、日常的なこともすべて霊的なことと関係する。それらは分離しがたい）。初期の教父たちがやっきになってキリスト教的グノーシス主義に対して戦いを挑んだのも、信仰上の問題と同時に、教会という組織の中に多様な基準をもちこむことの危険性を察知していたからである。それでは教会は分裂してしまうのだ。しかしそうした排除する力をもつ機構は実は多くのものを喪失させてしまったとも言える。特に人間の霊的成長という側面での損失は大きいと言わなければならないだろう。たとえば正統教会とグノーシス主義者の性格を次のように捉える立場からは、一方の他方の排除は不幸な結果をもたらす。すなわち永見勇はこう言う、

「筆者の考えでは正統派キリスト教は罪や悪の問題を空間の構造論理、すなわちロゴス的流れで説明したのに対して、グノーシスは身体の生き生きとした体験から罪や悪の問題を理解した」[31]。

つまり永見によれば、正統派キリスト教とグノーシスは一つのことがらを互いに別の面から見ていたということで、それらは真に相互に排除しあうものであろうか、という疑問である。これは複雑な問題であるが、今は、この論は「身体性」を考慮した見解であるということを述べて問題を示唆するにとどめよう。

以上の制度上の問題に加えて、もっと重要なことは次の問題である。すなわち個人の霊的体験が退けられる理由は、それは真正のものではなく、迷妄であるからというものであった。それは感覚による知覚に基づくから、すくなくとも迷妄の可能性をもっている。感覚の不確実性を説くプラトンにも似て、師父の間でも感覚への評価は低い（ただしここには身体性にまつわる大きな問題が潜んでいる）。ただこの問題は預言者に対しても起こってくるものである。特に旧約の預言者は教会という組織を通してはいない。たとえ預言者たちの活動はその後のキリスト教の認めるところであるとしても、直接にはキリスト教世界の体験ではない。しかし預言者の場合はすでに見たように、確実な権威のもとに話が進められている。われわれの疑問のようなものは、著者たちにとって、聖書中の預言者に関しては微塵もない。彼らは心底聖霊の働きを預言者たちに認めているからである。

そこでこのような非常にきわどい問題に関しては、経験者に問うことが勧められている。それは同一の宗教文化圏においてはもっとも有効な方法であろう。そして経験者がそばにいない場合には即断を避けよと言っている。いたずらな思い込みに陥らないためには、これは正しい行為であろう。

そうなるとファンタシアの問題は身体性のそれになってくるように思われる。著者たちの論では霊的体験を識別することが重要であるとされていた。そして正しい体験と誤った体験を区別するわけである。その際問題はファンタシアであった。というのはファンタシアは感覚と深く結びついていたからである。それゆえファンタシアの扱いについては慎重にならざるをえないのであった。しかし霊的な体験や修行の過程では、身体をもってある状況の中に立つ以上、どうしてもファンタシア的体験は生じるのである。その意味でファンタシアに見舞われることは避けることができない。

しかし迷妄なものと真正なものはどこで区別されるのだろうか。神にしても、経験者にしても、もしすぐには頼れなければ、すぐに答えをもらえなければ、どうすればいいのだろうか。この書においては、しかし、一つの重要なメルクマールが記されている。それは第七七章と七八章で扱う心の柔和さのことで、当然『マタイ』第五章第五節の「柔和な人々は（οἱ πραεῖς）幸いである、その人たちは地を受け継ぐ」を土台にした考えである。ここでは「常に心が柔和である」ことが修行の目標であるとされている。[32] 確かにわれわれがその人の人となりを判断するとき、ましてや霊的な道に精進する人を判断するとき、指標となるのは、その人がいかに他者に対して心優しいか、応対が柔和であり、人を落ち着かせる雰囲気を持っているかであろう。こうしたことはその人が霊の道にいかほど熟達しているかを示すものである。しかも心の柔和さは修道士が常々警戒する情念との戦いにも功を奏する。柔和をもって猛々しい嵐に抗するのである。そこでこうした柔和な状態に達するのには次のようにすることが必要だと著者らは言う。[33] つまり魂を愛（アガペー）に向けて完全に傾け、しばしば沈黙し、控えめに食し、いつも祈ることによってである。一見して簡単そうな、特別の工夫のなさそうな、この平凡な方法がかえって人を己の根底に向かわしめるのである。

霊的な道の歩みの果てに柔和な心があるということになれば、ファンタシアのみに頼ることは、先述のように、霊的な道を歩むとき、最大の障害になりうる。ファンタシアのみからは柔和さは出てこず、ましてや人が神との一致という最究極の現実に到達するすべをうることはできない。ファンタシアは乗り越えられねばならない。人間とファンタシアの関係について、愛宮ラサールは言う、

「人間の霊魂は形象を発展させることができる。そしてこの能力はさまざまな原因によって発揮されうる。たとえば怪物の姿は恐怖を呼び起こすことができる。逆に、たいていの幻視は自然な作用、超自然の恵みの反作用と見られる。それらの現象が現れるかどうか、またどの程度に現れるかは、内的原因の強さだけでなく、個々人の素質にもよる[34]」。

つまりファンタシアはその人間の精神状態や体質によって将来されるものなのだ。だからファンタシアが直接神体験を示すものではなく、ましてやファンタシアの体験を重ねることで、人は柔和になれるわけでもない。しかし修行を積んだ人間の人となりが柔和であるかどうかは、本人以外の者が頼りとする一つの指標である。他方、本人にとっての指標の一つは、つまりこうしたファンタシアを含む体験が真正のものかどうかを見極めるポイントは、自己の「心」に聴くことである。この経験によって、自分が真に何ものであるかが理解できたかどうかが重要なのだ。精神のみの存在ではなく、身体を伴った（というより誤解を恐れず言えば、身体そのものである）人間の自己に聞き耳を立てるという行為は生易しいものではない。しかしそれをしないかぎり、いくら修行をしても無駄であろう。心や身体の語ることばをどれほど深く聴き取れるかが分かれ目である。神を外在化させず、内在の神に聴くという行為がそこでは必要なのである。おそらく霊的修行の眼目はそこにこそあるのだ。それには一個の人間が全身全霊をもって、「主よ、お話しください。僕は聞いております」（サムエル上三・9）という内在の神に問う精神が必要なのだ。

身体性を霊性の中にどれだけ取り込めるか。目利きならそれが当の霊性の真贋を決定づけることであるとたちどころに摑むであろう。エピゴーネンと本物とを分かつ点は霊性の中に身体の働きを十全に評価できるシステムがあるかどうかである。東方の霊性はこれに十分答えているであろうか[35]。それはまたあらためて問わねばならない。

註

（1）井筒俊彦『超越のことば――イスラーム・ユダヤ哲学における神と人』（岩波書店、一九九一年）一七七頁。

（2）これについては拙稿「新神学者シメオンと神秘体験――『教理講話』を読む」『エイコーン』第二八号（二〇〇三年）七二―九一頁、参照。

（3）Cf. *Petite Philocalie de la prière du cœur,* traduite et présentée par Jean Gouillard (Éditions du Seuil, 1979), 211.

（4）Philok. I. 195-96. また A. M. Ammann, *Die Gottesschau im palamitischen Hesychasmus, Ein Handbuch der späbyzantinischen Mystik* (Das östliche Christentum, Neue Folge, Heft 3/4, Zweite Auflage, Würzburg, 1948), 13-20. を参照。

（5）Cf., Hnas-Georg Beck, *Kirche und Theologische Literatur im Byzantinischen Reich* (München, 1977), 784. クサントプロスという名についても問題はあるようだが、それについては先の A. M. Ammann, *Die Gottesschau*…15-16. を参照。

（6）Philok. I. 197-295.

（7）Cf., Ammann, ibid., 17-18. ここでアンマンを参照したが、厳密にその分類に従っているわけではなく、筆者が適宜修正していることをお断りしておく。

（8）Philok. IV. c.60, 256.

（9）*Philocalie des Pères neptiques, composée à partir des Écrits des saints Pères qui portaient Dieu, et dans laquelle, par une sagesse de vie, faite d'ascèse et de contemplation, l'intelligence est purifiée, illuminée, et atteint la perfection,* tome second, notices, traduction et postface de Jaques Touraille (Desclée de Brouwer, 1995), 604.

（10）*Writings from the Philokalia on prayer of the Heart,* translated from the Russian Text, "Dobrotolubiye" by E. Kadloubovsky and G. E. H. Palmer, With a new Foreword and the original Introduction and Biographycal Notes (Faber and Faber, 1975), 232.

（11）Philok.IV. ibid.

（12） Ibid., 257.
（13） Ibid., c.61, 257.
（14） Ibid., c.63, 257.
（15） Ibid., c.64, 258.
（16） Ibid., c.65, 258.
（17） Ibid., c.65, 259.
（18） これについては本書第三部第一章「パラマスによる擬ディオニュシオス解釈の一断面――ディオニュシオス『スコリア』援用の問題」三一四頁を参照。
（19） Ibid., c. 67, 261.
（20） 以下は第六九章。
（21） Ibid., c. 69, 264.
（22） Ibid.
（23） Ibid.
（24） Ibid., c. 70, 265.
（25） Ibid.
（26） Ibid., 266.
（27） Ibid.
（28） Ibid.
（29） *Petite Philocalie*.., 212-17.
（30） Philok. I. c.74, 268.
（31） 永見勇「スピリチュアリティとキリスト教――身体性と三位一体論の関連を通して」、湯浅泰雄監修『スピリチュアリティの現在――宗教・倫理・真理の観点』（人文書院、二〇〇三年）、七六頁。
（32） Philok. I. c.77, 273.

（33）　Ibid., c. 78, 273-74.
（34）　愛宮ラサール「十字架のヨハネと禅」、門脇佳吉『禅とキリスト教――瞑想＝自由への道』（創元社、一九七五年）、一五五―五六頁。
（35）　拙著『エネルゲイアと光の神学――グレゴリオス・パラマス研究』（創文社、二〇〇〇年）所収の第三部第三章「身体もまた祈る――パラマスの身体観への試み」（二六八―八八頁）参照。

第四章　「ヌース」考

序

これまでも見てきたように、東方の霊的師父の著作には、「ヌース νοῦς」という言葉が頻出する。そしてこの「ヌース」というギリシ語を「理性」や「知性」といった日本語に置き換えて、これら霊的師父の意図を汲み取ろうとすると、ある場合にはそれが当てはまることがあるが、多くの場合、むしろその訳語では言い尽くせないものが残り、ある種の言い足りなさといったものを感ずる。そこで理解が一方に偏しないため、またできるだけその不全感を抑えるため、そのまま「ヌース」ですませてみることになる。ヌースを日本語として定着させようとしても、それに合致する言葉を見出せない状態だからである。やむをえないこととはいえ、しかしこれでは訳したことにはならないであろう。本章は、そうした不十分さを少しでも払拭するために（完全な日本語に「ヌース」を置き換え得ないとしても）、この語のもつ意味を解明し、ひいてはヌースという語の東方キリスト教での位置づけを試みるものである。そのためには東方の霊的師父の文章のみならず、これに先立つギリシアの叡智を当然参照せざるをえないが、そのすべてにわたって考察するには余りにもその領野は広大であり、筆者の力にあまることでもあるので、当然プラトンやアリストテレス、プロティノスといったかぎられた哲学者の見解に絞られる。こうしたギリシアの哲学者の見解と東方の霊的師父のそれを対峙させることによって、そこから見えてくるものを摑み取り、その上で「ヌース」について幾許かの筆者の見解を示したい[1]。

第一節　ギリシア哲学における「ヌース」（プラトン、アリストテレス、プロティノス）

では東方の霊的師父に先立つギリシアの哲学者において、ヌースはどのように捉えられていたのかを少し見てみよう。

A　プラトンの場合

岩波版『プラトン全集　別巻　総索引』によれば[2]、ヌースの内容を加味した訳語として、1．知、知性、理性。2—a、分別、思慮、道理、心〔ὁ νοῦν ἔχων など〕。2—b、注意、心〔προσέχειν τὸν νοῦν など〕。2—c、〔する〕つもり、〔しようとする〕考え、思い〔ἐν νῷ ἔχειν c. inf.〕。2—d、〔覚えている νῷ ἔχειν〕。2—e、意、気、思い、心〔κατὰ νοῦν〕、が挙げられ、実に多様である。それはいわゆる理性を指し示す意味以外に分別、思慮、心（これはさらに用法により内容が異なる）、意、気といったものが含意されているからである。ということはプラトンにあって、ヌースは人間精神のさまざまな襞に食いこむ言葉であったということである[3]。

そうではあるがヌースの意味としては、「知性」や「理性」が主流であって、この知性や理性としてのヌースは認識の根本であり、真実在を把握するものとしてその本領を発揮する。そしてそうした知性はどこにあるかと言えば、それは魂のうちだと言う。たとえば『ティマイオス』では、

「理性（νοῦς）は魂を離れては、何ものにも宿ることはできない――ということです。そこでこの推理の故に、神は、理性を魂のうちに、魂を身体のうちに結びつけて、この万有の造作をまとめ上げた」。（『ティマイオス』30b）

とある。するとヌースは魂の中に何らかの仕方で（その部分としてか）存在することになる。そしてさらに、

「魂が、〈真〉と〈有〉が照らしているものへと向けられてそこに落ち着くときには、知が目覚めて（ἐνόησέν）そのものを認識し（ἔγνω）、その魂は知性（νοῦς）をもっているとみられる」。（『国家』508d）

とあり、それは何をするものかと言えば、

「そのような人（心底から学ぶことを好む者）は、真実在に触れることがその本来の機能であるような魂の部分――真実在と同族関係にある部分（προσήκει δὲ συγγενεῖ）[4]――によって、……それぞれのものの本性にしっかりと触れるまでは、ひたすら進み、勢いを鈍らせず、恋情をやめることがない」。（同書、490b）

のである。それゆえ

「知性（νοῦς）にしても、また何らかの知識（ἐπιστήμη）にしても、それが最高の真実性をもっている限り、

今いったような事物（生成にかかわるもの）を対象にすることはないわけである」。（『フィレボス』59b）

と言って、ヌースの対象が不変的存在であることを明らかにする。さらにまたヌースの位置が非常に高いものであることが知られる。たとえば『パイドロス』では、

「まことに、この天のかなたの領域に位置を占めるもの、それは、真の意味においてあるところの存在——色なく、形なく、触れることもできず、ただ、魂のみちびき手である知性（νῷ）のみが観ることのできる、かの〈実有〉（οὐσία）である。真実なる知識とはみな、この〈実有〉についての知識なのだ。されば、もともと神の精神（διάνοια）は——そして、自己に本来適したものを摂取しようと心がけるかぎりのすべての魂においてもこのことは同じであるが——けがれなき知性（νῷ）とけがれなき知識とによってはぐくまれるものであるから、……」。（『パイドロス』247cd）

とあって、ここではヌースは魂を導くものであるとされる。そしてこのような知性はそれが宇宙大に拡張されて、

「すべてをひとつに秩序づけ、すべての原因となるものは、ヌゥス（知性）である」。（『パイドン』97c）

とも言われたりする。

総括的に言えば、ヌースが主として「知性」や「理性」の意味をもつとした場合、人間に備わっているきわめて高次の精神機能をこの語は指すとみてよいであろう。つまり「ヌース」によって人間は通常の感覚的知覚の認識範囲を超え出て、魂を導いて、真実在にまみえるのである。いわばヌースは真実在へと跳躍する力をもち、人間と真実在を結ぶ通路のようなものでもあるのだ。[5]

このときヌースと魂の関係が問題になるだろう。プラトンでは、魂を導くものでありながら、魂の一部分にあるかのような発言もあるので、あるものの部分であるものが、当のあるものを導くということになり、これは全体と部分という問題も惹起しそうである。このことは次のアリストテレスにおいても当然問題とならざるをえないが、当然のことながら、ここで「部分」という叙述は、単純に空間的なことを言っているのではない。それはいわゆる魂の三部分というふうに区分される様相においても明らかであって、どこからどこまでが理知的部分であるとかいうことではない。それはたとえば「魂がそれによって理を知るところのもの（τὸ μὲν ᾧ λογίζεται）は、魂の中の〈理知的部分〉（λογιστικόν）と呼ばれるべきであって」（『国家』439d ここに魂の三分割が出てくる）、また

「〈理知的部分〉には、この部分は知恵があって魂全体のために配慮するものであるから、支配するという仕事が本来ふさわしく……」。（同書、441e）

とあって、魂を主導するのは、その働きによることは明らかである。従ってヌースは魂のもついくつかの能力の一つではあるが、それが魂全体を率いるものであり、それによって真実在へと進みゆくものなのである。

B　アリストテレスの場合

アリストテレスはその『形而上学』第七巻第一一章において、

「さらにまた、霊魂（ψυχή）が第一の実体〔形相〕（οὐσία）であり、肉体（σῶμα）が質料であり、そして人間または動物はこれら両者から成る普遍的な意味での結合体である、ということも明白である」[6]。（『形而上学』1037a6）

と言っている。これによれば人間・動物は「霊魂・魂」と「肉体」から成る。また『霊魂論』第四章では、

「霊魂（ψυχή）がそれによって認識し（γινώσκει）、また思慮するそれの部分について、それが独立のものであれ、あるいは大きさの上では独立でないが、しかし定義の上では独立であるものであれ、それはどんな差異をもち、また思惟する（νοεῖν）ことが、いったい、どんな仕方で生じてくるかを考察しなければならない」[7]。（『デ・アニマ』429a10-13）

と述べられ、それによって認識したり、思惟する霊魂（魂）のある部分があることがわかる。従ってそれが魂に所属するものであっても、一応、魂とはある意味で別個のものとして指し示されていると考えられ、それが思惟（原文は動詞不定形 νοεῖν、その名詞は νοῦς）と関係する（これは基本的には、もちろん先ほど見たプラトンの魂の三分割に基づく議論の延長線上にあるのだろう）。

ところがさらにアリストテレスは、

「しかし理性（νοῦς）、すなわち理論的（θεωρητικῆς）能力についてはまだ何も明らかではない、いや、それは霊魂の何か別の類（γένος）であるように見える。そしてこの部分だけが、ちょうど永遠なものが可滅的なものから分離されるように、分離されることができる」。（同書、413b24-27）

と言う。それであればヌースは魂とは別の類になる。そしてヌースだけがそれとして分離（＝取り出す）されうると言う。そして魂の他の部分はヌースと違って概念的にのみ分離される。そのように言うのは、

「しかし理性はおそらく何か一層神的なもので、害を蒙らないものであろう」。（同書、408b29）

からである。つまりヌースは特別の地位を有しているのだ。ただしかし魂については、それが基底的なものとして、

「霊魂はわれわれがそれによって第一義的な意味で生き、感覚し、また思惟する（διανοούμεθα）ところのものなのである」。（同書、414a12-13）

と言われる。

以上の引用からすれば、アリストテレスは魂と理性（ヌース）は何か別様のものと考えていたふしがある。魂は何か具体的で、生命的であり、そして何かはたらきの基体のように、それに基づいてわれわれが働きをなすもののように考えられている。それに対し、ヌースは魂から分離可能であって、それゆえにまた神的な性格をも有していると考えられるのである。

C　プロティノスの場合

さて『プロティノス全集　別巻』（田野頭安彦編、中央公論社、一九八八年）によれば、さすがにプロティノスは「魂」や「ヌース」に関する言及が多い。周知のようにプロティノスにおいては、一者、ヌース（知性）、そして魂という原理的なものが考察され、魂以下に感覚的世界という存在の階層があるとされる。すなわち

「存在のかなたに超越するところの一者がまずあり、……これに続いて存在（τὸ ὄν）と知性（νοῦς）があり、三番目には魂という自然原理（ἡ τῆς ψυχῆς φύσις）が来る」(8)。（『エネアデス』V. 1 [10].10.1-4）

そしてこの知性は

「あの第一のものから生じ」たので、「不死である」。（同書、VI. 4 [22].10.24,30）

そして

「完全な生つまり真実で本来の姿をとっている生があの知的なもののなかにある」。（同書、I. 4[46] 3.34）

ということから、知性は完全なものであると言われる。そのかぎりにおいて、プロティノスもギリシアの伝統に則って、ヌースに極めて高い地位を与えている。

従ってこのようなヌースに依拠する者こそ、優れた人であると言える。すなわち

「ヌースの活動に依って行為し、肉体の情態からは自由である人にこそ、自主性（τὸ αὐτεξούσιον）があることを承認するであろう」。（同書、VI. 8 [39]. 3.19）

つまりヌースの活動に従うことが αὐτεξούσιον であるということは、ヌースの活動は人が持つ自由意志を最高度に発揮させるということである。プロティノスから見て、そういう人こそは、肉体の有するさまざまな状況から解放され、それから自由であるとされる。それゆえ肉体の要素を排除する点において、プラトン的伝統に忠実である。ところでこの「自主性」（τὸ αὐτεξούσιον）という言葉は自由意志をもつという意味で、後の霊的師父たちにも受け継がれており、自らの自由な意志で己の有様を選択する能力とされている。

そしてそのようなヌースを十全に働かせる人の到達せんと望むものが何であるか、それが以下で明瞭に述べられている。

「われわれの求めているものは一なるものであって、われわれが考察しているのは、万物の始めをなすとこ

ろの善であり、第一の者なのであるから、……むしろ努めて第一者のほうへと自己を向上復帰させ、……そして自己自身のうちにある始原にまで昇りつめて、多から一となるようにしなければならない。人はそれによってやがて始原の一者を観るであろう。すなわち知性になりきって、自己の魂をこれにまかせて、その下に置き、知性の見るところのものを正覚（ἐγρηγορυῖα）の魂が受け容れるようになし、一者をこの知性によって観るようにしなければならない」。（同書、VI. 9 [9]. 3. 4-25）

ここに見るように、人間のこの根源への欲求は極めて強力なものであり、そこへ至ろうと向上、復帰することはとりもなおさず己自身を知ることに繋がろう。それは自己自身の中にある始原へと至ることだからである。そのことはまた自己の本源・由来が非常に高いところにあることを認識することであり、そのためには魂が一段退いて、知性になりきらねばならない。魂が退くためには魂が正覚の状態になければならない、魂は目覚めていなければならないのである。そうなれば一者を知性によって観ることができると言う。

問題になるのは魂の位置であり、また知性との関係である。

「それでは、魂も神のごときものではあるが、これよりもいっそう神のごときものが、魂の上方に隣して存在するから、これをとらえるようにし給え。魂はそれの後に続いて、それから出て来たものなのである。すなわち魂は、上述の説明によって明らかにされたようなすぐれたものなのであるが、しかしなお知性の影像のごときものにとどまるのである。あたかも口外された言論が意中のそれに対するがごとく、魂自身がまたちょうどまさに知性の言論的表現（λόγος）なのであって、それの全体の活動は、知性がこれによって、自己と異なるものの存在を基礎づけるために、生命を表に送り出すところのものなのである」[9]。（同書、V. 1 [10]. 3. 4-8）

つまり魂の地位は確かに高いけれど、それは知性のある種の外的表れである、と言っている。しかし、たとえ知性の影のようであっても、この魂がなければ知性の自己表現は困難になる。それはわれわれに知性の存在を感得させうるものなのであり、その意味で魂の存在理由は十分にあるのだ。

ただし

「知性に続く魂も、魂である限り、自己自身の中に（諸々のイデアを）持っているのであるが、（イデアを）よく観ることのできるのは、自己に先立つ知性のなかでだからである。そして、われわれの知性も（イデアを）持っているのであるが、自己に先立つ知性のなかでのものが、（イデアを）よく観ることができるのである。なぜなら、われわれの知性は、自分のなかではただ看取するのみであるが、自分に先立つ知性のなかでは、そのうえさらに、自分が看取していることを看取するからである」。（同書、VI . 2[43].22. 3-7）

ここに見るように、同じ知性という言葉を使ってはいても、その指し示す内容は異なる。この「自己に先立つ知性」はプロティノスが二通りに使う知性という言葉の一つである。すなわち全集第一巻の解説にあるように、一つは「われわれの魂の或る能力あるいは性向としてのヌース」、もう一つは「これの原因者であり、感覚世界を全く超越するヌース」[10]であって、ここは後者を指している。知性にも二重の構造があることになる。

ギリシア思想の伝統を踏まえ、プラトンやアリストテレスの思惟方向を見定めようとしたプロティノスから、われわれはヌースの極めて高度な位置を知ることができる。もちろんヌースは「一者」には及ばないものの、一者のもとに立ち返り、一者と合一するという優れた資質をもつ。また魂はヌースよりは劣るとしても、生命と密接に関係し、かつかぎりなく感覚的世界に近いとは言っても、この魂がなければ、ヌースそのものの力も発現できない以上、その地位は高いと言わざるをえない。総じて、プロティノスにあっては、人間の能力として知性や魂は神的なものとされ、それ以下の感覚的世界の諸事物とは大きく一線を画すのである。

第二節　キリスト教一般の文脈におけるヌース

ギリシアの叡智が解き明かす「ヌース」が以上のようなものであったとすると、文化的にそれに続くキリスト教ではどのように考えられていただろうか。試みに『霊性辞典』"*Dictionnaire de Spiritualité*"（第一一巻）の本問題との関連箇所を見てみると、「"νοῦς" et "mens"」という項目が見つかる。ここでは術語がフランス語で示されるのではなく、ギリシア語とラテン語で示されている。ということはフランス語においても、たとえばギリシア語を直接翻訳して項目に挙げるよりは原語のままにして説明する方が適切であると判断されたためであろう。してみると、ましてやギリシア語とは言語系統の違う日本語では適切な表現を探すことは至難の業だということになる。

またこの辞典ではヌースの類縁語としてラテン語の mens が当てられている。ちなみにヌースと mens をそれぞれ希和辞典、羅和辞典ではどういう訳語が当てられているか見ておくと、まずヌースであるが、①心、わきまえ、分別、思慮、考え、つもり、思案、気、気持ち、意図、②知性、理性、理法、③意味。[11] mens はまずA．知的活動のもと、精神、頭脳として①知性、理性、知能、②思考（力）、判断（力）、注意力、記憶（力）、③意見、思慮分別、考え、B．①人格活動のもと、心、意思、感情、性格、気持ち、②意識、良心、道義の自覚、③勇気、正気、決心、意図、計画、目的となっている。[12] 希和辞典と羅和辞典とで多少訳語の選択の上で差はあるものの、いずれも羅和辞典でいうところの知的な面と人格的な面をともにそなえた言葉であることは一致している。

『霊性辞典』によれば、キリスト教には、人間を三部分あるいは二部分に分けて考える方向がある。すなわちそれはパウロに見られる人間を三部分に分ける考え方、つまり身体―魂―霊（特に一テサロニケ五・23）を基本とする考え方である。しかしパウロは、時に「一コリント二・6―三・3」に見られるように、霊（プネウマ）と理性（ヌース。この「理性」は新共同訳による）を対置させて語ったりもする。これに対し、三分割ではなく、アリストテレスに基づく、二分割を用いる教父（身体―霊）もいるが、アリストテレス自身がある場合に、魂にヌースを付加したことにより、二分割は三分割に移行していく。「身体―魂―ヌース」という構造はこうして「身体―魂―霊」の三分割をカバーすることになった。[13]

さらに新プラトン主義の影響下にあったアレクサンドリアの伝統に基づき、東方ではオリゲネス以来、ヌースを人間における神の像のある場所ととらえる傾向がある。[14] オリゲネスはあらゆる被造物は何らか永遠性を有していること。また理性（『原理論』I,4,1-5. ルフィヌスのラテン訳は mentes だが、もとはおそらく νόες だという）を付与された存在はその自由意志の使い方によってよくも悪くもなること、そしてそのような存在の究極目的は神の像にではなく、神に似ることであると述べ、こうしてオリゲネスは魂がそのヌースの原初の本性に前進的に帰還して、神と一致する可能性の基礎を築く。そしてこの帰還は浄化と祈りによって作用する。さらにオリゲネスは

「われわれのヌースは霊がそれとともに祈らなければ祈りをすることはできない。それゆえヌースは霊の言うことを聞かなければならない」（ここで霊というのは聖霊のことである）と言う。オリゲネスにあって、ヌースと霊は微妙な仕方で結びついており、どちらかといえば彼において「身体―魂―霊」は「身体―魂―ヌース」に置き換えられる傾向がある。(15)

さてオリゲネスに勝って以上のことを形而上学的に、また神学的に体系化したのがエヴァグリオスである。ヘシュカスムも部分的にはエヴァグリオスの影響下にあって、エヴァグリオスの力は大きい。しかし東方では、このエヴァグリオス的方向ともう一つの方向、すなわち擬マカリオスの路線があって、むしろこちらの方に、エルサレムのヘシュキオス、フォティケーのディアドコス、証聖者マクシモス、グレゴリオス・パラマスといった東方の霊的師父が依拠するところが大きい。(16)彼らにあってヌースは「心」に相応しているのが特徴である。(17)

第三節　『フィロカリア』における霊的著作家のヌース

それでは次に、われわれの思索の目標である東方の霊的師父たちのヌースについての見解を見ていきたい。もとより一口に『フィロカリア』における師父たちと言っても、多人数に及び、いちいちそれらを照合しても煩雑なだけで、あまり意味はない。そこで『フィロカリア』中でも、ヘシュカスムの思想的形成がなされる期間の師父たち、特にテオレープトス（一二五〇頃―一三二四／二五年）、ニケフォロス（一三〇〇年より以前に没？）、シナイのグレゴリオスそしてグレゴリオス・パラマスの考えに的を絞って、見ていくこととする。

彼らの書き残したものを一瞥すると、先のギリシアの哲学者たちとはやや異なって、ヌースについて多様な記述があることがわかる。[18] それゆえいくつかの観点に分けて彼らの多様なヌース観を見ていくことにしよう。

（1） まずはヌース自体が尊いものである、優れたものであることを示唆する記述をいくつか挙げると、以下のようになる。

たとえばパラマスはヌースについてはかなり積極的な位置づけをしているように思われる。すなわち「ヌースは超越的にまた絶対的に完全な善性であるから、……」（『フィロカリア』145 (292)）とか「善性は、知性的（霊的 νοερᾶς）な善性を源として、そこから生まれ出てくるが、御言葉（λόγος）であるから、ヌースを持つ人は霊（πνεῦμα）がなければその御言葉を理解しえない」（同書、145 (293)）と言う。

そしてネイロスの言葉を借りて、「ヌース〔に固有〕の状態は霊的な高さである」（同書、111 (223)）と言い、またイサークの言葉として、「祈りのときに恵みで満たされたヌースは、天上の色に、自らの浄さが似ることを見る」（同書、111-12 (224)）を挙げる。ヌースは恵みによって高次の霊的状態に達すると変容するのである。天上の色というのが象徴的なもの言いであるにしても、それはサファイア色とも言われる。[19] そしてその結果、「われわれのうちですぐれたものはヌースである」（同書、142 (287)）ということになる。この優れた様を語るために、まず「神の像にかたどって造られたわれわれのヌース」（同書、146 (294)）や「神的なヌースは……」（同書、157 (315)）という言葉が見られ、そのいささか具体的な例として、「知性的で理性的な魂の本性だけがヌースと言葉と生命を与える霊をもつ」（同書、147 (296)）と言明する。そしてさらにヌースの神的性格は、「被造物のそれぞれを互いに比較すると、あるものは本性上神に属しているが、あるものは無縁のものであると言われる。神性に属するということは、ヌースによってのみ把握される霊的本性ということである」（同書、162 (324)）、によって示され、ヌースと霊の緊密性が説かれる。このようなヌースは天をも超えるとされて、「善を超え、神なるものを超え〔るものは〕……一切を超え、無識を超え、把握できない力によって天を超えるヌースを超えて打ち立てられ、どんなものによっても完全に包含されず、……」（同書、170 (340)）と説明され、さらに踏みこんで、「ヌースが受け取る光と感覚が受け取る光は別のものである。……ヌースの光は、知解されたもののもとにある知（γνῶσις）だからである」（同書、192 (393)）と言って、ヌースが受ける「光」について言及される。このような人間のヌースのモデルとして考えられているのは、天使のヌースであって、それはディオニュシオスの「円をなして神に動かされたヌースは、美と善の、始めなく、終わりもない輝きと一致する」（同書、161 (322)）という文言や、「天使たちの知性的で（νοερά）理性的な（λογική）本性は、ヌースとヌースに由来する言葉と言葉へのヌースの愛を有している」（同書、146 (295)）から理解できるのである。

このかぎりにおいてパラマスのヌース観は、そしてそれが優れたものであるという点を強調することにおいて、先に見たギリシアの哲学者たちの系譜を引くように見える。もちろん彼ら哲学者たちの見解をそのまま、その通りに引き受けているというよりは、キリスト教という文脈の中でそれをなしているのであるから、そこには自ずとキリスト教的変容はあるはずである。しかし大筋において、ヌースは古代ギリシアで言う叡智のある側面を身に帯びていることは事実である。

パラマスほどではないにしても、ヌースの優越した側面を説く者としてシナイのグレゴリオスが挙げられる。すなわち

「人間のうちにヌースと言葉（ロゴス）と霊がある。そして言葉なくしてヌースなく、霊なくして言葉なく、また互いにおいてあり、またそれら自身に即してある（なぜならヌースは言葉を通して語り、言葉は霊を通し

て明らかにされるからである）。かくて、この例によって、人間は無名で元型的な三者〔にならう〕不分明な像を〔身に〕帯び、さしあたりは〔神の〕像としてあることを示しているのだ。なぜなら父はヌースであり、子はロゴス・言葉であり、霊はじつに聖霊であると神を担う教父たちは例をあげて教えているからである」。

（同書、35 (75-6)）

さらに「ヌースの霊的な働きはヌースを超える未来の喜びの以前にある霊の聖所だが、……」（同書、51 (103)）と言って、文言上ヌースを「父」なる神にもなぞらえているほどである。

このような「ヌース」は、では、日本語にするなら、何と言えばよいのか。これは感覚的認識とは別の、そしてまたそれを超えるものとしての認識能力であり、それはたとえば幾何学的認識といった理知的なものの謂いではなく、神に関わることを認識する能力である。従って、この場合、「ヌース」は敢えて訳すならば、「直観的知性」とでもいうことになろうか。

（2）続いては先の優れたヌースの状態に至るヌースの働きに関するものを挙げる。

テオレープトスによると、

「浄い祈りは、ヌースと理性（λόγος）と霊を自分自身に結び合わせ、理性によって名を〔呼び〕、ヌースによってそれが呼びかける神に気を散らさず伸長し、霊によって改悛、謙虚そして神愛（アガペー）を現し、かくして父と子と聖霊たる始めなき三位、一なる神に懇願する。……このように思考（διάνοια）に即して祈ると、神の記憶へと越えていき、ヌースの至聖所へと入りゆき、神秘的な観想によって不可視のものを

〔心に〕観じ、……」。（同書、10 (24-5)）

ということになる。そしてたとえば祈りの箍が緩んでくると霊的読書を勧めるのであるが、そのとき「字面だけを追わないで、知的に（διανοητικῶς）それらを捉えて吟味し、ヌース〔が把握したことを〕宝として蓄え」る（同書、10 (25)）ことを勧める。また「ヌースは霊の律法が働くのに時間的な限界をもうけず、また何らかの尺度に従ってそれをなさず、現存の生を極みまで捉えて、魂を体から脱出させるだろう」（同書、6 (18)）とも言う。

ニケフォロスでは、ヌースの守護であり、心の守りである「注意（προσοχή）」を述べるに当たり、その一つの局面として「注意はヌースの静謐さである」（同書、26 (559)）と言う。またシナイのグレゴリオスが祈りの方法を述べるところでは、「小さな椅子に座って、ヌースを支配的に働くもの（理性）から離して、心の中にしっかりと押さえ、……」（同書、71 (145)）と言う。さらに詩編を歌うとき、「トリサギオンを口にし、それから魂においてか、ヌースにおいてか祈りを唱え、ヌースが心の中で注意を払うようにする」（同書、75 (153)）と勧め、また霊的読書において、「ヌースは強められ」ると言う（同書、77(156)）。

パラマスでは、まず「われわれがヌースと呼ぶ魂の能力そのものは……」（同書、25 (251)）と全体的概要が述べられ、ヌースは「魂の能力」として位置づけられる。そして心との関係では、大マカリオスを引いて、やや複雑な発言をする、すなわち、「心は器官全体を導いており、恩恵が心を分け前として受け取るなら、理性と肢体の全部を支配する。というのはそこにはヌースがあり、また魂の思考力全体があるのだから」（同書、125 (252)）だと言う。「心」はパラマスによれば「思考の小部屋であり、肉をまとった第一番目の理性的器官」（同書、125 (252)）とされる。ここでは「心」と「心臓」が等しく並べられていると考えられるが、そのような心にヌース、つまり魂の思考全体が宿る。このとき〔神の〕恩恵を得ることが重要であり、そうしてはじめて理性と肢体全部を手中にする完全な人間性を獲得するのである。

そしてやや難解な言い方であるが、こうも言う。ヌースが情念に駆られることを拒否して、魂の情念的な部分を変容させると、

「ヌースの単一な（ἑνιαῖον）部分が、単一にとどまりながら、三重になると、そのときヌースは根源的な神の三一性（τῇ Θεαρχικῇ Τριαδικῇ Μονάδι）に結びつき、一切の誤りが入らないようにし、肉と世と世の支配者の上に座を占める。……ヌースの単一な部分が、単一にとどまりながら、三重になると、自分自身に向き直り、また自分自身を通して神へと上昇していくのである」。（同書、132 (267)）

ここでの「三重」は何を指すのか明示的ではない。しかし続く章の最後で、魂の「実践的」「認識的」「観想的」部分という文言があり、祈りによってこれを浄めると、心とヌースは完全で永続的な浄さに達するとあるところから、それを一応指しているのだと考えておく。つまりそこに神の三一性とのアナロギアを見て、ヌースは自己の境涯を超え出ていくことが示唆されている。もちろんこれにはヌースそのものが先に見た優れた要素をもっていることが前提されてのことだが。

さらにまた

「ヌースは思念や考えにおいて成り立つヌースの働きであるとも言われる。ヌースはそれらを働かせる力で

あり、それは聖書によれば心（カルディア）と呼ばれる。われわれのうちなる力のうちでもっとも主要なものである。この心によって、われわれのうちなる魂は理性的なものとなる」。（同書、133 (268)）

といった心（カルディア）に及ぶ言述がある。「ヌースが魂の想像能力によって運ばれ、それによって感覚と交わると、合成された認識を生み出す」（同書、139 (281-82)）。また人間の幾何学的認識に及んで、「ヌースが分かたれざるものを分ける」（同書、163 (325)）と言って、ヌースの認識能力の優越性を示している。

こうした文脈において、「ヌース」に統一的な訳語を与えることはほとんど無理であろう。というのはここには先に述べた「霊的知性」に関わるものの他、「心に宿る魂の能力」、すなわち神をより深く認識するために人をして観想に向かわしめる能力も考えに入れられ、さらに一般的に「理性的」なるものにも言及されていると考えられるからである。

（3） ところが東方の霊的著作家はヌースを何が何でも万能の選手であるかのようには捉えていない。ヌースとは、なんとかして手綱を引き締めようとしても、ずるずる騎手の手を離れてしまう始末におえないものだ、という実感が、彼らの著作の至るところで縷縷述べられているからだ。

たとえばテオレープトスが言うには、「〔ヌース〕は情念やいろいろのことで分裂してしまい、讃歌を理解するどころか、損なってしまう」（同書、8 (21)）ので、もし、人が回心しないなら「ヌースは捕囚状態」（同書、5 (16)）に陥る。「なぜなら情念に満ちた想念が留まっていると、情念に命を与え、ヌースを死なせてしまうからだ」（同書、11 (27)）。つまりヌースは情念の攻撃には弱いところがあるわけである。しかしその逆に、「あなたが外にあっては気晴らしを役立たぬものとし、内にあってはさまざまな想念を捨てるとき、ヌースは霊の業や言葉で目が覚める」〔同書、6 (17)〕というようなものなのだ。

同じようなことをシナイのグレゴリオスも言う。「情念に駆られたヌース」〔同書、40 (83)〕は「さまよう」〔同書、74 (150)〕ものである。それで「ある人は〔こう言う〕、始末におえないヌースを制御せよ、と」〔同書、72 (147)〕。つまりヌースを勝手に放っておくと、「祈りに重きをおかず、それに対して弛緩」〔同書、74 (151)〕しかねないからである。そのような状態は、「ヌースが神の記憶から離れる」〔同書、75 (152)〕からである。ヌースもまた「アケーディア〔霊的怠慢〕に陥って、〔祈りを〕唱えることができない」〔同書、80 (164)〕のだ。それで

「知るがよい、霊によって強められないなら、何人も自らの力でヌースを強くできないことを。というのは、〔ヌースというものは〕動いてやまないので、自然本性的に制御できないからではなく、怠慢のために気晴らしに親しんで、始めからそれに慣れてしまうからである」。〔同書、81 (165)〕

という忠告がなされる。

パラマスにおいても同様の指摘があって、たとえば、肉の情念、つまり魂の病に、「最初に感化を受けるのがヌースである。それゆえ悪しき情念の最初の衝動は理性〔διάνοια〕から生じるので、心から悪しき想念が出てきて、それが人間を汚す」〔同書、105 (212)〕。それゆえ「肉の情念が情念の影響を受けたヌースによって始まると、そのヌースから手当てを始めねばならない」〔同書、105 (213)〕。そのとき重要な判断は、「〔情念に染まった〕身体的思考にある〔ヌース〕は悪しきものと考えるが、体は邪悪なものではない」〔同書、124 (249)〕ということである。このようなヌースは、「絶えず飛び去っていくもの」〔同書、127 (256)〕なのである。

そうするとさてこの場合の「ヌース」は理知的な側面がやや薄れ、先のギリシア語辞典の訳語に沿ってみるなら、それは若干理知的な「分別力」、そして千々に乱れる思いのような「心・気持ち・思いなし」ということになるであろう。

（4）さてこの「始末におえない」ヌースをどうすればいいのか。これが東方の修道士の修行の眼目になっていく。テオレープトスは「居所の中に座って神を思い出しなさい。一切のものからヌースを高く上げ、神に向かって声を出すことなく〔ヌースを〕投げかけ、心の状態のすべてを神の面前に注ぎだせ」（同書、7(20)）と勧告する。それは「ヌースと悟性（ディアノイア）は伸張し、熱い懇願の働きによって神に近づき、改悛は魂に聴き従うからである」（同書、8(21)）。

そしてそうなるために、ニケフォロスは、「ヌースの見張り」（同書、21(46)）、「ヌースを目覚めさせておく」（同書、21(46)）こと、「大いに注意し、ヌースを吟味」（同書、21(48)）せねばならないと言う。具体的には、

「あなたは座って、あなたのヌースを集め、つまりヌースを鼻孔に導き入れ、そこで息を心臓に到来させるのである。……兄弟よ、ヌースが素早く心から出てしまわないような習慣をつけなさい」。（同書、27(56)）

という方法によるのだ。

シナイのグレゴリオスは、神との一致を遂げる方途の中にヌースの役割を付与する。そしてこう言う、こうした方法を通して、

「ヌースは、……主に結びついて、そこ〔心の中〕で祈りを先に受け取るか、あるいは〔修行の〕進展に応じて〔祈りが霊の〕働きに促されて喜びの火の中にヌースを引き寄せるか、また主イエスの名を呼び求めたり、一致するようにとヌースを縛りつけたりする」。（同書、71 (144)）

のである。

同様のことをパラマスもまた、ヨアンネス・クリマクスが言っていることをもとにして、

「あなたは、彼が、真に自分自身のものとなり、内なる人間に従って修道士の名に値する者になろうと決めた者が、ヌースを体のうちに送り、把持することを、……見るであろうか」。（同書、127 (255)）

と言う。

第四節　霊的師父の観点

前節においてわれわれは東方の霊的師父（著作家）たちのヌース観を概観してきたのであるが、容易にわかることは、彼らは先行するギリシアの哲学者のヌース観を引き継いではいるものの、ギリシアの哲学者たちがそれほど気にも留めなかったであろうヌースの弱点ともいうべきものに敏感に反応していたということである（ギリシアの哲学者たちも人間のヌースが東方の霊的著作家が言うような問題点をもっていたことを、経験上、知ってはいたで

あろうが、そのような弱点はヌース固有のものというよりは感覚にもっと近い魂の作用、しかも想像的な作用によると考えていたのではないかと思われる）。東方の霊的著作家たちがヌースのこの側面をことさらに取り上げるのは、こうした叙述に先立つ霊的修行、つまり観想の経験が彼らにはあったからである。プロティノスの場合は、彼自身エクスタシー的体験をしたと言われ、そのかぎりでヌースのある種の変容をも語っているのであろうが、東方の霊的著作家の場合は、かならずしもエクスタシー的体験を述べているわけではないし、それを勧めているわけでもない。その意味で東方の霊的著作家は当該の事柄に対して、きわめて冷静な態度をとっていたと言わなければならないだろう。

それというのも東方の霊的著作家にあっては「魂―ヌース―霊」は大変微妙な関係にあったからである。『フィロカリア』を編纂した聖山のニコデモスの著『霊的手引書』を研究したロッシ（L. Rossi）はその著『哲学者たる、ヘシュカスムのギリシア教父』[20]において、魂とヌースは同一の実体が二つの異なった相のもとに姿を現すことであると言う[21]。ただ祈りの際にはヌースが中心的な働きをなす、つまり祈りはヌースの作用なのである[22]。また先にすでに見たように、ヌースとの関連で「心」が取りざたされるが、ロッシはヌースと心は等価の用語であり、「精神としての心」と「身体器官としての心（臓）」の間に関係があるように、「（精神としての）ヌース」と「（身体器官としての）脳」との間に相関関係があると、興味深いことを言う[23]。そしてヌースと心は同一のものではないが、一方が語られれば、他方も語られ、言葉としては互換性がある。ただヌースを迸り出る光のようなものとすれば、心はそれを支えるもの、一種の座のようであり、心は受動性を有すると言う[24]。「魂―ヌース」、「ヌース―心」はそれぞれに複雑な関係をもちながら、東方の霊的著作家にあっては、神へ至るための重要な精神的、器官的要素として受け止められていた。

そこで問題なのは、もし東方の霊的著作家たちが、以上のようなヌースのいわばさまざまな局面を認識していたとして、彼らがヌースの働きを分析して、（1）ヌース一般の働き、（2）ヌースの優越した働き、（3）ヌースの恣意性、とたとえばこういう分類をしていたかと言うと、そういうものは見当たらないのである。もしヌースの働きのさまざまな局面を把握して、分類しておけば、祈りの指導に益することがあったのではないかと思われるが、しかし彼らはそうした分類をもって初心者を指導することはなかったように思われる。もちろん先に述べたようなヌースの手に負えない状況に初心者があることはその生活や言動を見れば、わかることであるので、いたずらな分類は避けたのかもしれない。しかしだからといって霊的著作家たちの透徹した眼差しが霊の真実を見通せないほど鈍であったと思えないのも事実である。実際多くの有益な指導をこれら著作家はなしている。彼らは、ヌースの諸相を実際感得していたが、それらを敢えて分類して示そうとはしなかったのである。

第五節　霊的師父とアビラのテレサ

ところでしかしこのように東方の霊的師父たちは、たとえヌースの様相の分類をそれとしては記述しなかったが、すでに述べたように言ってみれば非常に優れた、尊いヌースのあり方とどうにも簡単には手に負えないヌースがあることを言い残しておいてくれた。これは重要なことと思われる。つまりヌースに手に負えない側面があることを示すことによって、人間の心あるいは魂の深淵を示唆してくれたのである。体系的ではないにしても師父たちは人間の精神の根底を眺めていたのである。

つまりヌースが一方では神へと接近する能力をもちながら、他方、このヌースの制御がうまくできない場合、ヌースは情念に駆られて死んでしまいかねない。従ってこの落差が問題である。落差という言葉は否定的に見えるが、このことはかえってヌースの大いさを示唆していると思われる。おしなべて古代ギリシアの哲学者はヌースをとにもかくにも感覚から離れて神に接近しうるような偉大な資質をもつものとして強調したのだった。もちろんプロティノスにおいて見られたように、彼にあってもヌースはそれほど一様ではない、しかしヌースの優越性には傾いている。ところが東方の霊的師父たちはヌースを幅広く捉えることによって、かえって人間存在の重層性を示したのである。師父たちは哲学者とは異なり、実際の人間の心の世話をする者（Seelsorger）であった。人間のもつ優れた面も、いびつな面をも眼前にしなければならなかったのである。その上で彼らは適切な助言を求められていたのだ。

このようなヌース、あるいは心や魂の重層性を記述しているのは、ここに見た師父ばかりではない。東方ではなく、西方十六世紀の神秘家、かの有名なアビラのテレサは、自己の経験に基づいて、これら師父たち以上に、いや師父らがあえて口にしなかった魂の深層を描いてみせた。

周知のようにテレサはその『霊魂の城』において、神と出会おうとする魂（霊魂）の様相をつぶさに叙述している。テレサはキリストが「天国には多くの住いがあるように（ヨハネ一四・2）、〔霊魂（魂）alma という城〕にはたくさんの住いがある[(25)]」と言って、そこに七つの住居を数え、それを逐一説明する。この七つは魂の進展の段階、すなわち神への接近の段階である（もっとも段階を一つ一つ辿っていかなくても、神が望まれれば飛び級のようなことは起こりうるという（『霊魂の城』4,1,2:495 (115)）。もちろん最初の段階は最後のものに比すべくもないが、それでもある程度の意識をもって祈りに専念しようとする魂が描かれている。その意味では無自覚的な魂とはその気構えは当然異なる。たとえば、「〔城に入った霊魂〕は、この世の事柄にまだ愛着をもっていますが、しかし少なくともよい憧れを持っています」と言われている（同書、1,1,8;474 (40)）。そうではあるが第一から第三の住いまではまだ魂の深化のエチュードのような段階と言えよう。これとて通常の精神状態からすれば、神へと深く浸透しようと努力するものであるが、まだまだテレサの言う「毒虫」も混入した状態（同書、1,1,8;474 (41)）であるゆえ、完全な状態からはほど遠い。つまり東方的に言えば、さまざまな想念が入ってき、情念が襲い、人を罪に陥らせ、悩ませる状態である。すなわちこのような魂が罪を犯すと、この魂を闇が蔽い、それは「あらゆる濃い闇よりも深く、これ以上に憂うつで、黒い暗さはない」（同書、1,2,1;475 (43)）という状態になる。それゆえここでは「自己認識 conocimiento」（同書、1,2,11;478 (54)）が必要とされる。テレサはここでもちろん「ヌース」や「メンス」という言葉を使わないで、魂（霊魂）で通しているのであるが、師父たちの文章を読んだ者にとってはこれがわれわれの問題とするヌースのことであることがわかろう。このような状態を突破した魂は第四、第五とその歩みを進め、そして第七が到達点である。

しかし今問題にしたいのは第七といった最終地ではない。むしろその途中にある第四あたりの状況である。ここはすでに「王の住いに近くなっている」（同書、4,1,2;493 (115)）、そして重要なことは

「知性は霊魂の諸能力の一つですから、それがときとして小鳩のように無分別になるのを、私は心重く感じていたからです。思考はふつうすぐに飛び立つもので、ただ神のみが、私たちを神御自身に縛りつけられるときに、それも一緒に縛りつけることがおできになるのです」。（同書、4,1,8;497 (121-22)）

と言って、テレサ自身、魂の能力である知性（entendimiento）あるいは思考（pensamiento）の振る舞いに悩

んだことが表明されている。その一方でここでは「神の味わい gusutos de Dios」あるいは「静穏の祈り oración de quietud」（同書、4,2,2;499 (130)）といったものが成就してくる。

「それは知性で思索するのではなく、主が霊魂内でお働きになることを心に注ぐことです。……このような霊的な業においては思索したり、努力したりしようとすることの少ない者ほど、多くを成し遂げる」。（同書、4,3,4;503 (143-44)）

また

「霊魂は……そっと静かに知性の動きまわるのを止めるように努めるべきですが、知性の働きを完全に停止させてはなりません。思考力についても同じことが言えます」。（同書、4,3,8 (7);504 (147)）

また

「潜心 recogimiento の祈りのときは、黙想や知性の働きを止めてはなりません。さて、この種の祈り、つまり水が水道管から流れてくるかわりに、水が直接泉から湧き出してくるときには、知性は自ら慎む、あるいは慎むようにさせられる理由を説明しました。というのは、知性は、何を望んでいるのかわからず、とにかくあちこちさまよい歩き、どこにもじっととどまっていることができないからです」。（同書、4,3,8;504-5

(148)

さらに

「霊魂には明らかにある高まり、あるいは広がりが認められます。それはあたかも泉から湧き出る水が流れる口を持たないで、水が湧き出すたびに、泉そのものが大きくなっていくかのようです」。(同書、4,3,9;505(149))

そういうことであれば、テレサの言うこの霊魂(魂)はすでにわれわれが見た師父たちの言う、優れたヌースの状態に至らんとするヌースの働きを指していることになろう。ヌースはこのようにして、放っておけば、彷徨いだすところを、方向さえ定めれば自己超越へと力強く歩む能力をもつのである。この第四の住いは言ってみれば、それまでのどちらかと言えば、まだ自分を取り巻くこの世界の価値基準にいくらか染まっていた魂が何らかの仕方でそこを脱しようと、努力する境位であり、準備段階と完成へ向かう段階の狭間(いわば中間地帯)に位置しよう(26)。従ってこの中間地帯を突破すれば、テレサの言う第五の住い以降の非常に深い体験の層に達するわけである。その意味で、この住いはいっそう上の状況に至るためには是非とも経過しなければならない地点であり、それがこの世界との境界にあるだけいっそう重要な住い(境位)なのである。それゆえここにおいて人は自己を根底から揺さぶるあらゆる経験をする。その襲い掛かる試練や誘惑、つまり東方的に言えば情念の嵐を、なんとかやり過ごし、嵐の向こうにある晴れ間に這い出ていくことにおいて、また同時に人はその過程を通じて、通常の世間的意識を徐々に希薄にし、その結果通常の意識では感知できない何かを、まだ朧にではあれ、カルディアなる心の内奥において、直知し、感得する。おそらくそれは夙にアンリ・コルバンによって mundus imaginalis と命名された精神的境地なのでもあろう。(27) すなわちテレサ流に言えば、第三の住いを過ぎて第四の住いに至ることは、これまでの歩みから大きく前進することであり、これより先は心の緩みを監視することによって、徐々に霊的高まりを遂げ、上昇していく過程なので、第四の住いは大きな分岐点と言えるのである。

結　語

そこで初めの問題に帰れば、東方の霊的師父にあってヌースそのものがさまざまなあり方をとる以上、「ヌース」を何か一語で、一括して翻訳することは不可能だということになる。これはすでに確かめてきた通りである。それゆえそのさまざまなヌースの展開に応じて、適切な訳語が選ばれてしかるべきであろう。しかしそれでは読者にとって、さまざまな訳語が実は原文では同じ言葉であるということを理解しなければならず、逐一それを確かめるのはきわめて煩雑なことである。それゆえ依然としてわれわれは当初の問題からは離れられないのである。

そうなると重要なことは、むしろ「ヌース」という語のもつ大きな視野や容量に思いを馳せることである。すなわち何度も言うように、ヌースは高く、神へと至る可能性を秘めたものであると同時に、そうした神的世界とわれわれが日常的に慣れ親しんだ世界との中間にも位置しうるということであった。このようなスコープの広い語を一語で現すことはかえって危険であろう。それよりもむしろわれわれはヌースという語によって、人間精神の幅と広さと深さを思い知るべきなのである。じつに東方の霊的師父たちはそれに気づいていた。それは先に見たロッシが言っていたように、「魂とヌースは同一の実体が二つの異なった相のもとに姿を現すことである」ということから明らかである。ヌースと言っても、もしそれが魂の方にきわめて近い様相を呈する場合には、中間的存在である魂の側面をより強くもつわけであるから、ヌースは現在のわれわれの生に添った反応をするわけである。このことはわれわれ人間は現にこの世界に生き、そして体をもった生身の存在としてあり、そのあり方をそのままもって至高者へと近づいていくという構造をもつことを現している。当然その構造は至高者と有限存在との乖離を前提としている。そしてその乖離ゆえに人間は迷いもし、悩みもするが、その境涯を離れて人間は存在しえない以上、おきつまろびつの霊的歩みそのものが人間の真実の姿であるということになろう。すなわち人間が何ごとであれ探求するに際し、「ヌース」に定位して接近する方策が人間に与えられているのである。それはとりもなおさず心の深みにかぎりなく接近することなのである。

そのことのゆえに、たとえば「イエスの祈り」において、唱える文言を呼吸の出入に結びつけるということもある程度納得できよう。それは「あなたは座って、あなたのヌースを集め、つまりヌースを鼻孔に入れ、そこで息を心臓に到来させるのである。……兄弟よ、ヌースが素早く心から出てしまわないような習慣をつけなさい」(『フィロカリア』27(56)、既出)の一見奇妙なニケフォロスの文意は、「始末におえない」ヌースをイエスの祈りの文言を用いて、この文言にヌースを集中させ、そして息の出入にヌースを縛りつけることにある。それゆえこうしたやり方は、意識の奥深い処にヌースを沈潜させるための方法であると解しうるのではないか。祈りや瞑想に関し、キリスト教東方は、東洋のそれほどではないにしても、東方自身の経験から、意識の深化に対しある程度の方法をもっていたのである。そしてそれは師と弟子の間に何らかの手ほどきをもって伝えられたであろうが、それを文言化して、方法「論」とする必要はなかったのである。それは個々に伝えていけばよいことであった。

キリスト教東方の霊的環境世界の現実はそういうことであったと思われる。

註

（1）筆者の訳した『フィロカリア』（邦訳、第七巻、新世社、二〇〇九年）では、νοῦς をすべてそのまま「ヌース」と原語のままカタカナ表記にしている。これはその都度テクストの内容に適う異なった訳語を付与するとかえって誤解や理解の困難さを生じかねないと思ったからであり、また適切な訳語を見出せなかったことによる。しかし適切な訳語を付与することは訳者の責任でもあるので、どうしてそれが見出せないかを伝えるのも本章の目的である。

（2）『プラトン全集　別巻　総索引』（岩波書店、一九七八年）。

（3）同書、六六二―六六六頁。

（4）ここではそれと明示されていないが、岩波版第十一巻の註（四三五頁）によれば、これはヌゥス（ヌース）のこととなっているので、それを踏襲。

（5）このようなヌースの位置づけはプラトンの先達パルメニデス（前五四〇―四七〇年頃）の発言の木霊であろう。周知のパルメニデスの言葉、「思惟することとあることは同じである」（『断片』三、伝統的読みに従う）、「現前してはいないけれども知性には現前しているものをしっかりと見よ」（『断片』四）、「あるもの（のみ）があると語りかつ考えねばならぬ」（『断片』六）などが端的にそれを表している。つまりパルメニデスにあって、「思惟すること」、「知性」、「考える」等はもとは同じ言葉に属するものであり、いわば「知性」によって「考える」のであるが、何を考えているかと言えば、それは〔真の意味で〕存在しているものを捉えるためであって、〔真の意味で〕存在しているもの（＝真実在）は、知性には現前していても、知性以外には隠されているのである。当然ここでは移ろいゆくものではない真実在を捉えるヌースは人間の高次の精神機能とされているのである。邦訳は『ソクラテス以前哲学者断片集』第Ⅱ分冊（岩波書店、二〇〇八年）七九―八一頁、参照。

（6）邦訳は『アリストテレス全集12　形而上学』出隆訳（岩波書店、一九六八年）による。岩波版では ψυχή が「霊魂」と訳されている。筆者は「魂」という語を使用するが、引用本文にかぎり「霊魂」とあれば、そのまま「霊魂」とする。以下同じ。

（7）邦訳は『アリストテレス全集　6』山本光男訳（岩波書店、一九六八年）九七―九八頁による。

（8）以下訳は『プロティノス全集』田之頭安彦編（中央公論社、一九八六―八七年）第一巻―第四巻による。ここで「存在」はヌースが直知する実有としての存在であろう。『プロティノス全集』第一巻所収の水地宗明による解説、六七―七三頁参照。あるいはパルメニデス以来の存在と知性の同一性を受けているのかもしれない。

（9）ここで訳文中の「それの全体の……」以下は全集では、フォルクマンの修正に従ったと言うが、底本通りの訳、すなわち「魂は、知性が別の独立したもの（つまり魂）を存在せしめるために送り出す（知性の外的な）全活動であり、生命である」の方が意味を取りやすいと思われる。

（10）全集第一巻六八頁。また一六五頁の註（4）、（5）を参照。

（11）古川晴風編著『ギリシャ語辞典』（大学書林、一九九六年）七五五頁。ところで νοῦς にあたるラテン語としては intellectus が考えられるが、ここでどうして intellectus ではなく mens になっているかは考えるべきことである。これは大きな問題であると思われるゆえ、今それは詮索しないでおく。これについては、名須川学「デカルトにおける"Mens"概念について」『新プラトン主義研究』第八号（二〇〇八年）四五―五一頁を参照。

（12）國原吉之助『古典ラテン語辞典』（大学書林、二〇〇五年）四五一頁。

（13）*Dictionnaire de spiritualité*, vol. 11, coll. 460.（以下 DS と略記）

（14）DS 461.

（15）DS 462.

（16）こうしたビザンティン霊性の二つの潮流について要領よく、簡潔に述べたものとして、*Mistici bizantini*, a cura di Antonio Rigo, Prefazione di Enzo Bianchi, 2008（Giulio Einaudi editore）の Rigo による序文、p.XCII-XCIII. を参照。

（17）DS 463.

（18）以下、原典は Philok. IV, Athen (1976)、邦訳は『フィロカリア』第七巻（拙訳、新世社、二〇〇九年）による。頁数は最初が原典の、後の括弧内が邦訳のものである。

（19）ポントスのエヴァグリオス『実践の書』（Liber practicus）七〇（PG 40, 1244A）。

（20）Lanfranco Rossi, *I filosofi greci padre dell'esicasmo. La sintesi di NIkodemo Aghiorita* (Edizione Il leone verde, Torino, 2000).

（21）Ibid., 162.

（22） Ibid., 170.
（23） Ibid., 176.
（24） Ibid., 226.
（25） 邦訳は、アビラの聖女テレサ『霊魂の城』鈴木宣明監修、高橋テレサ訳（聖母の騎士社、二〇〇五年）三二頁、原文は、Santa Teresa de Jesus, *Obras Completas* (Bibilioteca de Autores cristianos, Madrid, 1986), 469-583. 所収の *Mordas del Castillo Interior*, 472. 以下括弧の中の数字は邦訳の頁数、その前は原文の頁数を表す。
（26） これについては、藤原直達『大乗起信論とアヴィラの聖テレサ　心の深海の景色』（教友社、二〇〇九年）を参照。そこでは主として『大乗起信論』との関係が取り上げられていて、大変興味深いものであるが、その議論は本稿の範囲を大きく超えるので、ここでは取り扱わない。
（27） Cf., Henry Corbin, *L'imagination créatrice dans le soufisme d'Ibn 'Arabî* (Aubier,1993 (1958)), 7-8, 11-16. mundus imaginalis はコルバンの造語であるが、彼はイブヌ＝ル＝アラビーの思想展開に基づいて、世界を（1）純粋に知性的知覚によって把握される世界（ケルビム的知性界）、（2）中間界ともいうべき「非質料的質料」の世界、（3）感覚によって把握される世界、に分け、神現のヴィジョンの場としての mundus imaginalis を第二の世界に置く。この中間帯において瞑想者は意識の深層へと迫っていくのである。

第五章　観想の文法書としての『フィロカリア』

序

すでに触れたことであるが、十八世紀にコリントの府主教マカリオスと聖山のニコデモスによって霊的詞華集ともいうべき『フィロカリア』を編纂しなければならなかった時代の要求は、一つにこの選集をして霊的生活の理想（往昔の師父たちの生活そのもの）を現代に具現させるということにある。いわば霊的生活の理想郷をこの中に現出させ、それを後代の者が可能なかぎり模倣していくというものである。従って、以降この書は東方キリスト教世界の霊的意識において重要な位置を占め、修道院で繰り返し朗読され、あるいは読まれるだけではなく、一般信徒の生活にも、教会での説教等を通して浸透していったと考えられる。

しかしながらこのような書物が必要とされたということは、当時、理想的霊的生活が満足のいく形で実現しているとは言えなかったからである。それはビザンティンの末裔であるギリシアやバルカン諸国がイスラームのトルコによる支配下にあって、十分なキリスト教的精神活動が妨げられていたということと、トルコの支配を脱しようと、ナショナリズム的運動が水面下で動いていたというような政治的な理由があるとしても、人々の、それも修道士の心の中に、神を渇望してやまない霊の息吹が不在であったためである。このことは編纂者のマカリオスとニコデモス自身、霊性の中心地であると考えられたアトス山に見切りをつけて、ギリシア本土で活動をしたことにも現れている。(1) しかし当時アトス山では学問としての神学研究がコンスタンティノポリス総主教キュリロス五世によって奨励されていたこと（一七四三年研究センター設立）を考えれば、こうしたいわば学問的方向に『フィロカリア』の編纂者たちは反対する意向であったことがわかる。このような彼らの態度は保守的だと言えなくもないが、おりしも西欧においてはいわゆる啓蒙思想が勃興しており（モンテスキュー一六八九―一七五五年、ヴォルテール一六九四―一七七八年、ディドロ一七一三―八四年）、世界はすでに編纂者たちが理想とするものとは異なる方向に進みつつあったことも考慮に入れておく必要があるだろう。

歴史に現れるビザンティンの精神世界は複雑な様相を呈していたように思われる。すなわち正統ローマ帝国の継承者としての東ローマ帝国は、またキリスト教国家でもあり、そのキリスト教は使徒伝来の正統なものであるはずだった。したがって西のローマ帝国に位置するローマ教会は、彼らから見て、それはいわば分家であり、決して本家ではなかった。しかしローマ教会はゲルマン社会に食い込み、そこから独自の発展を遂げ、神学や哲学の世界で顕著な業績を上げていた（スコラ学の隆盛）。このスコラ的思惟方法に対して、ビザンティン世界はややアンビバレントな態度を示している。このことは次のような事実を顧みてみればすぐにわかる。ビザンティンでは、スコラ学が拠ったアリストテレス哲学を奉ずる者とすでに教父の時代に範としたプラトン哲学を奉ずる者の間の論争があり、アリストテレス側には、トマス・アクィナスを積極的に取り入れたキュドネス（一三二四頃―一三九八年頃、後カトリックに改宗）、その弟子カレカス（一四一〇年没）、教会合同には反対したが、トマスを導入したコンスタンティノポリス総主教ゲオールギオス・ゲンナディオス二世・スコラリオス（一四〇〇年と一四〇五年の間に生まれ、一四七二年頃没）を数え、そしてプラトン側には、プセロス（一〇一八―八一年以降？）

やイタロス（一〇二五頃―八二年以降）、そしてまったくのプラトニストであり、異教を奉じたゲミストス・プレトーン（一三六〇頃―一四五二年）などがいた。彼らはキリスト教思想の正統を自認しながらも、西欧の思想の動向に決して無関心ではなかった。こうしたビザンティンの思想家の試みがその後どこまで成功したかどうか、むつかしいことであるが、『フィロカリア』の成立も以上のようなビザンティンの思想動向との関連は無関係ではなく、それを念頭に置いておくことは重要なことではないかと思われる。

第一節　霊的生活の原型

さて、筆者は、『フィロカリア』が先に述べたような性格をもつ、霊的指南書であることを鑑みて、この書を比喩的に、霊的観想の一種の「文法書」として考えてみたい。従って当然そこに頻出する語彙や特徴的な構文が問題になる。予想として、修道制の初期に当たる、アントニオスなどの砂漠の師父たちの場合には、このような語彙や構文はまだ萌芽的にしか姿を現していないと思われるが、時を経るとともに、また修道生活の反省や内省が整ってくるとともに、修道的生は徐々にある一定の形や方向をとるに至り、いわゆるヘシュカスムという霊性運動に結実していった。

この問題を取り扱うに際し、差し当たりは筆者がその翻訳に関わったビザンティン後期の著作に限定して話しを進めることにしたい。

『フィロカリア』はすでに述べたように、十八世紀という時代における霊的生活の指南書である。当然そこには模範となるものがちりばめられており、それは編纂者ニコデモスの序文に明らかである。しかしその模範の中でも、第一に範とすべきは、キリスト教修道制の端緒であるエジプトの修道士の行状の中に求められるであろう。その筆頭はアントニオスである。つまりわれわれの目論見からすれば、おそらく彼の行状のもとにへシュカスムの「基本文法」があるはずで、アントニオスの行状を記した文言から浮かび上がってくるものを構成し直せば、そこに一種の文法的構造が見えてこないであろうか。

アントニオスの言葉として、ここでは『フィロカリア』所収中のものではなく（その真筆性が論じられているので）、むしろ『砂漠の師父の言葉』から選んでみたい。

「アントニオスは、かつて砂漠で生活していたとき、空しい倦怠（ἀκηδία）と想念の大きな闇とに捉われた。そこで、アントニオスは神に向かって言った、『主よ、わたしは救われることを望んでおりますのに、さまざまな想念（λογισμοί）がわたしを捉えて離しません。この苦しみの中で一体何を為すべきでしょうか、どうすれば救われるでしょうか』。しばらくして庵の外に出てみると、アントニオスは自分そっくりの男を見た。その男はそこに座り、働き、そのわざをやめて立ち上がっては、祈った。そして改めて座っては縄を編み、さらにはまた、祈るために立ち上がるのであった。……中略……『このようにするがよい。そうすれば救われるであろう』。それを聞いたアントニオスは、大きな喜びと勇気を得、同じようにそれを実行して救われたのである[2]」。

ここでわれわれは、「倦怠」や「想念」といったものが、救いに至る道（求道）において避けるべきものとして上げられていることに注意したい。これは避けるべきではあるが、しかしそれは避けがたく人を襲うものでもある。そういうものとしての「避けるべきもの」がここには述べられていると。しかしどのようにすれば、それが避けられるのかと言えば、「（立って）祈り」、祈りに倦めば「手仕事」をすることが勧められる。つまり「想念」は思念を凝らしている私を無慈悲にも捉え、離さない。避けよう、避けようと思うほど苦しくなり、想念は自分にこびりつく。この事態を救うためには、身体を使うことしかない。すなわち「座り」、「働き」、「立ち」、「祈る」の繰り返しが、がんじがらめになった己を救い出すのである。「たんなる言葉による祈りだけではなく、身体をも伴うこと」、おそらくここに修道生活の基本形（基本文法）がある。アントニオスの話はそれを示している。

さらにアントニオス以後で『フィロカリア』に所収されている隠修士イザヤの項を見てみると、こういう件がある。

「知性（νοῦς）[3]が魂の感覚を肉の欲望から救い出して、それらを不受動心（ἀπάθεια）へともたらし、魂を肉の欲望から切り離すとき、そのとき、もしも神が、恥知らずな情念（πάθος）が魂を攻撃して、それらの感覚を罪のなかに捉えようとするのを御覧になり、知性が密かに（ἐν τῷ κρυπτῷ）絶えず（ἀδιαλείπτως）神を呼び求めるなら、神は援けを送って、直ちにすべての情念を破壊してくださる[4]」。

ここで重要な言葉は次のものである。すなわち、「知性」、「魂」、「情念」、「不受動心」、「肉の欲望」、「感覚」、「罪」、「密かに神を絶えず呼び求める」等である。ここではしかしアントニオスには見られない「知性（νοῦς）」という言葉が見え、しかもそれが主導的役割を果たして、霊的生活の妨げとなる欲望や情念を排し、神により頼むことが重要なファクターになっていることがわかる。従って従前とは異なって、「知性」ということが真剣に取り上げられ、知性に神と向かい会うものという位置、あるいは能力が与えられたということになる。いわば砂漠の師父のときよりは、人間論的理論展開がなされている。しかも神の援けを得るためには、「知性は密かに神を絶えず呼び求め」なければならないとある。ここでは「密かに」「絶えず」ということが重要なことであると思える。つまり神への呼びかけが決してあからさまに、あるいは公然とではなく、人知れず行うことであり、しかもそれを倦まず弛まず、持続して行うこと、この勧告によって「独居して」「絶えざる祈り」を行うことへの一歩が踏み出されている。

同じく『フィロカリア』所収のニケフォロスの項には、かつての師父たちからの引用があるが、『砂漠の師父の言葉』から、アガトン（五世紀）の言葉として次のものが引用されている（同じ砂漠の師父の一人であるアルゼニオスの言葉も引用されている）。

> 「兄弟がこう言って長老アガトンに尋ねた。長老よ、教えてください。身体の苦痛と内面の監視とどちらがよりよいのでしょうか。〔長老は〕言った。人間は木のようだ。さて身体の苦痛は葉である。内面の監視は実である。ところで書かれたものによれば、すべての木がよい実を結ぶのではなく、切られ、火に投げ入れられる（マタイ三・10）ものもあるのであるから、われわれの一切の努力は実のため、つまりヌース〔知性〕の監視（φυλακή）であることは明らかである。しかし葉の避難所や身づくろいも必要であって、それが身体の苦痛である。…略…[5]」。

砂漠の師父の一人であるアガトンには「ヌース」という言葉が見え、その「監視」が重要なものとして考えられている。後代の師父には注意して己のヌースを監視せよという言葉が頻出するが、それはアガトンにおいて、すでに明確な言葉として語られているものである。

第二節　総主教カリストスの著作より

さてその後の霊的生活実践の諸相については、たとえば『フィロカリア』には収められていないが、クリマクス（六—七世紀）は、その著『楽園の梯子』において、霊的進展の段階を三十段階に設定し、各霊的段階の詳細な状況を記述することによって、神との一致に至る旅程を明確にしてくれた。それはたんに霊の高みを示すだけではなく、修道士に必然的に襲いかかってくる霊の危機的状況を明確にすることによって、霊的生活の指針としたのである。少なくともその指針に従っていくかぎりは、大きく道を逸れることはないという意味において。

ところで『フィロカリア』での、その後の展開は周知のごとくである。つまり、証聖者マクシモスや新神学者シメオン、テオレープトス、ニケフォロス、シナイのグレゴリオス、グレゴリオス・パラマス、クサントプロスのカリストスとイグナティオス、総主教カリストスなど後期ビザンティンの錚々たるヘシュカスムの雄たちにヘーシュキアの道は受け継がれていく。

こうしたヘシュカスムの出発点は上記のような砂漠の師父たちにあるが、彼らを引き継いだ後代の師父たちは、先達の師父たちの霊的経験と見解をさらに展開発展させた。その様子は、砂漠の師父の断片的な記録と異なり、言葉のかぎりを尽くしてその霊的体験を述べたように思われる。それは饒舌とさえ言えるだろう。では後代の師父たちは多くを語ることによって何をしようとしていたのであろうか。

それではここで総主教カリストスの文を取り上げて検討しよう。[6] この中でカリストスは「観想」(θεωρία)によって神と一致することを中心眼目に据えて、この目標である観想にどうすれば至れるかを詳述している。その始めに、もちろんこれは古代からの人間論の流れに連なる考えであるが、ある意味で「霊的心理学」とでも言うべき内容のものを展開している。今「霊的」というのは、そこにおいて中心をなすものが「聖霊」だからである。それによれば、[7] 人間のうちに聖霊の介在する働き(エネルゲイア)と人間に本性的なものや、その働きに即してもっているものを区別する。そして人間に本性的な働きは魂の衝動(θυμικός)に結合しており、その働きは意志と連動し、意志は欲望(ἐπιθυμία)に依存する。このような本性的働きのもとにあるかぎり、欲望や気力(θύμος)を鎮めることはできない(しかしこういうものがないと人間的活動は不可能である)し、また心の中に平安をもつこともできない。ところがこれと並行する形で、観想生活をする者にも、先の本性にまかせた人間が依存する欲望に当たるものがあり、それを欲求(ἔφεσις)と呼んでいる。これはもちろん神への渇望的欲求であろうが、何らかの「欲」であると言えるだろう。心の中の聖霊の働きは以上のことから自然本性や人間の意志とは関係なく、あたかも点火するかのように働く。その場合、欲望などが働かないので、魂の情念的部分(παθητικός)は放棄され、活動せず、ただ命を与える霊の息吹だけが働く。かくて魂は平安、静謐になり、この状況を「ヌース」は喜び、活力を得る。そして神の観想、神の美の認識に進むのである。ここではヌースと魂の関係などは述べられていないが、ともかく魂の状況にヌースは密接に関係し、観想の基本はまず魂の情念的部分の寂滅にあるとされる。

ところでこのヌースは感覚から知性認識されたもの(νοητά)へ「移住者のように移り行く」と、これはアブラハムが神からの召命によって父祖の地を離れ、神の指し示す土地、すなわち「蜜と乳の流れる土地」〔創世記一二・1―〕〔また出エジプト記三・8―、申命記三一・20、ヨシュア記五・6、参照〕へ赴いて行ったことの解釈として述べられる。[8] そしてヌースは「さすらうもの」だと言われる。またこの「蜜と乳の流れる土地」はカリストスによれば、「神自身の認識、つまり神を当然認識してしかるべき認識」、すなわち「神を観想すること」なのだと言う。ヌースは「命を与える霊の照明により、光に導かれ、輝きを与えられる」。メースはこの土地を継承し、その土地は「父と子と聖霊」であり、ここで言う「流れる乳」は聖霊だと言う。それは単一な形であり、生まれず、発出するもの、光のように白いもので、神の子を育むものなのである。

こうしたヌースは「健全」なものでなければならないが、カリストスによるとまずヌースは自己自身を非とし、大いなる「ペントス・悲嘆」に入り、そこから痛悔の念を深く起こし、人間として謙虚になることが求められる。[9] 霊的生活においては何よりも謙虚であることが大事であり、それは人間の柔和さにつながっていく。ところでこうしたヌースは神のまわりに三つ組みをなす三つの秩序を観想する。[10] それは「ペルソナ的」『自然的』「自然的なものに従いくる」秩序である。第一は聖なる文書を通してヌースに現れ、第二は諸存在の理解から、第三は理性的真理を介してもたらされる。つまり第一は、聖書等を通して、そこに神の「ペルソナ＝プロソーポン的」な表れ、つまり神の面前にあるかのごとき観想であり、第二は世界の観察により、第三は被造的理性の働きによるという神理解の階層的秩序を指す。もちろんここで重要なのは第一のものであるが、そこにおいても段階がある。まずヌースはこの秩序を眺めやる、あるいは凝視するのであるが、そのときヌースは「近づきえないもの」に出会う。さらに進むと「忘我」の状態になり、究極的には「神の闇に入る」のである。

これをさらに細かく分けて、ヌースは神秘のうちに、霊的な恵みの秩序の三つの状態を、すなわち「この世界を超えるもの」「世界を包むもの」「世界の中にあるもの」を観想すると言う。[11] この状況でヌースは神から、その愛の「突き棒」で追い立てられ、また愛（アガペ）の神秘を秘義伝授されると言う。かくてヌースと神は「一つの霊」になるが、それは神は「受容」という仕方でヌースのうちにあり、ヌースは「努力」という仕方で神のうちにあるという意味においてである。そうなるとヌースにとり神は照明であり、光であり、また愛（エロース）となり、驚きと歓喜のうちにヌースは茫然自失となって、観想は極まる。

第三節　カリストスにとっての観想

ではは観想をカリストスはどう述べているか。第四八章では、[12] 観想に与るヌースの様子が知らされる。すなわち「恵みを通して心が霊に一致すると、霊的な光の中でヌースは誤りなく見、自己の望むところ、すなわち神へ伸張していくが、あらゆる感覚からは離れ、つまり無色になって、質なく、想像することなく、感覚的な想像に対して距離をとるものだ。われわれのヌースは神の器であり、それが可能なかぎり、神の美の近づきがたい輝きを受け入れるのである。そしてそれはその中に神の霊が豊かに流れ込むことによって拡張する驚くべき器なのである」。

と言っている。この引用でもし問題を挙げるとすれば、ここにいう「心」と「ヌース」がどんな関係にあるのかということであろう。つまり心はヌースを包むより広い概念なのかということである。実際霊的師父たちの用語は、彼らにとっては当然のことだったろうが、現代のわれわれにはややわかりにくい面をもっている。「恵みを通して心が霊に一致する」という文章は直訳すると「恵みを通して心の霊的一致（μετὰ τὴν νοερὰν ἕνωσιν）の後で」ということで、まず神の「恵み」があって、それによって「心」は「ノエロース・思惟的」になり、そうなるとヌースは誤りなく〔神的なもの〕を見ることができる。「心」は聖書的伝統において、力や感情の座、そして知性的活動の座、理解力の座であり、人間の内奥であり、神への愛はこの心のすべてをもって向かうものである[13]。従ってまずは心が清くなければ、神に関わることは成就しない。その清くなった心に動かされて、ヌースはその言葉の示す通りの、いわば直観的「知的活動」を行うのであり、このヌースが観想の母体ともなる[14]。そのためヌースは神の霊が流れ込み、それを受け取る器なのだという。それは「神の示現の輝きを受け取る場所（τόπος）」なのだ[15]。それゆえ「〔この〕ヌースの行いはその繊細な業、神との語らい、祈りに留まること、等々のうちに見出される。それは〔魂の〕欲求的部分において成し遂げられ、観想と呼ばれる」というイサークの言葉が引かれる[16]。この引用の目的はヌースの行いと観想がひとくくりで考えられることを示すことにある。そしてさらに祈りと観想は緊密な関係にあることも示される。また同じくイサークを引用して、「観想は、自然的欲求であり、また魂の理性的部分を濾過する魂の愛の働きを浄化する[17]」と言う。この「自然的欲求」は先の「ヌースの行いは〔魂の〕欲求的部分において成し遂げられる」ということに相応するであろうし、魂の理性的部分を強化することによってヌースは健全に働くと考えられている。そしてさらにマクシモスから、「観想はヌースを清め、祈りの状態はヌースを裸のまま神の前に立たせる[18]」という認識を得る。これは、ヌースというものは清め、強化されることが必要なほど、放置しておくと勝手な方向に動いてしまうことによる[19]。祈りはヌースから一切の夾雑物を取り去り、衣服も飾りもない状態で神に出会うのだ[20]。そこでは己が神の前で何ものをも隠しおおせないまでに透明になることである。これはあの人祖アダムが神に面と向かうことを拒んだのとは逆の状況を示している。
神の認識ということについてはカリストスもパラマスに倣って、われわれは部分的にだが、神の本質（ウーシア）から出る力による働き（エネルゲイア）の溢出によって認識する、と言う。しかしそれによって認識したものは大海の中の水滴のようなものだ。だがその水滴を手にすることをこそ修道士は望むのであり、その水滴のうちに〔神の〕美しさや栄光や甘美さを観想して、ヌースを無限に向かって広げる（それはわれわれに許されたかぎりでではあるが）のである。このとき讃歌を捧げて、神との一致をはかるのである。そのことによってわれわれのヌースは神を誉めたたえる天使に倣う形で単純で、無限で、制限のないものとなる。そこに観想の結果とも言える言い表しえない愉悦と歓喜があるのである(21)。

そして観想する者の状態として彼があげることは次のようなことだ。彼〔観想者〕は「神の恵みを受けて、沈黙のうちに霊的な快さで満たされ、ヘーシュキアの心で歓喜している」。「彼は一つのことに向けて観想し、魂の霊的な〔部分〕をして、深い静穏のうちに、動じず、平穏な思考（ノエーシス）によって働くべく動かす」。「そのため見神（θεοπτία）の業は観想の沈黙のうちに通り過ぎていくのが必定で」「〔この見神〕が読書をしているときに、なんらかの程度で現れたとしても、それはおどろくべきことではない」。その場合われわれが知るのはヌースが可変的であるということである。そしてわれわれはわれわれ分割されるものをはるかに凌駕するものを霊的自由のうちに見る。このときたとえば「恵みによってロゴスの神性を見るようなことが生じて」いるのだ(22)。

われわれ人間は精神と身体から合成されたという特質を持つが、そういう境涯にある人間は、合成された状態から非質料的なものに向かって、「霊的な仕方で楽しみ、生き、神へと上昇していくことができるよう」、あらゆる感覚的なもののうちに「蒔かれた」「可知的なこと」を観想するよう勧められる。このように観想する者は

「目に見える被造物から目に見えないものを拾い集め、聖書の霊と一致していることを見つけ、分離した実体に向けて賛美しつつ歩み、それらのもつ輝くばかりの美しい姿を眺め、恵みによってそれらを喜びながら越え、神の創造されざる可知的なものへと移り行くのだ。そしてそれらの無限性と観想に歓喜し、可能なかぎり、神の美の光線に、言い表しえない仕方で、また単一な仕方で、また超自然的な仕方で、赴くのだ。そして世界を超える表現しえない美や、きらめきわたる輝きを、呆然として、単一にして唯一の形のうちに、当然のことながら享受する。人は喜びと驚きで、起こっていることがわからないのである。ともかく彼は、神の終わることのない喜びの流れを身に受け、実践修道士に物惜しみすることなく、言葉と書き物で、真理に至る道を先導するのである(23)」。

霊的師父たちは東方の伝統に従って、神的なことを感知するのは、一種の感覚、すなわち「霊的感覚(24)」であると考えている。これは単純に比喩とは言えないくらいのリアリティを持って考えられている。つまりこの感覚は「恵みを通しての健全な理性の果実であり、……理性は神に向かって飛び立つ(25)」のだ。そしてこの感覚を助けとして「神を記憶し、観想する」のである。そのとき「言葉は必要ではなく、奉事（リトゥルギア・典礼）に専心し」、沈黙は自ずと生じてくる。こうなるとこの世に彼は生きているが、もはやその生は尋常の生ではなく、「霊的な目で霊的な光を見る」といった状況を意味し、涙がそれとともにあふれ出る。さらに言えば彼は「知性的なものに単一な仕方で一致し、また一なるものの輝きに囲まれて輝き、世界を超える快さをこころゆくまで味わい、神の息吹を受ける」。このような言葉の後で、

「これを味わう者は、きわめて当然のことだが、実体を超え、高処にいまし、形なく、質なく、大きさもなく、量なく、単純で、姿形なく、無限で、制限なく、理解しえず、触れえず、見えず、言い表しえず、説明しえず、始めなく、永遠で、造られず、滅びず、把握しえず、測りがたい神が、実体を超え、力を超え、善を超え、美を超えると理解し、讃歌を捧げる(26)」。

と述べることはディオニュシオス的否定神学的な言辞であるが、霊的生活という現場にも東方の根本的神認識の伝統が息づいているということになろう。

第四節　神との親密な関係

『フィロカリア』文書において、極めて特徴的と思われることは、観想に際し、神と人間との非常に親密な関係が述べられていることである。それは神と人間のいわば愛人関係とでもいうような親密な関係である。師父たちは神の愛という言葉を二通り使う。一つは「アガペ」であり、もう一つは「エロース」である。すなわち先の第四〇章の末尾には、「神の愛（アガペ）とエロースの驚くべき溢れである、三位の神であるあなた(27)」と呼びかける。ここでアガペは神的なものとして、周知のものであるが、エロースについてはどちらかと言えば、人間的な感じがし、これを神に適用するのには抵抗があるかもしれない。しかし六世紀のディオニュシオスにはその『神名論(28)』（第四章一一―一七節）で神の愛にエロースを用いている（もっとも当時それに対する反論があったらしいが）ので、後期ビザンティンの霊性では、すでに既存の概念としてあったことは明らかであろう。

カリストスによると、

「神の愛〔エロース〕は、掟と神の教え〔ドグマ〕と、また心に命を与える霊が霊的に再生することによって魂のうちに出現し、赤々と燃えさかるのである。それ〔愛〕は何か清く、永遠で、常に花咲く神の祈りの魂のようであって、また運動、そして働きである。それは結合し、またまとめるものである。脱魂であり、見神であり、照明から来るじつに聖なる喜びである。また完全で、途方もない一致の神へ向かう誤りなき道であり、自然本性を超えるヒュポスタシスのうちなる照明の霊的・思惟的〔ノエロス〕な、曖昧さのない出発点であって、それは教父たちが伝えているごとくである。すなわち神化の賜物〔の出発点〕、聖人たちの来るべき世の相続の担保の、キリストの栄光の保証の、天を超え、世界を超える歓呼の衣の、聖なる養子縁組の印璽の、簡潔に言うなら、その神化に言い表しえない仕方で与り、参与する者たちを、キリストの姿に似たものとする〔ローマ八・29、フィリッピ三・21参照〕輝きの〔出発点〕である。そういう人はキリストの兄弟、そして神の相続者、また共同相続人と言われ、またそれはまったくもって驚くべきことと言われるであろう[29]」。

ここで言われていることは観想の極致である神化〔それはさまざまな言葉で、たとえば来るべき世の相続、養子縁組、キリストの姿に似ることと言い換えられているが〕に向かわせる神の大いなる熱情とでもいうべきものである。それは躍動し、燃えさかり、結合させ、喜びを与える、実にダイナミックな働きをなす。それはやはりエロースと呼ぶに相応しいだろう。先述のように、われわれは神の本質は認識しえないとしても、「神の無限の善性に由来するエロースはたとえわずかではあっても観想される」[30]のである。また神がエロースによって「エロティコースな仕方で」創造したのも、もとはと言えば、人が被造物を通して神を認識するためであった。それは天使や人間の魂という霊的、あるいは知性的なものは一種の神性をもっていると言えるので（つまり神の像として造られたということ）、この霊的被造物に神は知性を通して現れる。そして神は最高の思惟をもってすべてのものを、やはり別様の愛、すなわちアガペをもって造るのである。だから観想する者は、「可知的で、世界を超える、それ自体においてまったく見えない者の愛を、……目に見えるものを通して」[31]観想すると言われる。

「愛する神と愛される人間」、いわば「愛人」関係にあるこの状況、「魂は愛する者の顔《かんばせ》を幸福な気持ちで想像し、」[32]脱魂状態になるという文言は、もちろん『雅歌』を連想させるけれども、『フィロカリア』の文脈ではヌースが主体となって、観想の極致にあるヌース、つまり見神に与ったヌースは「火をつけられたように燃え上がる」と言う。このことはまた「魂が霊的な命の恵みから、心のうちに霊の働きにより担保を」[33]確保するとも表現される。そしてこの愛求する運動は円環となり、回転し続け、留まるところを知らないのである。つまりエロースとは絶えることのない愛求の運動なのである。

ところがこうした神との逢瀬を楽しむかのような魂も「変化を常とし、土という質料やそれを養う身体と」[34]結びついているので、可変的であるという運命を担う。それゆえ神の恵みを受け、脱魂状態にあるといっても、それは永続的ではないし、心は動揺して、いわばこの幸いな状態から容易に離れてしまうのである。だからカリストスはいつも神を畏れることを念頭において悪を憎むよう説く。そして神への畏れを惹き起こすものが、霊的な戦いと祈りであると付け加える。

われわれは一方で「雛鳥を背にのせる親鳥」である慈愛の神に信頼しつつも、他方、可変的本性をもつゆえ神よりの離反の可能性を大いに有する者として、神への畏怖の念をもって、神へと伸張していくようにとカリストスは諭す[35]。

第五節　観想の文法

以上、特にカリストスの文書を通して、観想の姿を瞥見してきた。いよいよここで最終的に、「観想の文法」に触れねばならない。ここではいわゆる「観想の手法」ではなく、観想に関して記述したその文言を対象にする。「手法」については、『フィロカリア』中の、シナイのグレゴリオスや新神学者シメオン[36]に帰されていた「祈りの三つの方法[37]」のあることはすでに触れた。

概して『フィロカリア』書中の師父たちが観想について語るその語り口は驚くほどよく似ている。たとえば先のシナイのグレゴリオスは観想による喜びについて次のように言っている。

「喜びには二つある。つまり平静な喜び（それは霊の震えと呻きと執り成しと言われる）、そして心の躍動する大きな喜びとである。なぜなら神の霊によって愛求する者に翼が与えられ、情念のくびきから魂が自由になって、上方へ向けて、〔この世からの〕出立の前に飛ぼうと試し、重さが解き放たれるよう望むからである[38]」。

こういう表現は先のカリストスにおいても多少のヴァリエーションを示しながら、観想に伴う歓喜を記述していた。従って砂漠の師父たちに始まる東方の修道士には、その長年月に亙る観想体験の結果、共通した観想の経験を伝えるため、用語の統一を図ったのではないかと思われる。それが霊性における伝統であろう。また実際は、個々の師父が必ずしも同一の体験をしなくても、それを何らかの形で記述する際には、似かよった表現をし、またそうすることが意図的に選ばれたのであろう（西欧中世の聖人伝の描写など参照）。従って霊性文芸では実際にこのように体験したというよりは、体験の文脈において共通する要素を一つ一つ編みこむかのようにして論述されているのではないかと考えたい。たとえば邦訳第八巻にある『聖なる師父たちの文選』において、観想の極みの状況になったヌースは「サファイヤ色」になっているという記述があるが、これはすでにエヴァグリオスの文章（『百章』）に出てくるものである。というのはもし修道士がすべて同じ体験をするなら、それはたとえばAという個人の体験ではなく、Bの体験でもCのそれでもいいことであって、どうしてもAの体験を語らねばならないということはない。この場合、その意味で没個性的な体験の集積に終始することになろう。しかしにもかかわらず似かよった文脈で個々の体験が語られていることは、その体験の中身に注目するよりは、どのような著作を読もうとも、霊的師父たちが説いてきた線に沿って、一人ひとりの修道士の精神・霊的状態を観想状態へもっていけるよう調整することに目的があるのだと考えられる。東方師父に共通する殊更観想の方法を説かないということは、あるいは方法があるようでないような印象を与えるのは、何かの方法に則って観想を行うというよりは、さまざまな情念に翻弄されるわれわれが霊の道を歩むためには、依拠すべき基本的な文法に従って精進することによって、さまざまに異なるかに見える諸体験の中に統一性を見ようとすることだと思われる。

このような視点のもとで、『フィロカリア』を眺めてみると、まず一般的な生活上の指針として食事や睡眠といった体への対応が述べられている部分にぶつかる。それは長く霊的な生活を修道士の終末まで持続的に行うための配慮である。修道士はそれらをマスターしつつ、常に基本に戻りながら生活していくことが基盤として重要である。それは文法で言えば、「音韻」や「発音」に当たるもので、どうしてもなくてはならないものである。

次いで「基本的語彙」に当てはまるものは多くあるが、それらのうち比較的キリスト教一般に共通したものは容易に取り出すことができる。たとえば、「忍耐の必要性」や「憐れみの心」、「神の掟」を守ること、「罪」を悔い、「赦し」を乞うこと、「信仰」をもち、神の「審判」を畏れる気持ちを保ち、「情念」に煩わされず、「徳」を積み、「寛容、親切、賢明さ」を有して、根本的に「自己卑下」をして、キリストにならって徹底的に「謙虚」になることが霊的生活の基本的条件として修道士に求められている。その他、「徹夜」して祈り、あるいは初歩的段階の修行者は「詩編朗誦」に励むのである。ただここで特徴的なのは、自己の卑小さを痛感して「涙」を流すことが必要であり、涙を流すという経験のない者には霊の道での進展はないとする考えである。その涙も自ずから流れ出るものでなければならず、涙に至るためには自己の内面を凝視する「注意」あるいは「識別」が必要とされる。徹底的な自己吟味は人間いかにあるべきかという一般的問いの前に立つことではなく、範としてのキリストの生き方を基にしての業でなければならない。こうして神との一致に向かう者はたんに心を神に上げるだけではなく、涙という生理的現象を惹起するまでの緊迫感とリアリティをもって臨むことが肝要なのである。これを実践する修道士においては、上述のような語彙が「活用・変化」されているということであろう。

この活用は「ペントス（悲嘆）」という言葉に沿って行われる。これは修道士の霊的「覚醒」や「識別」によって、「沈黙」のうちに「節制」を行使し、「ヘーシュキア」を実践している者に生じる内面的情意である。その深刻な「覚醒」や「識別」が己の生の卑小さを思い知らせ、その己への恵みの大きさとの比較という自覚が「涙」の流れとなる。

このような観想を担うものとして「心」や「魂」、「ヌース」が上げられる。すでに触れたように「心」「魂」「ヌース」は互いに緊密に関係しあっていて、師父の文脈においては必ずしも截然と区別されるとは限らない。互いが互いの働きに影響しあっているように見える。しかし中でもヌースが霊的生活においてもっとも重要な要素であると考えられる。しかしヌースははじめから神観想に断固として赴くというよりは、むしろ「さすらう」と言われる（つまりヌースの基本文型は「さすらう」ということ）。それは「感覚的なものから離れて知性認識されたものへ移り行く」からである。従って注意をそらせば、ヌースはもともとの感覚的認識へと戻ってしまうのである。従ってヌースの「分散・散漫した状態」は避けるべきものの第一等の地位を占める。だからヌースは「監視」されねばならない。もちろん倫理的な意味において、「高慢」や「嫉妬」、「自己愛」や「誘惑」も避けねばならないのは当然である。ところがヌースはしばしば神を思念することから離れ、「ファンタシア」の働きをもろに受けて、「迷妄」や「想念」に悩まされるが、それは霊の世界へ断固として参入するという気概の欠如、つまり「臆病」風による。さらにはまた師父たちが口をそろえて警戒するように説く「アケーディア（怠惰・霊的怠慢）」の来襲による。これらをうまくやりすごせば魂は平穏で、いわば「アパテイア」の状況に入る。だが他方、そうした「さすらう」ヌースの働きは実践的、認識的、観想的というふうに多岐に亙り、注意をもって行えば相当範囲の働きをなすことができるものでもある。このヌースをさまざまな妨げから守るべく、先導するものとしてプネウマ（霊・聖霊）がある。従ってヌースの神への働きを妨害するものが諸師父により列挙され、それを認識することは、基本文型を基にして、構文法（syntax）をマスターし、複文を読み解くことに相当する。[39]

しかし感覚と知性の間を「さまよう」かに見えるヌースではあっても、やはりヌースはその名の示す通り何か「知的」なものであって、その働きは「直観的知性」の働きを完遂するところに本来の面目がある。だからその働きは「ノエトスな仕方で」とか「ノエロスな仕方で」というふうに言われる。この言葉は「ノエトス」や「ノエロス」という形容詞から派生した副詞として機能している。「ノエトス」や「ノエロス」という言葉をある師父たちはほぼ同じような意味で用いることもあるが、師父によっては内包する意味にやや違いをもたせているように思える。その場合、「ノエトス」は知解作用の方向にやや傾き、「ノエロス」は直観を軸にしたやや霊的な把握の方に傾いているように思う。そうした語の使い分けはある許容範囲においてなされているのであろう。それは世に例外のない文法がないのと同様のことである。

健全なヌースは、だから神的なことを認識することを目的とするので、それに成功したヌースは認識者、つまり「グノスティコス」と言われる。その際この認識は東方の伝統に即して、「アポファシス（否定）」という手法によって行われるが、もっと重要なことは、これもすでに触れたように「霊的感覚」という認識の器官を措定することである。このアポファシスと霊的感覚が両者相まって神的な認識への道を開き、「霊」による特別な秘義伝授を受けて、「神化」「神との一致」へと至るというのが師父たちの描く道程である。

この神化へ至る道程はかなりダイナミックなものと言えるだろう。それはすでに述べたように、神の根源的愛ともいえるアガペと強い衝動を含むエロースが人間に注がれ、人間の方はどちらかと言えば、エロースをもって神に向かう。つまりは霊的生活のエネルギーはエロースと言えるのである。従ってこのエロースの働く状況、つまり神化の状況は「エクスタシス」であり、「愉悦（快楽）」であり、そこに大きな「喜び（歓喜）」が惹き起こされ、「甘美」な気持ちが浸透する。つまりエロースとは何か甘美なものだからである。彼は「光」に包まれ、神の「照明（光明）」を身に受け、その者自身も輝くであろう。また神化を遂げた修道士の心情はどうかと言えば、それは「柔和な」気持ちや態度、「謙虚な」心や振る舞いを示し、身体感覚としての「暖かさ」の自覚がある。要するにたゆたうような、大きな海原に抱かれたような心の寛いだ感じを味わうのである。それを神との霊的一致のしるしと師父たちは見る。だがしかし師父はこうした「エクスタシス」的状態において当の人間の意識変容があるのかないのかについては語らない。こうした師父の言辞を突き抜けた先に何かがあるのかどうか、それについては甚だ心もとない。東方師父にあっては、その神との一致の果てに人間は神化されると言われながら、内実は終に知らされないままである。ただ先ほどの「喜び」や「甘美さ」や「柔和」や「暖かさ」という言葉によって、その人の人となりが変容していることが窺い知られるのみである。彼らはひたすらに神＝キリストに一致することを望んだのであって、東洋の修行者のように瞑想の深浅を量る基準を持たなかったし、その必要性も感じていなかったであろう。さきほどの「エクスタシス」的精神状態に至れば、それは大きな至福であったたし、それ以上のことは目的とするところの埒外にあったと思われる。『フィロカリア』という選集は従って、進むべき道の指針であり、この道という言語の文法を学ぶことによって、各人の状況に応じた霊性の開花は文法書を学び終えた後に実現するのである。

結語　「フィロカリア以後」に向けて

はじめに述べたように砂漠の師父たちの言行はきわめて断章的な文の羅列の中にちりばめられ、整合性に欠けるとしてもそれなりの光や輝きを放ち、それは霊的生活の基本を示すものであった。いわば霊的生活の基盤的学習部門をなすものであった。

それが後代になると、饒舌あるいは詳しい説明を伴った詳細な指南書、つまりいわゆる「観想言語」の文法書の体裁をとる。

その理由は清新な霊的生活がすでに希薄になっていたとか、初代の師父たちの経験の継承を目指す一心ということが上げられる一方、何よりも修道士が目指すのは神との一致であるが、しかしこの「神との一致」はあくまで神からの恵みによるもので、自力で可能なものではない。だが一応神の恵みという大前提を受け入れたうえで、なお人間の側からもその目的に向けてなすべきことはあるはずだと考える。その模範は連綿として続く東方の霊的師父たちの言動である。師父たちが神との一致を遂げたと信じられている以上、彼ら師父たちのとった行いは、後代の者にとって重要な指針であり、その行いに注目するなら、制限はあっても何がしかの「一致に向けて努力の道程」を見出すことができるだろう。つまり霊的修行の一種の「方法論」が見つかるであろう。だからその「方法論」の組み立てを解明する「観想の文法」ともいうべきものを身に着けることが要請されるのである。もちろん観想の文法が基礎を置くのは聖書の文体であって、すべては、砂漠の師父の言葉もそこから出ていることは言うまでもない。

修道士はいくつかの基本語彙や文型を修得し、練習問題を解き（エチュード）、それをもって自己の霊的生活において応用問題、あるいはもっと難解な複文を読み解き、それを基にして、己の観想（本格的実践としての観想）に向かうのである。この文法書は修道士をして、現代的に言えば「神の顕現（テオファニー）」の場に向かわしめるものである。

一般に文法書というものは、そのもの自体が目的というよりは、この文法書を使って本を読んだり、話したりするためのものである。従ってそれはあくまで過程の道標、過ぎ行くものである。ところが『フィロカリア』では若干その状況は異なる。というのは本来霊的師父にあって、観想は言語とは関係なく、むしろ言語は観想を妨げるものとされている。しかし師父たちは実によく語るのだ。これは何を意味しているか。たとえばカリストスのような師父たちは語りが肝心の観想を妨害することを承知しながら、なぜ多くを語ったのであろうか。

じつは師父たちが言う観想と彼らが語る言語は切っても切れない関係にあると考えられる。「言葉」は必要ないと言いながら、師父たちは彼らが言う観想には共通した言語を了解する必要があると考え、事細かにその消息を伝えていると思う。つまりこうした共通言語に当てはまらない体験は師父たちが伝える観想体験ではないのである。それには一定のルールのようなものがあるのだ。おそらく多くの修道士の中には、独居して祈る生活において、じつにさまざまな瞑想体験をしたと考えられる。それはしかし経験豊かな修道士によって識別されなければならないものであった。そうでないと経験の浅い修道士は悪霊の仕業に気づかないかもしれないからである。古の師父が味わった観想の伝統を後世に伝えること、そして経験の浅い者の体験を矯正すること、これが指導的位置にある修道士の義務であった。それゆえ多くを語り、同じような体験の報告を拠るべき基準として、知らせる必要があったのである。この繰り返し（反復）によって、彼らの言語は一定の規範をもった文法に基づくものとして成立した。それの集積が『フィロカリア』である。従ってこれから霊的生活を始める者は、まずその文書の文法を把握しなければならない。これはたんに表面的文意を理解するためだけではなく、その言葉によって展開される世界の了解に繋がっていくはずだ。それは言語を超えつつ、しかしその独特の言語表現に依存し続ける、この世界を超える何かである。

だがここでこうも問うことは可能であろう。つまり『フィロカリア』に収録された諸師父たちはおしなべて皆神へと到達したのであろうか。その証拠はどこにあるのだろうか。現代人であるわれわれはこう問うこともあろう。残念ながらわれわれの前に、師父と神との一致を証するものはない。われわれの前にはこの『フィロカリア』や他の霊的著作があるだけである。強いて言えば、これらの文言からその最内奥の事情を透かしてみよ、という挑戦であることはわかる。従ってこれらのものからわれわれが窺い知るのは、諸師父たちの霊的精進の道における苦闘の跡、諸師父の苦闘の記録である。たとえ公の教会は彼ら諸師父に「神の像」を体現した姿（克肖者）を見るとしても、われわれには、この苦闘の過程の中に彼らの神への憧憬をまざまざと見え、それがこの書において結晶したのだと考える。

ということは『フィロカリア』を読んだからといって、観想の体験をするとは限らないということである。古来よりよき指導者をえて初めて観想は実を結ぶと言われたのはまことに正しいことなのである。『フィロカリア』はわれわれにその道を辿るよう促すのである。われわれはこの書によって、お前は本当に神と一致したいのかという己への問いかけに差し戻されるのだ。

さて『フィロカリア』以降のギリシア本土における霊的運動の展開が隆盛を見たかどうか、筆者は残念ながらその詳しい様子を知らない。しかし聖山のニコデモスたちは、この教父や霊的師父の思惟の復興をもって、たんなる懐古趣味を満足させたのではない。彼らは霊的生活の核とみなされるものへの回帰によって、直接的に当時の政治的危機に対処するよりも、またたとえギリシアは西欧より遠いとしても、すでに西欧を浸していた近代がやがてはギリシアをも襲うと予測し、この精神の危機への備えを設けたのかもしれないのだ。言ってみれば『フィロカリア』は過去志向というよりは、むしろ将来を目指した文法書であった。そしてこの『フィロカリア』を受けて新しい精神と土地で開花させた人が、パイーシィ・ヴェリチコーフスキィ（一七二二―一七九二年）である。彼はウクライナよりアトスへ赴き、ヘシュカスムの修行をした後、モルダヴィアとリラキアに居を定め、多くの男女修道院を建設し、一七九三年には教会スラヴ語の『フィロカリア』を翻訳出版した。アトスを出発し、ギリシア本土に教父や師父の霊的営みを復活させようとした試みは、また異なった相貌のもとでルーマニア、スラヴの地に受け継がれるのである。しかしこの研究は今後の課題となろう[40]。

註

（1）Philok. I, 22. 邦訳『フィロカリア』第一巻、四四頁。『ニコデモスの序文』、参照。
（2）*Apophtegmata Patrum* (PG 65, 76AB). 訳は『砂漠の師父の言葉』谷隆一郎・岩倉さやか訳（知泉書舘、二〇〇四年）による。
（3）「知性」あるいは「ヌース」にまつわる問題は前章を参照。
（4）Philok. I, 32. 邦訳『フィロカリア』第一巻一一〇頁。
（5）Philok. IV, 22. 邦訳『フィロカリア』第七巻四七頁。
（6）Philok. IV, 299-367.「最も聖にして、高名な総主教カリストスの残りの章」（第一五―八三章）
（7）Ibid., 302.（第一七章）
（8）Ibid., 311-313.（第二四章）
（9）Ibid., 314-316.（第二六章）
（10）Ibid., 320.（第三五章）
（11）Ibid., 320-321.（第三六章）
（12）Ibid., 322.
（13）『旧約新約聖書大事典』（教文館、一九八九年）四七一頁。
（14）Cf., Lanfranco Rossi, *I filosofi greci padre dell'esicasmo, La sintesi di Nikodemo Aghiorita* (Il leone verde, Torino, 2000), 170-171.
（15）Philok. IV, 332-333.（第五〇章）
（16）Ibid., 306.（第一九章）
（17）Ibid.
（18）Ibid., 307.

(19) 前章参照。
(20) Philok. IV, 307.（第一九章）
(21) Ibid., 314-316.（第二七章）
(22) Ibid., 316-317.（第二八章）
(23) Ibid., 317-319.（第三〇章）
(24) 「霊的感覚」については、拙著『エネルゲイアと光の神学――グレゴリオス・パラマス研究』（創文社、二〇〇〇年）二五〇―六七頁、参照。
(25) Philok.IV, 326.（第四一章）
(26) Ibid., 326-327.
(27) Ibid., 326.
(28) Ps. Dionysius, *De divinibus nominibus*, c.4, 11-17 (PG3, 769-780).
(29) Philok. IV, 327.（第四三章）
(30) Ibid., 328.（第四四章）
(31) Ibid.
(32) Ibid.
(33) Ibid.
(34) Ibid., 329.（第四五章）
(35) Ibid., 362-363.（第七五章）
(36) Ibid., 70-73, 80-81. 邦訳『フィロカリア』第七巻、一四五―四八、一六三―六六頁。
(37) Philok. V, 81-89.
(38) Ibid., IV, 68-69. 邦訳『フィロカリア』第七巻、一四〇頁。
(39) Ibid., 269.
(40) パイーシィに関しては、セルゲーイ・ボルシャコーフ『ロシアの神秘家たち』古谷功訳（あかし書房、一九八五年）一七〇一八一頁、また次のものを参考。 Anthony-Emil. N. Tachianos, *The Revival of Byzantine Mysticism among Slavs and Romanians in the XVIIIth Century. Texts relating to the Life and Activity of Paisy Velichkovsky (1722-1794)* (Thessaloniki 1986): *The Life of Paisij Velyčkovs'kyj*. Translated by J. M. E. Featherstone with an Introduction by Anthony-Emil N. Tachianos (Harvard Library of Early Ukrainian Literature, Vol.IV, 1989).:Roberta Simini, *Il Chassidismo Polacco e L'Esicasmo Slavo, genesi, sviluppo, affinità e differenze nella commune reazione alle Modernità* (Edizioni Giuseppe Laterza, Bari, 2002).

第六章　闇

——神現の場——

序

暗闇を恐れ、明るさを求めてやまない人間にとって、「闇」はそれ自体で積極的に評価されるものだろうか。確かに「目の前が真っ暗になった」とか「心の闇」という表現があり、これは決して好意的なものではない。また『七十人訳ギリシア語聖書』の『創世記』においても、「地は文目もわかず、整わず、闇が深淵の面にあり、神の霊が水の面を漂っていた（ἡ δὲ γῆ ἦν ἀόρατος καὶ ἀκατασκεύαστος, καὶ σκότος ἐπάνω τῆς ἀβύσσου, καὶ πνεῦμα θεοῦ ἐπεφέρετο ἐπάνω τοῦ ὕδατος）」（一・2）とあり、ここでは「闇・スコトス σκότος」という言葉が、世界は未分の混沌の中にあることを示していて、原初の茫漠たる様を表現している。また『新約聖書』においても、たとえば「だが、御国の子らは、外の暗闇（σκότος）に追い出される」（マタイ八・12）とある。『新約聖書ギリシア語—英語辞典』では、“σκότος”の項を、（1）暗黒、薄暗がり、（2）無知の状態、（3）霊的あるいは倫理的な暗さの状態、（4）暗黒を担うもの、その犠牲者、その道具、というふうな意味に分類している。[1] つまりこの語は環境の暗さと精神的に暗愚な状況を指している。

しかしこれが東方教父の霊的著作になれば、やや様子が違ってくる。たとえばニュッサのグレゴリオスの『雅歌講話』では、まず先の闇（σκότος）の意味で、たとえば「光の子や昼の子になっていなければ誰も真昼の憩いに値しない。夕暮れと明け方の闇（つまり悪が始まり、また終わるところ）から等しく自分を離している者は……」[2]という文章が見られる。ところが同じく「闇」ないし「暗闇」と訳される別の言葉があり、一つはζόφοςで、同じ『雅歌講話』に「『正義がわたしを愛した。罪のために私は黒く、業によって暗闇に住んでいる……』」[3]とある。これはσκότοςと同じ意味である。しかしもう一つ「グノフォスγνόφος」という語があって、この語の意味はやや微妙である。たとえば『ヘブライ人への手紙』（一二・18—19）でモーセの事跡と絡めて、「あなたがたは手で触れることができるものや、燃える火、黒雲、暗闇、暴風……に近づいたのではありません」（新共同訳）とあり、ここではγνόφοςが「黒雲」、ζόφοςが「暗闇」となっている[4]。新約聖書ではこの語はもともとδνόφοςであったが、それが後にγνόφοςになったとされ、意味上は「暗さ」を表す[5]。ところがたとえば『雅歌講話』ではやや違った用例があり、それが教父の霊的著作では主流の意味を示しているように思われる。その例として、「偉大なるモーセに対して神の顕現は光によって始まった。そのあと雲を通して彼に神は語った。さらに、モーセがより高くより完全に成ると、彼は暗闇（γνόφος）のなかで神を見るのであった」[6]。さらに「彼は神がそこに在す暗闇のなかに至り、契約を受け取り、その顔から光を放って、近づく人々を寄せつけない太陽のように成った」[7]と言われる。つまり同じく暗さを表す語であっても、それが尋常ではない事態にγνόφοςという語が使われているのである。そこには「暗さ」や「闇」が人の視覚を妨げるものという消極的な評価以外に、人間の能力を超えたことがらが生じうる究極の事態を可能にするものが考えられていると言える。われわれはこれからこのγνόφοςという意味での「闇」について、この語が切り開く地平を概観してみよう。

第一節　旧約聖書とフィロン

似たような意味をもつ語が、一方は現象的にも精神的にも一種の冥い状態を表し、他方は同じように暗さという意味を内包しつつ、それをさらに超えていく方向に意味を押し広げていったのはどのような仕儀によるのだろうか。それに関してはまず『七十人訳ギリシア語聖書』を見てみよう[8]。たとえば『出エジプト記』第二〇章21節では、モーセが神に見える場は、厚い雲の中である。すなわち「モーセは神のいた暗雲（γνόφος）の中に入って行った[9]」。つまりモーセが神と会う場所は厚い雲で象徴される暗闇なのである。ただしこれはいつも γνόφος ではない。たとえば『詩編』第一七（一八）編10節では、「主は天を傾けて降り、密雲（γνόφος）は足もとに」とあり、さらに12節では「神は闇（σκότος）を隠れ家とし、空中の雲のうちなる暗き（σκοτεινός）水をその周りに幕屋とされる」とある。この場合、神は闇（σκότος）の中に奥まっているという感じで、そこでは γνόφος という言葉は使われていない。むしろこれまで言ってきたことと整合しない感じがある。従ってわれわれにわかることは『七十人訳』において、上述の γνόφος や σκότος が並列した形で使われるということだけである。

さて上述の「闇」解釈の淵源はキリスト教外の思想家にもあるだろうか。次にわれわれはそれを尋ね求めてみよう[10]。差し当たり考えられるのはフィロンである。というのはフィロンはいくつかのところでこの「闇」に関して言及しているからである。

「さてすぐにも彼は神のいた闇（γνόφος）へと入っていくであろう（出エジプト二〇・21）。それは存在するものの観念にかかわる、入ることのできない、見ることのできないものへ〔入る〕ことである。というのは闇においては原因なるものは全体として場所においてではなく、場所と時間を超えてあるからである(11)」。

また

「……〔モーセは〕神を伏し拝み始め、闇、すなわち見えない場所に入りゆき、そこに留まり、もっとも神聖な秘義を伝授される(12)」。

さらに

「さて見えない本性の観照者（そして見神者）であるモーセは――というのは神のお告げは、見えず、非物体的な存在を謎めいた仕方で告げ知らせるものだが、彼が闇の中に入っていったと言っているからだ――あらゆる点で、あらゆるところで探究しつつ、憧れてやまない、唯一の善なる方をしかと見極めたいと望んだのである(13)」。

さらに

「〔こう〕言われている、すなわち彼〔モーセ〕は闇に入っていったが、そこは神のおわすところであり、つまり存在するものの見えざる、不可視の、非物体的な範型的本質へと〔入っていった〕のであり、見えざるものを死すべき本性で悟るのである」(14)。

以上フィロンはいくつかの箇所で「闇」について論じているが、いずれもよく似た言い回しで語られている。つまりモーセは山の上で「闇」の中に入っていくが、その闇はフィロンによれば、「神のおわす場所」であり、「本来勝手に入ることのできない聖なる場所」「見ることのできない場所」であって、一切のものの原因が時間空間を越えて存するところであり、そこに留まることによって通常では知らされることのない「神聖な秘義」が伝授されるところである。この意味でモーセは真の観照者であり、神を見る者となる。死すべき本性をもつモーセは、ここにおいて見えない、不可視の、非物体的な範型的本質を悟るというのである。それは善なる方である神を何らかの仕方で「知る」ということであるが、もとよりその内実は明確にはされていない。あくまで人間の認識の閾値内には神は留まらないからである。ただここで神がモーセの「憧れてやまない」方であると指摘されていることは覚えておきたい。

それまで聖書の中で「密雲・雲」という現象的なものを指す言葉であったものが、このフィロンにおいてはそれが「闇」を示すものとなり、この闇が実は知られることのない、知りえない神のいわば本質的なものに触れる可能性が実現する場所として設定されたことになる。当然その考えは後代のキリスト教思想家に大きな影響を及ぼすことになる。

第二節　ニュッサのグレゴリオス

さて闇という語の使用に関する来歴を概観したあと、もう一度、ニュッサのグレゴリオスの語る言葉を聞いてみることにしたい。グレゴリオスがモーセの事跡をめぐって記述するものはその『モーセの生涯』であるが、彼はその第一部で出エジプトにまつわる歴史を物語り、まず重要な出来事としてモーセが不思議な「燃え尽きざる茨」を経験したことをあげる[15]。これをグレゴリオスは「畏怖すべき神の顕現（θεοφάνεια）」として捉える。この出来事は最初「太陽の光を遥かに凌駕するかの光」に驚いたモーセが山の方を見上げるとそこに「火のように燃えている茨が目に入った」ことに端を発する。そしてその枝は「妙なる炎を発していた」。このときモーセは目でこの奇跡を知覚しただけでなく、聴覚もまた光の輝きによって照らされ、神の教えを聴くにふさわしくされたのである。このようにここでは「光」に焦点が絞られて、光が神の表象と考えられる。というのはグレゴリオスはその第二部（観想）において以下のように解説しているからである。すなわち魂の目は真理固有の光で照らされ、明るくなり、そこに語りえざる光という形で真理、すなわち神が顕現する[16]。だがこの魂の目はいったい何を見るのか。グレゴリオスは先に聴覚をも含むと言ったことと併せるかたちで、「福音の声」がそもそも「肉においてわれわれに見られるようになった神を……至高の名を証しする」と述べる。つまり「地上の茨から来るものでありながらその輝きにおいて天の光体にも勝る」この光は「人間的本性に適合する低みにまで降りた」「かの光の知 γνῶσις」に人を導くものであると言う[17]。それは人が、キリストが受肉したこと、そしてその事態を会得することを指す。さらにグレゴリオスはこの燃える茨が「かの処女降誕の神秘」を表現するとも言う。なぜなら

「神性の光は、そうした神秘的な誕生を通して人間的生を照らしており、燃える茨を朽ちぬものに保つ[18]」からであると言って、後述する「燃え尽きざる茨のイコン」（グレゴリオスによれば「神の子を生むことによって乙女は滅びゆくことがない」）の出現を予測させる。『モーセの生涯』の歴史的記述に対応する観想の部を参照すると、燃え尽きざる茨が描き出す現実は受肉の神秘に導くことであり、それはとりもなおさずこの世のものではない光に導かれたものであることが確認される。

そして件のグノフォスを内包する記述であるシナイ山登攀は次のようになっている。まずこの山に登るためにモーセをはじめイスラエルの民は身体と情念の浄化をはかる。すなわち「シナイ山への登攀はただ、理性・ロゴスあるもの、すべての汚れから清められた者に対してのみ許されたのである[19]」から。ついで恐ろしげなことが起こる。つまり

「浄い空気から来る明るい光が、突如暗闇（ζόφος）に取り囲まれる。その結果、山は闇（γνόφος）に包み込まれて見えなくなり、闇から火が現れて、見る者に恐ろしい光景を現出させた。火はあらゆる方角から山の回りで輝きを放ち、すべての現象は回りを囲む火によって、煙にくすぶっているかのようであった[20]」。

この後モーセは民を麓に返し、自分自身は山に留まり、民の恐怖心から離れて、いよいよ神に見えることになる。〔彼は〕

「闇に接近し、不可視的なるもののうちにあってもはや人々から見られぬ者となった。と言うのは、モーセ

は神的な神秘の聖所に入り、そこにあって自らは見られることなくして不可視のものに与ったからである。……神との交わりに入ろうとする人はすべての見られるもの・現象を超え、かつまた、自分の思惟の眼差しを、丁度山の頂に目をやるかのように、かの不可視で把握しえざるもの（ἀκατάληπτον）の方に向けねばならない。そして、知性的把握（κατανόησις）が達することのないそうした場においてこそ神的なるものが存在すると信じられるのである[21]」。

始めの超常的現象は民にこれから尋常ならざることが起こり、それには多くの者が与ることができず、モーセという一個人のみがそれに参与しうるということを示す前奏的部分であるが、ここに光と闇のコントラストが描かれている。すなわち民自身は明るさから一転して暗闇に突き落とされる体験、言ってみれば奈落の底に落ち込む経験をすることになる。そこにはふさわしくない者は神の場に近づくことが完全に拒否されるということが示されている。ついで山は闇に包み込まれ、山そのものは視界から消えていくと言われる。しかもその闇から今度は火という一種の光が現れるのである。火は大体において浄化の火であろうが、このめまぐるしいばかりに交錯する光と暗闇は通常の認識が通用しなくなることとの前触れとも取れるであろう。

後段の「観想」の部では、グレゴリオスはモーセのシナイ山上での経験に或る疑問をもって始める。つまりここ（出エジプト二〇・21）では「モーセは闇のうちに入り、そこにおいて神を見た」とあるが、先に触れたところでは（燃え尽きざる茨）、光のうちでの神的なものを見るということであった。ところが今は闇のうちでと言われている。このことを問題とする[22]。

それは結論から言えば、闇は「神のいます場」であるということである。そしてそれは「知られず観想されえざるもの」が意味されており、「そうした神的な闇に達する人は、人の手にて造られぬ（ἀχειροποιήτου）幕屋」[23]を見ることになる。ここでは光から闇への行程が認識の次元の異なりを象徴している。つまりグレゴリオスによれば、まず神に畏敬の念をもった結果得る知（τῆς εὐσεβείας ἢ γνῶσις）は光として生起する。神への畏敬の念と対立するものは闇である。したがって、闇から向き直ること（ἀποστροφή）は光の分有によって生じる（第一段階）。だがヌースが神的本性の観想に接近すればするほど、それだけいっそう神的本性が観想されざるものであることを明白に知るのである[24]。このことはさらに次のような理由を裏づけとして先へ進む。すなわち感覚や思惟が把握し、見たものを放擲して、つねにより内なるものに入りゆき、見られえず、知られえぬかのものに至るとき、それをして神を見ると言う（第二段）。この知（εἴδησις）はしかし逆説的な見ぬことにおいて見るという知である。つまりは求める最高のものの知は闇のごとくで、それを撞着語法的に「輝く闇 ὁ λαμπρὸς γνόφος」と言うのである[25]。それは神の何たるかは一切の被造物には根本的に知られえないということの別な言い方である。すなわち神的なものは被造物による一切の知と把握を超えている[26]。それは被造物が臆断によって神の偶像を造らないためである[27]。グレゴリオスによれば、モーセは如上の認識のもと、「見られえぬ神の知（θεογνωσία）という内奥の聖所」に参入し、ついには「人の手にて造られぬ幕屋」へと移り行く[28]。こうしてモーセの上昇の道行きは遂げられるのである。従って光から闇への移行は通常の理性的神認識を超えた神的なものの把握の道行きであったわけである。

つまりモーセ（人間）は徹底的に人間的な仕方での神把握を捨象することを強要され、己を捨て去ってこれを完遂する者のみが本源的に神的なものの把握に到達することになる。だが一方で闇による把握は、神の「輝き出す知恵」や「神の栄光」を表示するというグレゴリオスの言葉に従えば[29]、光はその視野から完全消失というわけではなく、闇の奥に再び光の映発されることがありうることを示してはいないであろうか。

第三節　グレゴリオス・パラマス

以上ニュッサのグレゴリオスの語る「闇」を瞥見したが、次はやや時代的に後代にずれるが、しかしある意味で東方キリスト教の精神を集大成したパラマスのグレゴリオスの議論を見ておくことは必要なことであろう。パラマスはその主著『聖なるヘシュカストたちのための弁護』において、何回かこの「闇」に言及している。パラマスのこの書は、ヘシュカスム論争の過程で著されたものゆえ、当然論敵であるバルラアムとの討論内容が色濃くこの書物に反映されており、主としてその論争のテーマは「神認識」に関するものであった。そしてここでいう「神認識」はたんに知性的に神を理解するというよりは、いわゆる「見神」という意味での神認識であり、バルラアムがこのような神認識に異を唱えたために、「見神」という仕方の、知性によるよりは優れた認識があることをパラマスは示そうとするのである。そのときこの神認識の極みを表すものとしてパラマスは「闇」という言葉を導入するが、当然旧約のモーセの事跡が念頭にある。すでに見てきたようにモーセは後代の神秘家の実践の模範と思索の源泉にもなっている。パラマスはこのモーセの見神を解釈する者として、ニュッサのグレゴリオスやディオニュシオスを挙げ、さらにバルラアムが強く主張する否定神学の問題点が取りざたされ、それへの批判をもって答えている。今後かような論争を見直す作業はバルラアム―パラマス論争の真意を明らかにするとともに、今回のテーマである「闇」についての理解を別の側面から深めることに役立つと思われる。

たとえば主著の第一部第三論攷一八（I-3-18）を見てみると次のような内容になっている。

すなわち件の神秘家たちは「神を見る」という事態にあったとき、

「彼らはヌースや眼や耳のかわりに把持しえぬ霊を受け、それによって見、聞き、知覚している(30)」

のである。そしてそこに聖霊の力が働いていることをパラマスは暗示した上で、さらにこの見神の特質を述べる。それによるとこの見神（ὅρασις）は、「感覚ではない。なぜなら、感覚器官によってはそれは捉えられないからである。しかしまた知性の働き（νόησις）でもない。というのも、思念（λογισμός）やそれによる認識によって〔得られるのではなく〕、一切の知性的働き（νοερᾶς ἐνέργεια）を停止することによってそれを見出したからである。したがってそれは想像（φαντασία）でもなく、理性（διάνοια）でもなく、意見（δόξα）でもなく、推論（συλλογισμός）の帰結でもない(31)」。

このように種々の言葉を列挙することによってパラマスが示そうとしているのは、当該の見神は通常の感覚的認識や知的認識ではないということであり、それを敢えて言おうとすれば、特に知性の場面では知性を行使しないという逆説的言明にならざるをえないということである。

他方でこのことは「心の清さ」や「清い祈り」を必要とする。従ってこれは宗教・倫理的脱自的方向へ道を開くものである。つまり一切のものを超え、離れていくことが要請される。すなわち一切の存在するものの除去（ἀφαίρεσις）の後にこの神へ上昇していく運動はやむと言うのである(32)。

そしてこの祈りの後には「言い表しえない見神、見神における脱魂状態、そして隠れた秘義（μυστήρια）がある」のであり、また意識から存在する諸々のものを除去した後には何があるのかと言えば、パラマスによると「たとえもし〔そこに〕無知があるとしても、そこには無知を超えるものがあり、もしそれが闇（γνόφος）であるとしても、輝きを超えるもの（ὑπερφαής）」がある。[33] そしてここにディオニュシオスを援用して、「大ディオニュシオスによれば、[34] かの輝きを超える闇において、神的な賜物が聖人には与えられる」[35] と言う。これをまとめれば

「神と神的なことについての最も完全な観想はたんに捨象・除去であるだけではなく、除去を超えて神的なことを分有すること（μέθεξις τῶν θείων）であり、捨象よりはむしろ贈与（δόσις）であり、把持（λῆψις）である。このような獲得物（λήμματα）や贈与（δόματα）は言い表しえないものである。したがって、それについて語るなら、範型としてまた類比としてであるが、それは範型や類比という仕方で見られるのではなく、他の仕方では見たものを表し示すことがもともとできないからである」[36]。

要するにこの事態には語る言葉はないのであり、しかしそれでも何かを述べようとすれば、不十分ながらもいくらかそれにかぎりなく接近していくやり方を範型とか類比という言葉を用いて表現する以外にはない。その制限の中で可能なかぎり伝達する労をとること、パラマスはそのように考えている。そしてそれは人間の側からの努力や要請によって生じてくるものではなく、あくまで与えられることによって摑むものである。

パラマスはバルラアムたちが神を認識する際の認識の優れたかたちとしてあげる「否定神学」を彼らと同じようには称揚しない。むしろその限界を指摘する。つまりパラマスによれば、観想は神学とは異なる。なるほど神学は神について語られた内容であるが、その言述はじっさいに神を捉え、見ることとは大いに違うからである。

否定神学が優れているとはいっても、パラマスから見ればそれは言葉〔の集積〕にすぎない。観想は言葉を超えるものであり、その内実は語られえざることが啓示され、それを感得するものである。また否定神学が言葉〔によるもの〕であるとするなら、言葉を超えるものである観想は否定神学を超えるのである。そして言葉を超えるものを観想する者にとっては、言葉ではなく、神の恵みと聖霊の力によってことが成就する[37]。このようにして否定神学が神認識において優位を占めるわけではないことを説いた後、さらにバルラアムが光について誤った考えをもっていることを指摘する。つまりバルラアムはコンスタンティノポリスにおいて多数の聴衆を前にしてディオニュシオスの講義を行った人間であるが、ディオニュシオスが、その『書簡　五』において、

「神の闇とは、神が住まわれるという『近寄りがたい光』のことです。そこは、超越的な明るさのために目に見えず、存在を超えた光が過剰に放たれるためにそれ自体近寄りがたいところです。そこへやって来るのは、神を知って見るに値する人だけです。そこでは、実際に見たり知ったりできません。実際には、そのような人は見ることと知ることとを超越したところに至るのです[38]」。

と言っていること、またさらに

「その善なる原因は浄と不浄のすべてを乗り越えた人々にのみ、あらゆる聖なる頂を登り越えた人々にのみ、あらゆる神からの光を……万物の彼方にある方が真に存在しているところの『闇の中〔密雲〕に』入っていった人々にのみ、曇りなく明らかに真に開示される[39]」。

と語っているところを知りながら、彼バルラアムは

「一切の存在するものから離れて人はこの闇に入っていくが、この闇は最も完全な観想であり、否定による唯一の神学である。何ものも知らないということ以上のものはなく、今あなたたちが語っているかの神の光は、否定神学と観想に駆け上るために捨て去らねばならない[40]」

と言うからである。バルラアムがこう言うのは、パラマスもその仲間であるアトスの修道士たちが深い瞑想の果てに神を見、そしてそれが光として現出することに異を唱えるからである。バルラアムにとってこのことは迷妄以外の何ものでもない。だから修道士たちがいう「神の光」なるものから身を引いて、かような怪しげなものから離れ、バルラアムの考える真の観想、そして真の神学である否定を行使しなければならない。感覚的な光を「神の光」と受け取ることは甚だしい錯誤であり、それは十分に神学を知らない修道士の無知に起因する。バルラアムが否定神学にこだわる理由がそこにある。しかし修道士が深い瞑想によって霊的に感得する神の光を錯誤や迷妄ではなく、真実と考えるパラマスにとってその言は容れられるものではなかった。ここでいう光は神の恵みによる光であり、キリストの山の上での変容時の光であるからだ。そのことはバルラアムが拠るディオニュシオスも言っていることである[41]。パラマスから見ればバルラアムはディオニュシオス解釈を誤っているのである。

ここで今パラマスとバルラアムの見解の当否を論ずる暇はないが、両者の考えが違っていることは「闇」の受け取り方が異なるということであり、それはこの場合否定神学の身分をどう解するかに繋がる。バルラアムにとって否定神学は、たとえ否定という言葉をもっていても、それこそが最高の神認識へ導くものである。つまり

否定という一見消極的な知性作用は、肯定の流れを阻止することによって大いなる反省を促すことなのである。これに対し、パラマスにとって否定神学はあくまで理性をもつ者に平等、共通に与えられた知の営みの一種である。しかしパラマスが考える「闇」の中での神認識はそのような知の地平での操作ではない。すでにこれは「贈与」であると言った所以である。

というのはパラマスは次のように考えるからである。彼は先に挙げたディオニュシオスの『書簡　五』「神の闇とは、神が住まわれるという『近寄りがたい光』のことです。そこは、超越的な明るさのために目に見えず、存在を超えた光が過剰に放たれるためにそれ自体近寄りがたいところです」をもち出してきて、その上でこれに解釈を加える。すなわち

「ディオニュシオスは、闇と光、見神と見ざること、知ることと知らざることを同一であると言う。しかしどうしてこの光は闇なのであろうか。彼は『光の溢れによる過剰のために』と言っている。従ってそれは固有の意味では光であり、超越ということでは闇であり、感覚とかヌースの働きで近づいたり、見たりしようと努める者には見えないものだからだ(42)」。

つまり神があまりにも光り輝くのでそれは通常の人間には闇としか映らないということになる。これは一般的理解をえやすいと思われるが、それゆえに「見神と見ざること」「知ることと知らざること」が同一であるというのは通常の観念を逸脱している。しかしパラマスは通常の認識について話しているのではない。モーセの事跡によって了解できるある異常な状態、不完全な人間が超越者に見えるというありうべからざる状況を問題として

いる。もし人間が仮に神のようなものであれば、明々白々に神を見ることができよう。そしてそれは光のもとでの認識とも言えよう。しかし有限の身である人間にはこの光は感覚能力を超えている。従って残念ながらその状況を確実に表現する言語は存在しない。それゆえこの特別の領域では矛盾したことがそのまま現実であることを示す以外にはないのであった。パラマスの発言は一貫してそのことを語るものであり、これに対しバルラアムは言ってみれば尋常ならざる経験も一般化した言語状況（分析的言語）で語ること、つまり一種の科学知が問題だったのである。

第四節　イコンに見る光と闇

以上さまざまな闇に関する理論的証言を見てきたが、ここで少しく視点を変え、やや具体的な現場でこの闇について考えてみたい。つまり多面的にこの問題に接近するため東方キリスト教で重要な位置を占めるイコンをもとに考察したい。そこでイコンを二つ取り上げる。

まずこの闇と光に関してその具象的表現として考察すべきは「燃え尽きざる茨のイコン」である。これは『出エジプト記』第三章、特に1―6節の記述に基づくものである。E・サンドレルによると[43]、このイコンは当初は当然モーセの事跡のみを描くものであったが、次第にその内容が変わってきて、五世紀頃からこの「燃え尽きざる茨」はマリアの前表、つまり処女懐胎（＝受肉）を表すようになった。これは先にニュッサのグレゴリオスの『モーセの生涯』（II, 21）で見た通りである。また東方典礼の生神女（マリア）讃歌では、「マリアは火によって燃え尽きてしまうことなく、また神の本質の耐ええない火を受けて、肉のか弱さの中に神のヒュポスタシスを結び付けた[44]」と歌われている。このイコンの図柄はさまざまなものがあるが、一応は、二つの菱形図形（一種の星と考えられる）に囲まれ、その中央にマリアと幼子イエス、さらに菱形の奥にマンドルラの形か円が描かれ、イコンの四隅に天使と思しきものやモーセの事跡が描かれている〔図1〕。あるイコンではこの受肉を表すためにいわゆる「しるしの聖母・オランス」が描かれているものもあり、他にはホジギトリア型のマリアが描かれたものもある。外側のマンドルラ形は燃える炎を表すと言われる。隅の四つのイコンは、向かって左・上方はモーセが燃える茨の前に立っている場面、右・上方はイザヤが神の言葉を告げるために、天使が彼の唇を清めるよう燠を差し出している場面、左・下方はエゼキエルが門の前に立ち、そこからキリストが進み出ている場面。これは神殿の東門を表し、そこを神が通るまでは閉じられていて、神以外誰もそこを通ることができないところである。それがマリアの処女性を象徴している。右・下方はヤコブが眠っている図で、後ろには天まで届く梯子があり、それを天使たちが登り降りしている。これはマリアを通して御言葉が人間のもとに降ってきたことを象徴している。

図1

すでに触れたように、このイコンは最初モーセの事跡を描くものであったが、次第に受肉の神秘に力点が移動していった。サンドレルによると十二世紀ごろの古いイコンではホレブ山に登るモーセが描かれ（これは今日シナイ半島のカテリーナ修道院に見られるそうだが）、神顕現そのものを表していた[45]。しかしモーセの場合、闇の中での神との邂逅は、すでに見てきたよう

図2

に神の何であるかということの認識には至らず、神のいます場所に入ったとか、後姿を見たとかいう表現で表されていたのだが、しかし受肉も大いなる神秘であり、それについてのなんらかの言語表現あるいは造形的表現は不可能なのである。サンドレルによれば、この象徴とアレゴリーを満載したイコンは一種の神学論を提供するものである。そして処女性や神の母であるという容易には概念化できない、抽象的な真理の認識を深めるのが目的である。しかしこれほど多くの象徴を駆使しても、ことがらの神秘は人間の言語では限界をもったままだと言う(46)。それをこのモーセの闇の中での神との出会いと絡めることによって、新約の中心的出来事が旧約の出来事と関連性をもつことを示し、モーセの神との出会いを新約的に表現すれば、受肉の神秘に行き着くことを示したと言える。さらに闇の中での認識は受肉した神、イエスの現われによって、モーセの場合以上の現実性をもって認識されるようになったとも言えるであろう。

こうして神との出会いは一つの形を与えられたが、さらに東方教父にとって決定的とも言えるものが、山の上でのイエスの変容である(47)。これを描いたイコンは「変容のイコン」と言われ、この出来事はマタイ一七・1―9、マルコ九・2―9、ルカ九・27―36にそれぞれ微妙な差をもって記述されている。基本的にイエスがペトロ、ヤコブ、ヨハネの三人の弟子を連れて高い山に登り、そこでイエスの姿が変容した、つまりイエスの顔が輝き、衣は光のように白くなった（マタイ）こと、そしてモーセとエリヤが現れてイエスと語り合ったというものである〔図2〕。教父たちは「輝き」や「白さ」を「神の光」として捉え、なかでもパラマスはこの光は「神のエネルゲイア」であるとしたことは周知の通りである。おしなべて東方教父はこの事跡に注目し、この常ならぬ出来事の意味を発見しようと努めた。すなわちキリストがその本然の姿をかぎられた弟子にのみ証したこと、そしてそれ以前においても常にキリストはその本然の姿で弟子たちに接していたのではあるが、弟子の信の冥さゆえに見えていなかったものが、この度特別の恵みで開陳されたのであると教父は多くそう考えた。

さてこのイコンの内容は中央に描かれたキリストからまばゆい光が発せられ、この光の強さに耐えられない弟子たちは顔を背けたり、地に伏せたりしている光景である。この光が発するキリストのその奥に注目したい。それはマンドルラと呼ばれる円形の形である。イコンによっては本当の円のようなものもあれば、まさしくマンドルラ型の少し先が尖り気味のものもある。それが何重かの円ないしマンドルラに取り囲まれているのである。そしてこの円の色はおしなべて黒い、あるいは暗い色である（もっともイコンによっては光と同じように明るく描かれているものもある）。当然ここにはキリストの発する光とこのマンドルラの暗さが対立して表されている。光はキリストの弟子たちに見えたということから、パラマスはこれを神のエネルゲイアの象徴的描写ととるわけであるが、一方暗い円は何なのであろうか。通常キリストを囲むマンドルラの場合はその暗い色の中に六翼の高位の天使が描かれていることが多い（全能のキリストのイコン等）。しかしここでは天使たちがいないように見受けられる。となればこの闇は一切の被造物が存しえないところなのである。しかしその闇から強烈な光が放射されている。弟子たちの眼には光輝くキリストという形が見えているわけであるが、それは肉眼で感覚を超えるものを見ていると言われる。当の本人たちは肉眼で見ていると思っていても、パラマスによれば、それは通常の視覚の働きではない。モーセの場合に、燃える炎として見られた光が、今度はキリストの本体から放たれる強烈な光として現れた。そしてこの光は弟子たちをも包むのである。

結語

以上のことからわれわれは最終的な考察に入らなければならない。

これまで見てきたことからすれば「闇」は「神現の場」なのである。もちろん闇という以上、そこにあるのは暗さであり、それは不分明さの謂いであり、しかと明瞭にあたりを識別できない事態を指している。東方で言い習わされていたように、もとより人間は神をしかとは認識できない。しかし闇に包まれた状況ではあっても、たとえばモーセは何がしかを認識したのである。それが「見ないことによって見る」といった言葉で表される内実である。すなわちこの闇は一切の知的認識を拒絶するという意味なのである。だが知的ではない認識を通常われわれは想像できない。たとえ感覚による認識であっても、われわれは感覚によって得られた感覚的刻印を物体から分離してヌース（知性）がある種の把握、つまり認識を行うとパラマスは言う[48]。つまりわれわれの認識はヌースとは無関係ではありえない。ところがここで言う闇の中での神認識はそのようなヌースを介するものではない。パラマスによれば、この闇においては「聖霊」が働くのであって、霊の力によって言い表しえぬものを把持するのである。そのとき知性の働き（νοήσις）は完全に停止している（あるいは働く余地がない）。この経験の前提にはもちろん清められた心が必要とされ、これはモーセが山に登る前に清めに与ったことで表される。この浄化の行為の後に、「言い表しえぬ見神」「脱魂状態」「隠された秘義」などがある。それが「無知を超えるもの」「輝きを超える闇」であり、それは一種の「贈与 δόσις であり、把持 λῆψις」だと言う。しかもこのことの表現は不可能であるとされた(49)。

従って先のイコンに見られたマンドルラの内奥の暗さは、神の「何であるか」をそれとなく暗示している。当初人間に現出する神の姿は光として捉えられた。しかしこの光の背後には「神の何であるか」の闇が控え、この闇は人間には把握不可能であることが示されると同時に、モーセほどの人は、人間的能力を完全に剥奪されて、その闇に参入する可能性があることが示されている。そのことが成ったときに彼は「闇の中で神を見た」と言いうるのである。

ではその闇での神認識はどういうものであるか。われわれはここでシュピドリーク（Špidlík）が指摘したことを思い出してもいいであろう。彼は先に引用したフィロンの『カインの子孫について』四に準拠してモーセと神の関係を描き出す。すなわちフィロンは「神は大いに熱望されるもの τριποθήτος であり、愛するに値するもの ἀξιέραστος」(50)であることを述べ、モーセはその神を知りたいと切望した。シュピドリークは、これはモーセの〔神を知りたいという〕愛（エロース）なのであり、この熱情が愛する御者への信頼のもとに、人をして認識不可能の敷居を越えさせるのだと言う(51)。そしてそのことはニュッサのグレゴリオスが、アブラハムが神の命令で名も知らぬ土地へ信頼しつつ旅だった事跡と関連させることとも符号する。すなわちグレゴリオスはその『エウノミオス駁論』第一二章において、アブラハムが神の命令によってその父祖の地を離れ、神が指し示す土地に向かうのであるが、このとき

「彼はこれから出発するところがどこかを心得ているわけではなく出ていったのである。といって彼が愛す

るお方（ἀγαπώμενος）の名を学び取ることはできず、その知らざること（ἄγνοια）に怒りを覚えたり、恥ずかしい思いをしたりはしなかった。じっさい彼にとって探究の対象は安全な導きであった、つまり神についての思惟において、手じかにあるもののいかなるものによってもその理解に導かれるものはなく、理解したことのなにほどかによって彼の思惟が全く強く揺さぶられて、知ったことの彼方に歩んでいくのをとめなかったのである(52)」。

つまりモーセにしろ、他の神秘家にしろ、神の闇に入っていくほどの人間はその心の根底に神への強い思慕があること、そしてそれは言葉を変えれば思慕の対象を全体として把握したいという熱情（エロース）に突き動かされることであるが、人間の境涯にはその完全な理解は許されないため、彼らは知らずして知るという常識的把握を逸脱した仕方の理解を贈与として与えられたということになる。それはあくまで神の恵みであり、決して人間自らが望んで得られるものではない。その人間のもつ限界を知力で突破しようとするとき、知の驕慢が訪れるのである。闇が人間の視野を遮ることによって、視覚が奪われた状態でのみ、超越者が顕現すると言えるだろう。

だがまたこうも言われている。

「かくして全体として自分自身から出て、完全に神のものとなると、神の栄光を見、神的な光を見る。この光は感覚であるかぎりの感覚には捉えられず、汚れのない魂とヌースにとっては喜ばしく、聖なる見神なのである。この光がなければ、いかなるヌースもそれ自身を超えたものに一致するとき、霊的感覚をもっていても見ることはない。それは身体の眼が感覚的な光なくしては見ないがごとくである(53)」。

闇は決して闇のままでは終わらない。神に見えるに値した者は、闇に入ってはいくが、しかし彼はそこで蒙った変容によって「神の光」を見るに至る。つまり闇の先に光がある。それは最初に述べたスコトスとしての無知の闇をグノフォスとしての輝きを超える闇が包摂し、無知を超えさせ、輝きの過剰・光の溢出という光を見させるのである。しかしこのときその者は自己自身から出ているので、ある意味その者はもはや己を固持せず、神のものとなっている。つまり己というエゴはそこで捨象されている。己を捨象していく歩みが、闇の中で行われ、その暁に神の光を見るのだ。

モーセの「燃え尽きざる茨」では炎という光に導かれて、モーセはただならぬ事態（神の現存）を予感する。そしてその茨のある場所が神聖極まりないところであることを知らしめられる。そして次の段階では山の上の密雲なる闇に入っていき、そこで神に見えるのである。そのためモーセが神から掟を記した石版をもって下山したとき、モーセの顔は輝き、ために民衆は彼を直視することができなかった（出エジプト三四・29―35）。ところがキリストの変容時の弟子は眼が眩む光を見たのだが、闇には入って行かなかった。むしろそこでモーセやエリヤと語らうイエスというありうべからざる光景を目にしたのである。モーセと三人の弟子たちの蒙ったこの経験の違いは何であろうか。

思うに弟子たちはすでにして神・キリストに出会っており、ただ彼らの心眼の暗さゆえにキリストの真実を見なかったのである。そこでキリストは強烈な光をもって、恵みから弟子たちに自分の真の姿を現した。しかしモーセはキリストにまだ見えていなかったし、彼を知りえなかった。しかし神は特別に恵みを与え、モーセをして神の顕現する闇に入らせ、そこで神そのものではない背中を見せた。神に見えたその証拠にモーセの顔は輝くという現象が起きたのである。このときモーセは神のものになっていた。

神は、人間の憧憬に応えて、恵みによって、自らを現すが、それは闇の中であったり、あるいは眼が眩む光であったり、ともに十全に見るという仕方ではない。そのため人間の憧憬は以前にも増して大きくなろう。しかし光と闇を並置することによって、神の本然の姿は依然として明確には知らされないものであることが告げられている。

従ってこの世において可能な神認識とは、自分の定点を見失わせる状況に追いこまれて、もはや己に頼れない絶体絶命の境地に立たされ、神を思慕しつつ強烈に求めるとは言いながら、どこまでも離すことのできない自意識や自己中心主義を、否応なく奪い去られたときにのみ成就するものである。それは東方の霊的修行者が切望した「観想」の極みであり、その一助として「闇」は意味をもつであろう。

註

（1） *A Greek-English Lexicon of the New Testament and other Early Chrisitian Literature*, 3d. ed., revised and edited by Frederick William Danker, based on Walter Bauer's, Griechisch-Deutsches Wörterbuch… (The University of Chicago Press, 2000), 932.

（2） Gregorii Nysseni *In Canticum canticorum*, Oratio II, PG44, 801 (Gregorii Nysseni Opera Vol.VI, edidit Hermannus Langerbeck (Leiden, Brill, 1960), 62). 訳は、ニュッサのグレゴリオス『雅歌講話』大森・宮本・谷・篠﨑・秋山訳（新世社、一九九一年）による。

（3） Ibid., PG44, 789C, Langerbeck 46.

（4） 因みに『七十人訳ギリシア語聖書』の『出エジプト記』第一九章一六節では、「三日目の朝が近づくと、雷鳴と稲妻と暗雲がシナイ山の上に生じ、……」（訳は秦剛平『七十人訳ギリシア語聖書Ⅱ　出エジプト記』（河出書房新社、二〇〇三年）九六頁より）とあるが、原文は「ἐγένετο δὲ τῇ ἡμέρᾳ τῇ τρίτῃ γενηθέντος πρὸς ὄρθρον καὶ ἐγίνοντο φωναὶ καὶ ἀστραπαὶ καὶ νεφέλη γνοφώδης ἐπ᾽ὄρους Σινα,…」とあって、γνοφώδης という γνόφος に関係深い言葉が「黒い」という形容詞形で使用されている。

（5）　Cf., *A Greek-English Lexicon of the New Testament and...,202.*

（6）　Gregorii Nysseni *In Canticum Canticorum*, Oratio XI, PG44, 1000 (Langerbeck 322).

（7）　Ibid., Oratio XII, PG 44, 1025 (Langerbeck 355).

（8）　『七十人訳ギリシア語聖書』の語義については、T. Muraoka, *A Greek-English Lexicon of the Septuagint* (Peeters, 2009) を参照。

（9）　“εἱστήκει δὲ ὁ λαὸς μακρόθεν, Μωυσῆς δὲ εἰσῆλθεν εἰς τὸν γνόφον, οὗ ἦν ὁ θεός.”(Ex. 20, 21).

（10）　闇について今では古典的となった研究に次のものがある。H.-Ch. Puech, *La ténèbre mystique chez le Pseudo-Denys l'Aréopagite et dans la tradition patristique*, in “Études carmélitaines”, t.23, octobre 1938, 33-53.

（11）　フィロン『カインの子孫について』五（*De posteritate Caini*）。“ἤδη γοῦν καὶ εἰς τὸν γνόφον ὅπου ἦν ὁ θεὸς εἰσελεύσεται. τουτέστιν εἰς τὰς ἀδύτους καὶ ἀειδεῖς περὶ τοῦ ὄντος εννοίας οὐ γὰρ ἐν γνόφῳ τὸ αἴτιον οὐδὲ συνόλως ἐν τόπῳ, ἀλλ᾽ὑπεράνω καὶ τόπου καὶ χρόνου.”

（12）　フィロン『巨人について』一一（*De gigantibus*）、“…προσκυνεῖν τὸν θεὸν ἄρχεται καὶ εἰς τὸν γνόφον, τὸν ἀειδῆ χῶρον, εἰσελθὼν αὐτοῦ καταμένει τελούμενος τὰς ἱερωτάτας τελετάς.”

（13）　フィロン『改名について』二（*De mutatione nominum*）、“Μωυσῆς οὖν ὁ τῆς ἀειδούς φύσεως θεατὴς [καὶ θεόπτης]–εἰς γὰρ τὸν γνόφον φασὶν αὐτὸν οἱ θεῖοι χρησμοὶ εἰσελθεῖν, τὴν ἀόρατον καὶ ἀσώματον οὐσίαν αἰνιττόμενοι–πάντα διὰ πάντων ἐρευνήσας ἐζήτει τὸν τριπόθητον καὶ μόνον ἀγαθὸν τηλαυγῶς ἰδεῖν.”

（14）　フィロン『モーセの生涯』一・二八（*De vita Mosis*）、“εἴς τε τὸν γνόφον, ἔνθα ἦν ὁ θεός, εἰσελθεῖν λέγεται, τουτέστιν εἰς τὴν ἀειδῆ καὶ ἀόρατον καὶ ἀσώματον τῶν ὄντων παραδειγματικὴν οὐσίαν, τὰ ἀθέατα φύσει θνητῇ κατανοῶν.”

（15）　ニュッサのグレゴリオス『モーセの生涯』（Grégoire de Nysse, *La vie de Moïse*, introduction, texte critique et traduction de Jean Daniélou, s. j. (Sources Chrétiennes, No. 1ter, Paris, 1968), I, 20-21, 60-62.）。訳は『キリスト教神秘主義著作集1　ギリシア教父の神秘主義』（教文館、一九九二年）所収の谷隆一郎訳による。

（16）　同上 (II,19, 116). 邦訳四四頁。

（17）　同上 (II, 20, 116-118). 邦訳四四―四五頁。

（18）　同上 (II, 21, 118). 邦訳四五頁。

(19) 同上 (I, 42, 80). 邦訳二五頁。
(20) 同上 (I, 43, 80). 邦訳二六頁。
(21) 同上 (I, 46, 82-84). 邦訳二七頁。
(22) 同上 (II, 162, 210). 邦訳八六頁。
(23) 同上 (II, 169, 216). 邦訳八八―八九頁。
(24) 同上 (II, 162, 210). 邦訳八六頁。
(25) 同上 (II, 163, 210-212). 邦訳八六―八七頁。
(26) 同上 (II, 164, 212). 邦訳八七頁。
(27) 同上 (II, 165, 212). 邦訳八七頁。
(28) 同上 (II, 167, 214). 邦訳八八頁。
(29) 同上 (II, 168, 214-216). 邦訳八八頁。
(30) グレゴリオス・パラマス『聖なるヘシュカストたちのための弁護』(I-3-18)。テクストは Γρηγορίου Παλαμᾶ *Συγγράμματα* t. 1 (428-429), (Thessaloniki 1988). および、Grégoire Palamas, *Défense des saints hésychastes*, Introduction, texte critique, traduction et notes par J. Meyendorff, tome I (Louvain (1959), 2nd ed., 148-151. を用いる。
(31) Ibid(I-3-18).
(32) Ibid.
(33) Ibid.
(34) 擬ディオニュシオス『書簡』5 (PG 3, 1073A)、『神秘神学』一・3 (PG 3, 1000CD) 参照。
(35) Ibid.
(36) グレゴリオス・パラマス『聖なるヘシュカストたちのための弁護』(I-3-18)。
(37) 同上 (II-3-49)
(38) 擬ディオニュシオス・アレオパギテース『書簡』5 (PG 3, 1073A)、訳は『中世思想原典集成　3』(平凡社、一九九四年、四七一―七二頁) 所収の月川和雄による。

（39）擬ディオニュシオス・アレオパギテース『神秘神学』第一章第三節（PG 3, 1000C）、訳は先の註と同じ平凡社所収の今義博による。
（40）グレゴリオス・パラマス『聖なるヘシュカストたちのための弁護』（II-3-50）。
（41）Ibid.
（42）Ibid.,（II-3-51）
（43）Egon Sendler, *Les icons byzantines de la Mère de Dieu* (Desclée de Brouwer, 1992), 173-177.
（44）修道士ヨアンネスのテオトキオン（生神女賛歌）〔月曜日、スラヴ系典礼〕。引用は上記 E. Sendler, ibid., 174 より。
（45）Sendler, ibid., 173.
（46）Ibid., 176-177.
（47）これに関しては、Habra G., *La transfiguration selon les Pères Grecs* (Paris, 1973). および拙著『エネルゲイアと光の神学――グレゴリオス・パラマス研究』（創文社、二〇〇〇年）、等を参照。
（48）『百五十章』一五―一二〇。テクストは Saint Gregory Palamas, *The One Hundred and Fifty Chapters*, A Critical Edition, Translation and Study by Robert E. Sinkewicz, C. S. B. (Pontifical Institute of Mediaeval Studies, Toronto, 1988), 98-103.
（49）グレゴリオス・パラマス『聖なるヘシュカストたちのための弁護』（I-3-18）。
（50）フィロン『カインの子孫について』四。
（51）Tomáš Špidlík, *La spiritualité de l'Orient chrétien II, La Prière* (OCA 230, Roma, 1988), 224.
（52）ニュッサのグレゴリオス『エウノミオス駁論』12（PG 45, 940C）参照。また Špidlík, ibid, 224. 参照。
（53）グレゴリオス・パラマス『聖なるヘシュカストたちのための弁護』（I-3-46）。

第二部　擬ディオニュシオスをめぐって

第一章　擬ディオニュシオス『神名論』における「テアルキア」について

序

『ディオニュシオス文書』を読むとき、常に問題になることの一つは、その用語の意味内容である。つまりこの文書が、たとえ古来の言い伝えにあるように、パウロが洗礼を授けたアレオパゴスの議員ディオニュシオスによって書かれたのではなく、六世紀頃のシリアの修道士によるものであろうとされても、この文書自体は西洋中世において長い間権威であったことは事実であり、そのことから西洋神学・哲学思想に多大の影響を与えたことはゆるぎない事実である。しかし少しでもこの文書を紐解いてみれば、誰しもそこに使われている用語の内実がどこかキリスト教神学用語とは趣を異にするものであるという思いを禁じないわけにはゆかない。もちろんその原因は彼の造語と思われる語が多いことにもあるが、彼以前より使われていた用語にディオニュシオス独特のニュアンスが加えられていることにもよるであろう。そうした言葉のうち、たとえば「超、ὑπερ-」という語の付加されたものは、それに続く言葉の意味をはるかに凌ぐものとして一応は理解できるので、まだ了解しやすい部類に入ると思われる(1)。また αὐτοθεότης のような αὐτο- という語が付加したものは、この場合であれば、「神性そのもの、神性それ自体、神性の極み」といった意味が考えられる。これらに対しすでにキリスト教ではない、いわば異教ギリシアの宗教（密儀宗教）でも使用されていたような語を再度ディオニュシオスが使用する場合は、それらの言葉は確かにディオニュシオスにおいて装いを新たにして登場しているとは思うものの、先行する密儀宗教で用いられたニュアンスをどこまでも引きずっているのではないかという疑念が頭をもたげてくる。このためであろうか、研究者の間では、ディオニュシオスは先行するギリシア思想、特に新プラトン主義思想をキリスト教の中に鮮烈な仕方で挿入したとか、逆にディオニュシオスがたとえ表面上は新プラトン主義の用語と同じものを使用していても、すでにしてディオニュシオスにあっては、新プラトン主義的見解がキリスト教化されているという、相反する見解が生じているのである。そのような言葉として、ヤンブリコス（二五〇頃—三二五年頃）やプロクロス（四一二—四八五年）でも使われたという θεουργία(2) や、また μυέω, μύησις や τελεταρχικός などがあげられる。

以上の用語に関しても厳密な吟味が必要であるが、今はディオニュシオスの用語のうちでもやや特殊かと思われる「テアルキア θεαρχία」を、その『神名論』における用例をめぐって考察してみたい。もちろんこの言葉はディオニュシオスだけが使うものではなく、他のギリシア教父においても使われているのであるが(3)、ディオニュシオスでは重要な用語であると思われるので、それを問題としたい。

第一節　用語としての「テアルキア」

まず文面上、この「テアルキア θεαρχία」、そしてその形容詞形「テアルキコス θεαρχικός」、また副詞形の「テアルキコース θεαρχικῶς」がディオニュシオス文書の中でどれくらい使用されているかを見てみる。これには

“*Corpus Dionysiacum II*” の Griechisches Register を参照する(4)。この索引（Register）では文面に表れた語のみを収録しているので、それを表すと考えられる代名詞の箇所も当然考慮に入れるべきであろうが、この作業はきわめて煩雑なことであり、採録には解釈の入る余地が十分にあって、特別の困難さが予測される。しかも今はこれらの語がどれくらい使用されているかがわかればよいので、文面に表れた部分のみを問題とする。そうすると「テアルキア」は『神名論』で一四箇所、『天上位階論』で一六箇所、『教会位階論』で一六箇所、『書簡』で一箇所、「テアルキコス」は『神名論』で一七箇所、『天上位階論』で四一箇所、『教会位階論』で五九箇所、『書簡』で一箇所で、副詞形は十に満たない（また本索引には副詞のテアルキコースは採録されていない）。全索引から見れば、その頻度は特に多くも、少なくもなく、ディオニュシオスが普通に使う用語並みのものである。ただ奇妙なことにこの神の内奥の問題に関係しそうな語が、否定神学を軸として神認識の微妙な機微を語る『神秘神学』中には一回も見られないということである。これはいかなることであろうか、とまずは問うておこう〔問1〕。

さて「テアルキア θεαρχία」は、θεός と ἀρχή という語が関係していることは容易に察しがつく。『教父ギリシア語辞典』でもこれに Godhead, source or principle of deity（神性ないし神たることの根源）という訳語を当てている(5)。問題はもしこの辞典のようにたとえば英語で Godhead ということを意味するなら、ギリシア語でもそれに相応する θεότης という言葉があるのだから、それでいいように思われる。にもかかわらず θεότης ではなく、θεαρχία が用いられているのはなぜなのか。当然ディオニュシオスにそれを用いる必然性があったから、そうしたのであろう。つまりたんに θεότης では言い表しえない内容をディオニュシオスが θεαρχία に付与したと考えるのは当然のことである。だがしかし本当にそうなのであろうか〔問2〕。たとえば θεαρχία を「神性原理」と訳した熊田はこう説明している(6)。それによれば「ディオニュシオスは通常の「神」については、ある限定的意味で使用している（たとえば ὑπέρθεος のような場合）ので、そこで神についての基本的名辞はこの θεαρχία である。そのさいその意味するところは「神化する」という働きのもとになる原理という意味であろう、そしてこの「神化する」働きが神の世界への働き（発出のすべて）を示すと考えるならば、その原理としての θεαρχία は、神の名のすべてが依拠すべき基本的主語となる」。そうするとこの語はたんに神を指し示すのではなく、神化する働きの根源としての神における原理であるということになる(7)。それではある限定した様相における「神」と、神化との関連において、原理的に考えられる「神」とはどう違うのか、そういうことも問いの中に当然入ってこよう〔問3〕。こうしたことを一応は念頭に置いて、では次にこの θεαρχία が日本語を含めどのように訳されているかを見ていきたい(8)。

第二節　θεαρχία の訳語

まず熊田訳では「神性原理」であった。その他の日本語訳としては、『中世思想原典集成 3』(9)があって、ここには『天上位階論』『神秘神学』『書簡集』が収められている。ここで『神秘神学』を除く二書では、まず『天上位階論』（今訳）では「神性の根源」、『書簡集』（月川訳）では「根源の神」、「神性の根源」とあり、もう一箇所ある訳はいわば逐語的ではなく、意味上の訳となっていて、ここでは参照しない。『神秘神学』についてはこれまでにも他の訳があるが、θεαρχία という語が出てこないので、参照しない。また『教会位階論』については現段階で出版された邦訳はない。

では次に欧米のものはどうであろうか。参照したものは英訳、独訳、仏訳、伊訳である(10)。さて今回われわれの考察は『神名論』の中に見られるθεαρχίαの用法にかぎりたいので、例として『神名論』第一章第三節の一部に見られるθεαρχίαとθεαρχικόςの訳を見ていく。まず原文を掲げる。

Τούτοις ἑπόμενοι τοῖς θεαρχικοῖς (a) ζυγοῖς οἵ καὶ τὰς ὅλας διακυβερνῶσι τῶν ὑπερουρανίων οὐσιῶν ἁγίας διακοσμήσεις τὸ μὲν ὑπὲρ νοῦν καὶ οὐσίαν τῆς θεαρχίας (b) κρύφιον ἀνεξερευνήτοις καὶ ἱεραῖς νοὸς εὐλαβείας τὰ δὲ ἄῤῥητα σώφρονι σιγῇ τιμῶντες ἐπὶ τὰς ἐλλαμπούσας ἡμῖν ἐν τοῖς ἱεροῖς λογίοις αὐγὰς ἀνατεινόμεθα. Καὶ πρὸς αὐτῶν φωταγωγούμεθα πρὸς θεαρχικοὺς (c) ὕμνους ὑπ᾽αὐτῶν ὑπερκοσμίως φωτιζόμενοι καὶ πρὸς τὰς ἱερὰς ὑμνολογίας τυπούμενοι πρὸς τὸ καὶ ὁρᾶν τὰ συμμέτρως ἡμῖν δι᾽αὐτῶν δωρούμενα θεαρχικὰ (d) φῶτα καὶ τὴν ἀγαθοδότιν ἀρχὴν ἁπάσης ἱερᾶς φωτοφανείας ὑμνεῖν ὡς αὐτὴ περὶ ἑαυτῆς ἐν τοῖς ἱεροῖς λογίοις παραδέδωκεν.[11]

（試訳。ここではθεαρχίαとθεαρχικόςは、訳語がまだ確定していないので「テアルキア」「テアルキア的」のままにする。「天を超える諸実体の聖なる秩序全体の舵を取るかのテアルキア的（a）秤に従って、テアルキア（b）のヌースとウーシア（本質）を超える隠されたことがらを、ヌースの探究することのない、また聖なる畏敬の念をもって、他方、言い表しえぬことを賢慮なる沈黙の念のうちに尊崇し、聖なる書物において、われわれを照らした光輝へとわれわれは伸長する。それらの光輝によってテアルキア的（c）な讃歌へとわれわれは光のもとに導かれる。われわれはそれらの光線によって、世界を超える仕方で光り照らされ、聖なる讃美の言葉にかなうべく形成される。すなわちわれわれに釣りあった仕方でそれらの光輝から与えられるテアルキア的（d）光を見、そしてすべての聖なる霊的な照明の、善きものを与える原理を讃えるべく形成されるのだ、あたかもその原理が自らについてかの聖なる書物の中で伝えたように」)。

それではここでの訳語を、[1E] から順次見ていく。

[1E] では、訳し分けがなされている。すなわち（a）（c）（d）はいずれも divine で（b）のみが Godhead である。[2E] ではすべて thearchic と原語を形容詞的に用いている。[3E] の翻訳は一語一語が対応しているわけではなく、いわば意訳的なもので、原語がどのように訳されているかを見極めるのにはやや不向きである。しかし（a）は divine ordinances となっているので、一応ここは divine と訳している、と考える。（b）はあからさまではなく、"we offer worship to that which lies hidden beyond thought and beyond being. With a wise silence we do honor to the inexpressible." となっている。つまり θεαρχία をそのまま訳すのではなく、他の文との関連で、内包される意味を取り出して訳していると考えられる。（c）と（d）も原語をすっきりと訳したというよりは、文章の意味全体から訳文を当てた形で、一応は Source と訳されていると見ることができる（[4E][5E] は該当する『神名論』は含まれていないので省略）。

次に [1G] には『神名論』は収録されていない。[2G] では、（a）（c）（d）は urgöttlich で、（b）が Urgottheit である。[3G] も訳語が必ずしも一対一ではなく意訳に近いが、それでもほぼ（a）（b）（d）が Gott、（c）が urgöttlich である。[4G] は（a）（c）（d）が urgöttlich、（b）が Urgottheit である。

[1F] では、（a）（c）（d）が théarchiques で、（b）が Théarchie であり、最新の [2F-a] では、形容詞的な（a）（c）（d）はいずれも théarchiques で、名詞としての（b）は Théarchie であって、原語のままである。

[1I] では（a）（c）（d）は divini と divine、（b）は Tearchia となっていて、形容詞的な部分は divini で、

名詞は原語をそのまま当てている。

さてざっと見た以上の現代西洋語に見る訳語は、原語をそのまま用いている場合とGodhead, Urgottheit, Gott, Sourceとそれの広い意味での形容詞形（divine系の言葉も含めて）がある。原語をそのまま用いる場合は訳すことによって意味が十全に表せないと考えているからであろう。訳した場合は、それがたんに「神」とするのか、あるいはSource（源）も含めて「神性」あるいは「根源的なもの、Ur-」というたんに神とは言わない場合に分けられる。おそらくこの原語は単純に「神」とは訳せないという認識が一般になされているのであろうが、さりとてそれを別の語で表すほど意味が明確ではないということであろう。

第三節　『神名論』における θεαρχία の用例

上述のようにディオニュシオスの θεαρχία の意味は明確であるとは必ずしも言えないように思われる。単純に言えば、いくつかの現代語訳においても、「神」とだけ訳しているものもあったように、ことさら θεαρχία に ἀρχη に由来する意味を付加して訳さなくともよいようにも見える。従って勘ぐった言い方をすれば、ディオニュシオスはただ「神 θεός」とだけ言ってすませておけばいいものを、奇を衒って、わざわざ別の言葉を使って読者を混乱に陥れ、あるいは神にまつわることを容易に割り切る仕方では語らないことを示そうとしているのかもしれない。つまり一種の秘教的ニュアンスが込められていると受け取りうる可能性もある。それゆえ彼の文章には「神」、そして問題の「テアルキア」、また「神性」や「三位一体の父・子・聖霊」といういくつかの神にかかわる用語が混じりあって出てくることになる。すると問題はまずそれらの言葉によって表される内容は違うものなのか、あるいは同じものを指すのかということになる。つまり一般的に「神」と語られるものと、何か神の働きを考慮に入れた神の神たる所以のような「神性」あるいは「テアルキア」そしていわゆる「神のペルソナ」などが区別されてくるのか、ということである。すなわち一般的名称としての「神」の中に、抽象的な「神性」と神の「根源」ともいうべきものを措定し、さらに三位一体論におけるペルソナの区別を導入したのかということが問題となるのである〔問4〕。

それでは『神名論』中のテアルキアの考察に移ろう。ただこれに先立って、『神名論』第一章第三節をまずは理解しておこう。

（A）まず「天を超える諸実体の聖なる秩序」とは「天使界」のことを指すと考えられる。それの舵を取る、すなわち天使界を主宰する者は「神」に他ならない。従ってこの「テアルキア的秤」は「神的な、あるいは神の秤」でも意は通ずるように見えるが、あえて言えば、天使界を主宰することそのものが、神性の根本的働きであるとも取れるのである。つまり神の何らかの外への働きの根源ということである。次の「テアルキアのヌースとウーシアを超える隠されたことがら」とあるのは、テアルキアについてはヌースやウーシアを超えて何か隠されたもの〔秘密〕があることになり、これをたんに「神の秘密」とは言わず、「テアルキアの秘密」と言っていることから、ここでは通常の神という概念を超えた何かを表現しようとしているのではないかという推測が成り立つ。ついで「テアルキア的な讃歌」とは、「テアルキアを讃美する」ことなのか、それとも「讃美の形態がテアルキア的」であるのか。もしこれを「神的な讃歌」とすれば、その意味は、讃美する主体が人間であって、その人間の讃美の仕方が厳かであるとでもいうようになる。しかしそれが「テアルキア的」となれば、人間の境涯を超えて、人間が神の働きを受けて、神を讃美するということになるのではないか。その結果、われわれが神の照明を受けるとき、その照明は神の根源から出る光（テアルキア的光）によるということになる。従ってわれわれ人間の神讃美は、人間の念頭にある「神」という言葉によって意味されているものを超えて、この「テアルキア」なる神を讃美するところまで辿りつかなければならないとディオニュシオスは言っているのであろう。

（B）ところでディオニュシオスがわりとはっきりと正面からテアルキアを説明しているのは第一章第四節である。ここではテアルキアを三つの観点から説明している。すなわち一つは、テアルキアが「単一者として（ὡς μονάδα μὲν καὶ ἑνάδα）」讃えられる場合である。これはテアルキアの単純性と単一性によって（διὰ τὴν ἁπλότητα καὶ ἑνότητα）われわれが神的な統一性へと統合されるということで、結局は神化を指し示している。第二は、「三者として（ὡς τριάδα）」で、これは三つのヒュポスタシスを指定する。第三は、「諸存在者の原因として（ὡς αἰτίαν τῶν ὄντων）」であって、これは創造、しかも「ウーシアを造りなす善性による διὰ τὴν οὐσιοποιὸν ἀγαθότητα」業を意味する。(12) ここでもテアルキアが天使・人間の神化にかかわるものとした見解であって、それに神の内と神の外への働きを論じているのである。もちろんここでも「神」とは別にどうして「テアルキア」という語を用いなければならないかという問題は依然として残るのである。

（C）「テアルキア」と「テオス・神」の区別の問題を念頭に置きつつ、さらに用例を見てみよう。それは『神名論』第一章第五節の終わりから、それを受けて第六節に入っていくところに表れる。まず第五節から見ていく。すなわち

「テアルキアが超実体性（あるいは超本質性）（ὑπερουσιότης）であることは、それがいかなるものであれ、一方では、超善性の超存在（ὑπερύπαρξις）であるので、「これを」ロゴス、力、ヌース、生命、実体（あるい

は本質）（ウーシア）と讃えることは、すべての真理を超える真理を愛求する者には許されないことであるが、しかしこれはすべての状態、運動、生命、云々……を超絶した仕方で遠ざかっている。だが他方で、善性の存在として、その存在（εἶναι）自体によってすべての存在者の原因であるから、テアルキアの善の根源たる摂理をすべての原因づけられたものから讃えられるべきである。すべてはそれ〔αὐτήν をテアルキアととる〕をめぐって、またそれゆえに〔あり〕、「それはすべてに先立ち、すべてはそれの中に統合された（コロサイ一・17参照。ただしここでは「それ αὐτός 男性形」にあたるのはキリスト）」から、そしてそれ〔ταύτην 女性形〕はその存在によって全体の創造であり、基底であり、すべてはそれを希求する。つまり一方で、霊的で知的なものは知識によって、他方、それらの下にあるものは感覚によって、そして他のものは生命的運動や存在的で習性的な適合性に即して〔それを希求する〕[13]」。

この『コロサイ書』からの引用と見られる部分は正確な引用ではない。というのは「それ」すなわちここで「テアルキア」にあたるところは、『コロサイ書』ではキリストである。従って『コロサイ書』では、キリストそのものを述べているが、本文ではこの語が女性形であるので、「テアルキア」を指すと考える方が自然である。するとテアルキアは次のようになる。すなわちそれは超実体（本質）的であり、超善性の超存在であり、被造的存在が名を付与しえないものである。他方でしかしそれは善性の存在であり、被造物を親しく配慮する者であるから、一切のものはそれを希求し、目指すのである。テアルキアは、遥かな高処に立つ超越者とオイコノミア（摂理）的創造主の側面を併せ持っている。

そして第六節では、この前提を受けて、神の言葉を預かりもつ θεολόγοι たちは、テアルキアを、前者の場合は「無名」とし、後者に多くの名を付与したのだと言う（つまり『神名論』はこの後者を扱うわけである[14]）。そしてそれに続く第七節では、直接的な言葉としてはθεαρχίαが出てこないが、「それ」という代名詞はこのテアルキアを指すと思われるので、テアルキアについて述べていると解する。

「このようにそれ〔テアルキア〕はすべてのものの原因としてあり、そしてすべてを超えてあるということにおいて、無名であることが適合し、また存在するもののすべての名が適合する。それは正確にはすべてのものに対し主権をもつためであり、またそれ〔テアルキア〕をめぐってすべては存在し、また原因として、根源・原理として、限界としてのそれ〔テアルキア〕に属するというようになるためである、……[15]」。

すなわちテアルキアは万物を超えるという意味で無名でありながら、しかし同時にそれを原因として生じたものからすれば、それに多くの名を与えることもまたふさわしいのである。それはテアルキアを見る視点の相違によって、テアルキアが矛盾したかのような印象を与えるほどに一切を超越しているということなのである。

そしてさらにディオニュシオスは、これ〔テアルキア〕を名を超える善（ἡ ὑπερώνυμος ἀγαθότης）と規定し、同時に多くの名によって呼ばれ、讃えられるとする[16]。それは彼によれば、「規定し、明示する善自体（αὐτοαγαθότης）は、書物（聖書）に従って、テアルキア的存在（ὕπαρξις）全体が何であるかを讃えているのだ[17]」からと言うわけである。存在（ὕπαρξις）が善自体によって規定されていると読めるかぎりにおいて、「善」の優位性が語られている。

『神名論』は表題の示すごとく「神の名」を問題にするわけだから、当然この「神の諸名称」と「テアルキア」

はどういう関係にあるのかの説明が必要である。そこで「美しいもの」や「知恵あるもの」という名が全体としての神性（ἐπὶ τῆς ὅλης θεότητος）を讃えているのだと言う。そしてさらに光、神化するもの、原因等はすべて全体としてのテアルキアについてのもので、こうした言葉をテアルキア全体の讃美に向かって導くのである、[18]と説明する。

（D）さらにこのテアルキア全体という言葉には、父、子、聖霊が含意されている、と言う。というのは、彼によれば、「万物は神から出る」（一コリント一一・12）は包括的にテアルキアを示しており、そして「万物は彼を通して、彼に向かってつくられた」（コロサイ一・16）、「万物は彼において統合されている」（コロサイ一・17）「あなたの霊をおくってください。そうすれば創られるであろう」（詩編一〇三・30）という聖句は個別的に子と聖霊を表すと考えられるからである。さらに「要約すれば、テアルキア的ロゴスが『私と父は一つである』云々と言っているためである」[19]と言って、ここにロゴス・子にテアルキア的という修辞が付加されている。加えてすぐ後に聖霊についても「テアルキア的霊」[20]と言われる。するとテアルキア的なものは父・子・聖霊を指すのである。そうするとどうしてこれをたんに「神」あるいは「神的」としなかったのか、という疑問が再び生じてくるのである〔問5〕。ディオニュシオスは他のところで、こう言う。

「たとえばもし実体を超えて隠されたものを、神、生命、実体、……とわれわれが名づけたとしても、それからわれわれへと前進してくる諸々の力、つまり神化する力、実体を与える力、生命を生む力、あるいは知恵を与える力以外のものをわれわれは考えてはいないのである。この隠されたものには一切の知的な働き（τῶν νοερῶν ἐνεργειῶν）を放棄することによって、心を向けるわけだが、まったく卓越しているということによって万物から隔絶した仕方で離れた原因に正確に匹敵するような神化や生命や実体のいかなるものをもわれわれは見ることはないのである。さらに聖なる書物からわれわれが聞き知ったことは、父は源泉としての神性であり、子と霊は神を生み出す神性からのものであり、またそう言うべきであるなら、神から生え出る芽であり、花、実体を超える光のようなものだ。ただそれらがどのような仕方でそうなのかは、語ることも、考えることもできないのだ[21]」。

ここで言われていることは神に諸名をたとえ付与したとしても、それはたとえば「神化する力」とか「生命を生む力」といったような、いわば神の働きを述べるに留まるものであって、決して実体を超えて隠されている当のものそのものを表示するわけでも、それに到達するわけでもないのだ。だからたとえ「神化」という言葉を用いたとしても、それは万物から隔絶した根本原因に匹敵するものではありえない。そして三一神における父の優位性ともとれる発言が見られ、そこでは父が「源泉としての神性 πηγαία θεότης」であり、子と霊は父の神性から生じたものであると言う。

（E）　しかしわれわれ人間が理解しうることとして、「神化」とは何を意味するかが語られる。すなわち、

「神の父たることと子たること（θεία πατριά καὶ υἱότης）はすべて、万物から離れたパトリアルキアとヒュイアルキア（πατριαρχίας καὶ ὑιαρχίας、父であることの根源、子であることの根源）から、われわれと天を超えた諸力に贈られたということである」。

そこから神の形を〔いただいた〕ヌースは神々とも神々の子ともなり、またそう呼ばれる（神化）のだ。そこで被造物の側での父であること、子であることは霊的な仕方で仕上げられたものであり、これは一切の知性的な（νοητήν）非質料性や神化を超えて超越的に打ちたてられたテアルキア的霊によって可能なものなのである。[22]

従って神化とテアルキアの関係の強さは本章の最初ですでに熊田やイタリア語訳の訳者らが言っていたようなものであることは確かである。

ただ、さらに

「われわれは、全神性のかの共通で、一つにされた区分、つまり善にかなった発出を、聖書において、それらを明示している神の名から、可能なかぎり讃えようと努めるだろう。しかしすでに語られたように、次のことを予め心得ておく。すなわちすべての善をもたらす神名は、それがテアルキア的位格のいかなるものに付けられていても、テアルキア的全体のすべてについて自由に受け入れられているということである[23]」

と言われているので、テアルキアは神化と関係しつつも、じつはそれは神の位格全体に適用されるものであることも示されているのである。

（F）そして先にも触れたように、このテアルキアは善と関係づけられる。つまり神名の一つ、「善」を取り上げて、こう言うのである。

「〔善という神名〕を聖なる書を編んだ人々（原語はθεολόγοι。これは一般に神学者であるが、ここではいわゆる学者ではなく、福音書記者のヨハネを神学者という意味での「神学者」である）は神を超える神性に〔当てるよう〕選んだのであり、私が思うに、この人たちはテアルキア的存在（ὕπαρξις）を善性と言って、すべての〔名〕からこれを区別しているが、それ〔テアルキア〕は本質的に善いものなので、善であるということによって、すべての存在者に善性を拡げてゆくからである(24)」。

この善の優位性はたんなる哲学的観点から、テアルキアに付与されたのではない。ディオニュシオスはたびたび神の働きや発出を「善にかなった」というような言い方をしており、それは神が何よりもその善性に基づいて被造物に相対しているからであり、神の計らいはすべて善きことだからである。

またしかし一方で「善」という神名を取り扱いつつ、他方では「存在 ὄν」という名称にも彼は言及する。しかしそれには留保がついている。つまりここでの考察は決して、「超実体的であるかぎりの超実体的実体・本質 τὴν ὑπερούσιον οὐσίαν, ᾗ ὑπερούσιος」ではないと言う。その理由はそうしたものは言葉にすることも、知ることもできないゆえに解明しえないからである(25)。続いてディオニュシオスはここでの目的は、τὴν οὐσιοποιὸν εἰς τὰ ὄντα πάντα τῆς θεαρχικῆς οὐσιαρχίας πρόοδον を讃えることだと言う(26)。つまり「一切の存在するものへのテアルキア的ウーシアの根源がウーシアを造りなす発出」を問題とするのだと言う。するとどういうことになるのか。それはテアルキアというものが働く一つの局面はウーシアを造りなしていくことである。その造りなす局面をあえて表示すれば、それをウーシアの根源（ウーシアルキア）と呼ぶのである。やはりここでも「善」の優位は薄れていないようである。もちろんこの「善」は先に述べたように「神は善である」という認識に基づいてのことである。しかしそれにしても「存在」をも「善」なる根源は造るのである。もしテアルキアに善の極みを付与しているとすれば、「存在」はそこから生じるのであって、その逆ではない。

それを踏まえて、『神名論』の最後の部分では、まとめるような形で、「神にまつわる言表であるテオロギアは一切のものの原因としてテアルキアを一という名称によって讃える」と言う。そして一とテアルキアを関係づけるのは、それが「唯一の父なる神、唯一の主なるイエス・キリスト、唯一で同一の霊[27]」だからであって、ここに三一論的総括を行うのである。

第四節　以上からわかること

これまで『神名論』においてテアルキアが語られるめぼしい所を概観した。そのことからいかなることがわかるであろうか。

ディオニュシオスの文章を一読したかぎりでは、ことさら「神」と「テアルキア」という二通りの言葉を使わなくてもよいように感じさせるところが多々ある。これは難問の一つである。われわれはこれまでそれにいくつかの疑問を投げかけてきた。しかし二つの言葉が使われている以上、そこにはディオニュシオスの意図があると見なければなるまい。ただしその意図を見抜くことは困難な仕事である。

しかし一応これまで読みとったところからまとめてみると、次のような諸要素が浮かびあがってくる。すなわち、

（1）テアルキアは神性の根源的働きとして天使界を主宰する。

（2）テアルキアの秘密という気になる言葉もある。
（3）テアルキアの光によって人間は照明を受ける。
（4）テアルキアは遥かな高処に立つとともに、被造物への配慮に満ちたオイコノミア的なものである。
（5）テアルキアは万物を遥かに超えているという点で無名である。しかし万物の原因としては多くの名をもつ。
（6）善性、および父性の優位のもとにテアルキアが考えられている。そしてその関連でテアルキアはウーシアを造りなすものとしてのウーシアの根源あるいは原理である。
（7）テアルキアという言葉は三一神全体に使われ、「一」と深く関係する。
（8）神化する根源としてのテアルキア。

おおよそ以上のようなことが抽出される。

このような諸要素をさらに絞りこめば、次のように言えるかもしれない。

つまり、テアルキアは三一神全体にわたって使用される語であるが、それによって平板な仕方で神や神性と言っておくだけではすまされぬ三なるヒュポスタシスを一に調和する何か根源的な神的現実を表している。そのようなものとして、テアルキアは天使界を主宰し、人間を神化し、諸存在の源となり、超越しつつ、摂理を執行する意味で、無名であるとともに被造物の認識との関連で多数の名が冠せられる。そしてこうした一連の様相の根底に善の優位と父のモナルキアという概念が控えている。

第五節　「テアルキア」をいかに解釈するか

さてこれまで概観してきたことをもとにしてディオニュシオスのテアルキア概念を最終的に検討してみよう。

すでにこれまで参照した翻訳の註が指摘したように、「テアルキア」は「神化」する働きの根源としての原理であることはほぼ間違いないことであろう。[28] その意味で被造物たる人間にとってテアルキアは神への開かれた関係を可能にするものである。それはまた同じく被造物である天使にとっても、同様の関係をもたらすものと考えられる。この総括は先の第四節のまとめの（1）、（3）、（4）、（5）、（8）の諸点に符合する。しかし残る（2）、（6）、（7）の三点、つまり「テアルキアは秘密的なものである」、「ウーシアの根源としてのテアルキア」、「三一神全体に適用されるテアルキア」という観点については、特に神化云々と直接の関係を明示していないように思われる。しかしこの三点は何か同じ事態を指しているようにも見える。それは神の一切を超越する側面と被造物へのオイコノミア（摂理・経綸）的配慮をなす側面のうち、前者、つまり一切を超えてやまない一なる神の内奥の現実を印すものと受け取れるからである。

因みにわれわれが最初に見た『神名論』第一章第三節の註解（スコリア）には「テアルキア」について若干の言及がある。これは例の「天を超える諸実体の聖なる秩序全体の舵を取るかのテアルキア的秤に従って、テアルキアのヌースとウーシアを超える隠されたことがらを、云々」への註解である。

ところでこのスコリアは古来よりマクシモスによる註解とされていたが、近年これはスキュトポリスのヨアンネス（?―五五七（五七八）年）とマクシモスの註解が混同されて一書になったと言われ始めている。[29] その詳細

な研究は後日を俟たねばならないだろうが、ミーニュの該当箇所を見ると、次のようになっている、

「〔本文〕『テアルキアの……』〔スコリア〕彼〔ディオニュシオスのこと〕は至るところで、一切を主宰する三一を、神々と言われるものたち、すなわちすでに先に言ったように、諸天使、諸聖人を支配するゆえに、テアルキアと呼んでいる(30)」。

つまりここではテアルキアは天使や聖人といういわば「神々」を統括するものであるがために、「神々の源」という意味で「テアルキア」と呼ばれると言っている。

そしてこの「すでに先に言ったように」はこのスコリアの冒頭近くで「なぜなら言葉やヌースやウーシアを超えたその超実体（本質）性の無識は、云々」（第一章第一節、PG3, 588A）のスコリアを指し、それによると「もしウーシア（本質）がエイナイ（存在）に従って言われるなら、エイナイは何か導入するという考えを指し示している。〔それであると〕神にウーシアを正しくは語れないであろう。というのは神は一切のウーシアを超えてあり、存在するものの何かではなく、存在者を超えるものであり、存在者がそこから出てくるものだからである。なぜなら一切のものに隠された神のみの神性がテアルキア的力であり、諸天使や諸聖人という、神々と言われたものたちを支配するからであって、それは分有によって神々となったものたちの創造主でもあるごとくであり、それはじつにそれ自身から、そして原因なくして神性自体としてあるものである(31)」。

以上のことよりテアルキアにはいわゆる神化に関する面と三一神の総括的呼称という面があるように見受けられる。

結　語

さてこれまでわれわれはいくつかの疑問点を挙げておいた。それは〔問1〕から〔問5〕まであった。それらは主として（1）『神秘神学』にはテアルキアという語がないこと、（2）〔限定して使われた語としての〕神、神性、テアルキアの言葉の異同、の二点にまとめられる。

まず（1）の『神秘神学』に関してはさしあたり次のように答えられるであろう。『神秘神学』は一切のものの原因である「神」に徹底的な否定を武器にして迫るものであって、その点、肯定をもって神の諸名を明らかにしようとする『神名論』とはアプローチがまったく異なるのである。『神秘神学』の第三章には、フィクションか真実かはわからぬが、一応ディオニュシオスの執筆計画のようなものが述べられ、その中でそれぞれの著作の性格が詳らかにされているので、このことは明らかである。(32) 従ってこの書には肯定的な仕方での神叙述はないということは、問題にしているテアルキアは『神名論』において頻出しているので、きわめて肯定神学的な名辞と言ってよいということだ。すでに触れたように、『神秘神学』ではテアルキアという言葉も出てこないが、神（θεός）という言葉も少ない。すなわちそれは名詞の主格としては登場せず、与格（θεῷ）で登場し〔一箇所のみ〕、他は形容詞的表現に留まっている。そのことも『神秘神学』の性格が他の書とは大いに異なっていることを物語っている。そして分量も極めて少ないことから、否定を媒介にした神への接近には多くの言葉を要せず〔言葉の過剰は妨げにこそなれ、益は少ないから）、基本的な態度のみで十分とし、またそれ以上は語りえないという姿勢を貫いているのである。すなわちこの否定はわれわれがもつ神概念の根本的否定であると同時に、神へ向かおうとする者の自我の徹底した否定だからである。

（２）については『神名論』という肯定神学的著作においてこれら名辞を比較するなら、こう言っていいだろう。ディオニュシオスはまず「神」という語をそのままキリスト教の神に適用するのを避けたのであろう。それゆえこの「神」という語を使用するときはそれに限定辞をつけたのである（たとえば、すでに触れた ὑπέρθεος というように）。それはキリスト教の神がこれまでのギリシア的な神とは異なる神であることを示すためであった。もしこれがその通りであるとするなら、ディオニュシオスはキリスト教を新プラトン主義的に変容したのではなく、キリスト教が先行するギリシア的な神概念とは異なるものをもっていることを明確に示そうとしたことになる。

次に「神性」であるが、これは神を一般的に抽象化して他の「超実体性」や「超善性」や「父性」や「子性」と同列に述べるときに使う言葉である。むしろこの語によって総括的な神の姿を表している。そしてこうした「○○性」で表されることがらの原理がテアルキアなのである。

そして「テアルキア」はすでに述べたように神の超越した面と、被造物とかかわってそれらを神化するという一種のオイコノミア的側面を含意するものであった。しかもこれまで読みきたったところからすれば、ディオニュシオスはそれを神の三一性との関連で使用している。すなわち神の内なる三者が調和して被造物に向かい、その善なる人間への愛の働きの発露が、人間の神化を引き起こすのである。そしてこのヒュポスタシスなる三者（すなわちあくまで三に留まる）の交わりは被造物には内密のものであるが、この調和的交わりそのものがそもそも神の根源（テアルアキア）なのである。それは「三」という多性が「一」という単純で、全一的なものとして統合されることに、「神性」の神性たるゆえん、すなわち「テアルキア」があるのである。その意味でもキリスト教の神はギリシアの神々とは異なる。

そうなるとテアルキアはやはりディオニュシオスにとって重要な言葉であることになる。「神」とは本来名づけえず、また把握しえないものであるから、たんに「神」とだけ言ってすませば、それはもうディオニュシオスの語ろうとする神ではなくなる。すなわち名づけえないものへの、つまり不可能事への接近を、不可能のままに置くと同時に、ディオニュシオスは神の側からの接近に応じていく人間の歩み寄りの可能性を模索したのである。もし人間の「知る・識る」という能力がヘブライ的な意味での「知る」、つまりyāḏa'（すなわち「さて、アダムは妻エバを知った」（創世記四・1））という、やむにやまれぬ根源的欲求であるとすれば、そしてアダムがエバを知った事態が堕罪の後のことであったとしても、当の人間を造った神は人間のこの欲求を僭越として放置してはおかないであろう。神を知るということがどんなに無謀な行いであろうと、また人間の境涯を超え出ていくことであろうと、人間の限界は限界としてそのままにしながら、神の方から人間にその善なる手を差し伸べ、神は人間を引き上げる。つまり神の知をいったんは人間の認識の彼方に据えながら、人間の知的認識とは異なる方途を授けるべく、人間を神の傍らへと引き寄せるのだ。それを「神化」と呼んでよいであろう。神認識が人間的知では到達不可能であって、そしてその神化による知が、言ってみれば人間的知の〔高価な〕代替物であるとしても、人間はこれによって小さな神々となり、いかほどかの神認識をうるのだ。

こうしたいわく言いがたい事態を説明しようとして、ディオニュシオスは神における超絶した側面と人間への愛を注ぎ込むオイコノミア的側面を区別したのであるが、「テアルキア」という語を用いたこの試みは肯定神学における神認識の究極の姿を示したものと言えよう。そしてこのテアルキア的接近を超える神認識の最高の段階（観想の極み）が『神秘神学』において示されていると考える。にもかかわらず「テアルキア」は上述の神の特質を表すものであるかぎりにおいて、被造物へのある種の充溢した働きを示す語としてはこれに代わるものはないと考えてよいであろう。

註

（1）　この ὑπερ- という語の付加をこのように簡単には考えない学者もいる。たとえばロースキィがそうである。彼はその著、『神にかたどり、神に似せて』で、肯定神学と否定神学を対比させて論ずる。その際、ディオニュシオスが『神秘神学』において（PG 3, 1000AB）、神を万物を超えるものとして見る場合、神についてのすべての命題を否定するが、それは肯定と否定が矛盾するということではなく、神はすべてを超える原因として、あらゆる肯定と否定を超えていくと言っていることを次のように解説する。つまりこの肯定と否定を超えるということは、たとえばトマスが用いた「卓越の道」のような意味ではないと言う。ロースキィによれば、トマスの「卓越の道」は、否定神学と肯定神学を相互交通可能なものとしたものであるが、ディオニュシオスの意図はそうではない。ディオニュシオスの諸否定は肯定に打ち勝つが、彼がこの ὑπερ- という語を使うとき、その語の意味するところは、「超越した本性そのものではなく、外へ（ad extra）の発出を意味するのであって、それはそれら発出が一切の被造的分有を超え、この発出が言い表しえない仕方で区別される『超本質 Suressence』に依然として結びつけられているかぎりにおいてである」。すなわちこれはたんに神の超越した様態を表現するのではなく、神の被造物への諸々の働きがいわゆる「超本質」なるものと、区別されながら、なお不可分と言える意味において ὑπερ なのだということである。ロースキィはディオニュシオスは何がなんでも摑みえないものに「超」を付与したのではないと言いたいのである。Cf. Vladimir Lossky, *À l'image et à la ressemblance de Dieu* (Les Éditions du Cerf, Paris, 1967), 2006, 20.

　この指摘はもっともであろう。ディオニュシオスは「超―」を贅語として用いて、文章を飾っているわけではない。そうであればディオニュシオス文書はすべて空しい言葉が鳴り響くものにすぎなくなる。

（2）　*A Greek-English Lexicon*, compiled by H. G. Liddell and R. Scott (Oxford, 1996), 792. またディオニュシオスの「神化」等に関

する術語については、Norman Russell, *The Doctrine of Deification in the Greek Patristic Tradition* (Oxford, 2004), 248-62. を参照。

（3） *A Patristic Greek Lexicon*, edited by G. W. H. Lampe (Oxford, 2000), 616.

（4） *Corpus Dionysiacum II, Pseudo-Dionysius Areopagita, De Coelesti heirarchia, De Ecclesiastica heirarchia, De Mystica theologia, Epistulae*, Herausgegeben von Günter Geil und Adolf Martin Ritter (Patristische Texte und Studien, Band 36) (Walter de Gruyter, Berlin, New York, 1991), 283. ディオニュシオスからの引用はこの Ritter, Suchla 版を用いる。『神名論』のテキストは *Corpus Dionysiacum I, Pseudo-Dionysius Areopagita, De Divinis Nominibus,* herausgegeben von Beate Regina Suchla (Patristische Texte und Studien, Band 33) (Walter de Gruyter, Berlin, New York, 1990). 引用に際してはこの版の頁数と行数、および『ミーニュ・ギリシア教父全集』第三巻（Patrologia Graeca 3 [PG 3]）の該当箇所を示す。

（5） *A Patristic Greek lexicon*, ibid.

（6） 『キリスト教神秘主義著作集1　ギリシア教父の神秘主義』谷隆一郎・熊田陽一郎訳（教文館、一九九二年）、三〇一頁註(17)。ここにはディオニュシオスの『神名論』と『神秘神学』が訳出されている。この書を以下 [1J] と略記する。

（7） これはイタリア語訳（後出の [1I]）の二五五頁註16にもそう記されている。

（8） 確かにディオニュシオスが θεός という語を使うときには、熊田が指摘するように何らか神を限定する場合か、あるいは聖書の引用で「神」を用いるかであるが、では神を基本的主語として用いないのかというと、必ずしもそうとばかりは言えないように思う。たとえば DN, II, 11; 136 (Suchla), PG 3, 649AB などでは「神はヒューペルウーシオスに存在する」と言って、「ヒューペルウーシオス」という語がついているが、主語は神である。

（9） 『中世思想原典集成3　後期ギリシア教父・ビザンティン思想』上智大学中世思想研究所編訳、大森正樹監修（平凡社、一九九四年）。以下 [2J] と略記。

（10） 以下それぞれ次の通りである。

〔英訳〕

・Dionysius the Areopagite, *The Dvine Names and the Mystical Theology*, translated by C. E. Rolt (SPCK, London, 1977). 以下 [1E] と略記。

・Pseudo-Dionysius Areopagite, *The Divine Names and Mystical Theology*, Translated from the Greek with an Introductory Study by John

D. Jones (Marquette University Press, Milwaukee, 1980). 以下 [2E] と略記。

・Pseudo-Dionysius, *The Complete Works*, Translation by Colm Luibheid, Foreword, Notes, and Translation Collaboration by Paul Rorem, Preface by Rene Roques, Introductions by Jaroslav Pelikan, Jean Leclercq, and Karlfried Froehlich (Paulist Press, New York 1987). 以下 [3E] と略記。

・*The Mystical Theology and the Celestial Hierarchies*, Translated from the Greek with Commentaries by the Editors of The Shrine of Wisdom and Poem by St. John of the Cross (The Shrine of Wisdom, England, 1965). 以下 [4E] と略記。

・Dionysius the Pseudo-Areopagite, *The Ecclesiastical Hierarvhy,* Translated and Annotated by Thomas L. Campbell (University Press of America, Lanham・New York・London, 1981). 以下 [5E] と略記。

〔独訳〕

・Pseudo-Dionysius Areopagita, *Über die himmlische Hierarchie, Über die kirchkiche Hierarchie*, eingeleitet, übersetzt und mit Anmerkungen versehen von Günter Heil, Anton Hiersemann (Stuttgart, 1986). 以下 [1G] と略記。

・Des Heiligen Dionysius Areopagita, *Angebliche Schriften über "Götteliche Namen"*, Angeblicher Brief an den Mönch Demophilus, Aus dem Griechischen übersetzt von Professor Josepf Stiglmayr s.j. (Bibliothek der Kirchenväter, Zweite Reihe Band II)(München 1963(1933)). 以下 [2G] と略記。

・Dionysius Areopagita, *Von den Namen zum Unnennbaren*, Auswahl und Einleitung von Endre von Ivánka (Johannes Verlag Einsiedeln (Sigilum 7)), no date. 以下 [3G] と略記。

・Dionysios Areopagita, *Mystische Theologie und Andere Scriften*, mit einer Probe aus der Theologie des Proklos (Otto Wilhelm Barth-Verlag GMBH, München-Planegg, 1956). 以下 [4G] と略記。

〔仏訳〕

・*Oeuvres complètes du Pseudo-Denys L'Aréopagite*, traduction, préface, notes et index par Maurice de Gandillac, nouvelle édition avec appendice (Aubier, 1980 (1943)). 以下 [1F] と略記。

・Pseudo-Denys L'Aréopagite, *Les Noms Divins* (Chapitres I-IV), Texte grec B. R. Suchla (*PTS* 33), Introduction, traduction et notes, Ysabel de Andia (Les Éditions du Cerf (Sources Chrétiennes No. 578, 2016). 以下 [2F-a] と略記。

〔伊訳〕

・Dionigi Areopagita, *Tutte le Operre, Gerarchia Celeste – Gerarchia Ecclesiastica – Nomi Divini – Teologia Mistica – Lettere*, Traduzione di Piero Scazzoso, Introduzione, prefazioni, parafrasi, note e indici di Enzo Bellini (I Classici del Pensiero, Vittorio Mathieu, direttore, Sezione I, Filosofia Classica e Tardo Antica, Givanni Reale, direttore), (Rusconi, 1983). 以下 [1I] と略記。

（11）『神名論』第一章第三節（以下 DN, I, 3; 111 (Suchla), (PG 3, 589AB) と表記）。ちなみに熊田訳によれば、こうなる。「天上を越えた位階のすべての聖なる秩序を支配している神性原理の（a）くびきに従い、知性と存在を超えた神性原理（b）の秘密を、探求を断念した知性の聖なる畏敬の中に敬い、言うべからざるものを慎み深い沈黙の中に敬いながら、我々は聖なる書の中に我々を照らす光に向かって高められる。そしてそれらの光によって我々は、神性原理の（c）讃美に向かって光によって導かれる。それらの光によって我々は世界を越えた形で照明され、聖なる讃美の言葉に向かって形づくられる。すなわちそれらの光から我々にふさわしく与えられる神性原理の（d）光を見るように形づくられ、すべて聖なる顕現の、豊かに善を与える原理を讃えるように形づくられる。〔神性原理が〕自らについて、聖なる書の中に伝えたように」。〔 〕の中は訳者の補い。

（12）DN, I, 4; 112-3 (Suchla), (PG 3, 589D-592A).

（13）DN, I, 5; 117 (Suchla), (PG3, 593CD).

（14）DN, I, 6; 118 (Suchla), (PG 3, 596A-C).

（15）DN, I, 7; 119 (Suchla), (PG 3, 596C). Οὕτως οὖν τῇ πάντων αἰτίᾳ καὶ ὑπὲρ πάντα οὔσῃ καὶ τὸ ἀνώνυμον ἐφαρμόσει καὶ πάντα τὰ τῶν ὄντων ὀνόματα, ἵνα ἀκριβῶς ᾖ τῶν ὅλων βασίλεια καὶ περὶ αὐτὴν ᾖ τὰ πάντα καὶ αὐτῆς ὡς αἰτίας, ὡς ἀρχῆς, ὡς πέρατος ἐξηρτημένα καὶ …

（16）DN, I, 7; 120 (Suchla), (PG 3, 597A).

（17）DN, II, 1; 122 (Suchla), (PG 3, 636C).

（18）Ibid., 123 (Suchla), (PG 3, 637B).

（19）Ibid., 124 (Suchla), (PG 3, 637B).

（20）Ibid., (637C).

（21）DN, II, 7; 131-2 (Suchla), (PG 3, 645AB). ここでの「子」と「霊」に付与されていた言葉の一種の奇妙さ、あるいは新プラトン主義的言辞の問題については、次を参照、Pual Rorem, *Pseudo-Dionysius, A Commentary on the Texts and an Introduction to Their Influence* (Oxford University Press, New York, Oxford, 1993), 141-2.

(22) DN, II, 8; 132 (Suchla), (PG 3, 645C).

(23) DN, II, 11; 137 (Suchla), (PG 3, 652A).

(24) DN, IV, 1; 143-4 (Suchla), (PG 3, 693B).

(25) DN, V, 1; 180 (Suchla), (PG 3, 816B).

(26) Ibid.

(27) 以上 DN, XIII, 3; 228 (Suchla), (PG 3, 980B).

(28) われわれの前には、タイトルそのものが『テアルキア』となっている次の書物、すなわち、Walter M. Neidl, *THEARCHIA. Die Frage nach dem Sinn von Gott bei Pseudo-Dionysius Areopagita und Thomas von Aquin* (dargestellt anhand der Texte von ΠΕΡΙ ΘΕΙΩΝ ΟΝΟΜΑΤΩΝ und des dazu verfaßten Kommentars des Aquinaten), (Verlag Josef Habbel, Regensburg 1976). があるが、これは当面のわれわれの研究とやや方向を異にするので、今回は言及しなかった。ここで特徴的なことはテアルキア―ヒュポスタシスという対を存在の観点から考究することで、この種の問題についてはまた改めて稿を起こす必要があろう。ナイドルはその表題の示す通り、ディオニュシオスの「テアルキア」をトマスの『神名論註解』を軸に解き明かそうとするのが目的である。その際、ディオニュシオスの思索での世界における神の状況を「存在の意味」の地平で問い、それをトマスの神―世界関係の理解とつきあわせようとしている。ディオニュシオスの世界における神の関係の問題を、ナイドルはテアルキア―ヒュポスタシスの存在の意味に限定して取り扱う。ヒュポスタシスは彼によれば実体を与えるものとして、これがテアルキアの創造行為と関係し、ヒュポスタシスは諸存在者を根底から支えるものと考えているからである。しかしながらテアルキアは依然として謎めいた言葉であり、テアルキア―ヒュポスタシスという対の言葉は、神の言い表しえない概念を言葉にしたものであろうと言う。ネイドルはこうしたディオニュシオスの言葉遣いを結局は世界を見る視点が、ディオニュシオスとトマスとでは異なっているゆえに生じたものであると考えているふしがある。その上で、トマスのディオニュシオス理解へと論は進んで行くが、結局は、本質を与え、生命を与え、知恵を与える神、すなわち神化の根源へと辿り行くように見える。したがってここでもテアルキアの神化との関係は緊密なものと考えられる。

（29） Paul Rorem and John C. Lamoreaux, *John of Scythopolis and the Dionysian Corpus, Annotating the Areopagite* (Oxford, 1998). およびBeata Regina Suchla, Die sogenanten Maximus-Scholien des Corpus Dionysiacum Areopagiticum, *NAWG* (1980). を参照。

（30） PG 4, 191C.

（31） Ibid., (186C-188A).

（32） De Mystica theologia III, *Corpus Dionysiacum II*, 146-7 (Geil et al.), (PG 3, 1032D-1033D).

第二章　神名の「記述」と「語り」

――擬ディオニュシオス『神名論』の一側面――

序

一般にセム系の宗教にとって「神」は「名づけえぬもの」とされる。しかし名づけえぬものを名づけることは人類の願望でもある。それゆえセム系の宗教でも名づけえぬものを名づけたいという願望は、なみなみならぬものであった。太古の人間にとって「神」と考えられるものは決して近づきやすいものではなく、畏れ敬う対象であったことだろう。しかしそうした神に人間はより頼むしかない以上、知を備えた人間は、命名の拒絶に抗して、名づけることでこの神に近づこうとした。そしてまた名づける行為を、知の行為として至上のものとしていったのだ。なぜなら名づけえぬものを名づけえぬままに放置するほど、人間は当の相手に無関心ではなく、その存在は看過しえぬものであり、しかも名づけえなければ認識は不可能であったからである。換言すれば、神名命名は神認識へ至る途として、人間にとってはやむにやまれぬ行為でもあったからである。

命名がやむにやまれぬ行為であるのは知的存在である人間が「ことば」を用いて世界を分節化し、未知のものを我がものにしたいからである。人間は世界の中に存在し、世界と交渉しつつ己が生を営んでいる。しかし人間を超越する神は当然世界をも超越し、世界の中に包摂されえない。従って神にはこの世界の一般的概念は適用しない。しかし人間は神に名を付ける。その時神の分節化が生じ、神は世界の中に取りこまれ、神は「神的なるもの」に頽落する。世界を超える神をこの世界の中に引き込む行為は、かくして人間にとりあらがいがたい誘惑ともなるのである。神はわからぬという不可知的状況に身を置きながら、それにもかかわらず摑めぬ神に従い行くということに人間は耐ええないからだ。しかし人間にとって名づけえぬものを名づけたときに、名づけえぬままで放置することから生じる根源的不安は解消されるかに見えるが、じつはそこに神ならぬものも神として信じ、他者をその理解に向けて強要するというとてつもないイデオロギー偏重の危険性が潜んでいる（しかも実存の根源的不安感が解消されていないためいっそう満たされぬ思いがそこに残存してもいる）。従って、ある意味において、「神の名をみだりに呼ぶなかれ」というユダヤの禁令には、理由がある。

第一節　旧約聖書における「神名」の問題

「神名」を問題にした旧約聖書の箇所はいくつかある。それを少し見てみよう。まず①『創世記』一七・1。ここでは神がアブラハムに現れ、「わたしは全能の神である」と言われた。これは神の具体的な名前ではないが、神とはいかなる者かを示す典型的な例である。それは以後神を語るときの模範となる。次は有名な②『出エジプト記』三・14。神がモーセにエジプトへ行ってイスラエルの民を救えと命じたことに対し、イスラエルの民に、自分が何者によって遣わされたかを告げ、そして彼の使命の根拠を示すときに、遣わした者の名が必要だと言ってモーセが神に名を明かすよう懇願する。それに対して神は、「わたしはある。わたしはあるという者だ」と言われ、また、「イスラエルの人々にこう言うがよい。『わたしはある』という方がわたしをあなたたちに遣わされたのだと」。③六・2―3。神はモーセに仰せになった。「わたしは主である。わたしは、アブラハム、イサク、ヤコブに全能の神として現れたが、主というわたしの名を知らせなかった」。④二〇・7。「あなたの神、主の名をみだりに唱えてはならない。みだりにその名を唱える者を主は罰せずにはおかれない」。⑤二〇・24。「あなたは、わたしのために土の祭壇を造り、焼き尽くす捧げ物、羊、牛をその上にささげなさい。わたしの名の唱えられるすべての場所において、わたしはあなたに臨み、あなたを祝福する」。⑥『詩編』五四・3。「神よ、御名によってわたしを救い、力強い御業によって、わたしを裁いてください」。⑦『サムエル下』七・13。「この者がわたしの名のために家を建て、わたしは彼の王国の王座をとこしえに堅く据える。⑧『列王記上』八・17。「父ダビデは、イスラエルの神、主の御名のために神殿を建てようと心掛けていたが、……」

以上の①から⑧までの引用を吟味してみよう。

①はすでに述べたように「神とは全能なるものである」という肯定命題、つまり肯定神学の典型的言辞である。それは神が自らを高らかに宣言すると同時に、人間の心の中にも直截に入ってくる言明である。

②は周知のように西洋中世では、ギリシア語訳聖書（セプトゥアギンタ）の言葉、ἐγώ εἰμι ὁ ὤν をラテン語訳にして、ego sum qui sum. とした結果、esse という語を介して、この言葉が存在論と結びつき、形而上学の根本的柱となったが、今はこれに触れない。しかし、今の問題は次のような点である。それはイスラエルの民が見知らぬモーセから神の言葉を告げられても、それをそのまま素直に信じられなかったゆえに、神にこの言葉の保証を求めたことである（もちろん、イスラエルの民の気持ちを代弁してモーセがそれを神に頼んだのであるが）。この時問題だったのは「誰」がそれを語ったのか、ということであった。しかし「神」が語ったというだけでは民は満足しないので、「神の名」を明かすようにモーセは神に迫ったのである。無論神はまずモーセには、自分が「お

まえの父の神、アブラハムの神、イサクの神、ヤコブの神である」（三・6）と言って、自らの身分を明らかにしている。しかし名は告げていなかった。名を告げることはたんに当該の人物が誰であるかを明らかにするだけではない。名には意味があり、そこにはなみなみならぬ力がこもっていると信じられていたから、名を告げることは持っている力を表すことでもあった。だからイスラエルの民は自分たちの先祖の神が語ったというだけでは満足せずに、その力の証を求めたと言っていい。だからこそその答え、「わたしはある。わたしはあるという者だ」（エヒイェ・アシェル・エヒイェ〔ヘブライ語〕）はたんなる名ではなく、自分は「知性をそなえた活動的な生ける限定されない存在、そして他のすべてのものはそれにさからえず、それに比べると無にひとしいといえるほどのもの」(1)であると力強く宣言することでもある。

③「名」を告げることの重要性は『出エジプト記』六・2―3である。つまり神は太祖たちに全能の神として現れたが、主という名を知らせなかった。それはモーセに至ってはじめて明かされたのである。この共同訳で「主」と訳された言葉はヘブライ語でYHWHであり、フランシスコ会訳では「ヤーウェ」となっている。このヤーウェについての旧約聖書中の解釈、そしてこの語そのものの語源について、あるいはいつからそう呼ばれたのかは、未だに定かではない点が多く、それは他書の説明に譲らねばならない。(2)しかしここで重要なのは、こうした出来事が現実かどうかは別として、神の名がともかくも表示されていることである。それは神の方からの名乗りであった。神としては、まさしく旧約的手法によって、自らを啓いたのであるから、人間はそれに応えていくことが要求されたのである。

④しかしながら人間はその神の名をみだりに呼んではならないのであった。それは神聖なものであり、その名を口にのぼらせるにはそれなりの状況設定が必要である。

⑤だから名を唱えるべき場所が祭壇として設定されるのである。この祭壇の上で捧げ物が規定通りに捧げられ、神の名が唱えられるとき、神は親しく人間のもとに現れ、人の行為を嘉しとされる。⑥そしてその名は力を発揮するのである。第一に名は人を救い、またその業は人を裁く力をもつ。神の名にこめられた無限の力を人は実感せねばならない。⑦⑧従って神の名のゆえに特別に神を讃える場所、神殿が必要となる。しかしこれはある意味で人と神との交わりが、神殿という限定された区域でのみ、そして神殿に仕える祭司という特定の者にのみ、限局されていくこと、こうして限られた者が名を把握することによって、その者が力をもち、また神をも手中におさめる可能性をも示している。

以上の「神名」の性格はおしなべて肯定的である。つまり全能なる神、生きてともにある力ある神、あってある者という意味を内包するヤーウェという名称、神聖性をもち祭儀における呼びかけとしての名、そして救いを与える者の名として。それらの名は神とイスラエル民族との関わりの変化とともに変遷し、その時神とイスラエル民族は何を軸として関わったかを物語る。神名はイスラエルの直面した問題を担うのである。このことはイスラエルの側からすれば、自分たちを裁き、かつ救う神がいかなる働きを人間に及ぼすかに関心が集中したということを示す。つまり神の名を知ることによって神との関係が定められてきたのである。

しかしそうした原初的体験が薄れるにつれ、名は固定化し、いわば枕詞化、つまり神の性格を暗示するものとなっていった。以後、神はそれらの名で人々に語られるようになる。そこには、神名を知ることによって、畏怖する心の躍動は儀式的呼びかけに変貌していくという運命が待ちかまえていたのだ。

第二節　「神名」の問い

そのような神と人との関わりの歴史の果てに、あらためて「神名」を問うという行為が生じた。それは恐らくイスラエルの太祖のような生々しい渇望のゆえと言うよりは、むしろ、これまで語り伝えられてきた「神名」を整理統合し、また別の観点から、その中に隠れた意味を見出し、それによってあらためて神と人間の関係、それも「神の名」を仲立ちとした関係性の問題を思惟的内省によって解き明かそうとするものであった。われわれはそのような観点から、ディオニュシオスの『神名論』を繙いてみよう。

第三節　擬ディオニュシオスの『神名論』

『神名論』は全一三章より成る。第一章は、全体の見通しとして「神名」の議論はいかにして行われるかを示し、神には無名も一切の名もともに相応しいこと、そして θεαρχία なることの説明が付け加わる。第二章は「善」を問題とし始めるが、その中でも神の内の統一と区別について多く語る。第三章は「善」という名の考察の始め。第四章は引き続き深く「善」を考察。ここでは運動や知性的光、エロース讃歌、悪、悪魔、善の欠如、等が扱われる、三五節に亙る一番長い章である。因みにコッホなどが、プロクロスの『悪の実体について』と類似した文章を見出したのが、この第四章一八—三三節である(3)。第五章は「存在」という名称について。第六章は先章の続きだが、「神の生命」を扱う。第七章は「知恵」を、第八章は「力・正義」を、第九章は「大・小・同・異・類似・不類似」等々を、第一〇章は「全能者」を、第一一章は「平和」を、第一二章は「聖性」を扱い、第一三章は残ったもの、つまり「完全」、「一」等々を解明する。以上が『神名論』の骨組みである。

ディオニュシオスにあって神名とはまず何よりも「善」なのであり、他の一切の名称はすべてこの「善」の目から見られた他の神名である。そこでこれら「存在」、「生命」、「力・正義」、「大・小・同・異・類似・不類似」、「全能者」、「平和」、「聖性」、「完全」、「一」の解明にほぼ全巻が当てられている。従って、以上のような各論的考察に対して、初めの第一・二章はこの『神名論』の総論的立場にあるものと言えよう。われわれの意図は、個々の神名の解明と言うよりは、神に名を賦与するという人間精神の構造の解明の方にむしろ傾いているゆえ、特に個々の神名について詳しく触れるということはせず、常に総論的観点よりこの問題に取り組むことにしたい。

第四節　神名の探究

『神名論』という神の名の考究の書を始めるにあたり、ディオニュシオスはその心構えとも言うべきものを述べるが、それは彼の神名あるいは神へと向かう精神の根本的態度である。

「それでは心構えとして話を進める上での規則をまずとり決めておこう。つまり神について語られることがらの真理に、説得力をもつ人間の知恵ある言葉においてではなく、神の言葉を語る者の聖霊により動かされた力による証明において、われわれを結びつけるべきだということである」(4)。

つまりここで注意すべきは、どれ程説得的で知恵に富んでいるように見えても人間〔なみの〕言葉を信用するのではなく、人間が根本的に信を置くべき聖霊に満たされた言葉〔聖書の言葉〕の力のみを信頼するという決意の表明である。聖書の言葉も言葉であるかぎり、人間の言葉なのであるが、ディオニュシオスはそれがただの言葉ではなく聖霊に鼓吹された言葉であると言っている。聖書の言葉が聖霊の力を宿していると考えること自体、すでに信による決断なのであるが、この決断に先だって聖書からはなみなみならぬ力を受けた経験があるからそう言うのである。

「そのような力によって、言い表しえず、知られえないものに、言い表しえず、知られえない仕方でわれわれは結びつくのである。つまりわれわれの推論や知性的能力と働きを越えた一致によるのである」(5)。

何故力を強調するかと言えば、それによってわれわれが「言い表しえず、知られえないもの」に「言い表しえず、知られえない仕方で」一致するからだ。換言するとその力がなければ到底こうしたことはなしえないからである。しかも「神の名」を問題にしようとしているのに、名づけられるべき神はその当初から「言い表しえず、知られえないもの」であると規定され、名を付すという行為自体が絶対的に拒絶されているかのような印象をわれわれは受ける。にもかかわらず「神名」を問題にしようということは、それがある意味で無謀な行為であることをほのめかしているのだ。この無謀さは、しかし、始めに述べたように、人間のやむにやまれぬ欲求に端を発している。ディオニュシオスは東方の伝統に則って、神の本質を人間理性の力の届かぬものとし、その意味で神を「言い表しえず、知られえないもの」と言う。それゆえ名を付すことを通して、神を知ろうと企てることはある意味で不可能なのである。つまり人間理性の用具である言語によって、神の何たるかは、理性的に捉ええないのである。そうではあるが、聖霊の力によれば、理性による概念把握とは異なる次元で神を「知る」ことも可能なのだ。その仕方はディオニュシオスによれば、「言い表しえず、知られえない」仕方であり、「知る」のとは異なって、知の作用を問題としない仕方で、「結びつく・一致する」のである。従って聖霊の力に助力を仰ぐ以上、ここで目指されている神の知り方は、知の力を駆使して神秘に分け入ろうとするのではなく、あくまで知の働きを停止した後で生じる神との神秘的合一なのである。だがしかしそれはあくまでも目標であって、第三章以下展開される各論部分での探究は、名という言語を介しての神の考察であるから、知的探究は放棄されたわけではない。知的探究の限界を知りつつ、目指すは神秘的合一であるとしても、知と神秘的合一の間の緊張関係が織りなす光景は、ディオニュシオスの思想を隈取り、その著作全体の特質となっている。

この緊張した精神の佇まいは次のような言葉によっていっそう際だてられている。すなわち

「一般的に言って、本質を超える、隠された神性に関しては、われわれに聖なる書物によって、神に相応しい仕方で、示されたもの以外は、敢えて語ったり、考えをめぐらしたりしてはならないものである(6)」。

人間が秘義なるものを知りたいと願ってやまないにしても、その願望はここでは一般的な話としてであるが、一応断ち切られている。ただしこれはディオニュシオス自身から出る禁令ではなく、『一コリント』四・6の「あなたがたがわたしたちの例から、『書かれているもの以上に出ない』ことを学ぶためである、云々」という使徒の言葉があってのことと思われる(7)。形としては、だから、ここでディオニュシオスは使徒の言葉に従っている

ように見える。ただし使徒はここで「神の本質」は知るべきではない、と言っているのではない。それはただ神を知っていると思って高ぶってはならないことを諭す文脈の中で語られたことである。それをディオニュシオスは、神の秘義＝神のあり様（本質）を人間が知ろうとする傲慢さに置き換えているのである。ということは相変わらずディオニュシオスにとって、神への理性的接近は禁じられているのであり、ましてやそれが「ヒューペルウシオス・超本質的」で、「隠された神性」であってみれば、なおさらのことである。それゆえ、「神の名」の理性的考察は、ある意味で人間に許されるギリギリの行為であるとも言えるだろう。

だからこそ続いてこう言うのである、

「なぜなら言葉や知性（ヌース）や本質（ウーシア）を超えるかの超本質的なものの無識（アグノーシア）。それにこそ超本質的な知識を人は帰せしむべきである。人がもし神にかかわることには節制と敬虔さをもってより低いものとなるなら、神性の根源の（テアルキコス）言葉の光線がより上の光に向けて、自らを与えれば与えるほど、人は険しい高処に向けて目を上げるのである(8)」。

ここには「超―」（ヒューペル）なる語が重ねて使われる。「ヒューペル」なる語は『神名論』のディオニュシオスにあってはおなじみのものである。そういう語を使いながら、ウーシアをもかぎりなく超える者に相応しいことは、それがロゴスやヌースやウーシアを超出するがゆえに、つまり、語ったり、記したり、思いめぐらしたり、それを何かと同定したりできないがゆえに、アグノーシア（無識）なのだ、と明言する。この場合、アグノシーアとはたんなる無知ではないであろう。それはわれわれ流のやり方での知ることが閉ざされた状態。従ってわれわれの流儀でなければ、それを知ることはできる。それが「超本質的知識（ὑπερούσιος ἐπιστήμη）」であって、そのような仕方によって知りえたことをもエピステーメーと名づけることができる。それは知ったものの血肉となりえているのだから。またこれはわれわれの流儀でないから、自力による認識ではない。「神性の根源」[9]がわれわれを援けてくれるのであるし、この力がなければ不可能なことである。

「神性の根源」はディオニュシオスでは「神化の原理」と目されるものであった[10]。そこからわかってくることは、神性の根源による援けとは神化されるという仕方で超本質的なもののエピステーメーを得ることであり、そのエピステーメーをわれわれの流儀で見れば「無識」としか呼べないものだ、ということである。従ってこのような知識を獲得すれば、神の名についてことさら理性的に考究する必要を感じないものとなろうし、言い換えれば、すでにして神の名は神化された者によって知悉されるということにもなりうる。そうした人間の現状況から見れば完全に近い知識をもつ状況と、あくまで人間の理性により、そして聖書の援けを仰いでの考察という状況の間に、ディオニュシオスの「神名」の考察は位置づけられると考えてよいであろう。

すでに触れたように、ディオニュシオスの思想において、この「神性の根源」は重要な位置を占めているが、彼はこれをある意味哲学的に思考するというよりは、あくまで「観想」において、人が目指すより優れた存在への渇望の対象として、これを賛美し、讃えるという行為においてこの言葉を用いていることは重要なことである。そしてこのような讃美は「神の名」の形成にも向かう。すなわち、

「われわれはこれらのことを神の書によって秘義伝授された。つまり言ってみるなら神の言葉を書き記した人々のすべての聖なる讃美は、神性の根源の善をもたらす発出に従って、それを顕らかにしつつ、讃えつつ、

神の名をととのえることがあなたにはわかるであろう[11]」。

ところで第三・四章に詳細に「善」について考察されていることからわかるように、神の名の第一の地位に来るものは「善」である。「善」を第一位に据えることは新プラトン主義的傾向であることは明らかだが、われわれとしては、したり顔で、そのような思想の系列的考察は今行わない。それよりも神性の根源が善であることの自覚は、聖なる神の書によってのことであると了解しておこう。そしてこの書を書き記した人々が神の善なる発出を讃えながら、実は神の名をととのえていたということに目を向けたい。「神の名をととのえること」διασκευάζουσιν τὰς θεωνυμίας の διασκευάζουσιν（διασκευάζω）の意味はととのった、秩序ある状態にあるものを置くことである。そのことを考慮するなら、ディオニュシオスは意識して『神名論』なるものを著したが、しかし聖なる書や神を讃美するものは、たくまずして神の名をととのえていたことになるのである。讃美が自ら神名の形成へと現成していったこのあり様をディオニュシオスは当然のことのように考えている。それは、名は尊い者の優れた様を表すものであり、尊い者にあなたは優れていると言うことが讃美に他ならないからである。

しかしながら人間の讃美は何よりも「神」に向けてのものであるから、前章でも述べたように、ことさら「神性の根源」などという言葉を使わなくてもよいのではないか。神の他に神性の根源などという言葉を使うことによって、かえって事柄は平明さを失っていくのではないか。確かにそういう疑問が出てくる。なぜなら、神性の根源に与えられる名称、「単一者」、「三位なるもの」、「存在者の原因」、「堅い」、「美しい」、「人間を愛する者」等々[12]は、すべて「神」を指して語られても何ら不思議でもないし、むしろ当然のように思えるからである。

この特殊な呼称はおそらくディオニュシオスの考え方と深く関係するだろう。つまりディオニュシオスは「神」

という通常の呼称が表出する観念にはおさまりきれないものを、自身の内にもち、それを何としても言い表したかったように見える。彼は先に述べたように、神のうちに人間を神化させる根源的な力を見てとっており、その力はたんに神という言葉の表す以上のものである、と確信する。それゆえ、しばしば「ヒューペルテオス」という言い方をする。(13) それが「テアルキア・神性の根源」である。しかもこれはすでに見たように、善を被造物に向け発出させる源であった。ただしこのことは神のうちに神性の根源なるものを措定する事態、つまり二神論的な、より根源的な神と一般的な神というふうに考えるわけではない。「ヒューペル」という前置詞は、ここでは「超えて、彼方にある」というよりもむしろ「極めて優れた」といった意味と受け取った方がよい。いわば神の枕詞である。

こうした「テアルキア」は、「名のない者」として讃えられ、また「すべての名」によっても讃えられる。(14) この「無名」でありつつ、「すべての名」をもつという矛盾的表現はディオニュシオスにおいてよく遭遇する。ディオニュシオスは「無名」であるものはどこまでも無名であり、「名」をもつものはどこまでも名をもつというふうには、神に関しては考えない。その論法は被造的世界の諸事物には適用されてしかるべきであるが、神については、かえって理解の妨げになるとする。神はつかみえないのであるから、矛盾的表現の方が真実により近いと考えるのである。ディオニュシオスは言う、

「〔たとえば神の愚かさは人間よりも賢い……、というような言い方は〕一切の人間の理性は神の最も完全な知性の堅固さと恒常とは区別されて、何らかの迷いにみちたものだというのみならず、神の言葉を書き記す者にとっては、欠陥を表す言葉を神に逆説的に否定で語るという仕方は、普通のことなのである。……聖書

は……大いに称賛され、多くの名をもつものを、言うべからざるもの、無名のもの、と言う……」[15]。

それは一方では無識という知性の働きを超える、あるいは知性の働きを停止するという人間にとり辛い体験と、他方、理性や知性を使い尽くしての名の考察という人間にとっての主体的行為を二つながらに要求するものだという意味でもある。神性の根源は人間に己の態度決定を要請するものでもあるのだ。

第五節　神名の分類

「テアルキア」については以上にして、神名の考察に戻り、ディオニュシオスが神名の第一位に「善」を置いていることを再確認しよう。それは何よりも「善」について多くの頁をさいているからであり、「聖書によって讃えられているのは、善自体が規定し照らしているのは、それが何であれ神性の根源の存在全体だ、ということである[16]」と述べられているからである。つまり善は神性の根源である神のヒュパルクシス〔存在〕全体を表すと考えられている。というのも他方で、「なぜなら善という神名は一切の原因の発出全体を示し、在るものと在らざるものに〔範囲は〕及び、在るものと在らざるものを超えているからである[17]」と言われ、善という神名が至高のものであることを示す。そして他の一切の神名はこの善のもとに包摂せられるのである。つまり数々の神名は「善」という名の展開形態である。

かくして善を頂点とするヒエラルキー構造の中に、多くの名がちりばめられているわけだが、その名の全体をもってしてもわれわれが神を完全に知っているわけではないのは当然である。神のことはただ分有によってのみ知るのであり、そのかぎり間接知である。そして名が指し示すのは神の諸力なのである[18]。

とは言うもののしかし、

「常に神に相応しい一切の名は部分的にではなく、全体的にそして完全に、そしてまたすみずみまで完全で充満した神性について、聖書によって讃えられており、そしてそれらすべての名は、区別されることなく、絶対的に、自在に、全体として、全く完全で、すべてである神性の一切の全体性に帰せられている[19]」。

ということは、言語としての名辞は神の全体を指し示すことはできないものの、神の名として使用された語は、そして特にも聖書において語られたかぎりにおいては、神性の全体を表すものとして捉えられるべきだということであって、神を命名するという現象が言語としての本来の力を超えていく可能性のあることが示唆される。そのことは「善」という神名にいっそうの力点が置かれていることにもよる。

「善なる発出の全体、つまりわれわれによって讃えられる神の名は、唯一なる神のものであると私は言う[20]」。

従って、すでに述べたように、一切が善という名のもとに包摂され、神の余の名はすべて善の展開されたものとなる。

そうした見通しの中で、ディオニュシオスは「神名」を分類する。つまり（1）「神全体を統一的に示す名」—超越によって示す名称、そして「原因を示す名」—善、美、存在、生命賦与、等々、（2）「区別を立てる名」

—父・子・聖霊、である。[21] この統一・区別はあくまでも三位一体の神をどう理解するかという視点に立つものであって、「一」と「多」の観点を導入しつつ、神名の神秘をもあわせて開示してみせたのである。[22] つまり「一」であることの支えは「三」という多である。その逆説的根拠はディオニュシオスの思惟の中核をなす。「一」と「三」は互いに自らを与えあい、支えあうことによって一つの全体を形づくる。神名はその各々を可能なかぎり示すよう期待されているわけである。

第六節　人間知性の目指すもの

しかしながらさまざまの神名が神の善性の展開形態であるにしても、そうした一一の名称を通して、人間知性は何を把握するのであろうか。ディオニュシオスによれば、われわれが己の知性的活動（νοερὰ ἐνέργεια）によって把握しうることは、父と子という神のあり様（いわば関係性）に関してであって、[23] 子が受肉したということは言葉（つまり理性）によっては語りえぬことなのである。[24] 受肉の神秘（救済のオイコノミア）は人間の知性や理性の届かぬ、つまりそういう意味で、自然の事象と次元を異にするものであるが、父と子のあり様を知ることはそれだけでも大したことではある。ところが人間は通常の認識作用において常に感覚を伴い、感覚より出発するために、認識作用に一種の汚染が生じ、誤りを犯す可能性をもつ。[25] しかしながら知性そのものは偉大な力をもっているると言える。つまり

「われわれのヌースは、知的な対象（ノエマ）をそれを通して観る知性認識する（ノエイン）能力があり、ま

たそれを通して知性の本性を超えたものに結びつく、知性の本性を上昇していく一致〔の働き〕をもっている」[26]。

この自己の本性を超えて上昇していく知性の能力こそ人間に与えられた極めて偉大な能力なのである。しかしその実現は決して容易なことではなく、己を超える（脱自）という根本的自己無化を必要とする。それは並の人間のよくするところではないにしても、人間の意志と神の恵みがあれば可能である（＝神化）とディオニュシオスは断ずる。

「その一致によって神にかかわることは知解されねばならぬ。それはわれわれのやり方によってではなく、われわれ自身の全体がわれわれ自身の外に完全に出てしまい、全体として神のものになることによってである」[27]。

「一致」はだから到底人間の力によってなされることではないのである。たとえ強く望んだとしても、それによって一致が可能になるわけではない。私という人間のもつあらゆる所有（欲）性を取り払った暁に、私でありながら、内的には私ならざる境地にあることが可能なら、そのとき「神のもの」になっている。しかしこの事態は通常の宗教体験で語られる烈しい修行によるのではなく、自己の他者への全面的明け渡しによっていっそう深く成就することであろう。だがそれはディオニュシオス的表現によればこう言われる、

「そしてさらに神に関する最も神らしい知識とは、無識によって知られるものであり、ヌースを超えた一致によって〔のもの〕であり、それはヌースが一切のものから離れ去り、しかもそれから自分自身をも離れ、輝きをも超えて輝く光線と一つになるとき、そのとき、知恵の探究しえざる根底によって囲み照らされるのである」(28)。

すなわち完全な自己譲渡の状況においては、神に関しては知るという積極的行為を離脱し、そのことによってかえって人間知では到達しえない知恵の明るさに取り囲まれるのである。人間知はそれだけではどこまでも人間の、つまり被造的状況を脱しえないが、いったん、根本的に自らを放棄し尽くしてしまうと、知は変容する。その変容への傾きは、じつはわれわれの知に内蔵されているのだ。

結語

人が神の名を知ろうとした動機の中には、その名を知ることによって、じつは、逆に、神を己の手中におさめたいという欲求があったことも認めねばなるまい。だからこそマノアはその不妊の妻に、まもなく身ごもって男児を生むであろうと告げた主の使いの名を尋ねて、「なぜ私の名を尋ねるのか。それは不思議と言う」(士師記、十三・17—18)という答えしか得られなかったのである。人間は神を「不思議な方」とのみ憶えておけばよい。それ以外の名を知る必要はない。それは人間の境涯を超えることだからである。人が神の名を知ろうとすることはゆゆしいことであったのだ。それゆえディオニュシオスも、神の指示は、

「われわれを超えることがらを穿鑿することを禁じている。それは〔われわれに〕相応しいことがらを超え、到達しえないものである」[29]。

からと言う。名を明かすことはその者の本質の一端を示すことでもある。神に関してそれが禁ぜられるのは当然である。しかし他方で、われわれが知ったことは、注意深く他者に伝えてゆかねばならない。それは善なる行為なのである、とも言う[30]。

神の名を、与えられた以上に知ってはならぬ。しかし知りえたことは他者に告げねばならぬ。この一種ジレンマとも思える状況の中で、ディオニュシオスがとった態度は何であったか。名を知ることは遥かな高処にいます神を、われわれのもとに引き下ろすことでもあった。そのとき「全き他者」としての神は、超越することをかなぐり捨て、何らかの仕方でわれわれの手中に落ち込む。つまりこれまでは神よりの一方通行的関わり（預言者を通しての）であったものが、人間の方からも関わりうる状況へと変化したのである。古代の神は畏怖すべき、人間をどこまでも超越していく神であった。しかし、キリストの受肉以来、その関係は変化したのである。神が人と成ったということは、われわれの関心で言えば、神の名がイエスという人物を通していっそう明確に知らされたことでもある。これまで闇の中に輝いていた一条の光が、辺りを隈なく照らす光へと増強したのである。神は名を明かすことによって、身を低めたのである。人間にとって願望であった「神名」の知悉は思いがけずも受肉という形を取り、それを知った人間は、神の人間への愛を知って、いっそう神を讃美するのである。ディオニュシオスは、「神名」を知ることは「讃美」[31]に他ならないと言う。人が神の名を知ろうと欲したのは、そして善や存在にまつわるさまざまの名を知ろうと欲したのは、より適切に、心からなる讃美を神に捧げるためであった、と。確かに神が愛の神であれば、ますます人間と関わりをもとうとするであろうし、そうであればますます人は神に親しみを感じ、神の名を親しく呼ばざるをえまい。神の名を呼ぶとき、神の秘密は漏れ、神の内奥の宮居は帳を上げざるをえない。このとき「全き他者」としての神が、その根源的・超越的他者性をもはや維持しえなくなるのも事実である。根源的・超越的他者性という一種の特権的地位を捨てて、人間との関わりをもつこと、それがキリスト教の神である。モーセへの神名の開示が、もし仮に、力ある神のイスラエルとの関わりの発端であるとするなら、ディオニュシオスによって告げられるキリスト教の神の名の考察は、神も人も、神の根源的他者性を超越していく道程の一里塚である。神の本質はどこまでも閉ざされてあるという「超越的他者性」の如実な言明と、「善」の展開としての神と人との交わりの促進という二つの様相は、神の超越と内在という困難な問題を内に孕みつつ、受肉の秘義への内在的理解を促すのである。

ディオニュシオスの『神名論』は、このように、本来名づけえぬものに、名を付けるという知の沸騰するような欲求に応じるかのように見せながら、しかし、真の意味で、その名づけえぬものを知るには知の停止をこそ行わなければならないと、徹底的な自己無化を要求する。しかもそのとき人間知性の願望は消滅し去るのではなく、わずかに垣間みた「神名」の一端を、知はしっかりと受けとめることも要求され、しかもその「神名」の掌握は、われわれの流儀によってではなく、神の流儀によって可能となったものであることを知らしめられる。そして神の流儀が、言葉ならざる言葉で明かすものこそ「神の子の受肉」という秘義であったのである。

しかしこのことはわずかの箇所において、暗示的に語られているにすぎない（第一章第四節、等）。しかも、それは別の書物の主題でもあるとさえ言う（第二章第九節）。確かにディオニュシオスが声を大にして語るのは、すでに触れた神性の根源の神秘であり、その力を通しての人間神化であり、神名としての「善」や「存在」等々であった。しかしわれわれはたんなる神名の羅列とその考察に目を奪われてはならないのである。というのも神性の根源は神のウーシアと関わるかぎりにおいて相変わらず人間には閉ざされたままであり、それをたとえ神秘的合一によってであっても人間は我がものとすることはできない。人間神化の前提は、この受肉であるから、神化を語ることはこの受肉の目的を語ることである。神名の列挙は讃美なのであるから、神名の考察は人が親しく神に呼びかけるきっかけを作った子・イエスを通しての讃美に他ならない。それゆえ『神名論』において、神名を記述し、神名を語ることは、神性の根源と神名の考察を縦糸に、人間神化の考察を横糸にして織りなされる模様を通して、「受肉の秘義」をすかし彫りにするものと考えられよう。

註

（1）『出エジプト記』（フランシスコ会聖書研究所、一九六四年）三八―三九頁の註による。

このヘブライ語の訳としては、「わたしは有るところの者である」、「わたしはかく有ろうとする存在（者）になる」、「わたしはかくならせる存在にならせる」、「私は有るところの者になるだろう・わたしはなろうとする者である」等がある、とある注解書は提示し、そのうちでも最後の訳が最良であって、それは「わたしはあなたたちのために神になるであろう」という意味、すなわちたんに神の存在を示すのではなく、神はイスラエルのために誠実に神であろうとするだろう、ということなのだと説明する（T・E・フレットハイム『現代聖書注解　出エジプト記』小友聡訳（日本基督教団出版局、一九九五年）一〇四―一一頁）が、力強い神がイスラエルの神として、常にともにあるということを意味しているのであろう。

（2）『旧約新約聖書大事典』（教文館、一九八九年）一二〇七―〇八頁、ブレヴァード・S・チャイルズ『出エジプト記　上　批判的神学的注解』近藤十郎訳（日本基督教団出版局、一九九四年）一一九―二五頁、などを参照。

（3）Cf. Hugo Koch, *Pseudo-Dionysius Areopagita in seinen Beziehungen zum Neuplatonismus und Mysterienwesen* (Mainz, 1900), 4.

（4）Ps.-Dionysius, *De dvinis nominibus*, I, 1, (PG 3, 585B).: Ἔστω δὲ καὶ νῦν ἡμῖν ὁ τῶν λογίων θεσμὸς προδιωρισμένος τὸ τὴν ἀλήθειαν ἡμᾶς καταδήσασθαι τῶν περὶ θεοῦ λεγομένων «οὐκ ἐν πειθοῖς σοφίας ἀνθρωπίνης λόγοις, ἀλλ᾽ ἐν ἀποδείξει» τῆς πνευματοκινήτου τῶν θεολόγων «δυνάμεως»…(下線部は PG 3 では、 καταδεὶσασθαι だが、他の写本に従い下線のように読む).

（5） Ibid (PG 3, 585B-588A).

（6） Ibid (PG 3, 588A).

（7） Cf. S. Thomae Aquinas, *In librum beati dionysii de divinis nominibus expositio* (Marietti, 1950), 4, note (3).

（8） Dionysius, ibid (PG 3, 588A).

（9） われわれは前章の考察を経て、この「テアルキア」に関わる語を一応「神性の根源」と訳しておく。

（10） Dionysius, De div. nom. I, 3 (589C). Cf. Dionigi Areopagita, *Tutte le opere*, traduzione di Piero Scazzoso (Milano, 1983), 487. および邦訳『キリスト教神秘主義著作集　1』熊田陽一郎訳（教文館、一九九二年）三〇一頁の註（17）を参照。その他、Cf. Walter M. Neidl, *THEARCHIA, Die Frage nach dem Sinn von Gott bei Pseudo-Dionysius Areopagita und Thomas von Aquin* (Regensburg, 1976).

（11） Ibid., I,4 (589D).

（12） Ibid (589D-592A).

（13） 熊田訳三〇一頁の註（17）を参照。

（14） Dionysis, ibid., I, 6 (PG 3, 596A).

（15） Ibid., VII, 1 (865B-C).

（16） Ibid., II, 1 (636C).

（17） Ibid., V, 1 (816B).

（18） Ibid., II, 7 (645A-B).

（19） Ibid., II, 1 (636C).

（20） Ibid., V, 2 (816D-817A).

（21） Ibid., II, 3 (640B-C).

（22） 後の世代のグレゴリオス・パラマスは「神の中の区別」という考えに示唆され、父・子・聖霊というヒュポスタシスの区別の外に神の「ウーシア」と「エネルゲイア」の区別を導き出した。

（23）Dionysis, ibid., II, 8 (645C).
（24）Ibid., II, 9 (648A).
（25）Ibid., VII, 1 (865C).
（26）Ibid.
（27）Ibid. (865D-868A).
（28）Ibid., VII, 3 (872AB).
（29）Ibid., III, 3 (684C).
（30）Ibid.
（31）Cf., ibid., III & V.

第三章　否定神学は肯定神学の裏返しか？

――否定神学の現代的意義――

序

「肯定神学」にしろ「否定神学」にしろ、一体それはどんな意味をもっているのであろうか。もちろん、現在までこれについては多くが語られてきた。しかし「肯定」とは何か、「否定」とは何かと問いかけて、多くの説明を聞いても、あるいは聞けば聞くほど、名づけた者の経験の現場から遠く離れているために、当惑せざるをえないのが正直なところである。ところが教父たちが、彼ら、およびその先人たちの神探究における経験を思索した結果、それを「肯定神学」とか「否定神学」と呼んだとき（たとえこの通りの用語ではなかったとしても）、この言葉そのものが、恐らくは、彼らや先人の神体験の深さに釣り合わぬものであることに、さほど頓着しなかったのではないかと思われる。なぜなら彼らが自らの経験を通して、神に肉薄する行為を「肯定―否定」という言葉を用いて表そうとしていたかぎりにおいて、神認識を二者択一的な平面に据えてすませたとは思えないからである。それは少し考えてみればわかるように、「神は善である」と言うのと、「神は理性によっては捉えられない」と言うのをただ並べるだけでは、神を何とか把捉しようと努める者には、それほど大きなインパクトにはならないからである。本当は、「肯定―否定」という言葉あるいは用語に収まりきれない内容が、この用語にはこめられているはずなのに、今となっては、容易にその内実が表面からは透かして見えないのだ。われわれはここで言葉の表面の意味に眩惑されないことが要求されている。そこでわれわれは一方で教父たちの意図を探りながら、同時に現代的問題意識も働かせつつ、この問題に取りかかってみよう。

第一節　肯定と否定

ところで肯定は人間の思惟内容をもっとも正面から、素直に表明するものである。「SはPである」とはS（主語）とP（述語）の同一性を表す。つまりSはPであることが全面的に認められていて、そこには矛盾はない。SとPは緊密な関係にある。Sと言えばPが当然のことのように述語づけられる。それは少なくとも疑いのない陳述である（もちろん故意に嘘をつこうとしている場合は別として）。つまり肯定の世界は、言ってみれば、落ち着いた、波風の立たない平穏な世界である。だから「神は善である」という陳述は、もしこれが嘘でなければ、至極平和なそして確実な根拠をもった命題としてわれわれの脳裏に納まるのである。

では否定はどうであろうか。「SはPではない」は端的にSとPが不同一であることを表す。つまりSがPであることは矛盾であり、少なくともSがPであることは疑われている。肯定がすでに述べたように何らか素直な陳述であったのに対し、否定は身構えをもった陳述である。心理的にあることがらを否定する（反論する）ことは、それへの反論を予め覚悟した行為であって、自らの反論が反論されることは、単純に反論するときよりは、ある意味で、多大の心的エネルギーの消費は大きい。つまりすでにあるものを壊そうとしたときに受ける反論に応ずるのには、多大のエネルギーが必要だということである。

このことは否定そのものが物事に正面からかかわるものではなく、側面的、あるいは人間の精神的傾向において非本来的な性格をもつことを意味してはいないか。アリストテレスもその『分析論後書』において、次のようなことを言っている。まず言表とは矛盾対立する陳述の一方で、一つは肯定、もう一つは否定である、と言う。しかも矛盾対立それ自身のうちには中間は許されない。(1) また論証に関して、「肯定の〔結論をうる〕論証が否定の〔結論をうる〕論証よりも優れている」が、その理由は、より少数の前提命題から出発する論証は、条件が同じなら、より多数の前提命題から出発するものよりも優れているからである。そしてこの場合は、肯定の方は「何ものかがある」ということを出発点とするが、否定の方は「何ものかがある」ということに「あらぬ」ということが付け加わっているので、否定の方が多数の前提命題を要し、ゆえに否定の方が肯定よりも劣るのである。(2)

つまり肯定はあるものを積極的に支持し、証明するのに対し、否定はある主語からある述語を排除する働きで、肯定されるべきものを否定するととられている。(3)

アリストテレスの論理学は通常のいわば三次元的、常識世界の様相を表すものであるから、ここで言われていることはわれわれの生活世界の常識的実相を示していることになり、肯定を否定より優位として、肯定に傾く心性は、この世界に生きる者なら、容易に首肯されるものであろう。

第二節　肯定神学の問題点

アリストテレスの関心は先の引用からもわかる通り論証にあった。そのかぎりで肯定の結論をうる論証が否定の結論をうる論証よりも優位に置かれていたのである。ところが「肯定神学」は広い意味では論証的性格をもつと言えるかもしれないが、特に初期の教父たちにあっては「神学・テオロギア」はたんに神―学ではなく、もともとは神―言葉（テオス―ロギア）であって、神の言葉に耳を傾けることであり、何が神の言葉であるかを聴き分けることであり、聴き分けたことを基にして、神の言葉をさらに人間の言葉で紡ぎ出すことでもあった。そこから肯定神学は肯定という形で神の言葉を伝えることであったのだが、次第に形式の方が重視され、その形式を満たすものを「肯定神学」と呼んでいったように思われる。そして特に「神は……である」という陳述が肯定神学の端的な表現とされた。

ではここで「神は善である」という命題について考えてみよう。この命題そのものは一つの言表であって、これが肯定神学そのものであるわけではない。肯定的命題を基礎に据えて、そこから神の何たるかを人間の力で可能なかぎり把捉していくところに神学の営みがある。そのかぎりにおいてのみこの「神は善である」という命題は肯定神学の要素としての存在理由をもつ。

しかし「神は……である」の「……」のところに考えうるかぎりの言葉を当てることによって一体何が生み出されるのであろうか。「善」にしても、「美」にしても、「真」にしても、「全知全能」にしても、それが当てはまるということは、言ってみれば、人間が神が何であるかを何らかの仕方で知っているからであり、実は、神という主語に、述語に来るあらゆるものはすでにして含まれているということ、それはただ「神」という言葉が内包するさまざまの概念を開陳したにすぎないということである。もしこの考えが正しければ、「神は……である」は一種の同語反復であり、新しい知の告知ではない。たとえばある男を指して、「彼は男である」と言うとき、「彼こそは男の中の男である」という意味でそう言うなら、有意味的発言であるが、どこから見ても男である彼を指して、たんに性別を示すためにそう言っても、その言葉は空しく響きかねない。実はそれと似た状況を「神は善である」といった陳述は生み出していると考えられる。その意味では肯定命題を神に適用しても積極的知解は不十分なままに留まるのである。それならば、肯定神学とは無意味な、価値無きものであるのだろうか。確かに同語反復という意味においては、それほどの価値をもつとは考えられない。しかし神学が原初の「神―言葉」という意味を保持しているかぎりにおいて、しかもこの言葉・ロゴスが啓示の内容を意味しているかぎりにおいて、ということは神からの啓示により、「神は……である」と教えられたことをたとえ鸚鵡返しに見えようとも、人間の口から発語するかぎりにおいて、肯定的に語ることは十分意味をもちうるであろう。従って「肯定神学」の価値は、一連の肯定命題の集積にあるのではなく、神から啓示されたことを肯定するという態度をもって（信の行為）、そこから立ち現れてくる神概念を、信の視野のもとに再構築する知的試みの中にある、と見なければなるまい。

第三節　否定の問題

たとえ神を、「神は……である」と語ったとしても、それで神の何たるかが言い表されたわけではなかった。われわれが謙虚であっても、また逆に傲慢であっても、そういうわれわれの側の態度にかかわらず、「神は……である」という言表は神の何たるかを十全に表すものではない。しかもこの言表を無数に集めても神の何たるかは言い表しえない。少なくともキリスト教では、神は人間の把握能力を無限に超えるからである。しかしそのことは百も承知しながら、神の把握につとめ、把握したことを人間は何世紀にもわたって語りついでいる。それは人間の力には余ることではあっても、最も人間にとって大切なものを、自己の能力の、そして自己に限らず人類の能力の続くかぎり、あの手、この手で、さまざまの経験を交えながら、「神は……である」と語ることは、人類の強い希求のなせる業であるとともに、他方で、強靭な思索を要する行為でもある。従って肯定を基礎とした神に関する思索と経験は、一つの体系としての「神学」に結晶していく理由を当然そのうちに有していたのである。

ところで人が神の無限さを前にしたとき、そしてその「無限」ということが極めて大きく、重い問題として人にのしかかってきたとき、その無限の表現の不可能性をいやというほど知らされたその時でも、人は神の何たるかを言い表したいと願った。しかし「神は……である」式の陳述はこの無限をうまく言い表すものではないことは明らかである。従ってこの方式は神の無限さの前では力を失う。たとえ「神は無限である」と言っても、その「無限」なるものは人間の了解を遥かに超えているので、発語した当人がその完全な意味を摑みかねているにもかかわらず、発語するという事態が生じてくる。へたをすれば、それはまことに無責任な行為にもなりかねない。

その事態を見てみるなら、そこから結論は一足飛びに「人間は神の何たるかについては知りえない」ということになる。そこでこの知りえ「ない」という側面に目をつけ、これを逆に「神の知」の拠り所とすることも可能ではないか、と人間は考えた。

旧約聖書において、たとえば、「いかなる神の像をも刻んではならない」（出エジプト二〇、４）と言う禁令がある。神の像を決して刻まないこと、これはセム人の対神的態度の伝統となった。ここで「……してはならない」ということは、裏を返せば、「神は……のようなものではない」からである。神ならざるものを神とすることが禁じられているのである。つまり禁令はある行為の禁止、あるいは否定であるが、何が禁じられているかと言えば、真ならざることを為すことである。行ってはならぬということは、それが正しい道、あるいは正しい認識から逸れているからである。つまり端的に言えば、どのように考え尽くしたとしても、神はお前たちの考えているようなものではない。その意味が先の禁令には含まれている。このようにして真正面からの人間の神理解は、始めから封じられてしまっている。そこを敢えて、しかも肯定という形で神の何たるかを述べようとすることは、人間知性の性格からすれば正統ではあるけれど、やはり無謀極まりない行いなのだ。

それではこうして閉ざされた道を承知の上で、閉ざされたことを逆手に取ることも試みてもよかろう。神ならざるものを誤って神となさないために、神とはそういうものではない、と主張すること、神ならざるものを排除する仕方で、その行為の果てに立ち現れてくるものを信と心の目で把握する事を旨とする営みがここに現れてくる。今しかし「信と心」と言ったが、それはたんなる信心業ではなく、すぐれて知的直観ともいうべき一種の知の営みが実際はなされるのであって、この場合、信とか心とは対象へ立ち向かう時の心構えであり、前提である。この営みは、先の肯定の道を辿れない以上、肯定を否定する道に赴かざるをえない。否定神学が生まれてくる所以である。

それゆえ否定神学は始めから、その営みの果てに、目指すことがらの明確な言語表現形式をもつ何かを得ることを期待してはいなかった。そのようなものがもし存するとしたら、それはたちまちにして肯定的表現をとる可能性があり、それでは探究は振り出しに戻ってしまうからである。従って、否定神学の営みの結果は、予測として摑めない、ということになる。つまりこの営みに果てはない。これは否定神学の運命なのだ。

ところで「神は人間理性によっては把握されない」という否定的命題があるとして、それが否定神学を構成する一つの要素だとしてみよう。しかし直ちにこの命題は、たとえば「神は人間理性の把握を超える」という仕方で、肯定的命題に書き換えられるのである。そのかぎりにおいて、否定であれ、肯定であれ、事柄は同じことを指しているから、取り立てて否定とか肯定とかにこだわる必要もなくなってしまうのである。それでは何のための否定なのか。それを問わなければならない。

否定によっても、肯定によっても、得られる神の知は不十分である。そのことは承知している。たとえ不十分ではあっても、以前よりは今の方がよりよく知りたいという気持ちがあることも承知している。では何故否定という形式を用いるのか。

「否定」という形式を用いることは、まず何よりも「神の何たるか」は語りえないという前提による。「語りえない」ことに対しては、黙する、つまりこれ以上語らないことが普通であろうが、この場合、黙するのではなく、逆に「語りえない」と「語る」のである。語りえないものを、語りえないと語ることに否定神学の特徴がある。

つまり神の何たるかは「語るべきこと」でもなく、また本来的に「語りえない」のであるが、それに対して口を噤むのではなく、「語りえない」と語るのである。キリスト教においても、他の宗教においても、しかし、神・絶対者と何らかの仕方で交わりを遂げた人はいる。彼らを普通神秘家という。周知のように、神秘主義を英語で mysticism というが、この言葉の語源に当たるギリシア語 μυεῖν は「耳目を閉じる」という意味だと言われる。してみれば、神秘に至った者は見ることも聞くことも不可能であるから、ましてやその事態を語ることは不可能である。つまり「語りえない」のである。神秘家はこの事態の中心にいて、十分にそれを味わっているから、その経験を他に語らねばならぬことはない。語りえないのだから、語らないのは当然である。それを語れば、嘘にさえなる。

否定神学はある意味で、こうした神秘家の神体験が基礎になっている。神秘家の多くは、予期しなかった神体験をして、自己の外に出ていってしまい、その後、己に帰っても、その体験の強烈さのために、それを容易に言語化しえない。言語化すればするほど、実際の体験から遠ざかってしまうからである。たとえ言語化しえても、それを象徴的な言葉で表すのが普通であって、そのこと自体を言い表すのではない。だが神学者はそうした神秘家の体験を、否定辞を使って語ろうとする。「語りえないこと、口を噤むべきこと」を「否定」という形で語り出そうとするのである。

その理由はこれまでのことから容易に推察される。肯定的に語ることは、神体験に関しては何か表面をなぞるだけのようなものであった。従って肯定以外の手法といえば否定しかなく、否定を用いることによって、本来は否定によっても言い表しえないことを、肯定に拠るよりは幾分かましな程度に、否定を用いて表現しようとしたのである。だから否定を用いること自体が目的なのではなく、それは窮余の一策であり、あくまで次善の策であることに変わりはない。また人間としての神秘家は神との一致を心より望むが、一度、そういう体験をするとそれは甘美ではあっても、やはり畏怖すべきことであり、心安く望むものではないことがわかり、その結果、ある意味で己が経験に「否定の契機」が働くであろうことも推測される。この否定の契機は、たんに畏怖すべき神にみだりに近づいてはならないとか、旧約のように神の名をみだりに呼んではならない、といったものだけではなく、常に生きて修行する人間である神秘家自身の自己否定でもあった。むしろそちらの方が彼らにとっては重要であったろう。つまり「神は……ではない」という否定を重ねていくことよりは（いくら否定を重ねてもそこに魔法によるように神が立ち現れ、神を把握できるわけではない）、強烈なエゴを捨てきれずにいる己をなみしていく自己無化をこそ、人間として為すべきことなのではないか。頑なな、幾重にも鎧をまとったエゴを大切にとっておいて、しかも神にまみえるということは不可能であろう。口を開けば、己は、己はという傾向をもつ人間にとって、畏怖すべきものの前に出るには口を噤むしかあるまい。

これは神秘家の態度であった。神秘家であるならばそれでよかった。しかしこの体験を一つの極点と考える神学者たちはこれを明らかにする義務を負っていたから、どこまでもそれを言語で表明しなければならなかった。そして表現の方法として、神秘家が味わった否定の体験を保存しておくため、言葉の上での否定的表現を用いたのである。それは言表としてのロゴスに否定をまとわせることによって、神秘家の否定の体験をある意味で忠実に表現しようとしたものであった。

では彼ら神学者は「否定」という形式をもって、どのようにことがらの実相を表そうとしたのだろうか。彼らの否定の表現は二通りあるように思われる。まず第一は、たとえば、ディオニュシオスの『神名論』第一章。

「思念を超えた一はどのような思念によっても思念されない。言葉を超えた善はどのような言葉によっても語られない。(4) Καὶ πάσαις διανοίαις ἀδιανοήτόν ἐστι τὸ ὑπὲρ διάνοιαν ἕν, ἄρρητόν τε λόγῳ παντὶ τὸ ὑπὲρ λόγον ἀγαθόν,…」。

この文章はここに見るように邦訳では否定的表現だが、ギリシア語原文では述語にあたる言葉そのものにprivativumとしてのa-がついて、意味上否定になっている。このような否定接頭辞を付けることによって意味上否定形になるものも一種の否定文と考えてよかろう（もちろんそれは肯定形の変形ではあるが）。ただし純粋の否定形ではないことは言うまでもなく、否定の力は否定接頭辞のそれに頼るところが大きい。またこの例においては、「思念」―「思念されない」と「言葉」―「語られない（言葉を発せない）」という反対的な意味をもつ言葉による対比が見られ、事柄の曰く言い難さも表現されている。しかしこの例文では、思念を超えた一とか言葉を超えた善は、◯◯されないものなのだということをたんに述べているだけであるとも言える。平板な叙述であるというかぎりにおいて、この文言が人に与えるインパクトはそれほど大きくはないであろう。

ところでもう一つの否定形が考えられる。それは同じくディオニュシオスの『神秘神学』に見られる。この形は内容的に三種類に分けられる。その一つは、

「万物の原因はすべてを超えてあり、ウーシアなきものでもない、生命なきもの、理性なきもの、知性なきものでもなく、物体でもなく、…ἡ πάντων αἰτίακαὶ ὑπὲρ πάντα οὖσα οὔτε ἀνούσιός ἐστιν, οὔτε ἄζωος, οὔτε ἄλογος, οὔτε ἄνους· οὐδὲ σῶμά ἐστιν…(5)」

というもの。ここには二つの要素がある。つまり「在らざるもの」という先程の否定接頭辞をもったものが、さらに否定され、その上否定が οὔτε…οὔτε と重ねられていくことである(6)。すなわちここでは先程見たたんに否定接頭辞をつけた表現で済ませていたものをもう一度否定する。そこには「思念されない」、「在らざるもの」などと言うだけでは十分ではないという意識が働いている。それは οὔτε…οὔτε と否定詞を重ねることによってわかるのであるが、先の引用では最後のところに οὐδὲ σῶμά ἐστιν と οὐδὲ を付けて、「物体でさえない」と強く否定するのである。これはたんなる否定接頭辞の付いた言葉を疑似否定文で述べる以上に否定の意識と作用は強く、厳しい。それは言葉というもののもつ力・能力をフルに発揮して、人が物事を見誤らぬよう最人限の注意を喚起しているようである。つまり神に間違った属性を賦与して、それで神がわかったつもりになってはいけない、ということであり、体験を経過しない神理解の浅はかさ、あるいは空恐ろしさの警告であろうか。

その二は、

「〔原因〕は魂でもなくヌースでもない……理性でも知性作用でもなく、……数でも秩序でもない…ὡς οὔτε ψυχή ἐστιν, οὔτε νοῦς,...οὐδὲ λόγος ἐστὶν οὔτε νόησις,... ἀριθμός ἐστιν οὔτε τάξις,...(7)」

であって、これは典型的な否定神学の文章と言えるだろう。

その三は、

「原因は在らぬものの何かでもなく、在るものの何かでもない。……それは闇でもなく、光でもない。誤謬でもなく、真理でもない。一口に言って原因については肯定も否定もない。……なぜなら完全で単一な万物の原因はすべての肯定を超えており、他方すべてのものから端的に解き放たれて万物の彼方にあるものの卓越性は、すべての否定を超えているからである。οὐδέ τι τῶν οὐκ ὄντων, οὐδέ τι τῶν ὄντων ἐστίν,... οὔτε σκότος ἐστὶν οὔτε φῶς, οὔτε πλάνη, οὔτε ἀλήθεια· οὔτε ἔστιν αὐτῆς καθόλου θέσις οὔτε ἀφαίρεσις,... ἐπεὶ καὶ ὑπὲρ πᾶσαν θέσιν ἐστίν ἡ παντελὴς καὶ ἑνιαία τῶν πάντων αἰτία καὶ ὑπὲρ πᾶσαν ἀφαίρεσιν ἡ ὑπεροχὴ τοῦ πάντων ἁπλῶς ἀπολελυμένου καὶ ἐπέκεινα τῶν ὅλων(8)」

というもの。実はここで『神秘神学』は終わっている。つまりこれは『神秘神学』における否定神学の最終的到達点なのである。それはどういうことかと言うと、ここでは先の第二の形のように、〇〇でもなく、XXでもない、と○○やXXといった異なったものをあれでもなく、これでもないといって否定しているのではなくて、たとえば、「在らぬものの何かでもなく、在るものの何かでもない」というふうに、「在らぬもの」、「在るもの」という相対立するもの、相互反対的なものをともに否定し去っているということである。つまり否定というのは、Aではない、あるいはAでもなく、Bでもなく、という具合に、Aでなければ、Aならざるものである場合と、Aでも、Bでもない第三のCの場合と考がえられるが、Aでなければ、Aならざるものという二者択一的な状況か、あるいはA、B以外の第三者なるCという別のものを定めることによってそこに無限個のC、C……の可能性をはらませるかの二つの形が考えられる。しかし、Aでもなく、Aならざるものでもない、ということになれば、結局、提示されうるすべてのものではなくなり、つまりすべてが否定されていることなのだ（従ってこの文言は二律背反ではない。二律背反の場合は、たとえば、「Aである」ということと「Aではない」ということが同等の力をもって主張されるのである。この場合は、「Aでもなく、非Aでもない」という言い方になっていることに注意）。従って、神についての言表はすべて否定されてしまったのである。それは『神秘神学』という一種の道行きがそれまでの辿りえた道筋すべてを自己否定したことになろう。つまりこれまでの成果すべてをあたかも徒労であったかのように捨て去ったということである。それは成果があったればこそ捨てる気にもなったとも言えるが、そんな功利的な心情ではなく、努力の果てに達した見解はこれまでの努力そのものを後生大事にもっているだけでは、何の突破口をも得られぬということであった。そこでこれまでの己が財をも一挙に眼前から失せさせ、自らは無一物になったところに開けてくる新しい視界こそは、求めるものの片鱗であったのだ。つまりわれわれの日常使用する分析的言語の彼方にまで赴かなければ、ことがらの片鱗すらつかめないということなのである。それはAでもなく、Aならざるものでもない、肯定も否定もない、それらすべてを越えたものとしか言い様のない現実が、神秘家の前にあったのであり、その体験を言語で表現しようとすれば先の表現以外は考えることさえできない、という意味での到達点であったのである。

この体験の表現はしかしすべての人間が聞いて満足しうるというものではなかった。それはやはりどこか素直に了解しえぬ気分を残すからであり、何よりも味わった者にのみよく解しうる表現でもあったからである。

第四節　否定神学と形而上学

如上のように否定神学そのものは、人間の不可視のものへの極めて根源的なアプローチの様態を告げるものであったが、その埒外にある者には非常に疎遠なものと映る。だがそうした手法とはまた別に、しかし、存在者を超える、存在者の彼方にある究極の存在へ思いをめぐらし、その説明方式を探究するものとして、「形而上学」というものがある。それは否定神学に特徴的な言葉による神秘の伝達の断念とは逆に、言葉の意味するところを最高度に聴き分けて、目には見えぬ存在のありかを探究する試みであった。その試みはいわゆるプラトンのイデア論に結実し、アリストテレスの存在概念を通し、中世では必須の学問となったが、近世になって、カント以来、この形而上学は批判の的にされ、ニーチェによってその権威あるマントは引き裂かれ、現代哲学によってその虚妄を暴露されたかに見える。形而上学は凋落したのである。だがわれわれは今ここで彼らに同調して形而上学批判を行うことも、また彼らに反対して形而上学の擁護を行うつもりはない。問題はもう少し違うところにある。

形而上学は先述のように、思惟によって世界の原理を存在という地平において求める学であると言える。この原理は世界を超えたところに措定されるのが常であった。存在というこの世界に密接に関わりそうなことがらについても、個々の存在者を超えた究極の存在が問題とされたからである。中世になってアリストテレスの『形而上学』が盛んに註解されるようになったのは、一つには、この目に見えぬ究極の存在、この世界の原理を、言葉の組立によって捉える可能性があると見られたからであろう。推論という形式によって、われわれと存在的に異なるものの把握と解明に肉薄すること、それは神を思念する中世の神学者の探究心を奮い立たせずにはおかなかったであろう。彼らはこの「形而上学」に関する知を神学探究の基礎に据えて、アリストテレスの論理学を武器としながら、思惟による神への道を作り上げようとした。そしてその過程で、神認識の道としての「肯定神学」と「否定神学」をも、一つの体系の中に組み込んだように思われる。特に西欧のスコラ学においてはそうであった(9)。この二つの道は、ダマスコスのヨアンネスの『正統信仰論』（これは『知識の泉』という書物の一部である）を介して、西欧に広く知られるようになった。ダマスコスのヨアンネスは、神については、それが何であるかは人間には知られず、むしろその何でないかのみが知られるのだ、と言っている(10)。この考えは西欧の神学者に強い衝撃を与えたが、当然のこととはいえ、神学（学問）を構築していく学者にとっては、それは彼らの神学を導く主たるものではなく、せいぜい神認識のための人間能力の届かぬ範囲と限界を示すものと考えられた。そして否定の道そのものは、やはり西欧でも神秘家あるいは神秘家的精神の傾向をもった人々に迎えられたが、彼らは神学という王道の主役ではありえず、脇道を歩むものであった。つまり「肯定神学」や「否定神学」は、西欧では、神認識の一つとして、形而上学的考察乃至は神学的考察の一部門に挿入されたのである。ところが先述のごとく、東方の最後の教父であるダマスコスのヨアンネスは、東方では唯一体系的と思われる『知識の泉』を書き、アリストテレスに依拠しつつ論を進め、その中で「神の何でないか」に触れたのであったが、彼のねらいはあくまで神の「何でないか」という認識不可能性（アカターレプトス　ἀκατάληπτος）を中心に据えつつ、「何であるか」の可能なかぎりを尽くすことにあったのであり、それは神学への接し方において、やはり西欧とは異なった態度であったのだ。しかし西欧はヨアンネスの意図を神学の可能性の一つとして捉え、いわば神学という概念の下位に来るものとして、神学体系の中に組み入れたのである。従って、このような仕方で神学体系の中に組み入れられることは、現代的に言えば、肯定神学にしろ、否定神学にしろ、それらが神学というシステムの中に組み込まれたこと、それら自らもシステム化されたことを意味する。

ところが既述のように、ディオニュシオスの『神秘神学』が到達した地点から見れば、肯定神学も否定神学も最終的には捨て去るべきものであった。しかしディオニュシオスは始めからそうであると達観したのではなく、肯定の道、否定の道を経めぐることによって、つまり神探究者の霊的位置の変化によって、二つの神学の現状況を突出していく道が彼の前に開けたのであった。従って、システムとして、これこれの道をたどればこの地点に行き着くというものではないのは当然である。肯定も否定も捨て去るというのは、実は、最究極的境地なのであって、通常の人間の営みとしては否定の道を歩み通すことすらおぼつかないものである。つまりここで否定の道が措定されているのは、言葉による探究である形而上学を超えていく先として、提示されたということである。すなわち「否定神学」は、本来、一つの体系というものの中におとなしく納まっている優等生ではなく、いつ何時炸裂するかもしれない問題児なのであった。すなわち学的神学の中では「否定神学」は骨抜きにされてしまったのだ。

第五節　近世哲学の問題点

今でこそ「擬ディオニュシオス」と呼んではいるが、中世ではこの人物はパウロによってキリスト教徒となったアテネのアレオパゴスの議員、ディオニュシオスその人であると信じられていたので、その権威は絶大であった。そしてその理由に加えるに、ディオニュシオス文書なるものの中味は、かなりな程度、いわゆる新プラトン主義の強烈な匂いのするものであったので、キリスト教的文脈においては、素直にその意見に沿いかねるところがあったから、多くの神学者がこの文書をこぞって註解したのである。つまり何としてもキリスト教世界において、ディオニュシオスの考えは正しいものだということを証明しなければならなかった。従って主たる神学者はその解釈にエネルギーを注いだのである。もちろんそういう仕事をほとんどやらない神学者も当然いた。ただ面白いことに、ルネサンス頃になるとあまり註解されなくなった。それは一つには、ディオニュシオスという人物が、アレオパゴスのディオニュシオスではなさそうだと疑う人間が出てきたことによる。またもう一つには、新プラトン主義そのものが正面から取り上げられてきたので、ディオニュシオスよりもっと正真正銘の、つまりキリスト教に染まっていない新プラトン主義者に関心が移っていったのかもしれない。要するにだんだんとディオニュシオスへの関心が薄れていった、あるいは註解し尽くされたと思われたためか、注意が払われなくなっていったのである。そして近世になると、世界の拡がりとともに、これまでのような形而上学的神学に関心が寄せられなくなり、当然のことながら、そこに含まれていた「否定神学」というものも表面には出てこなくなった。近世は科学的思考に熱烈な関心を注いでいったから、形而上学は彼らの精神にとっては、戯れ言のようであり、ましてや否定神学などは問題視されることもなくなったのである。

ところが皮肉なことにロマン主義がはやったり、遂にはニヒリズムが登場したりすると、再び「否定」ということが表面に出てくるようになった。ただしこの場合の否定はあらゆることを否定し、否定し去ったあとに虚無の深淵を見るというものであって、人類がこれまで抱いてきた価値を相対化し尽くすものであった。つまり形而上学を徹底的に破壊する方向に向かったと言ってよいであろう。近世より現代に至る時の流れの中で、人間はさまざまの現象や物事、人間関係といったものに対し、醒めた目をもつようになった。科学知のおかげで、それをもってしても超えられない人間を超越するものの叡知に目が開かれるという面もあるが、逆に科学知により多くのことを知り、しかしそれでも決して人間が幸福とはいえない状況にあるのを知ると、これまで思い描いていた人間を超えた世界は必ずしも信頼の置けるものではなく、却って、迷妄と映ったのである。現在の世界を知ってみれば、それ以上の世界があるとは思えない。それならば現状で可能なかぎり、己にとり快と思えることをなす方がいくらかましではないか。行く先はわからないし、行く所などはなく、ただただ虚無だけが口を開いて待っているのだから。

こうしたニヒリズム的精神はある意味で、時代の流れというものを考えると当然のことのようにも思える。というのもわれわれは以前よりもよく何かを知ることと引き換えに、逆に知の限界を知ったのである。つまり本当に知りたいことは知識を何層倍にしても知りえないことなのだ。それはやはり多大な知の努力の後では、絶望的なことであろう。しかしかといってわれわれが昔日のような素朴な精神に戻ればすべてが解決するかといえば、それは出来ない相談である。われわれは余りにも多くのことを見、また知ったからである。無理して素朴さに戻れば、自分を偽ることになる。この百年に限ってみても、悲惨なことのみが眼に映るではないか。

このような虚無主義の真っ直中にある「神なき時代」に一つの提言をするとすれば、否定神学にもう一度照準を当ててはどうかということである。しかしこの否定神学は、先述した形而上学的神学の中に取り込まれた否定神学システムのことではない。そこでは否定神学のもっている「否定」の力は弱められていて、これではとても現代の虚無主義に太刀打ちできまい。システムの中の一エレメントにおとしめられた否定神学は形の上だけの否定神学である。それは現代人に何の感興も起こさない、古代の遺物にすぎない。失われた否定の力を取り戻すこと、それだけが現代の虚無主義によく立ち向かえる。

つまり原初の状況、つまり神秘家たちが命を賭して、神・絶対者に向かった姿勢を明確に確保し、あらためて自分のものとすることである。時代は違っていても、彼らが辿った道をわれわれがもう一度自分の足で辿り直さねばならない。このとき重要なのは、逆説的に聞こえるかもしれないが、一方で、形而上学を現代人の知力にも耐えるような強固なものに仕上げることであろう。すでに見てきたように、形而上学の力が弱まれば、それを超出しようとした本来の否定神学の力も弱まる。両者は言ってみれば、車の両輪である。そのような形而上学の回復と同時に、すでに触れた「Aでなく、Aならざるものでもない」という命題を、一つの論理として受け容れる勇気をもつことと、さらにこれを一つの論理として確立する知的努力（多方面からの言語分析）が必要である。それに絶対者探究の体験が合わされば、真の論理的基盤が確立する道が開けるであろう。

結　語

さて始めのテーマに戻ってみよう。「否定神学は肯定神学の裏返しか」。つまりこの二つの神学の差は「肯定」

と「否定」か、というだけのことなのか。それがこの小論の問いであった。言葉づかいの点で言えば、それはまさしく写真のポジとネガのような関係であろう。しかしこれまでの考察からすれば、この両者はたんなるポジとネガの関係ではない。肯定神学は本来的に語りえないはずの神をなんとか語れるぎりぎりの線まで知力を保持して、神の本質のある（不完全な）解明を目指した。そのかぎり人間理性にとっての正攻法であった。そしてそれはある意味で形而上学的手法と重なりうる面をもっていた。

これに対し否定神学は、肯定神学による探究を断念したところから始まる。しかし「神は……である」から「神は……ではない」に変わったからといって決して肯定神学の続編ではなく、まったく次元の異なる試みである。それは「否定」というある種の強力な破壊力をもった武器をもって、無謀と思える試みに挑戦することなのである。この否定はあらゆることを否定し、その否定の彼方に曰く言いがたいものが現出することを期待するが、しかしまず第一に否定するのは神ならざるものを神とする人間（自己）の迷妄である。すぐにわかったつもりにならないということになれば、どこかソクラテス的であって、極めて哲学的な態度でもある。この意味でもここでいう否定は、すぐには肯定せず、この否定による不安定な状況をどこまでも持ちこたえる強い精神力を要求するし、そのかぎり、一つの枠や体系に組み込まれることをも否定する。そこから肯定神学、あるいは形而上学は否定神学の好敵手となって、相手が強ければ強いほど、否定神学も強力になっていく。しかし、相手が弱まれば、否定神学の矛先はゆるみ、否定神学の力も落ちていくのである。

現代においては、あらゆる領域において否定を語ることが稀になり、弱々しい否定の声しか聞かれない。このような状況を打破する一つの方策は、これまで考察したことに従えば、否定神学の復権である。そしてそれには形而上学的論理に対抗しうる否定神学的論理の構築が必要である。

目指すところは、
肯定神学でもなく、肯定神学ならざるものでもない、
否定神学でもなく、否定神学ならざるものでもない。
この間の消息を十全に表現する論理の場。

註

（1）アリストテレス『分析論後書』第一巻第二章 72a11。邦訳『アリストテレス全集』第一巻、加藤信朗訳、六一八頁。

（2）前掲書、第一巻第二五章 86a32-86b9。邦訳六九六—九七頁参照。

（3）前掲書、八〇六頁の註（3）による。

（4）Ps-Dionysius, *De div. nominibus* c.1, 1 (PG 3, 588B). テキストは Suchla, Heil, Ritfer, *Corpus Dionysiacum* I, II による。

（5）Ibid., *De mystica theologia* (PG 3, 1040D).

（6）この οὔτε…οὔτε の機能については、宮本久雄、「擬ディオニュシオスの言語表現「神秘」をめぐって——否定詞 οὐδέ, οὔτε を送りつけてくる全体」、『宗教言語の可能性』（勁草書房、一九九二年）一二一—四九頁（初出は『エイコーン』創刊号、一九八八年）を参照。

（7）Ps-Dionysius, *De mystica theologia* (PG 3, 1045D).

（8）Ibid., 1048A-B.

（9）たとえば、Thomas Aquinas, *Summa Theologiae*, I, q.88, a.2 ad 2; *Contra Gentiles*, 1,14 などを参照。

（10）Johannes Damascenus, *De fide orthodoxa* (PG 94, 800).

第四章　秘義的秘跡と観想

——擬ディオニュシオス『教会位階論』の構造（第一章、第二章より）——

序

ディオニュシオスの現存する著作の意図が何であるかを解き明かすという作業は、興味ある主題であるが、極めて困難なものである。一応、その著作群はほぼ六世紀の頃に成立したものであるとすると、この時期は、キリスト教世界で難渋を極めたキリスト論論争が、表面上はほぼ終息に向かった頃である（キリストの二性一人格が公言されたカルケドン公会議が四五一年）。もちろんじっさいにはこれで積年のキリスト論論争が完全に終結したわけではない。しかしそれはともあれ、坂口ふみによれば、[1] カルケドン公会議によって代表されるキリスト論論争の中核は、本来言葉にしえない受肉したキリストのありようを言葉で陳述するという不可能事にあったわけで、その際、言葉にしえないものを敢えて言葉で表現しようとした一群の神学者たちは、いってみれば教会の（教義面での）体制を構築していった人々であると言えようし（その筆頭として、エルサレムのレオンティオス（六世紀）とビザンツのレオンティオス（五〇〇頃―五四三年頃）が挙げられる[2]）、それに対し、こうした方向とは別の方向を目指した者たちを、体制化にあきたらなかった人びとと言うこともできよう。そのいわば反体制的な人びとの代表格として、坂口はディオニュシオス（六世紀頃）を挙げていて、それらの人びとは神秘主義的潮流の表現者だとしている。周知のように、彼の文章は晦渋であり、その真意を摑むには韜晦このうえもない。しかしディオニュシオスの文面や叙述態度が、たとえ神秘の装いを色濃くまとっていようとも、彼も、ある意味、レオンティオスたちとは異なった地平での言語使用による言いがたきものの表現を心がけたとも言えるのではないであろうか。加えて、両陣営ともその主役の情報については確たることは不明のままである。つまり、ディオニュシオス自身は謎の人と言ってよく、両レオンティオスさえもかつては同一人物であると言われていたが、現今、それぞれ別の人物であると訂正されたりしているくらいだからである。

従ってキリスト教教義の確立は確かに言葉の極限までの使用によって、言い表しえぬものを表現した行為に依拠するが、他方で、表現をぎりぎりに抑えつつ、しかし晦渋であっても、曰く言いがたい事態を、公式化された教義的表現とは異なる仕方で叙述しようとする方向もありうるし、その流れをディオニュシオスが代表したと言ってもよいのではないであろうか。

第一節　擬ディオニュシオス『教会位階論』の構造と用語の問題

以上の問題を念頭に置いて、ここで取り上げようとするのは、ディオニュシオスの『教会位階論』である。(3) この著作に関しては邦訳はまだない(4)、従って訳は試訳的なままにとどめる。

『教会位階論』は全部で七章に分かれる。煩瑣を承知で、それらを逐次上げてみれば次のようになる。

第一章　教会のヒエラルキアの伝統とは何であり、またその目的とは何か
第二章　照明（φώτισμα）において成就されること（τελουμένων）について

序文。照明の神秘（あるいは秘義的秘跡 μυστήριον）。観想（θεωρία）。

第三章　集会（σύναξις）において成就されることについて

　　序文。集会、あるいは交わり（κοινωνία）の神秘（秘義的秘跡）。観想。

第四章　香油において成就されることと、それにおいて聖化されること（τελειουμένων）について

　　序文。香油の儀（τελετή）の神秘（秘義的秘跡）。観想。

第五章　司祭の（ἱερατικῶν）聖化（τελειώσις）について

　　序文。司祭の聖化の神秘（秘義的秘跡）。観想。

第六章　聖化された者（τελουμένων）の秩序について

　　序文。修道生活の聖化の神秘（秘義的秘跡）。観想。

第七章　眠りについた者に対する（κεκοιμημένοις）聖化について

　　序文。聖なる仕方で眠りについた者に関する神秘（秘義的秘跡）。観想。

　以上から、各章の節の数などは不均衡であるが、第一章を除いて、各章には「神秘（秘義的秘跡）」と「観想」の項目が入っていることが特徴的であることがわかる。第一章に関しては、それが全体の導入であるとすれば、そこに「神秘」「秘義」の項目がなくても整合していると考えられる。この形式はディオニュシオスの他の文書には見られないもので、本書においてのみこの二項目が設けられている（このことは後に考察する）。

　またローレムによれば『教会位階論』は全体的に三部構成であると言う。すなわち、第　章は全体の概観として、別個に考えると、（1）第二から第四章までが、洗礼、集会、香油の聖化という一般的秘跡を扱った箇

所、（2）第五章は聖職者に関するもの（主教、司祭、補祭）、そして（3）第六章が俗人（修道者、聖体拝領可能者、志願者、痛悔者等）に関するものの三部に分けられ、最終章の第七章ではすべての位階に適用されるものとしての葬儀が付加されるというのである。(5) ここで「三部」の「三」に特別な意味を見るかどうかは別として、この内容は、広い意味での教会を構成する者たちにかかわる。その意味でこれは表面上、一種の秘跡論ではあるが、教会論そして各秘跡を問題とするかぎりでの典礼論の趣ももっていると考えてよいであろう。

次に問題になるのは、ディオニュシオスが使う用語である。すでに上げた φώτισμα、τελουμένων、μυστήριον、θεωρία、τελειουμένων、τελετή、τελειώσις などの言葉はもちろんキリスト教というコンテキストで使用されているものであるが、もとは古いギリシアの宗教世界や哲学で使用されていたものでもあるわけで、その意味ではどれだけ非キリスト教的な意味合いが払拭されているかどうかが問題となる。もちろんこの種の言葉はディオニュシオスだけが使用しているわけではなく、『教父ギリシア語辞典』(6) などを紐解けば、多くの教父が使用していることは歴然としている。従ってこうした用語は六世紀ごろには、すでにキリスト教用語となっていたと考えられ、それゆえ、ディオニュシオス文書に使われている用語はキリスト教の文脈で十分とらえうるものであった。とはいえ彼が使用する言葉は必ずしも純粋なキリスト教的文脈でのみ解釈しうるとは限らないため、彼の文書を、もし非キリスト教的要素を加味して読めば、通常のキリスト教世界での解釈とは異なった状況が開けてくる可能性を孕んでいた。そのことの解釈はディオニュシオスの著書作成の意図にも関係してくるであろう。従ってわれわれはこうした用語を一度は正確に摑む努力をしてみなければならない。

第二節　いくつかのディオニュシオスの用語について

では上述のディオニュシオスが使う用語のうち問題性を孕んでいると思われる若干の用語を検討してみよう。まず μυστήριον。これはリドゥル・スコットの『希英辞典』によれば、（1）神秘とか秘密の祭儀を意味し、エレウシスのデーメーテル祭儀などにこの語が適用される。また（2）神秘的な用具やお守りの類、（3）神によって啓かれる宗教上の真実などである。[7] これが『教父ギリシア語辞典』になると、基本義としてはやはり「神秘」ではあるが、さまざまな意味の広がりを持ってくる。（1）秘密の祭儀、（2）秘密の教えの誓い、（3）聖なるもの、という一般的な意味の他に（4）キリスト教の信仰が神よりの啓示による真実であること、しかも何かにおいて神の目的が隠されたかたちで成就されていることや隠れた意味など、（5）それによってある秘密が伝達されるようなもの（復活祭などの象徴的祭儀）、さらにこれが重要なのであろうが、（6）神の働きの啓示としての秘跡、と言う意味である。[8]

従ってこの語はもともとギリシアの密儀宗教で秘密の祭儀に関わる神秘を表す言葉として用いられていたが、それがキリスト教の文脈に移し変えられるにおよんで、神秘とか秘密の祭儀という意味を残しながら、目に見える形を通して、神の恵みが人間に与えられる、言ってみれば極めて神秘的な事象である「秘跡」の意味に収斂していったのではないかと考えられる。従ってこの言葉がディオニュシオスにおいて使用されるとき、キリスト教的意味づけは揺るぎないものではあるが、しかしそれでもかつての時代の意味の残滓があると想像させるに十分な雰囲気をもっている。なぜならディオニュシオスの記述にはどこか秘密めかした、つまりある意味で秘密結社的な会員にのみ許される行為としての秘跡観が述べられているからである。

また次に問題になるのは、成就されること（τελουμένων）、聖化されること（τελειουμένων）、儀（τελετή）、聖化（τελειώσις）、聖化された者（τελουμένων）という言葉に見られるそのもととなった動詞 τελέω τελειόω である。この二つの動詞は意味上大変似通っている。基本的な意味はどちらも「完成する」とか「成し遂げる」「成就する」などである。[9] リドゥル・スコットでは先の意味の他に、initiate in the mysteries という宗教祭儀の用語を挙げ、特に τελέω の変化形 τελούμενος をこの意味で用いる。これがキリスト教に入ると、両語の共通の意味にキリスト教的意味が加わり、祭儀を執り行うこと、特に秘跡の儀を行うこと、そして consecrate する（聖化する）ことを挙げる。τελειόω については「完成する」「成就する」という意味がリドゥル・スコットでは主であるが、しかし『教父ギリシア語辞典』ではこの「完成する」、「成就する」というのが、「秘跡の働きによって完成、成就する」ということになってくる。ただし受動的意味として、死をもって使徒などはその生を全うしたという意味で使われているところが特徴的である。

以上、わずかな用語の意味を概観してみて気づくことは、ディオニュシオスの用いる言葉は、彼の時代のキリスト教用語であることは確実だが、著作年代をキリスト教の黎明期に位置づける意図からであろうか、ある意味巧妙にもキリスト教成立時の過渡的要素を彷彿とさせる文書を作ったため、どこか非キリスト教的な内容をもっていると近代の研究者に思われたのではないかと考えられる。

第三節　『教会位階論』の思想――ヒエラルキアとは

さてわれわれは本論の考察する範囲を『教会位階論』の序文にあたる第一章と神よりの照明が与えられるその始めである洗礼を扱う第二章に限定して話を進めていきたい。

第一章では特に「ヒエラルキア」とは何であるかが論じられる。ディオニュシオスが言うヒエラルキアとは、

「神から霊感を与えられ、神的で、神の働きを受けた知識と働きと完成に属するもの[10]」

である。すなわちヒエラルキアとは通常何か位階制度のようなものを表すもの（そのかぎり体制的用語である）と考えられるが、かならずしもそうではない。それはディオニュシオスの場合、外面的理解であって、あくまで神の大いなる働きを受けて成立するいわば真の知識と働きと完成の綜合体を意味していて、制度を云々するのではない。

ディオニュシオスのヒエラルキアについてよく引き合いに出されるのが、『天上位階論』の第三章である。すなわちヒエラルキアとは

「可能なかぎり神に似たものに類似していくこと、また神からヒエラルキアに与えられた照明に向けて、釣り合った仕方で、神を模倣するよう上昇していく聖なる秩序であり、知識であり、働きである[11]」。

そしてヒエラルキアの目的は何かと言えば、それは

「可能なかぎり神に類似することと神と一致すること」(12)

であって、それは「神化」を語っているのである。『天上位階論』は主として天使界のことを問題としているので、そのかぎり天使のヒエラルキアの説明であるが、ディオニュシオスは『教会位階論』の第一章の2において(13)、天使のヒエラルキアについて述べたあとで、こうしたすべてのヒエラルキアには同じ力が働いていると言っているから、天上のヒエラルキアに当てはまることは、すべて地上のヒエラルキア、すなわち教会のヒエラルキアにも当てはまると考えられ、その意味では地上のヒエラルキアには天上のヒエラルキアが嵌めこまれている。すなわち地上のヒエラルキアが範とすべきは天上のそれなのである。そして天上のヒエラルキアがこの地上のヒエラルキアのうちに展開されていると考えるならば、天上のヒエラルキアの内容自体は、人間にとって秘義であるゆえ、これから入信し、キリスト教徒となろうとしている者には、その秘義の一端は示されるとしても、門外漢にはそれは明らかにされてはならないものでもある(14)。そこには一種の秘密の護持のような、ある種の人にのみ許されるという秘教的な気配が感ぜられる。

さらに『教会位階論』において語られていることによれば、ヒエラルキアとは、

「そのもとにあるすべての聖なるものを綜合的に説明するもの（ロゴス）であり、これやあれやのヒエラルキアの聖なることがらに関する一般的要約ともいうべきものである(15)」。

であるが、さらに

「われわれの場合のヒエラルキアは、それに即してすべての聖なることがらを包含するものであり、またそう言われるが、このヒエラルキアに則って、その名をヒエラルキアから由来する神のようなヒエラルケース（主教）は叙階されると、彼にふさわしいすべての聖なることに与かるであろう(16)」。

と言われ、この地上のヒエラルキアを代表する者として、ἱεράρχης（主教・司教）が指し示される。古註によれば、いわゆる監督・主教（ἐπίσκοπος）が（この言葉はヒエラルキアに基づくゆえ）ヒエラルケースと言われるとある(17)。つまり主教はヒエラルキアの統括者としてあるわけで、ここで主教は特別な者、神にかかわることについて秘義伝授された者であり（τελεσθῆναι）、神化され（θεωθῆναι）、そして彼より劣る者たちに自分に許された神化の一部を分与するという。つまり一度自分に与えられた神の秘義は自分にとどめ置くべきものではなく、彼はさらに伝授していく役目を負うのである。そこに秘義の連綿たる伝達の系譜ができあがる（これが使徒伝承である）。そしてより優れた者から秘義を伝授・分配された者は、それぞれの力量に応じて、このヒエラルキアの調和を通して、真に美であり、知恵であり、善なるものに与る(18)。ただしここでディオニュシオスは「神化」がいかなる事態であるのかは詳らかにはしていない。

ディオニュシオスはこうしたヒエラルキアの始原を「三たるもの、トリアス」に定める。これは「生命の源、善性のウーシア、存在するものの唯一の原因」であり、この善性から存在者にとって、「存在すること（τὸ εἶναι）」と「よく存在すること（τὸ εὖ εἶναι）」が出てくる(19)。しかしこの「存在すること」と「よく存在すること」は、三位一体の根源である、すべての彼方にあるテアルキア（神性の根源）的な浄福の深遠な意図によれば、われわれや天使を文字通り「理性的に救うこと ἡ λογικὴ σωτηρία」なのである。これは理性を駆使して、人間ないし天使は己の境涯を認識し、神へ至る道を探求するということになろうが、なおかつこれはディオニュシオス的用語で言えば、「神化」されること、すなわち可能なかぎり神に似ていく以外にはないことだと言う[20]。すでに述べた通り、「テアルキア・神性の根源」とは神の三一構造において、被造物を神化させる根源を指すディオニュシオス的用語である[21]。

そして各ヒエラルキアに共通する終点（τὸ πέρας）は何かと言えば、次のことである。すなわちそれは神や神にかかわるものへの愛であり、神の息吹を受け、一なる仕方で聖なる務めへと促されることである。しかしそのためには〔神的なものに〕反するものから徹底的に身を引き、存在するものをそうあるかぎりに認識し、聖なる真理を見（ὅρασις）、またその知識を得、一なることが完成するよう神に与ることである。それはこの一性を可能なかぎり見る（ἐποψία）宴会であり、その糧は可知的な（υοητῶς）もので、そこへと引き上げられるすべての者を神化するものである[22]。つまりヒエラルキアの目標は、まず神への愛であり、神とともに聖なる奉事に参与する資格を得、それによって一切を神へと向ける神化の賜物を受け、遂には天上の宴《うたげ》に招かれることである。ただしこれに至るには、神へと向かうことを妨げるものすべてを放棄するという倫理的徳が要請され、ヌースの働きを十全に活用させて、「一」なるものを認識するという力が必要なのだ。

だがしかし天のヒエラルキアと地上のそれとには違いがある。総じてヒエラルキアは被造物の救いのためにあるわけだが、そうなると地上のそれは、人間の救いのために、人間のあり方に即して存しなければならない。だからそれはただ可知的なものであるだけではなく、多様な象徴によっても存在している。天使と違い人間は感覚的な像を助けとして、神の観想へと上昇していくからである。そしてその目的は統一的な神化へ、すなわち神の徳の獲得に向けられている[23]。その上ここには前提として「一」をあらゆるものの根幹とする思想があり、神の観想に上昇していくのは、象徴という方途を用いながら、どこか「一」に似たものが本源の「一」を希求して、徹底的に「一」たらんとするところに、その目標がある[24]。

以上のような性格をもつヒエラルキアの内包する真の意味は門外漢には容易には知らせられない。一定の入信儀式である秘義伝授を受けた者にしか、その意味は明らかにされないのである。たとえ迫害時代の残滓としてであろうと、ディオニュシオスの説くヒエラルキアの構造は大いなる秘匿性の中にあると言えるだろう[25]。

第四節　第一の秘跡について

さて一番初めに語られる秘跡は、神の「照明」によるもの、すなわち「洗礼」の秘跡である。この第二章において、再度ヒエラルキアの目標を述べた後、ディオニュシオスはこの「可能なかぎり神に似て、一致すること」という目標は「最も尊崇されるべき掟を愛すること（ἀγάπησις）と聖なる業（ἱερουργία）」によってのみ成就されると言う[26]。そして問う、「他の聖なる言葉と聖なる業を最もふさわしく受容するためにわれわれの魂の状態を形成するものであり、われわれが天を超える休息に向け上昇するために道を切り開くものである、もっとも崇められるべき掟の聖なる業の始めとは何であるか[27]」と。そしてそれは「聖にして、もっとも神的な再生（ἀναγέννησις）の伝達である[28]」と言って、それが「洗礼」だとするのである。

そして以降、洗礼の儀が述べられる。それによれば、まず洗礼志願者はすでに入信し、秘義伝授を受けたある者のもとに行き、指導を乞う。その指導は生涯に亙ってのそれとなる。この指導者がいわゆる代父（母）であるが、彼（彼女）はその任の重さに震えおののくと言われ、最終的に地上のヒエラルキアの主（主教）のもとに志願者を案内するのである。(29)

志願者に面接した主教は、志願者に何を望んでここにやって来たのかを問いただす。志願者は己が信仰をもたず、神的生命に充溢していない状態をよしとしなかったがゆえに、神を愛する気持ちから仲介者たる代父（母）に頼み、神への接近をはかろうとしたと言う。主教はそれならこれ以降神のうちにある生活をしていく覚悟があるかどうかを尋ね、同意を得る。そして司祭たちに志願者と代父（母）の名を記録するように命じる。(30)

続いて祈りの後、志願者の履物、上着を脱がせ、西に向かせ、三回サタンに向かって息を吐きかけるよう主教は勧告する。サタンを三回放棄すると志願者が述べて後、今度は東を向かせ、天を仰ぎ、キリストと神からの聖なる言葉すべてに同意するよう促す。その後、主教は志願者を祝福し、侍者が衣を脱がせた後、主教は志願者の体に三回塗油する。その後、志願者を三回水の中に浸けて、志願者の名を呼び、また神の幸いな三重のヒュポスタシス〔父・子・聖霊〕を呼び求める。司祭は衣服を着せ、代父たちとともに再び主教のもとに志願者を連れて行き、主教は聖なる油で志願者を封印し、彼がこれからエウカリスティア（聖体祭儀）に与る者であることを宣言する。(31)

この後、主教は、ディオニュシオスによれば、それまでのいわば第二義的なことから彼本来の仕事、すなわち観想に移り、注意深く神的なものから神的なものへ向かい、テアルキア的な霊のもとに留まるのである。ただしこれはキャンベル（Campbell）の註によればシュティグルマイル、（Stiglmayr）はキリスト教とはやや趣を異にする言明だと言っていて、むしろ新プラトン主義者が好んだ表現だとされる。(32)そのことからもディオニュシオスの新プラトン主義的傾向は十分察せられる。

第五節　第一の秘跡の観想

次にディオニュシオスの理論の中枢である「観想」の章句に進む。ディオニュシオスはそこまで具体的に述べた照明の秘義（洗礼の秘跡）について内省をめぐらす。ディオニュシオスは言う、

「この聖なる神的な出生（θεογενεσία）〔洗礼〕の秘跡そのものは、あたかも象徴においてであるがごとく（ὡς ἐν συμβόλοις）、いかなる不適切なものも、不敬虔なものもなく、感覚的な像（εἰκών）によらないが、神にふさわしい観想の謎を、自然的で、人間に適した鏡によって表象されたものである」[33]。

すなわち、「洗礼」は神的な出生であり、それを執り行う洗礼の儀はいわば象徴的なものであって、その様はあたかも鏡に映る映像のようなものだということである。それを通してわれわれは神にふさわしい、つまり神に至るにふさわしい観想を果たすのである。象徴が問題になるのはこの観想の内実はそのまま真直ぐに人に伝えられるものではなく、現時点では、謎としか言いようがないからである。もちろんここで「鏡」といっているのは、『一コリント一三・12』の「わたしたちは、今は、鏡におぼろに映ったものを見ている」が下敷きになり、しかしかの時には「顔と顔とを合わせて見ることになる」が含意されている。従ってこの秘跡は全体として「象徴」

によって表されているが、しかしかの時には象徴的言表を捨てて、根源的神秘にあい見えることになるという希望が含まれている。

洗礼の場合、重要なモメントになるのが「水」である。水はもちろん物質であるが、洗礼に際し、受洗者を水の中に浸すという行為には、水によって洗礼を受ける者自身を浄化するという意味がある。人間精神の汚れは、本来は水によって洗い清められるはずがないにもかかわらず、水が一般にものを洗い清めるという前提に立って、「水―清めの作用」という水の働きを、「人間精神の汚れの清め」という次元の異なるものに、アナロジー的に適用し、いわば物質を通して、非物質的次元を認識させるということなのである。(34)

もちろん水を用いるということはあくまで現実的対応、あるいは代用であって、目指すべきは洗礼を受けた者がひたすら精神の高みに上昇していくことである。それを助けるために、ディオニュシオスは繰り返し、感覚的なものの必要性を説く。すなわち

「感覚的な仕方で聖なることにかかわるものは、可知的なものの（νοητῶν）似像（ἀπεικονίσματα）であり、それらへの導きや道であるのだが、可知的なものは、感覚に基づくヒエラルキアの源と知なのである(35)」。

つまり感覚的なものはわれわれが可知的なものを認識する際の手がかりであり、われわれは感覚的なものを通して、見えない可知的なものへ至る。そしてこの地上のヒエラルキアは、その源であり、知識である可知的なものを感覚によって把握できるよう現実化している。

ディオニュシオスはこのことを既に『可知的なものと可感的なものについて（Περὶ νοητῶν τε καὶ αἰσθητῶν）』

で詳細に述べたと言っているが、今のところこの書は虚構とされているのは周知の通りである。しかしそれが虚構であっても、筆者の見るところ、いやむしろ虚構であるからこそ、ディオニュシオスは当時の教会の公式的な見解とやや異なる神学体系を構想していたのではないかと思われる。今日われわれの知る『神名論』『神秘神学』『天上位階論』『教会位階論』『書簡』を読み、この『可知的なものと可感的なものについて』、そして『神学綱要』『象徴神学』『魂について』『神の讃歌』などの書名をどのようなコンテクストで登場させるかを見ると、そのように想像される。ディオニュシオスの構想が体制的キリスト教にあきたらないものであって、それを以上のような諸書で示すために、作者がパウロの弟子であるという虚構を作り上げたのかもしれない。ただし彼の場合、大きな構想の中のいくつかの書を公にすれば、それでよしと考えていた可能性はある。

さて、ディオニュシオスの思想を貫いているのはやはり「善」「一・単一性」「光」「神化」「見神・視」「聖なる秩序」「模倣・神真似」といった新プラトン主義的色彩の濃い概念である。

「善」は何よりも神が善であること〔神の善性〕に帰せられる。人間の場合は洗礼に際し一切の「悪」から離れることを誓う(36)が、神はその善性が強力であるため、

「〔もし〕霊的なもののもつ自ら決定する自由意志が、悪に惹きつけられて、自然的に光照らされるためにそのものに植えつけられた能力を閉じて、可知的な光から離れ、そのもののもとにある光から遠ざかるとしても、その光は離れるのではなく、視力を落としたそれに輝きわたり、方向を転じた者に善意をもって走り寄るような具合である(37)」。

この「霊的なもの・思惟的なもの（νοερῶν）」は一応天使ととる方がいいかもしれないが、理性的なものと受け取って、人間について述べられているととってもよいであろう。するとわれわれ人間が本来向かうべき神的なものから離れるとしても、神の善性はそれに勝って、たとえわれわれが悪に方向を転じても駆け寄ってわれわれを支えようとするほどに善意に満ちているということになる。そしてここに作用するのはやはり神の光なのである。この光は悪の闇を貫いて、破砕する。また神の光は寛大である（ἀγαθουργικῶς）[38]とも言われる。この神の寛大さを真似るのが「主教」である。そのため「神のような主教 ὁ θεῖος ἱεράρχης」[39]と言われる。それは主教がすべての人に神の光を物惜しみすることなく分配しようとするからであって[40]、これが神の寛大さを真似ることであり、これはすでにして主教が「神化」されていることを前提としている。ところで「神化」とは何か神秘的な仕方で、あるいは突如として聖化されて、人間の境涯を超え出ていく「超—人間」のことではない。少なくともディオニュシオスのこの書を読むかぎりでは、そうではない。むしろ人が地上のヒエラルキアに迎え入れられ、真摯に己のあり様を向上させるべく歩む道が、「神化」の道である。従って

「神の至福はこのように上へ導かれる者を、自らを分有するように受け入れ、それ自身の光を、あたかも彼にとって何か印のように分与し、神のように、そして神によるくじの選び（休息）と聖なる配列に共通するものと成し、……[41]」。

と、ある通りである。地上のヒエラルキアに受け入れられることは神化に繋がるのである。それは当時洗礼を受けるに至る過程は生半可なものではなく、かなりな試練とも思える状況を乗り越えていかねばならなかったか

らで、これは典礼学者ユングマンらの示すところである(42)。洗礼を受けた者はキリストに至り、キリストより、最終的に勝者に与えられる褒章をもらうべく一種の競技に出て行くのである(43)。

　こうしたことはすべて神の善性に導かれてのことであるが、もう一つディオニュシオスがこだわるのは「一」たることだ。「一」へ向かう者は、「一」とは異なるもの、つまり多や分割という現象と折り合いがつかない。多に繋がると、生命が分割してしまうと言う(44)。「一性」は不変に繋がり、不変は不動に、そしてさらに完全性に繋がっていくであろう。人はこのような完璧な「一性」をもちえないから、その「一性」は憧憬に留まるとしても、可能なかぎりこれを真似ようとする。そしてかぎりなくこの「一性」に類似していこうとするのである。たとえば、洗礼を受ける者は衣服や靴を脱ぎ、悪の方向とされる西を向かせられる。ここで悪から決定的に決別するために、はっと息を吐き出すかのように不類似（ἀνομοίωσις）の状態をその身から振りほどくのである(45)。この「不類似（ἀνομοίωσις）」はもちろん「一」なる神との不類似を指すが、ἀνομοίωσις は「ホモイオーシス」ではないことで、これは『創世記』第一章第二六節の神が人間を創造したとき、「我々（神）にかたどり、我々に似せて、人を造ろう」の「似せて」に当たる言葉である。このように神との「不類似」状態を吐き出し、サタンから遠ざかることは洗礼の重要な条件であった。それは洗礼によって「一」なる神との類似に向かうという覚悟を必要としたのである。

　かくして悪・サタンとの交わりが完全に絶たれると、はじめて洗礼を受ける者は東に向きを換え、本格的に「一」に向かって収斂していくことを宣言することになる。これは神の光のなかで行われることであり(46)、それには雄々しい決断や大胆さが悪を打ちまかすために必要とされ、真理を愛し、求めて、絶えずそれに向け、伸張していく。このより完全なものへの導きは人を神化させる根源である「神性の根源」の導きによるとディオニュシオスは言う[47]。従って神化の目標は神との一致であるゆえ、「一」はディオニュシオスの思想において重大な要素となっている。

次いでディオニュシオスは創造された世界が一定の秩序のうちにあることを強調する。その一つは天使界であり、もう一つは地上の教会が代表するものである。これら聖なる秩序の源は神的なるものである[48]。これに関連することは夙にロック（R. Roques）が詳細に論じているが[49]、要はこのヒエラルキア的秩序に則って神にかぎりなく近づき、神化を遂げることが目的なのである。従って人がこの地上のヒエラルキアに迎え入れられることが肝要であり、そのゆえに洗礼の儀は極めて重要なことなのである。ディオニュシオスの場合、その教会観は、現代的な目から見ると、排他的な感じをもつことは否めないが、洗礼によって神化の秘義に一歩近づくという点を強調しようとすると、このような専一的思考は必然的なものとなるのだろう。それはまたディオニュシオスにとって、そして多分、その時代の多くの人にとって、救いが具現化するところは教会をおいてほかになく、その教会の成員になること自体、救いが実現することであった。神的な秩序は欠けるところがなく、完全であって、そして教会は神の愛が豊かに注がれる場であり、神真似を事とする以上、この教会において、その成員は可能なかぎり神の愛に近づくよう行為する必要がある。主教はその模範として存在する。洗礼志願者を導く者とされる代父はまたすでにこの教会の成員であることによって、洗礼志願者から見れば、すでにして「真理への生命を与える歩みの真の愛好者、神のように〔洗礼志願者に〕随伴する指導者、神により伝えられた命令に誤りなく従う[50]」者なのである。

しかもこのヒエラルキアの世界、そして洗礼式は象徴に満ちている。すなわち洗礼がキリストとともに罪に死ぬことであると述べた[51]あとで、「死」について彼はこう言う、

「死はわれわれにあって、他の人が考えるように、実体（ウーシア）の非存在（ἀνυπαρξία）ではなく、一つに結びついたものの分離であって、体がなくなることで、それは形がなくなるごとくに魂をわれわれには見えない状態へ導くが、他方、体は土に覆われ、あるいは何か身体的な別の変化によって、人間の考えからは隠されてしまう。水による全体的覆いは、本来的に死と埋葬の見えない模像として受け取られるのだ[52]」。

すなわち洗礼は言ってみれば、先取り的に死の深い意味を悟らせるものである。身体という物質は生命、魂が身体より離れることによって朽ち果て、土に帰るとしても、それは非存在であることを意味しない。洗礼によって水の中に人が浸けられることによって一時的に人の目から隠されることは、やがて水から出てくることを予想させ、その関連で人は死して後、別次元の生命を生きることを示唆しているというのだ。周知のごとく洗礼は死と再生の象徴なのである。実際他者によって己が水の中に浸けられることは確かに苦しみを伴い、それは一種の死を体験することである。従って、その体験を経過し、水から上がっての、すなわち再生しての後の生命は、蘇ったもののもつもの、神的生命なのである。

このことの極みは「光の衣服」という言葉によって表現される。光は受洗者が完全に神の光のもとに生きることができるようになったことを証しする。この時点で受洗者は、神に反することを完全に退け、神のようなアパテイアをもち、無秩序は正され、形なきものは形が整えられるという仕方で、一人前のキリスト者となるのである（もちろんまだ不完全な者としてではあるが）。このような状況が確認されると、主教は受洗者にこれから聖体祭儀（エウカリスティア）に参加するよう促すのである[53]。ここに至って洗礼の儀は完成する。

結語　観想の意義

ところで今まで見てきたような「観想」の章の意義はどう考えればよいのだろうか。たとえばニュッサのグレゴリオスの『モーセの生涯』には、歴史（説話）的部分と観想的部分があることをわれわれは知っている。ド・アンディア（de Andia）はニュッサのグレゴリオスの『モーセの生涯』を例にとって、ここでの「観想」は聖書ないしは歴史の意味を詳しく解明することだとして、ダニエルーの言葉を引用している。ダニエルーによれば、「観想 θεωρία」は「解釈 interprétation」「霊的意味 sens」「註解 exégèse」と訳すべきだと言うのである。[54] そうであればここの「観想」はいわば広い意味で、すでに開陳された事柄の霊的な意味を探ることを意味する。それは事実だけを述べてよしとするのではなく、むしろその事実の中に隠されている意味を明るみに出すことであって、いわゆるアレクサンドリア学派の「アレゴリー」的手法が明示されていると考えられる。

またこうした「解釈としての観想」の他に、この地上のヒエラルキアの目的が可能なかぎり神に似ることであると言われてきたことから、当然神との一致に向かうために、一切の地上的要素を剥いで、ひたすら神を思念するという意味での、神化を目指す「観想」の意味も含まれていると考えるべきであろう。そもそも〔霊的〕解釈としての観想を、神との一致という行為を抜きにして、ディオニュシオスは考えてはいないからである。つまり天使界の地上的展開を教会のヒエラルキアに見る考えをもつディオニュシオスにとっては、このヒエラルキアにおける秘跡を通して、当然神的なことがらの秘義が具体的に姿をとって現れるのであり、その姿を人は観想して、神の神秘に参入するからである。そしてそれをすでに成し遂げた者として先に述べた主教が挙げられているのである。この秘義参入である洗礼の秘跡が重要なのはそのためである。

『教会位階論』の特質は、扱う内容が教会における秘跡に集中していることから、それはまた実際の典礼的行為をも含むものでもある。典礼はしかしたんに理念ではなく、実際に儀式を執り行うことによって成立するものであり、またそれは必然的に身体的行為を伴うから、「行」であり「業」である。この「行」は規範的規則に則るものではあるが、その場に実際身を置くことによって成り立つことであるから、人間は己の全体をもって秘跡等の典礼に参与することになる。つまり身体的行による秘跡の体験を経て、頭脳による理解とは別の、つまり観想による直観的把握へと進んでいく。その意味でこの書は、たとえば『神名論』が特にいわゆる「肯定神学」を中心に据え、また『神秘神学』が否定神学を軸として、究極的な神との交わりに照準を当て、『天上位階論』が天使的世界の描出と天使における神認識をモデルとしつつ、それへの人間の与りの憧憬へと赴くのに対し、この地上という場において、身体をともなった人間を、天使界を範としつつ、人間を超える神的存在と己との最内奥における交わりへと導入するものであると言うことが出来る。それは秘跡そのものが物体を介して目に見えぬ神的なものへ人間を導くものであるという考えに立脚していて、概念的理論展開に終始していないからである。ディオニュシオスにとって教会は、意識的に、自らこの世の枠を超え出て、「一」なる者との交わりを遂げようとする、ある意味のエリート・キリスト教徒が、その目的を、さまざまな秘跡を通して果たす場を提供するものであった。

その意味でディオニュシオス文書のもつ一見奇異な、つまり非キリスト教的な印象も、文書の中身を精査すれば、万民向きの教会という立場ではないにしても、キリスト教的立場に立ったものであると言うことができる。そしてこれは最初の坂口が挙げる問題に帰着することだが、坂口が言う「体制的キリスト教」と「もう一つのキリスト教」という分類は、キリスト教に限らず宗教がもつ根本的様態を表している。すなわち（1）言葉によって言い表しえないものの理論化をはかり、一種の公式を生んでいく方向（万民に適応）、（2）同じく言葉を用いるが、観想的領域に通ずる言語使用を創作し、言い表しえないものを、象徴その他を用いて示唆する方向（意識的人間に適応）、と大別できよう。ディオニュシオスは（2）の方向の正当性を主張するために、このような手のこんだ仕組み（虚構を含む）を作り上げたのではないかと筆者は考える。

註

（1）坂口ふみ『〈個〉の誕生――キリスト教教理をつくった人びと』（岩波書店、一九九六年）二一九頁以下。

（2）坂口はここで、ディオニュシオスの業績をも評価すると同時に、体制派と目されるレオンティオスたちの神学的営為にもっと注目するよう要請している。前掲書、二二〇頁。

（3）テキストは、*Corpus Dionysiacum II, Pseudo-Dionysius Areopagita, De Coelesti heirarchia, De Ecclesiastica heirarchia, De Mystica theologia, Epistulae*, Herausgegeben Günter Geil und Adolf Martin Ritter (Patristische Texte und Studien, Band 36), (Walter de Gruyter, Berlin, New York, 1991) 所収の『教会位階論』（EH (Günter et al.) と略記）を用いる。もちろん適宜 PG 3, 4 をも参照する。また、『天上位階論』は CH (Günter et al.) と略記。

現代語訳は種々あるが、特に参照したのは次のものである。

・Pseudo-Dionysius, *The Complete Works*, Translation by Colm Luibheid, Foreword, Notes, and Translation Collaboration by Paul Rorem, Preface by Rene Roques, Introductions by Jaroslav Pelikan, Jean Leclercq, and Karlfried Froehlich (Paulist Press, New York, 1987).

・Dionysius the Pseudo-Areopagite, *The Ecclesiastical Hierarchy*, Translated and Annotated by Thomas L. Campbell (University Press of America, Lanham・New York・London, 1981).

（4）翻訳ではないが、この著作の見取り図的なものとして次を参照。熊田陽一郎「ディオニシオス・アレオパギテスの神学」『続・神秘の前に立つ人間――キリスト教東方の霊性を拓く　Ⅱ』（新世社、二〇一〇年）所収、三七―七六頁。

（5）　Cf., Paul Rorem, *Pseudo-Dionysius, A commentary on the Texts and an Introduction to Their Influence* (Oxford University Press, New York & Oxford, 1993), 95-6.

（6）　*A Patristic Greek Lexicon*, edited by G. W. H. Lampe (Oxford, 2000).

（7）　Cf., *A Greek-English Lexicon*, compiled by Henry George Liddell and Robert Scott (Oxford, 1996), 115f. たとえばプラトンで使われる「秘儀（ミュステーリア）」については、岩波版の『パイドロス』につけられた註を参照。『プラトン全集　5』（岩波書店、一九七四年）二七〇―七一頁。

（8）　*A Patristic Greek Lexicon*, 891-3.

（9）　τελέω については *A Greek-English Lexicon*, 1771-2. *A Patristic Greek Lexicon*, 1386-7. を、τελιόω については *A Greek-English Lexicon*, 1770. *A Patristic Greek Lexicon*, 1382-3. を参照。

（10）　EH (Günter et al.) I, 1, 63 (PG 3, 369A).

（11）　CH (Günter et al.) III, 1, 17 (PG 3, 164D).

（12）　CH (Günter et al.) III, 2, 17 (PG 3, 165A).

（13）　E H (Günter et al.) I, 2, 64-5 (PG 3, 372CD).

（14）　Ibid., I, 1, 63 (PG 3, 372A).

（15）　Ibid., I, 3, 65 (PG 3, 373C).

（16）　Ibid., 65-6 (PG 3, 373C).

（17）　Cf., PG 4 (298AB).

（18）　Cf., E H (Günter et al.) I, 2, 65 (373A).

（19）　Ibid., I, 3, 66 (PG 3, 373CD).

（20）　Ibid.

（21）　「テアルキア」については、本書第二部第一章を参照。

（22）　Cf., E H (Günter et al.) I, 3, 66 (PG 3, 376A).

（23）　Cf., Ibid., I, 2, 65, PG 3, 373B.; I, 4, 66-7 (PG 3, 376B).

（24） Ibid. I, 2, 65 (373B).
（25） Ibid.,I, 5, 67-8 (PG 3, 377A).
（26） Ibid., II, 68 (PG 3, 392A).
（27） Ibid., 68-9 (PG 3, 392A).
（28） Ibid., 69 (PG 3, 392A).
（29） Cf., ibid., μυστήριον 2, 70 (PG 3, 393B).
（30） Cf., ibid., μυστήριον 4-5, 71 (PG 3, 393C-396A).
（31） Cf., ibid., μυστήριον 6-7, 71-3 (PG 3, 396A-397A).
（32） Dionysius the Pseudo-Areopagite, *The Ecclesiastical Hierarchy,* Translated and Annotated by Thomas L. Campbell, 129-30.
（33） E H (Günter et al.), θεωρία II, 1, 73 (PG 3, 397B). Cf., Cyrille de Jérusalem, *Catéchèses Mystagogiques*, Introduction, texte et critique et notes de Auguste Piédagnel, traduction de Pierre Paris (Sources Chrétiennes, n.126, 1966), 104-119.
（34） Cf., ibid. II, θεωρία 73-4 (PG 3, 397B).
（35） Ibid., II, θεωρία 2, 74 (PG 3, 397C). τὰ μὲν ἀισθητῶς ἱερὰ τῶν νοητῶν ἀπεικονίσματα καὶ επ' αὐτὰ χειραγωγία καὶ ὁδος, τὰ δὲ νοητὰ τῶν κατ' αἴσθησιν ἱεραρχικῶν ἀρχὴ καὶ ἐπιστήμη.
（36） Cf., Ibid., II, θεωρία 5, 76 (PG 3, 401AB).
（37） Cf., Ibid., II, θεωρία 3, 74 (PG 3, 400A).
（38） Cf., ibid., 75 (400A).
（39） Ibid., 75 (400B).
（40） Ibid.
（41） Ibid., II, θεωρία 4, 75-6 (PG 3, 400D).
（42） J・A・ユングマン『古代キリスト教典礼史』石井祥裕訳（平凡社、一九九七年）八八—九九頁、その他、Irénée-Henri Dalmais, *Les liturgies d'orient* (CERF, 1980), 67-83. 邦訳『秘義と象徴——東方典礼への招き』市瀬英昭訳（新世社、二〇〇二年）七六—九四頁、その他、Cyrille de Jérusalem, *Catéchéses Mystagogiques* (Sources Chrétiennes No. 126), (Les Éditions du Cerf, Paris),

1966. 参照。
(43) Ibid., II, θεωρία 6, 77 (PG 3, 401D).
(44) Ibid., II, θεωρία 5, 76 (PG 3, 401A).
(45) Ibid., II, θεωρία 5, 76 (PG 3, 401AB).
(46) Cf., Ibid., II, θεωρία 5, 76 (PG 3, 401B).
(47) Cf., Ibid., II, θεωρία 5, 77 (PG 3, 401C).
(48) Cf., Ibid., II, θεωρία 4, 75 (PG 3, 400BC).
(49) René Roques, *L'univers dionysien, structure hiérarchique du monde selon le pseudo-Denys* (Aubier, 1954)
(50) E H (Günter et al.) II, θεωρία 4, 76 (PG 3, 400D-401A).
(51) Cf., Ibid., II, θεωρία 5, 76 (PG 3, 401B).
(52) Cf., Ibid., II, θεωρία 7, 77-8 (PG 3, 404B).
(53) Cf., Ibid., II, θεωρία 8, 78 (PG 3, 404CD).
(54) Ysabel de Andia, *HENOSIS, L'union à Dieu chez Denys L'Aréopagite* (Brill, 1996), 360.

第五章　パキメレースによる擬ディオニュシオス解釈

——ビザンティン的テキスト解釈の一例——

序

周知のように、ディオニュシオス文書（Corpus Dionysiacum）の著者（六世紀頃）は使徒パウロに直結する者として中世を通じて権威であった（少なくともルネサンス期にたとえばロレンツォ・ヴァッラ（Lorenzo Valla, 一四〇七—五七年）やエラスムス（Erasmus, 一四六六頃—一五三六年）が疑義を呈するまでは、そうであった）。(1) しかしアラン・ド・リベラによれば、ドミニコ会士モースブルグのベルトルト（Berthold von Moosburg, 一三六〇年頃）は、「ホモ・ディヴィヌス（＝神人）」が、ディオニュシオスの標語であると同様プロクロスの標語でもある」ことに気づき、それによって彼が「プロクロスとディオニュシオス」の近親性を確かめたと言う(2)が、そうであるとすれば、一応十四世紀までは真の意味で権威であったし、その権威は揺らぐことのないものであった。(3)

このようにディオニュシオスが大きな権威をもっていたとして、さてディオニュシオス文書を紐解いてみれば、その内容は誰にでも明快というものではなかった。ベルトルトのような炯眼を誰もがもっているとはかぎらないとしても、しかしその内容の中に、伝統的なキリスト教的思惟とはやや趣を異にするものがあるとは、多くの人間の感じたことであろう。しかし権威である以上、それはキリスト教の思惟を伝えるはずのものであって、そこからキリスト教的思惟を見出さず、抽出せず、あるいは受け取らないということは、あってはならないことであった。それゆえ註解や注釈・釈義あるいは言い換えや敷衍（つまりパラフレーズ）は必須のものであった。しかも中世ビザンティン帝国では原典本文よりもこうした注釈の類が第一次資料となり、むしろかえって原典は省みられなくなったことも諸研究者が示す通りである。(4) この事態はディオニュシオス文書本文そのものの正確な解釈という点で、問題が大いにあるように見えるが、この注釈主流ということを今事実として受け取った時、われわれにとって、場所や時代によるディオニュシオス文書の諸解釈間の異同問題が重要になってくる。ディオニュシオス文書をどのように解釈したかということは、文献的なディオニュシオス解釈とはまた別の次元、すなわち時代や地域によって、ディオニュシオスがどう解釈されたかという問題地平を切り開くと思われるからである（東方と西方との相違も含めて）。今、そのような見通しの上に立って、われわれはビザンティン帝国における解釈術の一例を、ゲオールギオス・パキメレース（一二四二―一三一〇年頃）のうちに見てみたい。その際、パキメレースは彼以前の権威として、当然証聖者マクシモス（五八〇頃―六六二年）による文書（あるいは正確には、著者は、スキトポリス―マクシモス、むしろ現代では擬マクシモスと言った方がよいであろうが、本章ではマクシモスとする）を参照しているので、彼の見解にも目を向けてみたい。また今回の註解の素材はディオニュシオス文書中の逸品、『神秘神学』である。(5) この書はすでに多くの先学が取り上げているが、人間の神認識の問題を考察する例としては格好の材料である。

第一節　『神秘神学』素描

『神秘神学』という著作そのものは極めて短いもので、全体で五章に分かれる。内容をまとめてみれば、まず第一章では、「神の闇」について三節に分けて論じられる。第二章では、神が万物の原因、万物を超越したものと捉え、これとの合一の可能性を探る。第三章では、「肯定神学」と「否定神学」を問題とする。第四章では、神なる万物の究極の原因を特に感覚的な認識という点で否定する。第五章では、感覚の領域で否定された神が実は知性の領域においても否定されることを示す。その上で肯定をも否定をも超えていく道を示唆して、終わっている。

要するに人間が神をいかにして捉えようとしても、神は捉ええないことを力説し、通常の思惟や認識を捨て去る覚悟を人に要請する。このことは、エゴイズムやさまざまの迷いに翻弄される「私」という自我を捨て去った暁に、把握しえない神が思いもかけぬ仕方でわれわれに立ち現れてくることを暗に示しているわけである。たんなる文言では明示されない部分を読者が読みとっていくことを強いるところに、この著作の存在意義があると言えるだろう。

こうして見てくると、第三章以下は有名な肯定神学と否定神学の対比の問題、そしてすでに言ったように、この二つの神学手法を超え出ることの要請と読める。それに対し、第一章はいわばこの著作が目指すところの俯瞰図であり、総論であるが、しかし神秘神学そのものが目指すところを明示していると考えられる（神の闇について、等）。そして第二章は先に取り上げた「神の闇」に近づくことを、心ある者に奨励する形の論となっている。

もしこの分析が正しければ、すでに言い古されたかに見える「肯定神学」と「否定神学」の対比問題よりも、ディオニュシオスは二つの神学的手法を超える「神秘神学」なるものを構想していたということになるであろう。それは終章において、二つの神学的方法は乗り越えられるべきことが示唆されているからである。

第二節　パキメレースについて

さてパキメレースとはどのような人であるのか。われわれが普通パキメレースの名を見つけるのは、『ミーニュ教父全集』のディオニュシオス文書において、ディオニュシオスの本文の後につけられている『パラフラシス（パラフレーズ）』の著者としてである。したがってミーニュのディオニュシオス文書を見れば、どこかでこのパキメレースという名を眼にするはずではあるが、しかしパキメレース自身については一般に知られるところが少ない。

彼は一二四二年にニケアに生まれ、一三一〇年頃コンスタンティノポリスで死去したとされている。『オックスフォード・ビザンティン辞典』(6)やタタキス(7)、そしてアラン・ド・リベラ(8)によれば、彼は聖ソフィア教会の助（輔）祭であり、著作家であった。取り扱った学問領域は歴史、神学、哲学、修辞学、数学、法学に及ぶ。十三世紀ビザンティンの最も秀でた哲学者であり、プラトン、アリストテレス両方にわたる著作がある。アラン・ド・リベラはプラトンに関するものとして、「誤ってダマスコスのヨアンネスのものとされている『プラトンの「パルメニデス」第二部（142b-166c）についての注釈』」を挙げ、またパキメレースが『プラトンの対話編「第一アルキビアデス」についてのプロクロスの注釈』の写本を残している、と言う。そしてもし先の「パルメニデス」に関するものが本当にパキメレースのものとすれば、中世においても継続してプロクロスの注釈が生きていたことを示し、プロクロス研究、新プラトン主義研究にとり重要な礎石となることを示唆している。[9] アラン・ド・リベラはまたプラトンの系統に属する著作として、今われわれが扱おうとしている『ディオニュシオス・パラフレーズ』を挙げている。アリストテレスに関しては、アリストテレス哲学の提要などを編んでいる。そして西欧の哲学にも関心が深かったとも言われる。もともと彼はプラトニストであるよりはアリストテリアンであったとも評され、当該のディオニュシオス注釈で哲学的観点からの解明が待たれるとも言っている。また彼は西方教会との統一に反対する立場をとっており、時あたかも東方教会が西方教会に大いなる譲歩をしたリヨン公会議（一二七四年）の余波をまともに受けていた時代にあり、教会行政にもかかわりを深くもっていたのであった。

第三節　パキメレースによる「パラフラシス」とはどのようなものか

さて一般的に「パラフラシス παράφρασις」とは「言い換え」であり、一種の釈義ないし注釈である。[10] パキメレースはディオニュシオスの『神秘神学』をパラフレーズしているが、彼の「パラフレーズ」という手法は実際はどういうものでろうか。少しその例を見ておこう。

まずパキメレースはそのパラフレーズを始めるにあたり、序文ともいうべきものを述べるが、その中でディオニュシオスの著作の構造に触れている。これは多くの註解者がとる方法で、そこに目新しさがあるわけではないが、序として、ディオニュシオスにどのような著作があるか、そしてそれらがどのような順序で編まれたかを知らせているわけである。そこでは『神名論』、『神学概論』、『象徴神学』、『神秘神学』の四つが挙げられるが、ただしこの中で『象徴神学』は知られていないと言う（これはその通りであって、『神学概論』も知られていない。それらは虚構ではないかと言われている。しかしそれはパキメレースの言うことではない）。その他の、『天上位階論』、『教会位階論』そして十通の『書簡』についてはパキメレースはここでは触れていない。彼は『神学概論』が『神名論』の前に書かれたとする。そして知られていない『象徴神学』が『神名論』の後に書かれ、その後にこの『神秘神学』が書かれた（こういうことは本書の第三章にあるとパキメレースは言い、じっさい第三章にはそう書かれている[11]）。

パキメレースはディオニュシオスの原文の始まりは祈りであるとして、その説明を行う。すなわち

「たしかに『神秘神学』は、言ってみれば、すべての象徴や名称を解き放って、また別のところで彼が思惟の（νοερᾶς）運動の静止（ἀνενεργησία）と言っているところの、すべての知性でとらえうる（νοητός）ものを捨て去ることや、すべての知性作用（νόησις）の停止（ἀπόπαυσις）を通して一つにまとめられているものについて述べようとしているから、そのためにもろもろの言明の前に祈りが必要であり、次のように言って、聖なる三一なるものに向かって懇願するのである[12]」。

ここで「別のところで」言われている「知性の静止」というのは、たとえばすぐ後の第三節の「あらゆる知識を無知により完全に静止させること[13]」という意味での知性の不活動のことである。つまりこれは徹底して知性的認識への依存を排除しようとしているのだ。

このような仕方でパキメレースはその註解ないしパラフレーズを進めていくのであるが、ディオニュシオスの

註解としてパキメレースより知られているのは、先に述べた証聖者マクシモス（あるいはスキュトポリス）のものである。試みにマクシモスはどのような仕方でこの註解を始めているのかを見てみると意外なことに気がつく。まずマクシモスのものはパキメレースのように逐語的に註解するのではなく、重要な語句と彼が考えるものについてのみ註解を行っている。『神秘神学』に関しては、第一章第一節のはじめではなく、少し先の「そこでは純一なる、絶対的なる、……ἔνθα τὰ ἁπλᾶ.」から始まっている。

すなわち〔ここで〕

「純一なるとか絶対的なる（ἀπόλυτα）、というのは象徴なしに理解されたものであって、これこれと見なすというような、比喩的に吟味されたものではない。絶対的なる、と言ったのは名前や〔あるいは象徴による〕説明に即して〔語られたものではなく、存在するすべてのものの〕また知性作用の停止と解き放ちにおいて一つにまとめられているもののことであって、それはそれより前のところで「考えられないこと」と呼ばれた聖なる運動の静止のことである[14]」。

と説明されている。

右の傍点部分は、先に挙げたパキメレースの文でマクシモスのそれに比較的類似している箇所である。その他にも、語句や文章で両者が酷似しているものは多い。つまりパキメレースはマクシモスの註解を重要なところではそのまま用いているのである。

すでに存在していた註解についての態度が、このようであれば、ディオニュシオスの文章に対しても彼の手法の予測はだいたいつくであろう。つまりディオニュシオスの文章を自らの文章の中にまぎれこませ、どこからどこまでがディオニュシオスの文章で、どこからどこまでが自分のそれだと人にわかるようには描写しないということである。その例をはじめのところで確かめてみよう。

ディオニュシオスの祈りはこう始まる、

「ウーシアを超え、神を超え、善を超えている、三一なるものよ（Τριὰς ὑπερούσιε καὶ ὑπέρθεε καὶ ὑπεράγαθε.」(15)。

パキメレースはこれを敷衍して説明する(16)。すなわち、「ウーシアを超え ὑπερούσιε」を「ὑπὲρ τὸ εἶναι」、「神を超え ὑπέρθεε」を「ὑπὲρ τὸ Θεὸς εἶναι」、「善を超えている ὑπεράγαθε」を「τὸ ὑπὲρ τὸ ἀγαθὸς εἶναι」と言い換え、それらを有している三一なるものよ、と呼びかけているのだとする。つまり「あること（エイナイ）を超え」「神であることを超え」「善であることを超え」という仕方で、そこに必ず「エイナイ」を含ませ、ὑπερούσιε の場合であれば、οὐσία を τὸ εἶναι という方向で解しようとしている。

さらに彼は言う、

「〔このディオニュシオスの祈り・懇願〕は産出、つまり「存在すること（ト・エイナイ）」という意味をもつ。働きにかかわることでは、神であること、状態にかかわることでは、善であることであって、それらは神の本性がどのようなものであるかをほのめかすことをしないものである。そこで学ぶべきことは、〔彼は〕神秘神学について語ろうと提案して、そのために照明を受けることを願い、祈りそのものを秘義的に作り出すということである。というのは三一なるものは何かであると言っているのではなく、それらは存在するものを超える〔と言っている〕からである。なぜならそれが神秘神学であり、感覚でもなく、理性でもなく、ヌースの運動でもなく、働き（ἐνέργεια）でもなく、状態でもなく、われわれがかかわる別の何かがそれを照明するようなものでもない。そうではなくヌースの完全な不動において、三一なるものについて照明を受けて、われわれはそれがヌースが知解（νοῆσαι）するほどのすべてを超えているということを知るであろう。そして〔それは〕神秘的で言語に絶するものを有しているので、その場合、ただ言葉・理性にのみかかわるものがあるであろうし、それは神学と呼ばれるだろう、というのもそれは神について語られるのであるし、〔神は〕一切を超えているのだから(17)」。

つまりパラフレーズというのは、すでに述べたように別の言葉あるいは文体による言い換えなのだから、それは言い換える本人の解釈に基づいている。まずはじめに彼は、「ウーシア」という分詞的名詞で表されたもの（存在的側面と本質的側面をあわせもつ語）を「ト・エイナイ」という不定詞的名詞（存在することを指し示す語）に読み替えるのである。確かに「ウーシア」という語は、アリストテレス以来「存在」でもあれば、「本質」でもあるという両方にわたる意味を内包しているので、「ウーシア」というかぎりではこの両方の意味を暗示しているのに、それを「ト・エイナイ」という、いわば固定した概念と置き換えられている。そのとき解釈に幅のある原文は、パラフレーズだけを読む者にとっては意味がすでに一義的なものとなっている。パキメレースは「ウーシア」を「エイナイ」という意味で解したのである。パキメレースは多くを語っていないが、もし「エイナイ」への傾きがパキメレースの特質とすれば、一種の存在論の地平にパキメレースが立っていることになる。「エイナイ」や「オン」「オンタ」といった術語が散見できるからである。

しかしそうは言っても、そこに明確な存在論が指示されているというよりは、むしろパキメレースはディオニュシオスのネオプラトニズム的な思惟を引き継いで、ディオニュシオスの意図を丁寧に説明している。一切を超え出る神についてはわれわれ人間の理性や言葉は神の本性を把握しえない。その際、知りえないものを、人間的能力を超えて知ろうとすれば、どうしても知る対象にあたるものの力を借りるよりほかない。その力を借りることができるよう、祈りは発せられるのである。人間としての己の力の限界を知り、これ以上は進みえぬことを悟って、上なる者から幾許かの知の照らしを懇願し、それにより、己を無にしたときにその心に刻印される知とも言えぬ知を、人間言語に置き換えること、これを神学というのである、と。(18)

原文の読み換えという意味でのパラフレーズにはある弱点が伴うが、しかしこの手法は、原文の鸚鵡返しではないだけに、原文にはなかった意味の新しい展開があるのであって、それは解釈史という観点からは、重要な側面をわれわれに提供してくれるように思われる。パラフレーズはその時代の思想状況と敏感に関連するからだ。やや大げさに言うなら、パラフレーズによって新しい作品が生み出される可能性が出てくるということであり、そこに原テクストのある方向への読解あるいは改変・改竄、つまりよい意味でも悪い意味でもテクストの再創造がなされることになる。しかしビザンティンの著作家の場合、そうすることによって自分が新しい作品を生み出しているのだという意識はもとよりないし、ましてやテクストを改変しているなどと思っているわけではさらさらない。かえって彼は原テクストが自分の言い換えによってよりよく他者に理解されると信じており、しかも彼は自らの属する世界の伝統に則ってそれを行っていると確信している。

ただディオニュシオス文書の場合、誰が読んでも、その内容が瞬時にして、まっすぐに正統キリスト教教義に結びつくとは考えられなかったと思われるから（当時の人がそのことをこの文書がもつ神秘性に帰せしめたとしても）、正統的立場から読むなら、始めからある程度の言い換え（つまりは改変）を意図せざるをえなかったということは十分考えられるであろう。ただパキメレースの全体的なパラフレーズの意図は、たとえばタタキスが見るところでは次のようなものである。すなわち

「ディオニュシオスに関しては、パキメレースは、自分が〔ディオニュシオス〕を解釈したり、パラフレーズしたりしているという立場を取らず、自分を、ただディオニュシオスの人々に霊感を与える声を聴聞する者としてしか考えていない。彼の信ずるところでは、ゆっくりと進むことによって、そのテクストの実際の意味に到達し、天のラッパの音を聞き、究極的にはその十全な意味と結びつくのである[19]」。

このようにパキメレースは一なる神に人々が結びつくことを願ったキリスト教神秘家であったとタタキスは考えている。

第四節　その他の特色

このような仕方でパラフレーズとも純粋な注釈とも言えぬものがはじまるのであるが、その中で、パキメレースは言葉・用語の説明にギリシア語文法や古典（ホメロスやエウリピデス）を典拠にして説明しているところがあ

る。しかしその場合でも、パキメレースの文章はマクシモスのそれと重なっており、パキメレースが独自の考えで、それを選んだとは思えない[20]。

ここには何かビザンティンの広い意味での文芸の性格が現れていると考えるべきなのであろう。ギリシア語文法の知見やギリシア古典を援用して、当該の問題を解決しようとする姿勢はある意味で伝統主義である。これはキリスト教初期の時代にアレクサンドリアのクレメンスなどがキリスト教のローマ帝国での市民権を得ようとして、キリスト教の教えは決して珍奇なものではなく、ギリシア文化とよく通底するところがあると立証しようとした姿勢とは異なるものである。キリスト教は公認されて久しく、わざわざキリスト教の古代文化尊重の姿勢を語る必要はない。むしろビザンティン人は自分たちこそ栄えあるギリシア古典の継承者であることを誇りたかったのである。そして先人（この場合はマクシモス）の業績をそのまま踏襲することは、すでにして確立されたキリスト教の伝統を保持することに他ならないであろう。やり方によってはそれは伝統墨守になりかねないし、先例を踏襲したというだけかもしれない。そのような瀬戸際にこうしたパラフレーズは存在しているように思える。

ここまでくれば、パキメレースのパラフレーズそのものは先人のマクシモスのそれをさらに敷衍しているとしか言いえないであろう。ビザンティンの精神はいたずらに新しいことに魅力を感じないのである。現代人による評価が定まらない所以でもあろう。

第五節　パキメレース独自の註解はあるのか

以上に見るごとく、パキメレースは大筋先達の見解に従っているように思える。まさに彼は先達の註解をパラフレーズしているようにも思えてくる。それではパキメレースはたんに先人の言ったことに若干の見解を付け加えて論を組み立てているのであろうか。次にこのことを問題としなければならない。

パキメレースのパラフラシスをざっと見てみると、第一章ではかなりの部分マクシモスのそれと重なるし、第三節の後半はほとんど同じ文章でうずめられている。第二章はこれも多くがマクシモスの言葉による。第三章はマクシモスの言葉が散見するという具合だが、第四章は比較的少ない、第五章になるとまたマクシモスの文章が多く散りばめられている。そうすると第一章から第三章に至るまでと第五章がマクシモスの文章を援用していることが多く、第四章では割りと自由にパキメレース本人の見解を述べているような印象を受ける。第四章ではパキメレースに特有の思考が見られるかもしれない。

しかしその前にパキメレースのために言っておかねばならないことは、たとえば、最初に見た第一章の「ウーシアを超え、神を超え、云々」の解釈はマクシモスのものには見られず、これはパキメレースのものに見られるということである。そのかぎりにおいてパキメレースはいつも完全にマクシモスの註解を祖述しているというわけではないことをあらかじめ認識しておく必要があろう。そしてそれは「エイナイ」というギリシア語の存在動詞に定位されていたことを覚えておこう。パキメレースとしては先人にその解釈の点で従うというときにのみ、先人とそっくり同じような文言を挿入しているのだと思われる。

さて第四章と第五章はいわゆる否定神学について述べるもので、ここが『神秘神学』の論述の中で中心を占めるものである。

第四章のパラフレーズ、

「『万物の原因であって万物を超えているもの』は神である。ともかくそれは『ウーシアなきものにもあらず、生命なきものにもあらず、理性なきものにもあらず、知性なきもの』でもない（『』内はディオニュシオスの原文）」。

パキメレースはまずディオニュシオスの方法を説明する。そしてこの神学の方法が、

「梯子のように、またその秩序に従って、最後のものから始めて、より高いものへ上昇するが、そのわけはそれが否定神学だからである。というのはむしろ神はウーシアなきものではないし、あるいは知性のないものでもないからである。もちろん多くの人は〔神が〕知性なきものでないということよりもウーシアなきものでないということに同意するであろう。なぜなら『ウーシアなきもの ἀνούσιος』という言葉は、語の適用に関して不釣合いという点でより大きく、『知性なきもの ἄνους』はその点よりわずかであって、またそれゆえに後者よりも前者の方が否定をより容易に受け容れるのであるから。〔しかし必然的にこの教父はそれらによって聴聞者から〔自分の論を〕前もって防御しようとするが、その結果、〕『また、身体ももたず』、これでもなく、あれでもなく、と言って、〔それに続く諸否定においては、神的なるものを完全に非存在（μὴ εἶναι）と考えていないのである[21]」。

ここで〔〕の中はマクシモスの言葉である。第四章ではマクシモスの言葉が非常に少ないのは、じつはディオニュシオスの文章で『また、いかなる場所にも存在せず』というところだけをマクシモスが註解しているから

である。しかもパキメレースはマクシモスの文を全部引用しないで、彼が有効と見ただけの文章を挿入しているので、この箇所では若干パキメレースの説明はわかりにくい。

マクシモスはこう言う、

「『場所において存在せず』〔の註解〕。必然的にこの教父はそれらによって聴聞者から〔自分の論を〕前もって防御しようとするが、その結果、それに続く諸否定においては、神的なるものを完全に非存在と考えていないのである。そうではなく後者において存在（ト・エイナイ）そのものを措定して、前者においては存在するもののいかなる存在ではなく、存在を超えるものを〔措定しているのである[22]〕」。

マクシモスはこれだけで第四章を片付けているのである。もし本当にマクシモスの註解がこうした形であったとすれば、後者・前者と訳したところは何のことかわからない。これはパキメレースの文章があったから、そう訳したのであって、マクシモスのみでは理解しがたいのである。ところでパキメレースは、ここで、始めにも触れたように、ディオニュシオスの言葉を何らか存在論的次元で取り扱おうとする。もちろんマクシモスにも「ト・エイナイ」と言っていたことが継承されたのであるが、先に続く文においても次のようになっている。

「しかしそれらにおいて彼は存在『ト・エイナイ』をそれ〔神〕に措定した。というのは『ウーシアなきものにもあらず』と言うときは、ウーシアを示したのである。『生命なきものにもあらず』は生命を示した。『理性なきものにもあらず』は理性（ロゴス）を示した。『知性なきものにもあらず』は知性（ヌース）を示した。そういうわけで、それらにおいては存在そのものが措定されたので、続くところでは、身体等々を語るとき、存在しているもののうちのなにものでもない存在に即してではなく、ウーシアを超えるもの（ヒューペルウーシオン）を示唆したのである。というのは存在しないもの（μὴ ὄν）はウーシアなきものと同じだから。またさらにそれは『身体ももたず』、しかしすべての他のウーシアを超えてあり、そして『ヒューペルウーシオン』である。またこう言う、すなわち『身体ももたず』ということは、身体にかかわるところのものを取り上げることである。なぜならそれは『姿ももたず』『形ももたず』『量ももたず』『質ももたず』、『かさももたない』からである。等々」[23]。

またディオニュシオスの言う「場所において存在せず οὐδὲ ἐν τόπῳ ἐστὶν」を説明して、

「というのは場所に〔ある〕ものはすべて限定されたもので、つまり場所とは取り囲むものの限界（ペラス）だからである」[24]

と言う。したがって神は限界性の中にないので、場所のうちにも存在しないというような仕方で、次々と「見られもせず」「感覚で触れることもなく」等々の否定的言辞を説明していく。ここでも「ウーシア」を「エイナイ」の方向に解しようとする意図が見られる。

ところで第五章はディオニュシオスでは

「さらに上昇しながらわれわれは言う。それ〔万物の原因であって万物を超えているもの〕は魂でも知性でもなく、……」[25]

で始まる割と短い文章なのであるが、パキメレースは少々長くこれに頁を割いている[26]。ただここも先に述べたように、マクシモスの言辞が多く、ほとんど半分くらいがそれに相当する。さらに言えば最初と最後の部分はパキメレースのものであるが、中間はほとんどがマクシモスなのである。それゆえ最初と最後を俯瞰してみよう。この最初の部分は、先の第四章が、主として感覚で捉えられるようなものの中に万物の原因は見出されないということを述べたので、次はいわゆる精神的・抽象的なものの中にそれが見出されるかと問い、そこにも見出されないということを述べる件であって、それに対してはまさしくパラフレーズ的手法で解釈を進めていく。そのかぎり序文的な箇所と言えよう。これに対し、終わりの部分はマクシモスの文章と交じり合いながら、一つの見解を構成しているように見える。ところでディオニュシオスにおいてやはり特徴的な言辞は、〔万物の原因であり、なおかつ万物を超えているもの〕は

「われわれやほかの人に認められる存在のなかの何かほかのものでもなく、存在しないもののうちのあるものでもなく、存在するものはそれをそれとして知ることもなく、それは言葉も名称も知識もなく、それは闇でも光でもなく、……」[27]

という存在や言葉、名称、知識、闇、光といった言葉であろう。それらをマクシモスもパキメレースもどう解

釈しているのか、関心はそこにある。今はしかし特に「存在」に限局して見てみよう。実はこの文章の前では、神は「真理でも、知恵でも、一者でも一性でも、神性でも善性でも、霊でも、子性でも父性でもない」と言われて来た。これを註して（もっともマクシモスの見解を借用した上であるが）、こうして挙げられた神の属性は神学者グレゴリオスに倣って、神のウーシアではないと言っているのである[28]。つまり否定の眼目は人間が神のウーシアを把握することができないというテーゼのうちにあったのである。パキメレースは、そのことで心をかき乱してはならないと、読者に注意して、

「なぜならこの聖人の意図は、神が存在するもののうちのなにものでもないこと、存在しないもののうちのなにものでもないことを示そうとすることだからである。だが存在しないもののうちのなにものでもないということは、誇張して言ったのではない。というのはもしわれわれが、存在しないもののなにものかは存在しないが、このような仕方で存在するもののいかなるものも存在しない、と言ったなら、存在しないものが何かであるということになる。だからもし神がすべてを造り出したのなら、〔神は〕いったい存在するもののなにか一つのものでありうるだろうか[29]」。

と言っている。つまりわれわれにあって存在と考えるほどの一切のものを、非存在も同様に、神は超えるところとわっているのである。ここにはディオニュシオスのこの表現に何か通常とは違う摩訶不思議な事態を推測させるものと取らないようにという配慮さえ窺える。そしてこの後はしばらくの間マクシモスの言葉をそのまま自分の解説の中に据えているのであるが、われわれも今はパキメレースのやり方に乗りかかって、マクシモス―パキ

メレース解釈の一端を見てみたい。

「さて彼は言う、〔存在するもののいかなるものも万物の原因なる神を知らない、しかしすぐに彼はそれを明らかにして、こう言う〕、「それをそれとして」ということは、つまり〔存在するもののいかなるものも神がそのあるようには知らない。それゆえ（このことは）考えることもできず、ウーシアを超える、そのウーシアと実在（ヒュパルクシス）のことである〕」。(30)

これはディオニュシオスの「存在するものはそれ（万物の原因）をそれとして知ることもなく」を説明するものである。つまりこれは東方に伝統的な神認識を再度述べているのであって、被造物は神のウーシアを絶対に把握しえないという神のウーシアの絶対的超越性の確認である。ではマクシモスによれば、神の「存在」も知られえないのだろうか。ここで言う実在（ヒュパルクシス）は、たとえばダマスコスのヨアンネスの言う、「神の存在に関する知識（ἡ γνῶσις τοῦ εἶναι θεόν）は、本性的に、すべての者に植えつけられている」(31)という一般に神は存在するという意味での存在や実在ではないであろう。そのような人間に根源的に注賦された認識の対象になる「存在・実在」ではなく、神のウーシアと深く結びついた存在・実在のことを指している。「ヒュパルクシス」という語もまた、このように多面的に使用されている。

この後神は知られえないということの証左を福音書に求め、「父のほかに子を知る者はなく、子のほかに父を知る者はいない」（マタイ一一・27参照）を挙げる。そして

「この教父は反対の方向から論を導いて、こう言っている、すなわちだれも神をそれとして知ることもないし、神自身も存在するもの（τὰ ὄντα）をそれとして知ることはない。〔そのことの意味は〕つまり〔神は〕感覚的な仕方で感覚的なものに向かうこともなく、ウーシアなるものに対する（οὐσίαις）ようにウーシアなるものに〔向かうこともない〕。それは神にふさわしくないからである[32]」。

こうしたことは人間の認識の仕方であって、神はただ一つだけの方法でものごとを知るのではなく、自らに相応する仕方で十全にものを知るのである。またマクシモスは人間と神の中間に来るものとして天使を考え、天使の認識様態をも考察する。つまり天使は人間と異なり、ものごとを知として（γνωστικῶς）、非質料的に知る。この点人間の知を越えている。しかし神は比較できない仕方で（ἀσυγκρίτως）、また上昇を超える仕方で（ὑπεραναβεβηκότως）、存在するものを知る。

そして最終的にディオニュシオスの「万物の完全で一なる原因はあらゆる付与を超えているのであり、あらゆるものから絶対的に隔絶して一切のものの彼方にあるものの卓越性はあらゆる除去を超えている[33]」という結論を支持する形で、

「じっさいそれらは神の後にあるもので、〔それらを〕付与したり、除去したりするが、われわれは神そのものを付与（措定）しない、つまりそれらのものから神のウーシアをわれわれは知るわけではないし、完全に除去するわけではない、したがって完全に理解できない存在ということである（なぜなら完全に理解できないものは予期しえないものであり、制御できないものだからである）、しかし神のまわりにある何らかの像をふき

取って、真理の何か薄暗い形姿をわれわれは結び合わせる。それはじっさい一切の付与もまた超えており、一切のものの除去された原因としてある。また一切の除去を超えるが、それはそこにおいて存在しているもののどんなものの除去を通しても神は知られない。というのはそれはすべてを解き放って、すべてのものの彼方にあるからである(34)」。

この辺りの議論で気づくことは、当初の議論が神のウーシアをエイナイの方向へと目を向けることであったのに対し、それが再びウーシアへ戻ってきていることである。ここで彼は極めてディオニュシオス的に、あたかもディオニュシオス的神認識の中に包含されるかのようにふるまっている。

ところで「ウーシア」を「エイナイ」と読むことは、すでに触れたように注意すべきことである。というのは東方の場合、神のウーシアは絶対に被造物には知られないのだから、ウーシアという語を発することは、これ以上当のことがらに立ち入るなという禁制が敷かれたことになるからである。その越えるに越ええない敷居の前に立って、つまりウーシアの敷居の前に佇んで、ウーシアを問おうとする者にとっては、その取るべき態度は、この場合二つしかない。つまりこれは始めから問うべきにあらずとして、ウーシアの内実を信によって了解したと、まさしく己の願望や欲求を読み換えて、そのままに置くか、それとも問いは問いとして置いておいて、ウーシアを別の言葉（ここではエイナイ）の次元に置き換え、その言葉を通して、何らか人間の認識可能な範囲おいて、問いえぬウーシアの一端を把握しようとするかである。

もしこの場合のように「エイナイ」という読み替えを推し進めてゆけば、すでに述べたように存在論につながる可能性が現れる。ある意味でスコラ学の方法はそれであると言えるだろう。その場合どうしても「存在―神―

論」の方向に傾いていくきらいが十分に出てくる。パキメレースの場合、もちろん他のパラフレーズを調べてみないと明言できないが、少なくとも『神秘神学』の場合は、マクシモスの「エイナイ」を踏襲しつつ、神のウーシアを「エイナイ」と置き換えていることはすでに見た通りである。しかし『神秘神学』の狙いは、神の把握は、肯定神学も否定神学をも乗り越えた先にあるとするので、とりわけ肯定神学に定位される「存在」は一つの取っ掛かりとしてのみ示唆されてあったように見える。

結語

さてこれまで見てきたところから、最終的にパキメレースのパラフラシスの特質を再度考察しなければならない。

現代的な文献研究の目から見れば、パキメレースの手法を正しく評価することは極めて困難な気がする。おそらくそれはこうしたパラフラシスそのものの価値を疑うことにもなろう。典拠となる文献テクストの言い換えであるならまだしも、言い換えの作業の最中にこともあろうに他人の見解を、それも大部分借用して、自らの論となすことは、剽窃以外のなにものでもないとするのが、現代の一般的評価である。われわれははなはだしい独創性の欠如と思われるものを前にして困惑するのみである。

しかし始めに述べたことを今一度思い起こしてみよう。つまり中世ビザンティン帝国にあって、それ以前の学問に向かうものは、現在のように直接その原典に当たって、逐一文章の流れを辿るというようなことは極めてまれなことであったのである。もちろん中にはそのような探究者もいたことであろう。しかし研究するということは現在のような、独創的で、新しい知見をうることではなく、とりわけ信仰の範疇に入るようなものを相手にする場合には、たとえそれが哲学的探究の意図に触発されたものであっても、先人の註解に準拠することが何より重要だったのである。先人と比べて特に異質の、新奇な考えを開陳するということは通常のビザンティン人には期待しても益が少ないであろう。ましてや権威として定まった人がいる場合はなおさらである。マクシモスは東方ではそのような人の一人であった。その意味でパキメレースがパラフレーズするとき、マクシモスを参照したことは当然であるし、自分から見て、マクシモスの見解が当然と思えば、それをそのまま文中にはめ込むことは当然のことであった。そしてまた読者がすべてまずマクシモスのものを参照するとはかぎらず、読者の便のためにも、先人の意見を文中に入れておく方が親切と言えば親切であるし、伝統の継承にもなる。そしてもしパキメレース以降の誰かが再び必要に迫られてディオニュシオスの注解ないしパラフレーズをやったなら、今度はパキメレースの見解をその後世の者の文中に挿入したかもしれない。こうして先人の註解等を下敷きにした新たな註解やパラフレーズは無限に生産されることになろう。

こうした事態を考えてみると、一般的に註解やパラフレーズは一種のコラージュだと言える。これは自分の作品の中に他者の作品をそれとわかる仕方で組み込んでいく手法なのだ。コラージュの場合、もちろん他人の作品を使ってはいるが、他人のものを自分の意志で自分流に按配していて、それ自身作品としての価値を有している。その作品はもはや他人の作品のままではなく、ある意味で改変された、しかし先人を決して揶揄するような意味で作り変えたものではなく、後の人間が先人の作品のよいところを借用することによって、新たな意味を付与したものと言えるであろう。神学作品にしても、いわゆる芸術作品にしても炯眼の士は改変されたものの中に原型を見通す。そしてその中ではじつはさまざまな声とでもいうべきものが、それぞれの存在を主張しているのである。それら個々の存在は他の存在によってつぶされることなく、自らの場を得ている。もちろん高らかな声を出す者もいれば、かすかな声しか出さない者もいるであろう。しかし後者は前者によって場を奪われることはない。もしこうしたことがビザンティン的手法であるとすれば、ビザンティン的思惟とはまことにポリフォニー的なものだと言えるかもしれない。改変されたテクストはますますポリフォニックになり、しかし東方的伝統に依拠して、捉えがたい神の、被造的存在と共通する意味でのエイナイにかかわらせることにより、「存在―神―論」的な存在論に頽落することには、いわば無意識的な歯止めがかかっていると見ることもできよう。

註

（1） こうしたことについては、Karlfried Froehlich, Pseudo-Dionysius and the Reformation of the Sixteenth Century, in "*Pseudo-Dionysius, The Complete Works*", translation by Colm Luibheid, Foreword, notes, and translation collaboration by Rene Roques, introductions by Jaroslav Pelikan, Jean Leclercq, and Karlfried Froehlich (Pulist Press, New York, 1987), 33-46を参照。

（2） Alain de Libera, *La philosophie médiéval* (Presses Universitaires de France, 1993), 23. 邦訳、阿部一智訳『中世哲学史』（新評論、一九九九年）三九―四〇頁参照。

（3） これはディオニュシオスが擬ディオニュシオスと修正されたことと関係する。この文書の真の著者をめぐる問いは、十九世紀の終わりにシュティグルマイル（J. Stiglmayr）とコッホ（H. Koch）の二人が別個に、同時期ディオニュシオスの『神名論』の第四章の研究から、ディオニュシオスは従来言われていたパウロの弟子ではなく、むしろプロクロスの文章を『神名論』の中に滑り込ませていたことを突き止め、ディオニュシオスの年代は少なくとも六世紀頃であろうとしたことでいわば偽名であることが明確になった。しかし疑念を抱いた先人は、本書の後の註にも示すように、すでに存在したわけだが、文献研究の手法や権威への挑戦等の問題があり、近代のようには論証できなかっただけである。

（4） Paul Rorem & John C. Lamoreaux, *John of Scythopolis and the Dionysian Corpus, Annotating the Areopagite* (Oxford, 1998) などを参照。

（5）基本テクストは、『ミーニュ教父全集』第3巻（PG 3, 997-1064）であるが、ここでは、*Corpus Dionysiacum II*, (Patristische Texte und Studien, Band 36), herausgegeben von Günter Heil und Adolf Martin Ritter (Walter de Gruyter, Berlin, New York, 1991), 139-150を用いる。引用箇所などはこのHeil-Ritter版の頁とミーニュの該当箇所を示す。

また邦訳としては次のようなものがある。大出哲訳「偽ディオニュシウス・アレオパギタの『神秘神学』」『カトリック研究』第七号（一九六五年）、宮本久雄訳「擬ディオニュシオスの言語表現「神秘」をめぐって—否定詞 οὐδέ, οὔτε の機能」（一）」（既出）『エイコーン』創刊号（新世社、一九八八年）、熊田陽一郎訳『神秘神学』（『キリスト教神秘主義著作集』第一巻、所収）（教文館、一九九二年）、今義博訳『神秘神学』（『中世思想原典集成』第三巻、所収）（平凡社、一九九四年）。本章では主として今訳を用いたが、適宜他の翻訳をも参照し、また筆者の判断で変更した部分もある（特に「ウーシア」は「存在」と訳されているが、それでは意味が一方向に限定されかねないので、敢えて「ウーシア」と原語のままにしておいた）。

（6）Cf., *The Oxford Dictionary of Byzantium*, ed. By Alexander P. Kazhdan (Oxford University Press, 1991), vol. 3. p.1550.

（7）Cf., Basil Tatakis, *Byzantine Philosophy*, translated, with Introduction, by Nicholas J. Moutafakis (Hackett Publishing Company, Inc. Indianapolis/Cambridge, 2003), 197-198.

（8）Cf., Alain de Libera, ibid., 39-40 邦訳、五九—六一頁参照。

（9）このパルメニデス注釈については、パキメレースが著したという仮説は、まだ確証には乏しいながら、十分成り立ちうるものとして、批判版が出版されている。Γεωργίου τοῦ Παχυμέρους Ὑπόμνημα εἰς τὸν Παρμενίδην Πλάτωνος [Ἀνωνύμου Συνέχεια τοῦ Πρόκλου], George Pachymeres, *Commentary on Plato's Parmenides [Anonymous Sequel to Proclus' Commentary]*, edited and translated by Thomas A. Garda, Sion M. Honea, Patricia M. Stinger and Gretchen Umholz, introduction by Leendert G. Westerink (Athen, Paris, Bruxelles, 1989). またこの序文（Introduction, p. XIV）によれば、パキメレースは擬ディオニュシオスとプロクロスとの間にその思想や用語において強い親近性があることを指摘していたと報じている (PG 3, 116A4-10)。つまりベルトルトよりも早くこのことに気づいていたのである。

（10）「パラフラシス」については、*Lexicon für Theologie und Kirche* (Herder, 1963), 82-83 によれば、παράφρασις は μετάφρασις あるいは μεταβολή とも言われ、ある文章を別の言葉や文体で言い換えることである。オリジナルのテクストを解明するために使われたものだが、聖書に多く適用された。だからその意味で翻訳やグロッサや解釈あるいは注釈とは異なる。しかしその違いは厳密なものではないと言う。

（11） PG 3, 1013A.

（12） Ibid., 1013B-1016A.

（13） M.Th. I. 3, Heil-Ritter144 (PG 3, 1001A).

（14） §1. Ἔνθα τὰ ἁπλᾶ. ...Ἀπόλυτα οὖν ἔφη τὰ μὴ κατὰ ἀνάπτυξιν ὀνομάτων [ἤ συμβόλων λεγόμενα, ἀλλὰ τῇ ἐκ πάντων τῶν ὄντων], καὶ τῇ τῶν νοήσεων ἀποπαύσει καὶ ἀπολύσει συναγόμενα, ἥντινα ἀνενεργησίαν τῆς ἱερᾶς κινήσεως ἐν μὲν τοῖς πρὸ τούτου ἀνοησίαν ἐκάλεσεν: *Sancti Maximi scholia in librum De mystica Theologia* (PG 4, 416C-417A).

（15） M.Th. I. 1, Heil-Ritter141-142 (PG 3, 997A-B).

（16） PG 3, 1016A.

（17） PG 3, 1016AB.

（18） ここでわれわれはこのディオニュシオスの祈りについて、現代のデリダが発言していることも念頭に置いておいてもよいかもしれない。デリダはこう言う、「否定神学の言説が何であるのか、その所定の諸特徴やその固有の性向が何であるのか、知っているふりをしながら。この言説は誰に対して語りかけるのだろうか？　その宛先人は誰だろうか？　……たとえば、ディオニュシオス・アレオパギテスは神に向けられたある種の祈りを捧げるが、彼はこれを弟子への語りかけと結びつける。より正確に言えば、呼びかけられこれを聞き取った者が弟子になるという事態に結びつける。神へと訴える頓呼法が、まさに、その方向を逸らすことなく、ある男性の方へ向かう別の頓呼法へと向きを変えるのである……」(Jacques Derrida, *Sauf le nom* (Galilée, 1993). 邦訳『名を救う』小林康夫・西山雄二訳（未来社、二〇〇五年）一四頁より引用)。デリダの「否定神学」に対するある種の奇妙な距離のとり方は別にして、ここでは神への懇願が取りも直さずある人間に向けられていること、つまりある人間を自分の懇願の所作に巻き込んで、ともに懇願させること、そしてそれによって（少なくとも）、われわれという二人の前に、未知のものが幾分か既知のものとして現成してくることを期待すると取れないであろうか。これもまた読み換えであろうか。

（19） Basil Tatakis, ibid., 197.

（20） Cf. PG 3, 1021AB; PG 4, 420B.

（21） PG 3, 1044A-1045A.

(22) PG 4, 428D.
(23) PG 3, 1045AB.
(24) Ibid., 1045B.
(25) M.Th. II, Heil-Ritter149-150; (PG 3, 1045D-1048B).
(26) PG 3, 1057-1064.
(27) Ibid., 150; (1048AB).
(28) PG 3, 1060CD. および *Sancti Maximi scholia in librum De Mystica Theologia* (PG 4, 429B). グレゴリオスの記述はその『神学講話』第二講話参照。
(29) PG 3, 1061A.
(30) Ibid., PG 4, 429C.
(31) Johannes Damascenus, *Expositio fidei*, Kotter, 1973, 7 (PG 94, 789B).
(32) PG 3, 1061AB, PG 4, 429CD.
(33) M.Th. II, Heil-Ritter150, (PG 3, 1048B).
(34) PG 3, 1064A.

第三部　パラマスの思想とパラマス主義

第一章　パラマスによる擬ディオニュシオス解釈の一断面

——ディオニュシオス『スコリア』援用の問題——

序

すでに第二部で触れたように、「ディオニュシオス問題」というものがある。つまりディオニュシオスなる人物が一体誰であるのか、ということがまず問題で、しかも著者がその文書中で自ら著したいくつかの書名を挙げているものの、その存在が疑われているもの、すなわち虚構と見なされているものもあるという状況である。残された「ディオニュシオス文書」にしても、一人の作者によるのか、複数の作者によるのか、それは憶測の域を出ないが、判然としない。ただディオニュシオスはいかにも当人が執筆したと思わせるように、現在われわれが手にしていない書物の名を挙げているから、それは同一の人物によって書かれたと解される可能性が高い。また「ディオニュシオス文書」に見られる顕著な新プラトン主義的言辞は、彼が真正のキリスト教徒であるのか、それとも正真正銘の新プラトン主義者であることを示すのか、あるいはたんに当時流布していた新プラトン主義哲学の言辞を、たとえばプロクロスの書にならうという形で、自説を述べるに際し援用しただけなのか。それもまだよくわからない。またキリスト教教義史の領域（特にキリスト論）でこのディオニュシオスは「単性論者」に与していたと言われることがある。たとえば単性論の先鋭、アンティオキアのセヴェロス（四六〇／六五—

五三八年）がその著書の中で、ディオニュシオスに言及し、「ディオニュシオス文書」を引用しているところから、そうみなされることがある。またネストリオス派においても、ディオニュシオスは言及されていると言われる。(1)

加えて、この「ディオニュシオス文書」には、註解書やスコリアの類がいくらかある。西ヨーロッパ中世のエリウゲナ（八一〇頃―八七七年頃）やヨアネス・サルラケヌス（十二世紀）の翻訳やスコラ学者による註解および東方キリスト教世界でのそれを加えると、註解書は多いと言わざるをえない。そして註解書を書いた人物にしても、ある人に関しては、著者名が附されている当人とは違うのではないかと疑われ、現在、別の人物が本当の作者であるとか、別人の註解が一つの文書の中に混じっているとか言われたりしている。

まさしくディオニュシオス周辺は謎に包まれている。

さらに内容的にキリスト教の正統派から見れば、異端嫌疑をかけられそうなものをもちながら、この書が、ある期間ヨーロッパでは西でも東でもこれほど珍重されたのはどうしてであろうか。それはやはりこの著者が「パウロの弟子、アレオパゴスの議員、ディオニュシオス」であると堅く信じられていたからだと、たとえば、ペリカンは言うが、(2)当時の人は著者たる人物とその語る内容との差を問題とはしなかったのだろうか。いや問題であったからこそ、スキュトポリス（?―五五七／五七八年）やマクシモスと言ったカルケドン派の神学者は、ディオニュシオスが正統であることを証するため、その註解書を書いたとも言われるわけで、そこに人物とその語りの内容を整合させようとする努力を見ることもできるが、さらにではどうしてそれほどまでしてこの書を擁護したのかと言えば、再びそれは「アレオパゴスの議員ディオニュシオス」の書いたものであるからという、堂堂巡りの議論になりかねない。またこの書の執筆目的についても不明なままである。(3)

以上、ディオニュシオスに関しては、何から何まで、疑問や謎が多い。われわれとしては、それ以上現時点では踏み込めないところが多いので、目の前にある「ディオニュシオス文書」を、あるがままに受けとって、考察の対象としたい。もし後日、何か新事実が現れるようなことがあれば、そのとき、必要な修正はできるであろう。

第一節　パラマス問題について

さてわれわれの主題はディオニュシオスそのものではない。このディオニュシオスを自説の補強に何度も使用した十四世紀の神学者、グレゴリオス・パラマス（一二九六頃―一三五九年）が問題である。

さてここでも「パラマス問題」というものがある。これはディオニュシオスの場合のように、人物が謎めいているとか、立場が不明であるというよりは、むしろ彼が提唱した理論にまつわる問題を意味している。つまり彼は神とはそもそも何であるか、ということについて、あくまで「東方教会」の伝統に基づいて、神の何であるか（本質）は、被造物たる人間には把握できないとしながらも、しかし、人間と神の間に何らかの通交を可能にする道を探ろうとする。つまり神は被造物には絶対に把握できないとすると、神は人間から一切理解されず、神と人間の関係は疎遠になり、人間が神へ向かおうと努力することも、神の人間救済の意図も宙に浮いてしまう結果になりかねない。そこで神の中に、人間や被造物が絶対に把握できない「神のウーシア（本質・実体）」と、その反対に何らかの仕方で把握可能な「神のエネルゲイア（働き・活動）」を区別したのである。ウーシアやエネルゲイアという用語は、ギリシア哲学はもとより、パラマス以前の教父たちの文書によく現れるが、しかしこのようにはっきりと神認識の領域において、神のうちにウーシアとエネルゲイアを分別したのは、おそらくパラマスをもって嚆矢とするであろう。しかしそのことは問題なくすまされたわけではなく、当然このように、把握できない神と把握できる神として神を分断してしまうところが、大いなる神学上の逸脱行為と見られたことも事実である。さらにまたパラマスがこういう理論をもちだしてきた機縁が、当時アトス山で実践されていた修道士の祈りの深まりの果てに、実際に人間が肉眼で神を見るといった主張がなされていたことへの疑問に対する反論（後述のバルラアムによる）であったことも、この問題を複雑化している。そのことがかえって議論を呼び、その過程で次第に彼の神理解の問題が浮上してきた感が強い。そのため彼の真意を摑めない者にとって、彼の論そのものに一種のいかがわしさを感じさせることにもなった。

　アトスの修道士の行為がいかがわしいとして断罪しようとしたのは、イタリアのカラブリア出身のギリシア人修道士、バルラアム（一二九〇頃―一三五〇年）であった[4]。後にパラマスと大論争になるのだが、はじめはアトス（山）の修道士の行いは異端であるという告発であった。もしもアトスの修道士のように、肉眼で神を見ることができると主張するなら、絶対に近づきえないはずの神に人間が触れることになり、それでは神を被造物の境位に貶めることになる。あるいは神と人間が、創造主と被造物という絶対的断絶をなくして、主客が一体となって交わるという汎神論的な神秘主義に陥りかねない。そうバルラアムは言おうとした。これに対し、アトスの修道制を死守しようとするパラマスは、教会の教える通り、人間は神に近づきえないことは十分に認める。しかし近づきえないのは、神の何たるかである「ウーシア」であって、神にはそれだけではなく、「神のエネルゲイア」ともいうべき別の側面があり、これによって人は神をいかほどか知るのであると先述のように主張した。神の人間に与える恵みとはこのようなものであると。また被造物の姿（現象的世界像）を観想することによって、人に神の偉大さを知らしめるのがそれであると。こうして神には絶対にわれわれが知りえないウーシアとそこにおいて神と人間が交わりうるエネルゲイアがあるのだとパラマスは言った。

この理由づけに対し、かつてはパラマスのもとにいたスラヴ人でマケドニア出身の修道士、アキンデュノス（十四世紀初め—一三四九年）がバルラアムに与して、パラマスは二神論、いや多神論を唱えていると論難し、双方が相手を非難しあったのである（ことの発端は、アトスの修道士の行為をめぐる問題であったので、アトスの修道士が実践する東方教会独自の霊性、ヘシュカスムの名をとって、これを通常「ヘシュカスム論争」と言う）。

パラマスとしては、バルラアムらの反論に対し、神における区別の正当性を論じなければならなかった。加えて神は「一」であることにも言及しなければならなかった。しかし他方で、神は父・子・聖霊という三つのヒュポスタシス（位格・ペルソナ）をもつものであり、その意味で神は「一」でもあり、「三（多）」でもある。そして当然のことながら、神のウーシアが非被造のものならば、神のエネルゲイアも同じく非被造のものでなければならなかった。そうでないとバルラアムたちの言うように、神のうちに創造主たる神と被造のものが混在し、神は「一」でなくなってしまい、それどころか神でもなくなってしまう。問題はそれゆえ「一」と「多」にまつわること、しかもこの「一」と「多」が同時に成り立つ場があるのかということであり、神のウーシアが神であるなら、そのエネルゲイアも神であるということをめぐるものであった。このような哲学的、神学的問題の背後にあるパラマスの意図は、先走って言えば、決して純粋な学的論議に終始するものではなく、むしろ神と人間の親密な関係を保持することであった。人間と交わりうるエネルゲイアが非被造のもの、すなわち神であると証明しようと試みたり、神の区別を説き、一を提唱するのも、みなそのための装置であったと言ってよい。

第二節　パラマス の議論

さて今問題とするパラマスのテクストの表題は、本来は非常に長いものだが、簡略化して言えば、『神の統一性（一性）と区別について』（全三五章）というものである。(5) 全体としては長くはない論考であるが、パラマスは始めから論の順番にそって、諄々と説いている感じがあり、われわれもまずは彼の論の流れにそって、全体像をつかんでおこう。

全三五章からなるこの論考は大きく見て、次のような構成になっている。問題は何度も言うように、神にウーシアとエネルゲイアを区別し、エネルゲイアがウーシアとは異なるもののやはり神的なものであるということを論証することであった。そこでこの論考の意図を述べ（第一、五、七章）、ディオニュシオスが神に統一と区分を述べていることを、ディオニュシオスを引用しながら説明し（第二章）、パラマスの考えに異を唱えるバルラアムやアキンデュノスを批判する。その過程でパラマスにとっての当時の異端（バルラアムたち）と古代のアレイオスやエウノミオスなどの異端も俎上に上らせる（第三、四、六、九、一〇章）。また神を知るとはどういうことかを考察する（第八章）。続いて分有を問題にして、三一論との関連を説く（第一一―一三章）。スコリアを用いての議論が何章か続く（第一四、一七、一八、二八、二九章）。このあたりでは神の摂理や善性を神のエネルゲイアとすることの論証に力が注がれる。また神の統一あるいは一性をめぐる思索もヒュポスタシスとの関連で展開される（第一八、一九、二〇、二五、二七章）。そして「一」と「多」にまつわる論議がなされる（第二八、二九章）。そしていくつかのまとめの章（第三〇、三二、三三章）があり、締めくくりの言葉になる（第三四、三五章）。

このように論考の意図、反対論者への反論、自説の援護としての権威の引用があり、問題の核心をなすエネルゲイアの神性の証明（分有、一と多、三一論等による）、そして締めくくりという流れが見られる。ここから本章に必要と思われる部分だけを取り出して、考察してみよう。

さて、この論考の中でパラマスは自説の論拠として、先に触れたディオニュシオスをたびたび援用する。(6) ディオニュシオス以外には、バシレイオス、ナジアンゾスのグレゴリオス、ニュッサのグレゴリオスがある。パラマスが依拠するディオニュシオスの著作は、『神名論』第二、四、五、九章と『書簡』第九（これらは章や書簡のすべてではなく、それらの中のごく限られた部分のみ）である。いずれも長い箇所の引用ではなく、自説に有利と彼が考えるところに限局されているが、『神名論』の中でも、特に第二、五章がよく引き合いに出される。これに加えて今回問題にしようとする『神名論』と『書簡』に対する『スコリア』がある。以上を素材にしてパラマスの見解を確かめてみるのであるが、ここであらかじめ予測として述べておくことは、実はこの『スコリア』というものが、パラマスが自説を立てるときになみなみならぬ影響を及ぼしているのではないか、ということである。今回、可能な範囲でそのことを示してみたい。

ところでわれわれがもっとも簡便に知りうる『スコリア』はすでに触れたミーニュのギリシア教父全集の第三巻に見られるパキメレースのパラフレーズしたものと第四巻にあるマクシモスによるとされているスコリアである（*Scholia sancti Maximi in opera beati Dionysii.*）。今は後者を参照する。このスコリアは第一部の終章で少し触れたように証聖者マクシモスのものと言われていたが、バルタザール等が疑義を提出して以来、(7) これはマクシモスとスキュトポリスのヨアンネスの註解の混合したものだろうと言われるようになった。スキュトポリスのヨアンネスはパレスティナのスキュトポリスの司教で、新カルケドン派の博学な神学者であった。それゆえスコラスティコスとも言われ、またアンティオキアのセヴェロスと論争をした人物でもある。ただ問題はどこからどこまでが、スキュトポリスの注釈でどこからどこまでがマクシモスのそれであるかは判定できなかったが、ローレム（Rorem）によれば(8)、スクラ（Suchla）によってそれが明らかになったと言う。彼女はシリア語とギリシア語の初期の写本を手に入れ、そこにスキュトポリスの註解のみを見出し、マクシモスのそれを分離することができ、その結果スコリアの学問的研究が可能になったのである。しかし今回は両者を区別するということはしない。そうしなくても当面の論には影響ないと考えるからである。

さてパラマスはディオニュシオスを次のように引用して論を進める(9)。

「われわれの神学的伝統の秘義に通じた人々は、神の統一・一性（τὰς ἑνώσεις 複）を次のように呼ぶ。すなわち言い表しえないものを超え、無識なるものを超えた永続性（μονιμότης）の、隠されて歩み出ることのない超越的定在（ὑπεριδρύσεις）であると。他方区別（διακρίσεις）（複）の方は、神性の根源の善にかなった発出（προόδους）と顕現（ἐκφάνσεις）である。そして彼らは聖なる言葉に従って言う。今述べられた神の統一は特別なものであり、さらにその区別も、特別な統一と区別をもつものであると(10)」。

そしてさらに、

「しかも自らを善性によって増やし、多数化する神の一性を超えた一性の、善にかなった発出が、神の区別でもあるならば、神の区別に従って、抗しがたい分配、すなわちものを在らしめ、生かしめ、賢なるものとする分配は統一されている。つまり一切の原因である善性の他の賜物は、それに即して分有と分有するものから分有されない仕方で分有されるものは讃えられるのである」[11]。

また以上に加えて、

「これらの統一（複）と区別（複）の神にかなった原因についてわれわれが語録の中に見出したかぎりのものを、それぞれについての特性を分別して、『神学概論』の中でできるかぎり説明しておいたのである」[12]。

このようにここでパラマスは『神名論』の第二章四、五、七に議論を定位させ、それをよりどころともし、大前提ともして論を進める。これがパラマス説の根拠ともなり、彼自身が自信をもって自説を展開する源泉である。パラマスはディオニュシオスが神の統一と区別を述べていると言う。それによれば、神の統一は超越的定在であり（静）、区別は神性の根源の発出と顕現（動）である。そしてその統一も区別も何か特別のものである。また神の区別は神の一性の善にかなった発出で、ここから神が「善において」増え、多数化するが、しかし全体としては統一されている。そして今度は、抗しがたい分配（これを、存在をつくる力、生命をつくる力、知恵をつくる力、とする）が、そういう区別に従いつつ、統一されている。

さらにパラマスの意を強くしたのは[13]、次のディオニュシオスの言葉であろう。すなわち

「このように神的なものそれ自体が統一されまた区別されているので、われわれは神的なものを言葉によっ

て統一し、また区別することに努めよう[14]」。

つまり神的なものそのものが「事実として」統一・区別されているのだから、人間は神的なものを語ることにおいて統一・区別の観点からすることは当然だというものである。

加えてパラマスはこうした区別は神における区別であって、被造物の区別と混同してはならない、と言う[15]。ここでもパラマスはその論拠をディオニュシオスに仰いでいて、ディオニュシオスの

「さて神学の統一と区別のあらゆる仕方を吟味し、解明したあとで（この部分はディオニュシオスの原文には見当たらない）、そのようにわれわれは神的なものを言葉によって統一し、また区別するよう努めよう[16]」。


という文言を挙げる。つまりここで語られているのは神的なことに関してのみであって、神と被造物における統一や区別を問題にするのではないと言う。そこで一足飛びに、神の統一と区別は二つながらにして神においてあり、しかも統一はそれ自体非被造と考えられるように、区別もまた非被造であると断言する（ただこのように論ずることは少々走りすぎの感がする。直ちにそう語れるかどうかは問題であろう）。

その上、こうした問題には「言葉」でできるかぎり接近することが可能であると、これまたディオニュシオスに拠って言う。つまりディオニュシオスが、

「なぜなら一切の神学において語られえぬことは言葉で語られたことと絡みあっている。そしてそれの〔一

つは〕神秘的で秘義に関するものを、教えられない秘義伝授によって実行し、据えつける。〔他方〕哲学的なこと、また証明により明らかとなることを信頼し、語られたことどもの真理を大いに必要とするのである」(17)。

と語ることを持ち出すのである。これによれば、神学には語りえぬことと語りうることがあり、両者は密接に絡み合っている。それぞれは分担する領域は違うものの、その目的とするところは同じである。すなわちそれは神に何らかの仕方で触れることである。ただし注意すべきは、ここでの神学はたんに学としての「神学」ではない。神との一致に向かうかぎりでの神の言葉に聴従していく態度をも含む全人的行為を指していると考えられる。

しかしパラマスの論敵であるバルラアムやアキンデュノスたちは、神の一性は非被造であるが、その発出まではそうとは認めなかったとパラマスは解釈する。しかし一性は非被造、発出は被造というふうに、もしバルラアムたちが言うのであれば、彼らもすでに何らかの形で神のうちに区別を認めていることになるから、ここでもパラマスの論がすぐに有効かどうかは問題なのである。ただパラマスも無理な論をしているわけではなく、一方を非被造、他方を被造とすれば、たとえば善というような神の属性が被造の部類に入れられることは正しくないと反対していて(18)、その上での、議論ではある。しかし今パラマスに準拠して話をしている以上、パラマスの論点をそのまま承認して進むことにする。

この反パラマス陣営の発言に対し、パラマスは再びディオニュシオスに拠って、彼が「一性を超えた一性の……」と「善性によって自らを増やし多数化しながら」を付加していると言う。つまり一性・統一と区別をともに神に属するもので、非被造と言っているのである。ただこうしてパラマスが神の発出をただちに神的なものとすることは、一なる神から多なるものを生み出す、といって批判されてきたのである。しかしこれに対してもパラマスは、被造物は神の発出から成し遂げられたもの（ἀποτελέσματα）であって、発出そのものと区別しなければならないと説く。われわれはそれら被造物を通して神を知るようになった。[19] われわれの神認識の仕方はそのようなものである。この論を支えるものは、一つはパウロの言葉と、もう一つはバシレイオスの言葉である。パウロのよく知られたローマ書第一章の「世界が造られたときから、目に見えない神の性質、つまり神の永遠の力と神性は被造物に現れており、それを通して神を知ることができる」（ローマ一・20）という句はパラマスに力を与えた。神は自身を人間にとって不可知なままにしてはおかなかった。すなわち絶対把握不可能な神も被造物という可視的なものを通していかほどかは人間に知られるのである。

さらにパラマスは

「神にかかわること、つまりその本質は知られざるものであり、本質のまわりにあるもの（本質にかかわるもの）すべては知られうる。すなわち善性、知恵、力、神性、偉大さ等」。

とバシレイオスが『書簡』二三四・一において言っている、とする。[20] ただしここでパラマスはバシレイオスの名前もその出典も述べているわけではない。彼は「神を担う教父が」と言っているだけで、バシレイオスであることはテクスト校訂者の脚注による。しかしそれにしても、パラマスの原文にある「本質のまわりにあるもの」（τὰ περὶ τὴν οὐσίαν）という言葉は、脚注によるバシレイオスの該当箇所にはない。しかしバシレイオスの話の内容はパラマスが言わんとしていることである。

余談ながらここでバシレイオスは面白い問題を取り上げている。それは、人は自分が知らないものを礼拝できるか、という問題である。彼によれば、たとえば、もし知っているものをわれわれは礼拝する、と言えば、その礼拝の相手の本質（ウーシア）は何かと問い返されるだろう。逆に礼拝している相手を知らないと言えば、知らないものを礼拝するということがありうるか、と反論され、無知ゆえの信を嘲笑されるだろう。このアポリアをどう解くか。バシレイオスは「知る」にいく通りかあり、本質を知ることだけが知ることではないとしてこのアポリアを切り抜けようとする。現実的に、われわれが神の偉大さや力や知恵や善性、等を知ると言うことは可能なことであると言う。しかしそれは神の本質ではない。われわれは神の本質を知っているとは決して言わない。しかし神の正義や神が人を愛することをわれわれは知っていて、そう語りもする。これも神の知り方の一つである。それゆえ

「われわれはさまざまな活動（ἐνεργειῶν）からわれわれの神を知ると言うが、その本質（οὐσία）そのものには近づくとは公言しない。というのは神のエネルゲイア（複）はわれわれのもとに降り、そのウーシアは近づきえないものとして留まるからである[21]」。

パラマスが「神にかかわること、つまりその本質は知られざるものであり、本質のまわりにあるもの（本質にかかわるもの）すべては知られうる。すなわち善性、知恵、力、神性、偉大さ等」と言っていることを校訂者がバシレイオスの『書簡』に特定したことの理由はある程度了解できる。それはパラマスの意図に合致する見解ではある。とくに最後の方で「エネルゲイア（複）」という（ここでは「諸活動」という意味であるが）言葉が見つか

る以上、パラマスが参照したであろうと考えてもおかしくはない。パラマスが、神のさまざまな働きをエネルゲイアとし、かつそのエネルゲイアを非被造としたことの有力な根拠とはなるであろう。

またさらにパラマスはマクシモスがキリストの神性の働き（エネルゲイア）を問題とするところを援用する[22]。パラマス自身は、「被造的エネルゲイアは被造の本性を特質としている」と、きわめて簡略に引用している。だが、本心は神のエネルゲイアが非被造であることを証しようとするものであるので、引用以外のところ、すなわち、マクシモスがキリストのエネルゲイアを非被造としたときと被造のものとしたときの違いを言いたいのである。すなわち

「もしあなたたちがそれ〔キリストの神性のエネルゲイア〕を造られたものと言うのなら、被造的本性のみを示しているであろうし、また造られざるものと言うのなら、ただ非被造的本性という特質を示しているのである。自然的であるものは完全に自然本性に適合しなければならないからである。そしてそれはどのようにして〔生じ〕うるか。被造的本性のもの〔については〕始めがあり、非被造のエネルゲイア〔については〕始めがなく、無限で、創造するものであり、保持するものである。あるいは造られる〔ことによって〕始めをもち、終わりがあり、また終わりのない存在に向かって他のものに包まれるものが、どうして造られず、始めがあったのだろうか[23]」。

キリストのエネルゲイアはキリストが神、すなわち非被造であるかぎり、始めをもたない。従って始めのないエネルゲイアがある。それは非被造である。だから神のうちにエネルゲイアはあり、当然それは非被造である。

パラマスがこう言おうとしているのは明らかである。

第三節　スコリアによる議論

さてそれでは本章の目的である、主としてスキュトポリスのヨアンネスが著したとされる『スコリア』をパラマスはどのように扱っているかを見てみよう。（A）―（E）の五つに分けて考察する。

スコリア（σχόλιον）とは本来聖書解釈において聖書の難解なところを、いわば脚注の形で欄外に記されたもので[24]、これが聖書以外のものにも適用され、何らか重要な著作の註解にもなった。

（A）パラマスはその書の第一四章で、存在するものの創造と摂理（予知）は神の発出であることを（パラマスが著者であると考える）マクシモスに拠って、証明しようとする[25]。この註解は、『神名論』第二章五節の「しかし本質を超えた神学には区別もある、つまり〔その区別は〕、私が言ったことだが、一の原理であるヒュポスタシスのそれぞれが、一性そのものに即して、混じりけなく、混合されることなく据えられているということだけではなく、本質を超えた神の産出にかかわることは、相互に変換されないということでもある。本質を超えた唯一の源泉、それは父であって、父は子ではなく、子は父ではなく、神性の根源としてもヒュポスタシスそれぞれにおいて、讃歌はそれに固有のものを汚れのない仕方で守っている。そういうことが口にすべからざる一性と存在に即した一性と区別なのである[26]」。

にある最後の「一性と区別」を表題として註解する(27)。パラマスは『スコリア』が「創造の摂理と善性は三つのヒュポスタシスの区別された統一性と共通である」と言っているとする。

ところでディオニュシオスの『神名論』第二章四節では、神の統一（複）と区別（複）が説明され、その際の区別（複）は「発出と顕現」であるとされていた。そのときの統一（複）は「超越的定在（ὑπεριδρύσεις 複）」のことである。ではなぜこの「超越的定在」が複数なのか。これは私見によれば、優れた力という意味で複数が使われていると思われるが、ローレムはこの複数は新プラトン主義的用法であって、「留まる」とか「基礎」という言葉に適用されるものだと言う(28)。また熊田の註によれば(29)、ランペはこれを being that is established transcendently とか ultimate reality というふうに訳しているので、もしそういう意味にとれるなら、ここでパラマスがこれを神のウーシアとする理由はあるのである。そして区別は複数で「発出」と「顕現」を指していた。しかし五節においては単数の区別に言及されるのである。このように同じ語に複数と単数が適用されるので、非常に複雑な内容をもち、ディオニュシオス解釈を困難にしているところである。なぜかと言えば、四節では、区別は発出と顕現とされたのだが、五節では区別が「神の善にかなった発出ならば」と言っていて、その区別は単数で記されているからである。たんに「顕現」が抜けたので、単数としているのであるかどうか。先のローレムなどはこの発出は神の一から三への動きを表していて、それ自体は単数だとしている(30)。

しかしパラマスも、ここでの註解者も単複の問題にはこだわらず、創造にかかわる摂理や善なる神の意図は、つまりパラマス流に言えば、これがエネルゲイアなのだが、それは三つのヒュポスタシスとして区別されてはいるが、神全体としては一であることと共通なものだと言う。スコリアでは先の言葉の前に、「神の区別は見えるもの、見えざるもの一切の被造物がもつ多様な姿形へと豊かな善性を通して神が発出することである」という意味の文言がある（神学者グレゴリオス？）。ゆえにパラマスは、註解者が発出へと神を意図させるのはいわば摂理であるのだから、この発出そのものは神と変わらないと言っていると考えたのである。そしてその摂理等は、パラマスによれば、「存在を与え、生命を与え、知恵を与える力」であり、おそらくこの三つはそれぞれが父・聖霊・子に相当するのであろう。加えて、このように多を神にまつわる言説に導入することによって、パラマスは「それが多で区別されているから」、これは神のあくまで一なる本質（ウーシア）を示すのではないと主張するわけである。それゆえこれは神のウーシアとは区別されたエネルゲイアであると主張したいのである。かくしてパラマスの論にスコリアは強力な支えであったことは明らかである。

（B）　次いで二番目のスコリア。これは第一七章。ここには二つスコリアよりの引用がある。第一番目は、先人たちが

「神の永遠の知解作用と運動はエネルゲイアそのものである（ἀϊδίους νοήσεις καὶ κινήσεις εἶναι θεοῦ τὰς ἐνεργείας ταύτας）[31]」。

と教えていることを論拠とし、それの一つとしてディオニュシオスの『神名論』を挙げる。それは、パラマスによれば

「神の運動とは万物を存在へと導き保つこと、また神の直線運動とは［神の］諸々のエネルゲイアの屈曲しない発出であり、螺旋運動とは恒常的発出と豊饒なる静止、つまり存在するものを自らへと円に沿って旋回

させることである」。

という文言であるが、これはディオニュシオスの原文をつづめたもの。原文はもっと長い[32]。ディオニュシオスは神に適用されるはずのないような「運動」をどう解釈するかを、その「運動」を「直線運動 τὸ εὐθύ」、「螺旋運動 τὸ ἑλικοειδές」、「円環運動 τὸ κατὰ κύκλον」と分けて説明するとパラマスは言う。すなわちここで神の運動とは言うが、それはもちろん比喩的表現である。「直線運動」と言えば、神から一切のものが迷うことなく発出することであり、「螺旋運動」は発出としての「動」と定在としての「静」が調和をとることであり、「円環運動」とは、神は同一性を保ち、かつ一切のものを神へ帰還させることを意味する。そこでパラマスは、スコリアはこう言うとする。すなわち「神の運動とは存在するものを生成に向ける神の意志であり、すべてに向けてのその摂理の発出である」。これはスコリアの原文にわりと忠実であって、実際は

「ところで神はそれら（さまざまな自然界の運動）の一つに従って動くのではない。そうではなくて、存在者の生成に向ける神の意志と万物への神の摂理は不動の運動であり、常に同じように保つものと言われるのである[33]」。

となっている。すなわちここで神に適用された運動の意味は、いわば神の内面の出来事としての神の意志を指すものであって、神がたとえば場所的に動くといったものではないのだ。ただパラマスはここから「存在するものへの神の運動」、つまり神の意志や摂理は神のウーシアではないことを言いたいのである。しかしそれはウー

シアとはまったく無関係なものではない。そこをさらに強めるためにもう一度別のスコリアをもってくる。それは『書簡』九のスコリアである。ここでディオニュシオスはティトスへ宛てて、聖なる知恵は二通りの滋養物を提供することを説明するのだが、その過程で、「始めなく、終わりもない」ということが問題となる。それに関する註解である。すなわち

「彼〔ディオニュシオス〕は始めがないことを神の摂理と言っているが、それは愚かな者たちが『同時に神、同時に万物』と言っているのに従って、諸存在と同時にあらかじめ考えてということではない。そうではなく、諸存在が、そのイデアあるいは神の範型の中に作られる前に、すなわち神の永遠の思惟において、その神のイデアや思惟（ノエーシス）に従って、将来生じるものが導き出されるようあらかじめ形成されたのであり、神の摂理はすべての被造物の前に始めなく存在していたのである。というのは被造物が、神があらかじめ考えた善性を享受することを望むということは、神の摂理、あるいはあらかじめの思惟にかかわることであったからである。そのことによって、さて、摂理は不死の天使や不死を目指すわれわれやわれわれを通して良きものとなるようなものにおいて、終わりがないと言われるのである(34)」。

ここで言う神の摂理はパラマスの考えるエネルゲイアであるが、それは神の永遠の思惟の中にあり、その意味で永遠であるから、始めも終わりもない(35)。ゆえにそれは非被造であるというわけである。

（C）　三番目のスコリアは一八章にある。パラマスはディオニュシオスが

「神からそして神において、そしてその存在そのもの、そして存在しているものの始原が存在する（ἐκ τοῦ θεοῦ καὶ ἐν τῷ θεῷ καὶ αὐτο τὸ εἶναι καὶ τὰς τῶν ὄντων ὑπάρχειν ἀρχάς）」。

と言っているると述べるが、原文はこうである。そこでは「超越的善自体（αὐτοϋπεραγαθότης）」が問題とされる。

その上で

「存在自体と万物の始原とすべての存在者と、ともかく存在によって支えられるすべてのものは、それ（超越的善自体）から、そしてそれにおいてある。そしてそれは制限なく、包括的で、かつ個別的な仕方である[36]」。

となっている。パラマスはディオニュシオスが「超越的善自体」と言っているのをたんに「神」と読み替えている。もちろんこの「善」は神の属性であるから、それを神と言い換えても間違いではないが、パラマスは神の「善」は神のエネルゲイアであるというつもりであるから、「超越的善自体」を神としてしまうところに問題がないわけではない。しかしそれは許容範囲のことであろう。

さてパラマスが引用するスコリアでは

「それから由来する諸々のもの、そしてそれにおける諸々のヌースは知識の観想されたものと思える。同様にそれにおいて〔それらは〕区別されていて、あたかも魂において多くのものがともに考えられるがごとくで、混同しないで留まり、それがそうあるべきときに、一に即して外に働きかける[37]」。

となっている。ここでは註解者は一種の認識論を述べている。つまり認識する主体である魂においては、多くのことを思惟するのであるが、それらは混同されないで、区別されて存在し、必要なときには一つ一つのものが魂の外に出てくるのである。その上で、この認識を神の思惟内容ととり、そこから創造論にまで至ろうとする。上の言葉のすぐ前には

「というのは神における知解作用（νόησις）そのものは存在するものにとり生成であるから。それら存在するもののうちにあるものは、すなわち種であり、またそれはイデアである。そのものは全体としてヌースであり、全体的知（エピステーメー）である(38)」。

とある。つまり存在者には神のイデアが発現していると考えられる。このイデアが創造のいわば原理であるから、そのイデアは神的なものであり、これをエネルゲイアとすれば、パラマスの議論の根拠ともなる。エネルゲイアは創造へとイデアをつき動かしていく原理でもあるからである。

ただ興味深いのは、パラマスが言及してはいないが、このスコリアの最初の部分である。そこではこう言われている。

「次のように解すべきである。『超越的善自体』は、ヌースであるが、エネルゲイア全体であり、それ自身への旋回であり、力（可能態）においてではなく、エネルゲイアにおいてであり、最初は無思慮であるが、それからヌースがエネルゲイアにおいて生じる。そこからヌースはただ純粋で、外から〔影響されて〕ものを考

えることはしないで、まったく自分自身をめぐって考える。というのはもしも神のウーシアが自らとは別のものであり、自分とは別のものを考えるならば、それ自身、つまりそのウーシアは理性をもたないことになろう。もしも何かをもつなら、自分からもつのであり、他のものからではない[39]」。

ここでははっきりと、問題にしている「超越的善自体」はエネルゲイアであると、註解者によって言明されており、しかも神のウーシアという言葉も見られる。この「超越的善自体」は思惟しつつ、万物を創造する源として、ヌースと言われるのであり、またそのかぎりで「働き」、すなわちエネルゲイアなのである。しかしそれは神のウーシアとは言えない。従ってそのかぎり神においてエネルゲイアとウーシアは区別されていると考えられるのである。

（D）　これは第二八章。ここでは神が「一」でありながら、どうして「多」なるものを生むのか、という難問に答えようとする。これより先、神においては二つの区別、つまりヒュポスタシス上の区別とヒュポスタシスとは次元を異にする領域での区別（発出・顕現）が問題とされていた。それをこの第二八章では、まとめ的に再度取り上げたのである。さてパラマスが引用する『神名論』の少し前と後を引用するとこうである。

「神は存在を超えた仕方で存在するものであるが、存在者に存在を与えてすべての存在（ウーシア）を創り出すので、『かの一なる存在者が多数化されるのだといわれる。その際この一なるものから多数の存在者が創りだされるのだが』、一なるもの自身は全然減少することなく多における一として留まる[40]」。

一なるものは諸存在の創造において、自らは一でありながら、多なる存在者を生み出す。スコリアでは「神が多数化すると言われるのは、それぞれに即して存在するものを創り出すことへと意図することにおいて、あらかじめ考えられた発出により増えるということ、つまり分かたれずして一として留まることである。それはあたかも太陽が多くの光線を送り出しながら、一に留まるごとくである(41)」。

となっている。一なる神が被造的多を生み出すといっても、一なる神自身が多へと分散していくわけではない。その「多」はあくまで神の思惟内容として、「多」を意図するというかぎりでの神の働きの結果なのである。その働きが成就・完成した結果、現象界に多なる被造物が存在するわけである。スコリアの議論の進め方は、パラマスとそう大差ないが、ここで指摘しておくべきは、最後の太陽光線の譬えはパラマスがエネルゲイアは神であること、そして神のエネルゲイアは太陽の光線のように、外へ出されても減じることなく、太陽は一として留まる、と言ったことと符号する(42)。パラマスはこうした先人の言葉を巧みに使用したと言えるであろう。

（E）　最後のスコリア。第二九章を見てみよう。これはすでに言及したスコリアで『神名論』第二章五節のものである。やはり先の（D）でとりあつかったのと同じ、神の区別の論証であるが、それは「神の区別とは創造の多様な姿への神の多数の善性を通しての発出である(43)」というもので、これは発出の多なることをもととした議論である。

それでは結論的考察に移ろう。以前よりパラマスが唱えた神におけるウーシアとエネルゲイアの区別に関し、この説の出所を問うことがあった。その際、正教会の学者からは、パラマス説は何か珍奇な、目新しい説といったものではなく、パラマスに先行する諸教父の見解を総合的に述べたものであると主張された（ロースキー、メイエンドルフ等）。他方、パラマスに好意的ではない陣営（特にカトリック側）からは、この説は、パラマス独自のものであり、教父たちの意図はパラマスのそれとは異なるものである、それゆえ正統から逸脱した謬説に近いものであると断定された（ジュジー、シュルツェ等）(44)。

筆者はこの両方の考え方にはどちらも誇張があると考える。真実のところはやはり中間であって、これからそれを明らかにしていこう。

これまで見てきたかぎりにおいて、パラマスが度々引用して、自説の強力な援護者としたディオニュシオスは、少なくともパラマスが引用するかぎりでの『神名論』では、神のうちにはウーシアとエネルゲイアが存するという形式では言明していないと思われる。もちろん神のうちに「統一・一性」と「区別」を語る。パラマスもそれに基づいている（それはこれまで見てきた通りである）。しかしディオニュシオスは、それらの一方をウーシア、他方をエネルゲイアとは単純には言っていない。その点で、「ウーシア―エネルゲイア」という対概念は必ずしもディオニュシオス経由ということではなく、パラマスに特有のものであると、ある程度は言えよう。

教父としてのバシレイオスについては、もし校訂者の指摘が正しいとして、彼の『書簡』をパラマスが念頭に置いているとすれば、ここには確かに「エネルゲイア」という言葉はある。ただエネルゲイアは一般的に「働き」や「活動」という意味であり、ここでもその意味で使用されている可能性が高く、パラマスの神学的術語の位置に来るかどうかは必ずしも明らかではない。しかしこれはパラマスの論にとり、やはり有力な支えであることは間違いない。たとえばすでに引用したバシレイオスの

「われわれはさまざまな活動（ἐνεργειῶν）からわれわれの神を知ると言うが、その本質（οὐσία）そのものには近づくとは公言しない。というのは神のエネルゲイア（複）は、われわれのもとに降り、そのウーシアは近づきえないものとして留まるからである」。

は、はっきりと神の近づきえないウーシアとわれわれがそれによって神を何らかの仕方で知るエネルゲイアを分けて述べている。従ってバシレイオスは神のウーシアとエネルゲイアを区別しているのだ。このような証言をもとにして、パラマスはディオニュシオスが言う神の統一性・一性たる「超越的定在」を神のウーシアと考えた、と想像するのは無理なことではない。さらにパラマスの別の著作[45]では、ディオニュシオスの

「しかし他方神の区別（単）というものが、神である一性の（ἑνώσεως）善にかなった発出であるとするならば、すなわち神がその善性によって自らを増し（πληθυούσης）多数化（πολλαπλασιαζούσης）しながら、云々[46]」。

を引用して、「善にかなった発出である」の後に「これはすなわちエネルゲイアのことであるが」と引用文中にあたかもディオニュシオスの文言であるかのように、パラマス自身のことばを挿入しているのである。これなどバシレイオスなどの先人（パラマスにとっては、ディオニュシオスは伝承通りバシレイオスの先人ということであるから、バシレイオスの方がディオニュシオスに倣ったということになろうが）の言葉を自説の保証であると受け取ったために違いない。

ところで『スコリア』に関しては、（A）において、パラマスはマクシモス（彼は註解者がマクシモスと考えていた）は、はっきりと神の「創造の摂理と善性は三つのヒュポスタシスの区別された統一性と共通である」と述べているとしている。ここで摂理と善性は一くくりのもの、ヒュポスタシスはまた別のもので、それには特別の区別があるが、ヒュポスタシスは神的なもので、それと共通する摂理と善性は神的なものであるとの確信をパラマスは得ている。そして摂理は「存在・生命・知恵を与える力」というふうに再解釈されている。そしてこれらは決して神のウーシアでないことをも確認しているのである。

（B）でも「神の知解作用や運動」がエネルゲイアであることをスコリアにわりと忠実に従った上で解釈している。

（C）では、パラマスはディオニュシオスの言う「超越的善自体」を単純に神と読み替えてはいるものの、スコリアにあるエネルゲイアとウーシアの相違を捉えて、この認識論を神へと適用している。それは間違いとは言えまい。

（D）では、神の「一」と被造物の「多」を問題としていたが、ここでもパラマスはエネルゲイア説への支えを見出していて、それはスコリアの（E）でも同じである。

以上、パラマスは確かに先人の見解に従って神のウーシアやエネルゲイアを論じたように思える。しかしパラマスが拠ったディオニュシオスそのものは、神のうちにウーシアとエネルゲイアという用語による区別はしていない。また註解者の記すところでも、はっきりと神のウーシアとエネルゲイアを区別して一箇所で語ることはない。ただローレムやラモローが言うように[47]、中世の人々は、早い時期からディオニュシオスを直接読むということはなく、多くは「註解された」ディオニュシオスを読んでいたとすれば、パラマスにとってもディオニュシオスといえばそれこそスキュトポリスなどの註解書によるディオニュシオスであったのだ。従って註解書の中に散見するウーシアやエネルゲイアといった用語はパラマスには、何か大きなヒント以上のものを与えたと考えてもよいであろう。註解書のいく通りかの箇所で、「エネルゲイア」や「ウーシア」という言葉が出てくる以上、それは註解のもととなったディオニュシオスの本文そのものにも当然あってしかるべきものなのだ。パラマスはそう考えたに違いない。

それゆえパラマスは註解書（スコリア）や教父の見解から多大の影響を受けながら、アトスの修道士の実践する霊性を理論的に支えるものとして、彼自身がよしと見る「神におけるウーシアとエネルゲイアの区別」説を提案したのである。彼は、それによって神の絶対的認識不可能性と神の人間への恵みの贈与という矛盾的状況を回避できると見た。

ウーシアは人間から見て、語りえない神の神たる所以を表す用語ではあるが、しかし実際は何事をも明かさない。人間にとり、いくらウーシアという語を語ろうとも、依然として、その内容は不明のままである。それは言ってみれば、神に近づこうとする人間にとっては恐ろしい事態であって、そのことを考えれば、人は安穏とはしておれないはずである。こうした恐怖や畏怖をある仕方で宥めるものとしてエネルゲイアが考えられる。それは畏怖とは反対の極にある恵みとして捉えられるものなのだ。エネルゲイアはしかし多様なものである。それは神の摂理や善なることといった、いわば感覚には触れない原動力的、作用行使的な動的なものでありながら、いったんそうしたエネルゲイアの活動によって生み出された諸々の現象や事象をも包括している。パラマスが、この世界の現象を通して、また修道士の観想の果実を通して見たものは、そのような被造物全体を包括する神の恵みの贈与に他ならない。それは先述の恐怖や畏怖を、親しみに変えるものでもあったのだ。

しかもこのように神にウーシアとエネルゲイアを措定することによって、本来「一」なる神がどうして「多」なるものを生み出すことができるのかという問題にも強い光を当てることができるとパラマスは考えた。それは神自身が変化することなく、恵みを分配する形での多なる被造物を存在せしめるという、まさしく神の働きの結果であり、それらはすべて一つの調和のもとにあるものであって、その元型を一なる神のうちなる三つのヒュポスタシスの調和的あり方に見たわけである。

こうした考えに至ったパラマスは、おそらく、どこからどこまでが教父や註解書の見解で、どこからどこまでが自説であると区別するほど、近代人ではなかった。彼自身は教会の伝統に忠実であることを願い、アトスの修道生活が決して異端ではないことを証明することだけが望みであった。彼自身は教父たちと意見を同じくしているという自信があったはずだ。そうした教父・註解書・パラマス個人の思索と祈り（観想）の共同作業の結果とも言うべきもの、それがパラマスの「神におけるウーシアとエネルゲイアの区別」説ではないであろうか。

註

（1） こうしたことについては、Paul Rorem & John C. Lamoreaux, *John of Scythopolis and the Dionysian Corpus, Annotating the*

Areopagite (Clarendon Press, Oxford, 1998).; Pseudo-Dionysius, *The Complete Works*, translation by Colim Luibheid, Foreword, notes, and translation collaboration by Paul Rorem, Preface by Rene Roques, introductions by Jaroslav Pelikan, Jean Leclerque, and Karlfried Froehlich (Paulist Press, 1987). の中の Jaroslav Pelikan, *The Odessey of Dionysian Spirituality* (11-24). 等を参照。

（2）　先の Pelikan, ibid., p.21. 参照。

（3）　これについては、『キリスト教神秘主義著作集　1』（教文館、一九九二年）所収の熊田陽一郎の解説（三八三―八四頁）を参照。

（4）　このことについては、拙著『エネルゲイアと光の神学』（創文社、二〇〇〇年）等を参照。

（5）　このテクストの正式の名前は次のごとくである。『グレゴリオス・パラマスの、神の統一性・一性ἕνωσιςと区別にはどれほど多くの仕方があるか、またヒュポスタシスに関してのみならず、共通の発出とエネルゲイアに関して、神には区別があるということをわれわれは教えられたこと、そしてまたたとえバルラアムとアキンデュノスが賛意を表さなくとも、それぞれの統一性と区別について、それが造られざるものであるという考えをわれわれがもっているということ［についての論攷］』、*Γρηγορίου τοῦ Παλαμᾶ Συγγράμματα* , t. 2 (Thessalonike 1966), 69-95. メイエンドルフによれば、これは一三四一―四四年の作と考えられている。Cf. Jean Meyendorff, *Introduction à l'étude de Grégoire Palamas* (Paris, 1959), 361.

（6）　パラマスのディオニュシオス解釈に言及したものとしては、次のものを参照。Antonio Rigo, "Il Corpus Pseudo-Dionisiano negli scritti di Gregorio Palamas (e di Barlaam) del 1336-1341", & Adolph Ritter, "Gregor Palamas als Leser des Dionysius Ps.-Areopagita", in *Denys l'Aréopagite et sa postériorité en orient et en occident,* Actes du Colloque International, Paris, 21-24 septembre 1994 (Paris 1997).; G. Kappiev, "Die antiapophatische Deutung des Dionysius bei Gregorios Palamas", in *Die Dionysius-Rezeption im Mittelalter* (Brepols, 2000).

（7）　Cf. Hans Urs von Balthasar, *Das Scholienwerk des Johannes von Scythopolis*, Scholastik 15, 1940, 16-38.

（8）　Paul Rorem & John C. Lamoreaux, ibid., 36-37. スクラの論文については次を参照。Beate Regina Schula, *Die sogenannten Maximus-Scholien des Corpus Dionysiacum Areopagiticum*, NAWG, 1980, 3: 31-66; *Die Üerlieferung von Prolog und Scholien des Johannes von Skythopolis zum griechischen Corpus Dionysiacum Areopagiticum*, SP 18/2, 1989, 79-83; *Corpus Dionysiacum I*, 38-54.

（9）　Palamas, ibid., 2, 69-70.

(10) Ps. Dionysius, DN 2, 4 (PG 3, 640D-641A).
(11) Ibid., 2, 5 (PG 3, 641D-644A).
(12) Ibid., 2, 7 (PG 3, 644D-645A). ここでの『神学概論』なるものは見つかっていない。おそらく虚構の作であろう。
(13) Palamas, ibid., 3, 70.
(14) Dionysius, ibid., 2, 6 (PG 3, 644CD).
(15) Palamas, ibid., 5, 72.
(16) Dionysius, ibid., 2, 6 (PG 3, 644CD).
(17) Cf. Ps. Dionysius, *Epist*. 9 (PG 3, 1105D). パラマスの引用は文字通りではない。
(18) Palamas, ibid., 7, 73-74.
(19) Ibid.
(20) Palamas, ibid., 8, 75. バシレイオスの『書簡』は脚注によれば、次のものである。Basileus, *Epistola* 234, 1 (PG 32, 869A). バシレイオスの『書簡』は次を参照。K. Deferrari, Saint Basil, *The Letters*, vol. 3 (London-Cambridge (Mass), 1953), 372.
(21) Ibid., ἡμεῖς δὲ ἐκ τῶν ἐνεργειῶν γνωρίζειν λέγομεν τὸν θεὸν ἡμῶν, τῇ δὲ οὐσίᾳ αὐτῇ προεγγίζειν οὐχ ὑπισχνούμεθα· αἱ μὲν γὰρ ἐνέργειαι αὐτοῦ πρὸς ἡμᾶς καταβαίνουσιν, ἡ δὲ οὐσία αὐτοῦ μένει ἀπρόσιτος.
(22) Palamas, ibid., 10, 76.
(23) Maximus, *Disputatio cum Pyrrho* (PG 91, 341A).
(24) 『新カトリック大事典』三（研究社、二〇〇二年）五二二頁。本書第二部も参照。
(25) Palamas, ibid., 14, 78-79.
(26) Dionysius, ibid.,2, 5 (PG 3, 641D).
(27) *S. Maximi scholia in lib. De divinis nominibus* (PG 4, 221AB).
(28) Paul Rorem, *Pseudo-Dionysius, A Commentary on the Texts and an Introduction to Their Influence* (Oxford, 1993), 139.
(29) 熊田、前掲書、三〇八頁。
(30) Rorem, 1993, ibid.

(31) Palamas, ibid., 17, 80-81.

(32) Ps. Dionysius, DN 9, 9 (PG 3, 916CD).「……なぜなら神が動くということは、移動によるのでなく、変化でなく、変異でなく、転回でなく、場所的運動でなく、直線的でなく、円環的〔運動〕でなく、その両方に由来するものでなく、知的でなく、生魂的でなく、自然的なものでなく、神がウーシア（本質・実体）に向け導き、すべてを保持し、あらゆる種類にわたってすべてを予見し、すべてを抵抗しがたく含むことによって、すべての存在するものに対して摂理的な発出と働き（エネルゲイア）によって、すべてのものの傍らにあると、敬虔にも考えねばならないからだ。しかし神の不動の運動も、神にふさわしい仕方で、言葉によって、讃歌を捧げると同意しなければならない。そして直線的なもの〔運動〕とは傾かないこと、また諸々の働きの脇に逸れない発出であり、神からすべてが生成することであり、他方螺旋的なもの〔運動〕とは、恒常的発出であり、豊穣なる静止であって、円環に即したもの〔運動〕とは、同一であること、また含み、含まれる中間と極点であり、神から進み出、神へと帰還するものであると解さねばならない」。もっともこの説は教父には見られないもので、コッホなどはそれをプロクロスに基づくと言っているらしい。

(33) *S. Maximi scholia in lib. De divinis nominibus* (PG 4, 382CD).

(34) *S. Maximi scholia in lib. De divinis nominibus* (PG 4, 569CD).

(35) Palamas, ibid., 18, 81-82.

(36) Ps. Dionysius, DN 5, 6 (PG 3, 820CD).

(37) *S. Maximi scholia in lib. De divinis nominibus* (PG 4, 320D).

(38) Ibid.

(39) Ibid., (320B).

(40) Ps. Dionysius, *DN* 2, 11 (PG 3, 649B).『…』の部分がパラマスによる引用。

(41) *S. Maximi scholia in lib. De divinis nominibus* (PG 4, 232C).

(42) Cf. Palamas, *Physica, theologia, moralia et practica Capita CL*. C. 92, 94, *Γρηγορίου τοῦ Παλαμᾶ Συγγράμματα*, t 5. メイエンドルフによれば、一三四四—四七年の著作。

(43) *S. Maximi scholia in lib. De divinis nominibus* (PG 4, 221A)

（44）これについては拙著『エネルゲイアと光の神学』参照。

（45）Palamas, *Energeia* 3, 98, Γρηγορίου τοῦ *Παλαμᾶ Συγγράμματα*, t 2. メイエンドルフによれば、一三四二年（の終わり）—一三四三年（の始め）の著作。

（46）擬ディオニュシオス『神名論』二、5（PG 3, 641D-644A）。

（47）Paul Rorem & John C. Lamoreaux, ibid., 2.

第二章　神の本質の把握不可能性について

――東方教父とトマス・アクィナスの解釈――

序

神認識に関して東方教会と西方カトリック教会とでは微妙な差異があると言われる。東方では、神の本質（神の何たるか）は天使にすら、ましてや人間には到底把握しえざるものであると言われ、他方、西方ではたとえばトマスは、至福な者は知性によって神の本質を見る、と言っている。[1] これからすれば東方は神の「本質＝何たるか」をまったく把握できないとしているのに対し、西方では若干の条件があるとしても、神の本質を見る、つまり捉えうると言っているわけで、両者の間には神認識に関して齟齬があることになる。これについて筆者はすでに、東方と西方（この場合はトマス）の考え方を、「見る」に関連する「把握する」という語からの考察を施すことによって、両者の考え方の特質を明らかにしうるであろうと述べたが、[2] それはまだまだ素描の段階であり、いわば一種の予感であった。今回、この問題を再度取り上げ俎上に載せ、吟味し直すことによって、東方と西方の神認識をめぐる根本的姿を描き出してみたいと思う。

第一節　東方教父―ダマスコスのヨアンネスの例

体系的神学を組み立てることの少ない東方教父にあって、唯一例外的に、ギリシア哲学を基盤として、体系的な神学書を編んだのはダマスコスのヨアンネス（六五〇頃―七五〇年頃）であったとされる。彼はアリストテレスやポルフュリオスに基づいた論理学・哲学の書も著しているから、同じくアリストテレスに依拠することの多かったトマスと比較するのは相応しいことであろうし、また彼が後代の西欧に与えた影響も大きいから、東西の比較には最適であろう。もちろん彼が先行するギリシア教父の思想に忠実に従っていることも忘れてはならない。

さてここでは彼の著作として代表的な『知識の泉』[3]を取り上げる。彼は『ヨハネ』一・18の「いまだかつて神を見た者はいない。父の懐にいる方、独り子こそ〔神を〕示されたのである」をその論の冒頭に置く。ここにすでに彼の神認識の方向、すなわち神を見るということの不可能性を論じる態度が示されている。さらに

「したがって、神性（τὸ θεῖον）は名状しがたく（ἄρρητον）、把握しがたいもの（ἀκατάληπτον）である……最初の祝福された本性（φύσις）〔を失って〕以来、〔神〕がご自分を開示されないかぎり、神を知る者はなかった。それはなにも人間だけのことではなく、この世を超えた勢力、すなわちケルビムやセラフィムにとってさえそうである[4]」。

だが

「神の存在に関する知識は、本性的に（φυσικῶς）、すべての者に植えつけられているのである。……そして、〔神〕は、われわれの能力に応じて、まず律法と預言者を通して、次いでご自分の独り子、われわれの主、神、救い主、イエス・キリストを通して、ご自分に関する知識をわれわれに明らかにしたのである。従って、われわれは、律法と預言者と使徒と福音書記者を通してわれわれに伝えられたすべてのことを受け容れ、認識し、尊び、それらを踏み越えて探求することはしない。……したがって、すべてを知り、それぞれの益を考慮する〔神〕は、知ることがわれわれの益となることを開示したが、〔われわれには〕耐ええないことは秘密にしたのである。〔開示された〕ことでわれわれは満足し、それらのことの内に留まり、昔からの地境を移さず、神聖なる伝承を踏み越えることはするまい（5）」。

すなわち神の存在に関する知は人間が耐えうるが、神性（われわれの文脈では本質と言ってよいだろう）の知は耐ええないもの、また知る必要のないことであることが当然の前提とされている。これは東方教父に共通の考え方である（6）。

このように人間の矩を越えて知ることへの願望には制限があるが、それはわれわれの言語の性格と関係する。すなわち

「神について語ったり聞きたいと思っている者は、神に関すること（θεολογία）であれ救いの営み（οἰκονομία）〔受肉〕に関することであれ、すべてが言葉で語りえないもの（ἄρρητα）でも、すべてが語りうるもの（ῥητά）でもなく、すべてが知りえないものでも、すべてが知りうるものでもないことをはっきりと知らね

ばならない。知りうることと語りうることとは別々のことである。語ることと知ることが別であるのと同様である。そのうえ、神について漠然とわかったことの多くは、ふさわしく表現されず、われわれを超えたことについては、われわれのように語らざるをえないのである。このため、われわれは神について眠りとか怒りとか無頓着とか、手とか足とか、さらにそれに類したことを語るのである」(7)。

すべてが語りえないものでも、語りうるものでも、また知りえないものでも、知りうるものでもないということは、結局、われわれの言語による知の介入を阻んでいるということなのだ。だから彼は知りえないと明言もしないし、知りうると明言もしない。どこか中途半端な言い方にこれは終始している。断言しないのはどちらか一方に発言が傾いたとき、そこに虚偽が混入することを恐れてもいるからだ。そのことのよい例は神について、怒りや無頓着というようなおよそ神にふさわしくない言葉を使うところに現れている。しかしもしそのような少し突き放した言い方を避けるとすれば、ヨアンネスが先の文の後で述べるように(8)、神が全能であるとか、永遠であるとか、元なく、終わりもないといったような一見優等生的発言をもってくることになる。しかしこの言表もある程度神の何であるかを表していると言えるだろう。究極的な「神の何か」ではないにしても、通常はこれで十分であって、先に上げたような特質をもつものが神なのだと納得すればいいのである。

逆に言えば、問題は神について語りうることは何かということになる。もちろん、それを表現してみれば、永遠や元や終わりがないということになるのだが、彼によれば、語りうることは、神が「本性に即して何であるか」ではなく、「何でないか、あるいは対立するものとして区別されるものらの何か」、「〔神の〕本性と活動(ἐνέργεια)に付随するものらの何かとの関係」であって、ここから神の名としてふさわしいのは「在る者」(ὁ ὤν これは神の存在とその存在の本質を表現するとヨアンネスは言う）であり、「神」（θεός これは語源的に「テイン・走る」や「アイテイン・焼く」や「テアスタイ・観照する」に由来し、神の活動を表現する）[9]であるという考えが出てくる。

　だが問題はこの肯定的言表にどこか満足できない者の存在なのであるが、仮に、その者が、そこから一歩進んで、永遠で元なく、終わりもないのが神であると言うが、それはいったい何なのか（οὐσία）と問うと途端にわからなくなるというのがヨハンネスらの態度なのである。つまり

「旧約と新約聖書の神聖な言葉を通して、語られ、あるいは明らかにされたことで、神にふさわしいかたちでわれわれに告げ知らされたこと以外は、神について何も語ることも、完全に認識することもできない」[10]。

のである。もし旧約聖書や新約聖書をよく吟味したり、探したりして、そこに神に関する言表を何か見つけたら、それで十分ということで、それより先は問うべきではない、と言っている。つまりそれより先の問いの道は閉ざされているのである。

　しかしこのような事柄にはそうした負の側面だけではなく、正の側面というのも当然あって、人間は「神が存在する」ということを認識することはできると、ヨアンネスは言う。もちろん現代人なら一番気になること（つまり神が存在すること）を、彼は天然自然の現象や調和や聖書の教えるところに従っていわば無条件に肯定してはばからない。キリスト教徒にとってだけでなく、ギリシア人にとってもこれは自明だとさえ言う[11]。ただ神の本体（τί ἐστι κατ᾽ οὐσίαν）と本性（φύσις）についてはそうではない。それは把握不可能（ἀκατάληπτον）であり、

認識不可能（ἄγνωστον）なのである。[12] そこで結論的な言い方では、神が「生まれざるもの、元のないもの、不可変のもの」云々は「〔神が〕何であるかを指摘するのではなく、何でないかを指摘するにすぎない」、じっさいものの本体が何かを語ろうとすれば、まさしく何であるかを語らねばならないのだが、神の場合は違うのだということになる。それは語ることが不可能だからだ。不可能というのは、たとえ人間が数万語費やして、語ったつもりになっても、それは空しい音響で終わるということで、何ほどのものをも示しえないということである。だから神については、「あらゆるものから分離させることで推論を進めるほうがふさわしい」が、それは「神は存在するものの一つ」などではなく、存在自体をも超えるからである。一般に〔人間の〕「認識（γνῶσις）は存在するものに関わるから」[13] である。そこで最終的にはこう言われる。

「神性は無限で、把握しえないものであり、把握しうるのは〔神性〕のこの無限性と把握不可能性のみである。神についてわれわれが断定的に語ることは何であれ、本性ではなく、本性に関わること（τὰ περὶ τὴν φύσιν）を明らかにするにすぎない。……さらに、神について断定的に（καταφατικῶς）言われることでも、それらは絶対否定の意味をもっているのである。たとえば神における闇について語るが、われわれは闇を考えているのではない。むしろ光ではないということであり、光を超えているということである」[14]。

こう言って、ヨアンネスは否定神学の様相を色濃く表した表現で締めくくるのである。

第二節　その他の東方教父より

このような神認識へのアプローチはヨアンネスをはじめ東方教父の常套手段のようである。事実、メイエンドルフはその著『ビザンティン神学』の「アポファテッィク〔否定〕神学」を扱った項で、ディオニュシオスから始まり、カッパドキアの教父を経てグレゴリオス・パラマスに至る東方神学の特質を述べているが[15]、そこでニュッサのグレゴリオスの『雅歌講話』から引用して、この否定神学的手法の機微を尽くそうと試みる。それによれば

「このようなわけで、霊魂は再び立ち上がり、都市と呼ばれる精神的天上世界を、精神を通して遍歴する。……彼女〔霊魂〕は、天使の宇宙的な全位階を尋ねながら歴り歩く。しかしいくら多くの善を見出しても、尋ねる方を見出さないので、天使たちが自分の恋人の行処を知っていると思い込み、彼らに『わたしの霊魂の愛する方を、あなたは見ませんでしたか』と問う。しかし彼らはこの問いに沈黙してこたえない。彼らはその沈黙によって、自分たちにさえ、彼女の尋ねる相手は把握し難いことを示す。そこで彼女は思案しつつ天上の諸都市を歴る。だが思惟的で非物体的なものの中にも、恋人の面影を見出せないので、今や見出したものをみな放棄して、次のことを知るに到る。つまり、彼女の尋ねる方は、それが何であるかということが知られないという仕方でのみ知られる、ということを[16]」。

この否定的知り方は何かを頼りとして知るということではない。頼りとするものが一切ないという認識に立ったとき、はじめて思い知らされるという形で、つまり諸都市を苦労して経巡ったあと、万策尽きたところに否定的知が現出する知り方なのである。つまり神探究の知的努力（諸都市を経巡ること）が無に帰するときに、しかし知的探究という行為があったればこそ、知らしめられることである。ここではあくまで知ることを求めるという、人間の側の能動的行為が前提となっている。なんらかの行為によるプロセスなくしては、この否定知は得られない。メイエンドルフはこのプロセスを評して、「この除去のプロセスは神を知るために必要な段階であり、これは知的（intellectual）なプロセスではあるが、また霊的な浄化である」と言っている。(17) すなわち神を知るという行為は、知的行為であるとともに、霊の浄化という修行的側面をもつ。つまり知と霊は二つでありながら、分離しえないものとしてある。この見方は東方教父の特色と言ってよい。

そして先の註（2）にも触れたことがニュッサのグレゴリオスにおいても生じている。(18) すなわち

「だから神についての論議において、ウーシアが探究されるときは、沈黙のときである。しかしなんらかよきはたらき（ἐνέργεια）に関することであるときは、その知識（γνῶσις）はわれわれのところまで下ってきて、そのときは言葉を限度まで使って、〔神の〕驚くべきことを告げ、業を詳しく語り、そのあまねき力を語る時なのである。だがこれを超えることがらにおいては、被造物はその限界を越えて出ていくことは許されず、自らが知るかぎりで満足すべきなのである。というのはもし、われわれの論拠によれば、被造物がけっして自己自身を知ることなく、また魂の本質や、身体の本性といったものを把握しないなら、つまり存在するものがどこに由来するか、〔ものが〕どこから互いに生成しあうか、どうして非存在が存在を得、どうして存

在するものが非存在へと移り行くのか、なぜこの世界では反対のものからよく調和されるのか、といったこと〔を把握しないなら〕、またもし被造物がそれ自身を知らないのなら、自己を超えるものはいかにして十分に語られるのか。従ってそれらについては沈黙の時である。というのはそれらにおいては沈黙ははるかによいからである。語る時とは、それを通してわれわれの生が徳に向けて前進するときなのだ。われわれの主、キリスト・イエスにおいて、栄光と力は世々にいたるまで。アミン」[19]。

ここでもまた知りうることについては言葉のかぎりを尽くして語るべきであるが、しかし人間の則を超えることについては堅く口を噤むということが述べられている。この傾向は東方キリスト教精神圏においては、ひときわ厳しく守られている。同じメイエンドルフがやや皮肉に引用するパラマスの論敵、西方イタリア南部からビザンティン帝国の首都に来たギリシア人修道士、バルラアムについても、このことは当てはまる[20]。バルラアム自身はイタリアにおいて学知を形成した結果、天文学や論理学などに精通して、ビザンティンの霊性のみを重んじる修道士とは趣を異にする風情をもっていたが、それでも神認識に関しては東方の人間として語っている。つまり神の本質の理解は人間には深く閉ざされていることは、バルラアムによれば、パラマスの指摘を俟つまでもなく、すでにしてギリシアの賢人たち、すなわちピタゴラス、パンタイネトス、カルミデス、フィロクセヌス等々が承知していたことだ、と言うのである[21]。メイエンドルフはこの件についてはパラマスもバルファアムに同意するが、しかしギリシアの哲学者による形式的、知的「アポファティズム〔否定神学〕」は聖書のいう「超越」概念と大いに異なる、なぜといって聖書では、超越はむしろ人をして生ける神としての知られざる者との積極的出会いへ、また「知識より偉大な観想」へと導くのであって、神は知られえないと言って、そこから神との関係を絶つようなことはしないからだと言うのである。だからギリシア思想に拠りすぎたバルラアムはキリスト教の真意を解していないのだと言いたいわけである。

パラマスやメイエンドルフのバルラアムへの批判はそれとして、バルラアムにも意見を言わせるべきであろう。バルラアムはパラマスへの反論を述べた書簡で自己の意見を開陳する。そうするとメイエンドルフが引用した部分よりも先の方に興味を引く文章が見つかる。それによると、パラマスは「バルラアムが哲学の教えの守護者（つまりギリシアの哲学者は）は神の卓越性を理解した（κατανενοηκότας）として賞賛し、一方ケルビムにとっては神の卓越性は理解できないと言っている」として、非難している。逆にバルラアムはこのような物言いがパラマスの姦計だと言う。そこでこの問題、つまり「神の卓越性を理解するということ」については二重の仕方で解せねばならない。すなわち（1）人はヌースにおいて神の卓越性を解した（περιείληφέ τις）、という場合。（2）人が神の卓越性は一切の把握（καταλῆψις）や知解作用を超えると判断するなら、それは神が無限であるということを把握する（καταληπτόν）ということになる。（1）の意味では、人間も天使も神の卓越性を理解しえないが、（2）の意味では、天使も人間もそれを理解するのだ。ところがパラマスは（1）の意味をすべてに適用して、相手を陥れようとしているのだ、とバルラアムは言う。[22] 従って自分は間違ったことは言っていない、というのがバルラアムの言い分である。

こうなるとどちらがどちらを陥れようとしているのか、少しわかりにくくなるが、もしバルラアムのような知り方の区分というようなものが可能とすれば、バルラアムの論も十分に成り立つであろう。知り方に相違があることを念頭において、バルラアムもまた東方的神認識の原則は守っていたということになるからである。

第三節　トマス・アクィナスの考え

以上東方の思考傾向の代表的と思われる人々の考えを示した。ついで西方キリスト教思想の代表者であるトマス（一二二五頃—七四年）の考えを見ていこう。

トマスはその『神学大全』第一部第一二問において、人間の神認識について論じている（『神はわれわれによってどのような仕方で認識されるか』）。ここでは問題が一三の項に分けられているが、われわれはその中で重要と思われるものに限って見て行くことにする。ところですでに本章の冒頭でトマスに触れ、「把握」という概念に注目した。この「把握」については、第七項で詳しく論じられているが、その前に第一項、第二項も重要なポイントを含んでいると考えられるので、それらを順次見ていくことにする。

A　第一項

さて第一項は『（ある）被造的な知性は神をその本質において見ることができるか（Utrum aliquis intellectus creatus possit Deum videre per essentiam.）』[23]という問題であるが、ここでは天使や人間の知性（intellectus）が神を本質によって（per essentiam）見ることができるかどうかが問われている。異論は四つあるが、二つは名指しで東方教父、すなわちクリュソストモスとディオニュシオスの見解（第一異論、第三異論）である。この両者の見解はこれまですでに見てきたところと相違ない[24]。他の異論は一つが「無限」を神に適用し、無限なものは知られえない（第二異論）とする。もう一つは認識者と認識される者の釣り合いであって、人間と神の間にはその釣り合いにおいて根本的な不均衡があるというもの（第四異論）である。

反対異論は『ヨハネの第一書簡』第三章（2節）の神の子の来臨の折には、「われわれは神をそのあるがごとくに見るであろう」という聖句を根拠としている。

これに対するトマスの解答はこうである。ものはそれが現実態にあるのに従って、知られうるものであり、この意味で神は最高度の現実態、つまり純粋現実態であるから、「それ自体としては」最大度に知られうる。ところがこの「知られうるもの」が知るものの知性をはるかに超えれば、知ることは不可能だと、すなわちいかなる被造的知性も神の本質を見ることはできない、と結論する者が出てくる。しかしトマスはその説に賛成しない。トマスは、それは不都合だと言う。その根拠は、トマスの知性に対する大きな信頼感である。人間の人間たる所以を知性に見出すトマスにとって、人間の究極的幸福は知性認識のうちに成立する。もし神の本質を見ることができなければ、人間の至福は神においてあるとは言えなくなる。それでは人間は決して幸福にはなれないということである。神に造られたものとしての人間はその本源に何らかの仕方で触れることができなければ、永遠の不充足の中に置かれるからである。これは信仰の教えるところであると彼は言う。加えて理性の面からも、もし原因をどこまでも探求したいという欲求が満たされないなら、こうした自然的欲求もまた空しく潰え去る他にないであろう。

つまり被造的知性が神を本質によって見ることができないという見解は、理性の面からも、信仰の面からも退けられるということになる。それは不都合だから「至福な者」たち（ある被造的知性）は神の本質を見ると結論する。

さてそこでわれわれの関心としてはトマスが先に挙げた東方教父たちに対していかなる解答をしているかである。異論解答の第一、第三ではこうなっている。第一では教父たちが、神を見たものは誰もいない、と論じていたのだが、トマスは、教父たちはいずれも「把握という見る」（visio comprehensionis）について語っているとする。その証拠として両教父とも異論が引用する文言の前後において、この「把握」という言葉を使っていると言うのである。トマスの引用によれば次の通りである。まず第一異論のクリュソストモスは Deum nemo vidit unquam. の注釈として、こう言っている。すなわち Ipsum quod est Deus, non solum prophetae, sed nec angeli viderunt nec archangeli: quod enim creabilis est naturae, qualiter videre poterit quod increabile est ? これに関するギリシア語原文は次の通りである。Ἐπεὶ αὐτο ὅπερ ἐστιν ὁ Θεός, οὐ μόνον προφῆται, ἀλλ' οὐδὲ ἄγγελοι εἶδον, οὔτε ἀρχάγγελοι〔中略〕Ἡ γὰρ κτιστὴ φύσις ἅπαντα πῶς καὶ ἰδεῖν δυνήσεται τὸν ἄκτιστον;この中略部分があることから、トマスはクリュソストモスを自分の論に必要な部分のみ引用していることがわかる。そして第一異論解答のクリュソストモスはこう言う。Visionem hic dicit certissimam Patris considerationem et comprehensionem, tantam quantam Pater habet de Filio. これに関するギリシア語原文は次の通りである。Γνῶσιν γὰρ ἐνταῦθα τὴν ἀκριβῆ λέγει θεωρίαν τε καὶ κατάληψιν, καὶ τοσαύτην ὅσην ὁ Πατὴρ ἔχει περὶ τοῦ Παιδός.[25]

ところで擬ディオニュシオスの論拠はこうである。これはトマスが第一異論解答では、異論に掲げたものの前に論拠があるとしているので、トマスが問題として取り上げる順序を逆にして、原文どおりに並べてみる。Omnibus ipse est universaliter incomprehensibilis, et nec sensus est eius, neque phantasia, neque opinio, nec ratio, nec scientia. これのギリシア語は、καὶ προληπτικὴ, πᾶσι δὲ αὐτὸς καθόλου ἄληπτος καὶ ὅτε αἴσθησις αὐτῆς ἐστιν, οὔτε φαντασία, οὔτε δόξα, οὔτε ὄνομα, οὔτε λόγος, οὔτε ἐπαφή, οὔτε ἐπιστήμη…）[26]。

また第三異論によれば、

「被造的知性の認識が及ぶのはあくまで実在するもので、知性が捉える第一のものは有である。ところで神は実在するのではなく、実在するところのものを超えたものだと、ディオニュシオスは言っている。だから神は可知的なものではなく、いかなる知性認識をも超えている」(27)。

この典拠となったディオニュシオスは、Εἰ δὲ καὶ ὑπὲρ πάντα τὰ ὄντα ἐστιν … τἀγαθὸν と言う。つまりここでは「善」が一切の存在者を超えるならば、と言っている。この「善」を異論では「神」としているが、その違いそれ自体は特に大きな問題ではないであろう。これに対してトマスは

「ここでの実在しないという意味は、神がいかなる仕方においても実在しないということではなく、神が自らの存在であるかぎり、いっさいの実在するところのものを超えているということで、いかなる仕方でも認識されることはできないということではない。神はあらゆる認識を超出したもの、すなわち把握されないということである」(28)。

と答える。ここにも「把握」という言葉が使われている。

B　第三項

ここでのトマスは特に「把握」という言葉を使っているわけではない。第三項の問題は「神の本質は肉体的な眼によって見られうるか」(Utrum essentia Dei videri possit oculis corporalibus.) であって、トマスは肉体的な眼によっては神の本質を見ることはできないと言う。先の拙著でここを取り上げたのは、東方のヘシュカスムで修

行者は肉眼で神を見ると言われていたのを、パラマスの論敵であるバルラアムが論難したことに関連してであった。パラマス自身は、その見たというのは神の本質ではなく、あくまでも神の働き（エネルゲイア）であるとして、バルラアムの反論をかわそうとする。ところで第三項の問題は「神の本質を見る、云々」であるのに、トマスは「神を見る」ということは言っても、「神の本質を見る」という言葉を使っているのは、第三異論解答においてのみである。しかし本文中「栄光の座にある眼が」と語っているので、通常の、肉眼でないことは明らかだから、これには「神の本質」ということが含意されていると解すべきであろうか。これは問題として残るが、今は、「神を見る」と言う意味は「神の本質を見る」ということであると解しておこう。

本項で、トマスは感覚や表象力 imaginatio が神を見るということをきっぱりと拒絶し、そのかわり知性 intellectus のみが神を見るのだと結論する。しかし注意すべきは、第二異論でアウグスティヌスが栄光の座に高められた眼は卓抜な力をもち、非物体的なものをも見ることができると言っていることに対する解答である。それによれば、アウグスティヌスは栄光の座にある眼が非物体的なものを見ることができるとすれば、それは全く別な能力をもった眼であると言っているとし、加えて、彼によれば、その見方は造られたものによって、神の見えざるところを悟るという仕方ではなく、現在、生きている人々をわれわれが生きていると信ずるのではなく、生きているのが見てわかるのと同じ仕方であると言っているとトマスは言う(29)。本項で、トマスは感覚や表象力が神を見るということをきっぱりと拒絶し、そのかわり知性のみが神を見るのだと結論する。さらにその見る仕方の説明が「あたかも今の世において」のようだということは、この見る事態は「今の世において」は起こらないということでもある。つまり至福者の visio はこの世においてではない。しかしともかくトマスによれば、来世において至福者は神を本質において見るのである。

C　第七項

さて問題の第七項である。これは「神を本質によって見る者は神を『把握している』のであるか」（Utrum videntes Deum per essentiam ipsum comprehendit.）という問題である。トマスは結論的に、いかなる被造的知性にとっても、神を把握することは不可能であると断ずる。

つまりトマスは「把握」ということを極めて厳密に考えているのである。すなわち「ものは完全に認識されてのみ、はじめて把握されるといわれる」（sciendum est quod illud comprehenditur quod perfecte cognoscitur.）ので、「それが可認識的であるまさしくそのかぎりをつくして認識されるに及んで、はじめて完全に認識される」。すなわちここでは臆見が排除されているということである。だから「被造的な如何なる知性といえども、それによってこそ神の本質が可認識的であるごときそうした完全な仕方における、それの認識にまで到達」しえない。その理由は「ものはそれぞれ、それが現実的な有たるかぎりにおいて可認識的である」が、神は無限的に可認識的であって、被造物は神を無限的に認識できない。被造物が神的本質を多少の如何を問わず認識するのは、栄光の光の助けによるが、栄光の被造的な光は被造物にあって、決して無限なものではない。だから被造物は神を無限には認識できないのである。(30)

そして第一異論が『フィリピ書』にのっとって、パウロは神を「把えて」comprehendam いるというのに対し、「把握」に二通りあると言う。すなわち（1）厳密な意味において。それはものがそれを把握するところのもののうちに含まれる（secundum quod aliquid includitur in comprehendente.）時である。この場合、神は知性によろうが何によろうが把握されえない。有限は無限を捉ええないからである。トマスは、目下問題としている「把握」はこの意味においてであると言う。（2）は広義の把握であって、「追求」に対立する。たとえば何者かに対して腕を差しのべて、相手を捉えれば、それを把握したと言いうる。この意味では神は至福者により把握されている（この後で把握は魂の婚資であるという関連説明があるが、省く）。

第二異論は「把握されるとは、すっかり全体が見られて、それに属する如何なるものといえどもこれを見る者の眼から隠されていることのないごときものの場合」というアウグスティヌスの言葉に拠って、神を本質によって見る者は、神が単純なものであるゆえ、全体が見られる、というものであった。これに対しては、まず「神は把握されえないもの incomprehensibilis」であると断言する。その理由は神はそれが visibilis であるほどそれほど完全な仕方で見られるということがないものだ、ということである。これを証するものとして、さらにアウグスティヌスが「ものの全体が把握されるとは、それに属するどんなものも隠されることなく、つまり辺際がすっかり辿れる、すなわちそのものの辺際を完全に見通される」場合をいうのだと付け加えている。

第三異論は、神を本質によって見る者は、見られるものの側からも、見る者の側からも「全体的」に見る、と言いうる、というものであった。その理由は、見られるものの側では、神を本質によって見る者は神をあるがままに見ているから、全体的に見ているし、また見る者の側からは、神の本質を見るのに、見る者の知性能力の全体をもってするからだと言う。これに対し、トマスは「全体的に」というのは、対象の様態をいうので、対象の様態が認識主体の様態ではないということがこの場合に当てはまると言う。つまり神を本質において見る者は、神が無限的に実在するもの、無限的に可認識的であるものということを見るが、しかしこのような無限的様態は認識主体には適合せず、認識するものが決して無限的に認識するものではないということにあるとする。

これは把握が「完全な認識」であるということを踏まえての異論なのだが、トマスは認識する者と認識されるものの根源的相違を踏まえて反論したわけである。

第四節「把握」とは何か

さて以上で、トマスの神の本質の認識をめぐる問題から主要な部分を抽出して、それを概観してみた。その結果、「神の本質を見る、云々」ということは、やはり「把握」という概念と密接に結びついていることが理解できた。そこでもう一度この「把握」について、東方教父とトマスのそれぞれの場合について考えてみたい。

トマスは「神を見る」ということについて、「把握という見る」(visio comprehensionis) が問題だと言ったわけだが、最初に見たヨアンネスは『ヨハネ』一・18をまず取り上げて、「神を見たものは御子以外はいない」という聖句を冒頭に掲げ、それから神は「把握しがたいもの」であると述べていた。従ってトマスが「把握という見る」と言ったことは、この神学的伝統を正確に受けとっていると考えられる。ただその際、「見る」ということが限定されて、あくまで「把握という意味での」を付加したことはトマスの透徹した眼が捉えた結果であろう。トマスに言わせれば、東方教父たちが直接「見る」と言わないで、「把握しがたいもの」と言ったその言葉の奥には、「見る」がすでにして含意されていたと見ていたのである。それは見神(visio Dei)が問題になっている以上当然のことと言えばそうなのではあるが、やはりトマスが「見る」と「把握」を結びつけたところが重要であろう。

ところで「把握」はギリシア語では、κατάληψις でラテン語では comprehensio である。κατάληψις は καταλαμβάνω という動詞に由来するが、意味は「摑む」「抑える」「捕らえる」「捉える」「理解する」ということで、われわれの文脈から言えば「捉える」「理解する」が当てはまろう。ここで κατα という接頭辞がついているわけだが（κατα-λαμβάνω）、この接頭辞は色々の意味をもっている（たとえば、下方に、応じて、向かって、対して、逆に、強調、し尽くす、見下す）[31]。ここでは文脈上、「強調」あるいは「し尽くす」という意味あるいはニュアンスをもつとするのが適切であろう。従って「しっかりと摑むこと」「十全に捉えること」となるであろう。またバルラアムも理解や把握については、κατανενοηκότος とか περιείληφε とかを使っているが、いずれも κατανοέω と περιλαμβάνω で、前者は κατα-νοέω（知る νοέω に接頭辞 κατα がついたもの）、後者は λαμβάνω に περι がついているが、περι は「まわり一面に、ぐるりと一回りして」[32]という意味であるから、捉えることの十全さを示している。従って、バルラアムも καταλαμβάνω と同質の言葉を使っていると考えられる。

他方で、comprehensio は comprehendo に由来し、これも com-prehendo と分けられ、prehendo は上述の λαμβάνω と同じく、「摑む」である。それに前置詞 com(cum) がつく。この com（cum）も Lewis and Short の辞典では、動詞と複合する場合は、字義通りに「ともに」「一緒に」という意味と「完全な」「完成した」といった意味を当の動詞に付与することになり、本辞典では to lay hold of something on all sides[33] となっているから、「あらゆる方向から摑む」であり、「いっしょにつかむ」「しっかりつかむ」[34]という意味になる。すなわち「十全に摑む」ということで、山田晶訳の『神学大全』でははじめからこの言葉を「完全に把握する」[35]としている。以上のことからギリシア語、ラテン語とその言語は違っていても、κατάληψις と comprehensio は実は同じ内容を表していると見てよいと考えられる。従って、ヨアンネスが神は「把握しがたいもの ἀκατάληπτος」と言い、またトマスが神は把握されえないもの incomprehensibilis と言っても同じ事態を意味しているのである。

そうすると東も西も至福者であれ、被造物は神の本質を「完全には把握できない」ということでは一致しているのである。とすれば、にもかかわらずトマスが、たとえ至福者であれ、神の本質を見ることができると言っているのはどうしてであろうか。これこそ東と西の思想の齟齬を物語るものではないのであろうか。つまりトマスは神の本質に関して、「把握という意味での見る」ということはできないが、「把握という意味ではない見る」は可能であると言っていることになるのであるから。

結語　以上から引き続く問題

では今一度、第一二問題の各項におけるトマスの解答をまとめてみよう。

すなわち、至福な者は、神の本質を見るが、それは肉眼によってではなく、知性によってであり、このことは地上の生においては実現しない。しかしながらその「神を見る」は「神を把握する」ことではない。また見る場合でも、神の栄光の光という知性の増強・強化（従って知性により見る度合いが違う。それは知性に現存する神の本質の度合いによる。）、神からの特別の恩恵が必要で、決して自然的本性的理性によるものではない（理性によっては神の存在や神が万物の原因であるということを知るに留まる）。ただし見る場合はそれらを同時的に見る。

つまりトマスにおいては、神の特別の恩恵を得た至福者は、死後、知性によって神の本質を見るが、神を把握することはできないということになる。すなわち把握ではない、つまり完全な仕方ではなく、その者の知性の状況（ここに神の恩恵が働くが）に応じた仕方で神の本質を見るのである。そこで本質と言っていることは、彼らの知性に合一した「かぎりでの」本質（第九項）のこと、従って完全な神の本質そのものではないということなのである。

以上のことはしかし何か不思議なことに、パラマスのエネルゲイア論と似ている状況を呈している(36)。東方の伝続に従って、パラマスは神の本質は、たとえ天使であれ、また死後の至福な者であれ、それを見ることはできないと説いた（トマスの言う「把握という見る」）。ただ神の恩恵を受けて、神化された者は、この地上においても、神のエネルゲイアを通して、そのヌースが神の光を受けて変容され、神を何らかの仕方で見るのである（トマスの言う、至福な者はその者の知性の状況に応じて、神の恩恵により、肉体を離れることによって神を見ること）。となればトマスは神の本質は〔把握という仕方では〕見ることができないが、〔パラマス的なエネルゲイアという意味での〕本質は〔来世において〕見ることができると言っているように考えられるからである。

もちろんここでは両者の類似点だけではなく、相違点もはっきりしている。見ることが現成するのは地上においてなのか、死後のみなのか、見る主体ないし基体は知性なのか、何なのか。こういった違い、あるいは齟齬は両者の間に確かに存在する。しかしパラマスが神のエネルゲイアを通して、エネルゲイアとしての「神を見る」と言ってもそれは神を完全に知り尽くすことではなく、一種の垣間見であるにすぎない。それは先述のように、トマスが、死後至福者がその者の知性の能力に応じて、神の本質を見ると言っているところと符号するのではないか。

当然のことながら、パラマスとトマスを無理に同一平面で結びつけるのは論外であるし、危険でさえある。われわれはそういう誘惑と戦わねばならない。加えてトマスが「見る」を厳密に区別しているのに対し、パラマスを始めとする東方教父はそういう区別に無頓着ですらあるように見える。またパラマスは神の「本質」は見ることはないと言っているが、トマスは「本質」を見ると言う。しかしこの二つの考えは、名称が何であれ、やはり「見えてくるもの」を区別していることにおいては同じなのだ。パラマスはもちろんであるが、トマスにおいても、人間が見うる神と絶対に見えない神というふうに分けて考えているのではないか。

他方こうした東西の齟齬という事態に関し、たとえば、落合仁司氏は、トマスを始めとする西方教会の神学者たちが神の超越、神の不可視を強調し、結果、神との親近性を阻害し、かえって世俗化を招いたのではないか、と言う(37)(これは本章ですでに引用したメイエンドルフも「神は知られえないといっても〔東方教父は〕神との関係を絶ちはしなかった」といっていることと符合する)。特にトマスが神を肉眼で見ることはできないと言ったことに対してそう言われているように思われる。つまり西方キリスト教は「神の超越の過剰が人間の究極的な関心を神から逸らせ、現世的な関心に逆転させた」というわけである。しかしこのことは東方キリスト教のもつ一つの問題点、つまり人間精神が究極的関心である神の方に向かうあまり、現世への、すなわち現に生きている人間の苦悩への、言ってみれば社会的存在様態としての人間の営みへの関心を脆弱化する方向も見えてくるのではないかということである(たとえば、ビザンティンの皇帝＝教皇主義やロシアの帝政の温存、教会での華麗で神秘的な典礼の中に沈潜したこと、等)。西方では、世俗に生きる民衆の中に入ってともにその境涯を生きようとした司祭・修道士たちがいる。従って、ここで西方におけるキリスト教の世俗化の原因を、西方は神の超越性を説くだけ説いて、神との関係については一種の絶望感を人間精神に植えつけた、という観点でのみ捉えることには問題があるように思われる。というのは、トマスは肉眼による神の視(visio)は否定しているが、天における視は積極的に肯定しているわけであるから、その態度は、人間は神を目的として歩むという、この世での生に希望を与えるものであって、神へ至る道を閉ざすわけではないからである。この世で神と一致するという望みは、西方の神秘家においても成就しているわけであるから、その点は一人東方の占有物ではない。却って西方の神秘家の方がもっと生々しい神との交わりを体験していると言えるだろう。

上述の落合氏の指摘はそれ自体興味深いものであるが、むしろ東と西の齟齬の原因を考えるときには、次のことを考慮に入れる必要がある。すなわち、まず、東方では神の本質が把握されえないと言うとき、そこで考えられていることは、いかなる場合も、人間が無思慮に、あるいは傲慢にも神を捉えた、とか神がわかると思い込むような態度を拒絶することである。それがすでに本章中のヨアンネスやニュッサのグレゴリオスのテクストで見たように、神認識に関して「否定性」の契機を導入していることの意味である。神を知らんという歩みはどこまでもメイエンドルフの言うように、霊の浄化のプロセスを辿るものなのである。その点の意識はトマスの議論では、少なくとも、第一二問題では顕在化していない。ここでトマスは意識的に「肯定神学」の道を辿っている。しかしこれは「肯定神学」「否定神学」の優劣や傾向性の問題ではなく、東方の意識では、神を知ることが即、己の生を根本的に転回させることに収斂していく道だということであって、それが彼らの「神学」である。ところが西方は「学知」としての「神学」形成に力を傾注したのである。それは「知解を求める信仰（fides quaerens intellectum）」（すなわち「科学する」信仰、あるいは信仰の合理的理解）から当然帰結してくるものであった。合理的な神学が「神をわかろう」とする姿勢を育み、そこから神よりの乖離も生じよう。神の現存という実感から逸れもしよう。

そのことから生じる問題は、次のようなことである。すなわち西方では、トマスぐらいまでは「知性 intellectus」と「理性 ratio」の関係は均衡をとって存在していたと思われ、「知性」には知件の、「理性」には理性の働きの場が存在していた。しかし次第に「知性」の働きよりも「理性」の働きに関心が移り、そこからさらに「理性」をも超える「意志」の働きが注目されたのである(38)。この「意志」の働きの源を「自由」に置けば、いわゆる近代的「自我」が目覚める。そこから自立した人間精神という考えが生まれてくるのは必然であろう。

他方、東方では、νοῦς による認識はどこまでも霊的なものであり、理知としての側面は二次的である。そしてビザンティン帝国がオスマン・トルコにより瓦解させられて以降、西欧的な「知」の形成は東方の人間には思いもよらぬことであった。

しかしわれわれは東方教父の神の本質認識に対する態度と、少なくともトマスにおける神認識の理論との間には、通常言われるような大きな隔たりよりも、むしろ類似する点があることを示唆するに留め、そこから先に生じてくるこの重い課題は、中世哲学をより広い視野から考察することとして、後の機会に譲らなければならない。

註

（1） Thomas Aquinas, *Summa Theologiae*, I, q.12, a.1.

（2） 拙著『エネルゲイアと光の神学――グレゴリオス・パラマス研究』（創文社、二〇〇〇年）一〇六―〇七頁。ここでは『神学大全』第一二問題第一項と第三項を問題として論じた。

（3） テクストは、P. Bonifatius Kotter, *Die Schriften des Johannes von Damaskos*, II, "*Expositio Fidei*" (Walter De Gruyter, Berlin, New York, 1973). 訳は、『中世思想原典集成　3』（平凡社、一九九四年）所収の小高毅による（以下、*Expositio fidei*, 1;I,1, Kotter 7. と略記）

（4） *Expositio fidei*,1;I,1, Kotter 7.

（5） Ibid.,1; I, 1, Kotter, 7-8.

（6） 後に見るように、こうした見方は東方教父に共通であって、たとえば、ディオニュシオス・アレオパギテースにおいても同じような表現が見られる。「したがって先に述べられたように、本質を超え、隠された神性については、聖なる書からわれわれに神的な仕方で開示されたこと以外は、何事も敢えて語ったり考えたりしてはならない」『神名論』第一章第二節（PG 3, 588C)。

（7） *Expositio fidei*, 2; I, 2, Kotter 8.

（8） Ibid.

（9）　Ibid., 9; I, 9, Kotter 31-32.

（10）　Ibid.,2; I, 2, Kotter 10.

（11）　Ibid., 3; I, 3, Kotter 10-12.

（12）　Ibid., 4; I, 4, Kotter 12.

（13）　Ibid., Kotter 13.

（14）　Ibid.

（15）　John Meyendorff, *Byzantine Theology, Historical Trends and Doctrinal Themes* (New York, 1976), 11-15 邦訳は『ビザンティン神学――歴史的傾向と教理的主題』鈴木浩訳（新教出版社、二〇〇九年）三一―三五頁参照。

（16）　Gregorius Nyssenus, *In Canticum Canticorum*, Oratio VI, ed. H. Langerbeck (Leiden 1960), 182-183.　訳は、ニュッサのグレゴリオス『雅歌講話』大森・宮本・谷・篠崎・秋山訳（新世社、一九九一年）一五〇頁所収の宮本久雄訳による。

（17）　Meyendorff, ibid., 12.　邦訳三二頁。

（18）　Meyendorff, ibid., 14.（邦訳三五頁の指摘による）。

（19）　Gregorius Nyssenus, *In Ecclesiasten. Homilia* 7 (PG 44, 732CD).

（20）　Meyendorff, ibid., 13. 邦訳三三―三四頁。

（21）　Ibid. バルラアムのテクストは、Barlaam Calabro, *Epistole Greche, i primordi episodici e dottrinari delle lotte esicaste*, studio introduttivo e testi a cura di Giuseppe Schirò (Paleremo, 1954), 298-299.; Antonis Fyrigos, *Dalla controbversia palamitica alla polemica esicastica* (con un`edizione critica delle *Epistole greche* di Barlaam) (Antoninum, Roma, 2005), 334-338.

（22）　Barlaam, ibid.

（23）　本問題のトマスの翻訳は創文社版の高田三郎訳に従い、適宜山田晶訳『世界の名著　続5　トマス・アクィナス　神学大全』（中央公論社、一九七五年）三一五―六八頁を参照する。

（24）　論拠はクリュソストモスが『ヨハネ福音書註解』（PG 59, 98）で、ディオニュシオスはその『神名論』第一章（PG 3, 593A）および第四章（697A）である。

（25）　Ioannes Chrysostomus, *Homilia* 15 (PG 59, 99).

(26) Pseudo-Dionysius, *De divinis nominibus* (PG 3, 593A).

(27) S,Th. I-12-1, arg.3 ; intellectus creatus non est cognoscitivus nisi existentium :primum enim quod cadit in apprehensione intellectus, est ens. Sed Deus non est existens, sed supra existentia, ut dicit Dionysius. Ergo non est intelligibilis ; sed est supra omnem intellectum.

(28) S,Th. I-12-1, ad 3 ; quod Deus non sic igitur non existens, quasi nullo modo sit existens: sed quia est supra omne existens, inquantum est suum esse. Unde ex hoc non sequitur quod nullo modo possit cognosci, sed quod omne cognitionem excedat : quod est ipsum non comprehendi.

(29) Thomas, ibid., q.12, a.3, ad 2 ; Ex quo patet quod hoc modo intelligit oculos glorificatos, sicut nunc oculi nostri vident alicuius vitam.

(30) Thomas, ibid., q.12, a.7, c.

(31) 古川晴風編著『ギリシャ語辞典』（大学書林、一九九六年）五七八頁。

(32) 同書、八六七頁。

(33) Lewis and Short, *A Latin dictionary* (Oxford, 1966), 394.

(34) 田中秀央編『羅和辞典』（研究社、一九八一年）一三一頁。

(35) 山田訳、三一八頁。

(36) パラマスのエネルゲイア論に関しては、拙著『エネルゲイアと光の神学』参照。

(37) 落合仁司『地中海の無限者——東西キリスト教の神—人間論』（勁草書房、一九九五年）七七—八八頁。

(38) この問題の経緯については、八木雄二『中世哲学への招待——「ヨーロッパ的思考」のはじまりを知るために』（平凡社、二〇〇〇年）参照。

また知性と理性の関係については、文脈が違うものの次のハイデッガーの見解も参考になるだろう。ハイデッガーは『形而上学入門』において、古代ギリシアにおいてピュシスは有（Sein）であったということから説き起こして、根源的にピュシスと統一がとれていたロゴスがピュシスから分離し、有に対してロゴスが優位に立ち、ピュシスがイデアとなるにつれて、収集としてのロゴスが言明としてのロゴスになり、真理の「隠れなきこと」という姿が薄まり、西欧の形而上学ができあがることを跡づける。その最後の方の言葉である。「キリスト教は有るものの有を被造物としての有へと改釈する。思考と知識は、信仰（fides）

とは区別されたものになる。合理主義と非合理主義の出現は、それによって妨げられるのではなく、むしろ、初めて準備され強化される。

　有るものは神によって創造されたものであり、言い換えれば、理性的にあらかじめ考えられたものである。それだから、被造物の創造者に対する関係が消滅し、他方、それと一つになって、人間の理性が優位に到達し、それどころか、自己を絶対的なものとして定立するや否や、有るものの有は数学の純粋思惟において思考可能とならねばならない。このように計算可能となり計算された有は、有るものを、現代の数学的に組み立てられた技術において、制御されうるものにする……。」（邦訳は創文社版『ハイデッガー全集』第四〇巻、岩田靖夫訳、二一五頁）原文は Martin Heidegger, *Gesamtausgabe II. Abteilung: Vorlesungen 1923-1944. Band 40, Einführung in die Metaphysik* (Vittorio Klostermann, 1983), S. 202.

第三章　グレゴリオス・パラマスにおける自然の問題

序

シンケウィッツ（Sinkewicz, R.）が指摘するように[1]、かつてパラマスの著作として広く知られていたいわゆる『百五十章』は、たとえばメイエンドルフの校訂した『聖なるヘシュカストたちのための弁護』（いわゆる『三部作』）が流布することによって、次第に脇へ追いやられていった観のあることは事実であろう。だが一度はパラマスの著作と言えば、この『百五十章』が筆頭に挙げられたのであり、それは『フィロカリア』というきわめて霊的色彩の強い書物にも収録されていることからも明らかである[2]。十八世紀に成立した『フィロカリア』はとりわけ修道士に読まれることを主たる目的としていたから、修道院世界において、パラマスと言えば、この書を指すものであったことは容易に理解されることである。

もちろんパラマスの主著と言ってよい『三部作』は、ビザンティン十四世紀の最大の問題点であったいわゆる「ヘシュカスム論争」を支える理論的著作であって、パラマスの「神のウーシアとエネルゲイアの区別」の問題を考える上では、絶対に参照しなければならないものであるが、これは彼の論敵であるバルラアムやアキンデュノスに書面をもって論駁するという形式をほとんど取っている。それに対しこの『百五十章』は、現代的に言えば、普通の論文調のものであり、かつ一つの章が短いので、その意味でまとまりがついている。従って従来これがパラマス理論の理解に資するものと考えられたことは故なしとしないのである。この意味で一連のシンケウィッツの研究から生まれた『百五十章』の校訂本は重要な意味をもっていると思われる。

ところでこの『百五十章』の表題は、『バルラアムの徒によってなされた損壊〔を修復するための〕自然学、神学、倫理学および実践と浄化のための百五十章（Κεφάλαια ἑκατὸν πεντήκοντα φυσικὰ καὶ θεολογικά, ἠθικά τε καὶ πρακτικὰ καὶ καθαρτικὰ τῆς Βαρλααμίτιδος λύμης）』というものである。つまりパラマスは百五十の章にわたって、自然学から神学、倫理学そして修道実践の問題を扱おうとしているのであって、その目的はバルラアムらによってキリスト教の根本的姿勢が損壊を受けたから、それを修復するということであった。従ってここにも基本はやはり「ヘシュカスム論争」にあることがわかる。つまり当然と言えば当然であるが、パラマスの著作はほとんどすべてヘシュカスム擁護あるいは、ヘシュカスム擁護に際し、自分が述べた理論の正統性を主張するためのものであったと言ってよい（もちろん純粋に霊的な勧めの書や説教という一般向けのものもあるのだが）。パラマスにとって、反ヘシュカストによる論争はおよそ人間にとって重要な営みと考えられる学知をも阻害するものと映っていた。従ってパラマスの意図は学知そのものをもヘシュカスムという霊的運動の中に組み込んで、それらすべてを一望のもとに眺めたときに何がそこに現出してくるかを明らかにしようとしたものである。

第一節　『百五十章』の構造

この『百五十章』はその名の通り、百五十からなる章で構成された一連の文書であるが、シンケウィッツはこれを二部に分け、さらにその各部をいくつかのブロックにまとめている。その区分は妥当なものと思われるので、一応彼に従った分類を挙げておこう。第一部は彼によれば、内容的に「創造と救済の神の摂理」（第一章から第六三章まで）であり、第二部は「バルラアムとアキンデュノスの教説駁論」（第六四章から最後まで）である。(3) パラマスの意図からして、彼の言いたいことは第二部にあることは当然である。ここでは先に触れたように、主著『三部作』やバルラアムやアキンデュノスへの反駁書に書いてあったことと重なる形で、それをもっとまとめた仕方で議論が進められている。第二部はパラマスの議論を研究する際には非常に興味ある部分であるが、ただ本章のテーマからは外れている。というのは今回そうした議論とは別にビザンティン後期において、キリスト教神学者にとり、「自然学」はどういう位置を占めていたかを考究するのが目的であるので、われわれは第一部に注目して、論を進めたい。

シンケウィッツはこの第一部をさらに細かく八つに区分している。以下にそれを挙げる。すなわち（1）宇宙の非永遠性（第一―二章）、（2）天体（第三―七章）、（3）地（球）（第八―一四章）、（4）人間の自然的能力（第一五―二〇章）、（5）霊的知識（第二一―二九章）、（6）理性的本性（第三〇―三三章）、（7）神の本性と人間におけるその三一的像（第三四―四〇章）、（8）人間の弱さの認知と救済の必要性（第四一―六三章）。この章立てを見てみると、パラマスの主眼は第二部に置かれているとは言え、ここで述べられている宇宙論と人間論は当然、第二部を語る前提となっていると考えられる。しかもその大前提は神が創造した宇宙と人間である。つまり神の世界創造という概念に包摂されるかぎりでの宇宙論であり、人間論なのである。ただ本章のテーマとした、自然学あるいは宇宙論は厳密に言えば、第二〇章までが当てはまることになる。その中で第一章から一四章までが人間と異なる自然について、そして第一五章から第二〇章までが、自然的被造物と見るかぎりでの人間について論じられている。今回は、これら二〇の章を中心に考察してみたい。もちろんこの書物全体を部分部分に切り離して、細分し、分析すれば、パラマスの本来的企図を見失う恐れもあるのだが、全体的視野を見失わないよう十分に注意しつつ、パラマスの著作から自然学ないし宇宙論を抉出してみよう。

第二節　第二〇章までの概観

それでは先に挙げたシンケウィッツの区分を踏襲して、その（1）から（4）までの重要なポイントと思われるものを逐次概観していく[4]。

まず（1）。これは「世界が永遠ではない」ことを示すもので、パラマスは結論的に「世界には初めと終りがある」と言う。まず「世界には始めがあった」、その証拠として、「世界に始まりがあったことを自然は教え、歴史は保証する」[5]。という。そしてなにごとによらず、ものごとの始原を書いた人のうちで、モーセほどの人を人間は知らず、その卓抜の書（『創世記』）は誰もが反駁できない仕方で世界の始まりを描いているとする。そして世界の本性そのものが第一原理を要求するものだと言うのである。

もちろんこのような論法は宗教的信念に従ったもので、証拠を提示して、議論するといういわゆる科学的なものではもとよりない、と現代のわれわれは見るであろう。ただここに「自然は教え、歴史が保証する」という一文が入っていることには注意していい。今日のわれわれから見て、たとえ確たる物的証拠があるようには見えなくとも、パラマスは、「自然」や「歴史」がこの難問に答えていると見ているのであるし、あるいはそういう語り口をもって、この難問に正面から答えることを回避しようとしているようにも見えるからだ。一方は理性への門戸を開いていると本心から思うことであるし、他方は開いたかに見せているという二面をあわせもつこの微妙な言い方は、パラマスの置かれた時代や知的また精神的環境の影響であろう。それは一方で従来の信仰を守り、さらに発展させようという保守的態度と、他方は、特に西欧世界において興隆しつつある自然科学的見解を、ビザンティン教会がどう解釈し、取り入れるか否かの判断を迫られていた状況を示している。

ついでこの世界の偶然的な存在者は部分的には絶えず終局に達しているという事実から、世界には終わりがあることを示そうとするのである(6)。その証拠としてここでも聖書、とりわけ『マルコ』一三・31の「天地は滅びる」等が考えられているとシンケウィッツの註は指摘する。しかしながらそれでは世界はいつか完全に無に帰するのかというとそうではなく、

「この世界全体は完全に非存在に後退してしまうのではなく、われわれの身体もまたわれわれのあり様に応じて、神の霊の力によって、その溶解と変化のときには、いっそう神的なものへと変容していく」。

と言うのである。

このことはすぐれた神学者から学ぶことができると言っているが、通常パラマスは自分が拠った思想家を逐一挙げて説明しているわけではない。テクストの校訂者にとっては、それが誰であるかを同定するのも仕事の一部である。校訂者としてのシンケウィッツはその一人としてバシレイオスを挙げている。それによれば、バシレイオスの『ヘクサエメロン講話』第一講話四で、バシレイオスは、この世界がわれわれの魂に約束された生命の条件に即して変化すると言っている。ここでも、というかバシレイオスに倣ってパラマスは、と言った方が正確であ

るが、ともかくバシレイオスは異教の学者の認識の不十分なことを指摘した上で、このように言う、「彼ら〔異教の学者たち〕は、万物の造り主であり、正しい審判者であり、〔当該人間〕の生涯にふさわしい報い（お返し）をもたらす神というものを考えるというただ一つの方策をあらゆることから見出さなかったし、また〔この世の〕終わりの審判についての議論に合致する考えに気づくこともなかった。〔その考えとは〕もし将来、魂の状態も別の種類の生命に変わっていくものならば、必然的にこの世界も変容するということである。というのは現在の生命が本性上この世に親和性をもっていたように、われわれの魂にとってしかるべき生存の仕方もその状態に固有の分け前をうるであろうから(7)」。

である。

これは当然、キリスト教信仰の教える復活後の人間の様子を語っているわけで、いつか将来復活したなら、そのとき人間の身体はパウロの言うように、霊の身体になっている（一コリント一五・35―49）のだから、人間と同じく神に創造された世界・自然も人間と同様の変容を蒙るという思想から出てくる結論である。つまり被造物はその終局において、まったくの無に帰することはないという信仰上の希望の告白である。従ってこの議論によれば、世界や人間には始めはあるが、その終わりはかならずしも無ではなく、たとえ現在のような状態には終焉が来ても、それで終わりということではなく、それらは別次元のものに変容する可能性をもったものである、ということになる。それが神の摂理である。

これに続くのは（2）と（3）の天体と地（球）についてである。まさしくこの部分は「自然学」の名にふさわしいところである。パラマスのここに見られる態度は、先行するギリシアの先人の自然観にある部分追従しながら、ある点は論駁するというものである。

まず反駁するのはいわゆる「世界霊魂（魂）」という考えである。「世界霊魂」という考えはヘレニズム世界では普通の考えであった。これはソクラテス以前にも見られ、プラトンにおいて明確に語られ、ストア哲学や新プラトン主義哲学においてもおなじみの概念であった(8)。シンケウィッツはパラマスがプラトンの『ティマイオス』をその典拠としているか、あるいは当時はこのプラトン的見解が通用していたと考えているらしい。その『ティマイオス』によれば、神は宇宙を「中心から端までの距離がどこも等しい球形に、まるく仕上げ」、また宇宙は自足し、それにふさわしい「理性や知力に深い関係のある運動」、すなわち宇宙が「同じ場所で、また、それ自身のひろがりの範囲内で、一様にまわるように」「円を描いて回転運動をするようにし」、「その真ん中へ魂を置き、これを全体を貫いてひきのばし、さらに外側から体の周囲を魂で覆い、こうして、円を描いて回転する、まるい、ただ一つっきりしかない宇宙を据えつけた(9)」のである。つまりデミウルゴスなる神は宇宙の運動を主宰する中心的なものを作ったと言うのである。ここには宇宙は完全だという考えがある。すなわち宇宙、ギリシア語でいうコスモスは調和のとれた美しく装われた世界を指すからである。

パラマスはこのように宇宙に内在する魂や、あるいはものに魂があったり、なかったりするということを認めないので、こうした一連の考えに疑問を呈し、その根拠の薄弱さを指摘しようとする（パラマスにはこの世界・宇宙がそれ自体で生命を有したものであるというソクラテス以前の哲学者に見られる考えを、キリスト教的見地から退けるのである）。たとえば世界霊魂によって、天は回転し、世界霊魂が宇宙の一切のものに属するのなら、どうして地や水や空気は回転しないで、下方に留まっているのかとか、あるものはそれ自身の本性によって動くのであって、魂によってではないというのなら[10]、天だけが魂によって動いて、他へは影響を及ぼさないような世界霊魂というようなものはありうるのかと問う。またもし魂が支配するなら、支配される水や地なども何らか知性的な側面を呈してもよさそうなのに、そういう面が見られないのは何故かとか、またもし魂をもつなら、魂は可能態として生命的な器官をもった身体の現実態であるので、天にも何らかの生命的器官があっていいはずなのに、それもない、つまり生きる力のないものが魂をもつのだろうか、と論難し、結局こうした学者たちはことごとく色々なことを言うけれども、いっそう悪い崇敬の対象を作り出したにすぎないと、言うのだ[11]。プラトンの『ティマイオス』においてもまず神があって、その神がこの宇宙を作り、さらにこれを動かしていく原動力的存在として宇宙霊魂を造ったと想定しているように見える。しかしパラマスにとって、前述のように、すべては神が創造したものであり、神はたとえその創造の発端に手を貸し、後は被造物の側からの二次的な自立性に委ねたと考えることは可能であっても、神の被造物である魂そのものが自律的・主導的立場に立つことは認められないのである。この点、プラトンにおいては、運動の主導性が曖昧であるとパラマスは受け取っていると思われる[12]。

またアリストテレスの『天体論』の

「われわれの考えでは、自然的な物体や大きさはすべてそれ自ら場所的に動くことのできるものだというのである。なぜなら、自然がそれらの運動の原理だとわれわれは主張するからである。さて、場所的な運動、すなわちわれわれが移動と呼んでいるものはすべて、あるいは直線的か、あるいは円環的かあるいは両者の混合したものである[13]」。

を踏まえているのだろうか。パラマスは、ギリシアの学者は

「天体が動くことは必然的であり、さらに越えて進んでいく場所はないので、自己に向かって立ち返り、それが進むとは回転すること（アリストテレスで言う円環運動を指す）であると言う」。

が、これは

「火よりも軽いので、軽さという本性に従って運動しているだけであって、なんら霊魂の作用によることではない」。

と言う(14)。

その後、天体が進行したり、伸張したりしないということを天体とアイテール（エーテル）とを持ち出して説明する。

「それはそれより先の場所がないからではなく、そこに含まれ、それに従うアイテールの球も上方へ進行しないからである。またそれはさらに進んでいく場所がないからではない。なぜなら天の広がりはその球体をも包んでいるからである。またより上の方にも伸びない、というのはこの上方部分はアイテールよりも軽いからである。それゆえ［天体は］その本性上アイテールよりも上にある(15)」。

シンケウィッツによればこのような天体とアイテールとを区別することは、アリストテレスの考えとは異なるものであると言う[16]。それは、アリストテレスでは、天に関することがらの名称について、古人が「土・火・空気・水のほか、なにか別種の第一物体が存在すると考え、その最高の場所をアイテールと名づけた」が、「この場所をこう呼んだのは、絶えるときなくそれがいつも（アエイ）走っている（テイン）からである[17]」。

と言っていて、何ら両者の区別をもちだして説明しているわけではないからである。この点、パラマスはアリストテレスとは異なるリソースをもっていたように思われる。

次いで天体より高い物体はないということについては、理由として「天は一切の物体を包んでいて、その向こうに他の物体はないからである」と言うのだが、これはシンケウィッツによればアリストテレスの『天体論』と同じだと言う[18]。つまりアリストテレスは、「天」とは何かを問題として、そこに三つの考え方を示している。すなわち（一）全宇宙の最外の円周の実体、あるいは全宇宙の最外の円周上に存在する自然物体（神的なものも含む最後の上部）、（二）全宇宙の最外の円周に直接接続する物体（月や太陽、等の天体）、（三）最外の円周によってかこまれた物体（天界）である。そしてこの最外の円周によってかこまれた物体は、必ず感覚的な自然物体のすべてから成るのでなければならない。天の外にはなんらの物体も存在しないし、また生成しえない、と言っているからである[19]。このことからすると、ここではパラマスはアリストテレスに従っていることになる。

そして次に天体はどうして円環運動をするのかを問題とする[20]。その理由は、天体が

「すべてのもののうちで最も薄いものとして、最も上にあって、一切の物体の上にあるが、最もよく動くものだからだ。というのは非常に圧縮された、最も重いものが最も下にあり、それが安定して静止しているように、最も薄く軽いものが最も上にあり、同時に最もよく動くからだ」。

と言う。アリストテレスはその『天体論』で、まず「物体はすべて必ずしも軽さか重さかいずれかをもっているとはかぎらない」と言い、「重いや軽い」の定義を試み、まず

「中心に向かって動くようになっているものを重いとし、中心からはなれて動くようになっているものを軽いとし、下へと動くすべてのものよりもさらに下に沈むものを最も重いとし、上へと動くすべてのものよりもさらに上に浮くものを最も軽い」。

としてみる。すると

「上へあるいは下へ動くものはすべて必然的に軽さか重さか、あるいは両方をもたねばならない。……だとすれば円運動をする物体が重さとか軽さとかをもつということは不可能である(21)」。

と言っている。するとここでのパラマスの言は必ずしもアリストテレスを踏まえているとは言えない。つまりアリストテレスは天体に関し重いや軽いということを問題にしていないからである。しかし他方でパラマスは

「ところで最も上にあるものはもともと本性上、上の方に動くものなので、このように最も上にあるものはその本性上、自らが上位にあるところから離れ去ることはできない。天体がその上に位置しているものは球形であって、必然的にそのまわりを絶えることなく回るが、それは魂の本性においてではなく、物体としてのそれに固有の本性によるのである」[22]。

と語り、これはシンケウィッツによれば、アリストテレスが「アイテール」の語源を「アエイ・テイン（絶えず走っている）としているところと符号することになる[23]。

この後、「風」に言及している。そこでは風が動くのは宇宙霊魂の作用ではなく、自然的なものであると、言っている。ここで再度宇宙霊魂を否定するのがこの箇所の目的なのであろう。以上がほぼ（2）の部分の内容である。

（3）になると今度は大地（地球）を問題にする。ここではギリシアの賢人の考えに従って、大地を大きく二つに分け、それが温帯と住帯であり、さらにこの二つが二つの人の住む地域に分けられ、結果そこに四つの人種が住むことになると言う。大地の二つの地域は熱帯で隔てられ、そこに住む人々は自分の領域を越えられない[24]。すでにギリシアにおいて、それまで平面と考えられていた地（球）が球体であることが発見されていたから[25]、パラマスもおそらくそのように考えているのであろうが、その立論は必ずしも明解に地（球）を球体として考えているようには見えない。またこの人の住めるところにのみ理性的魂をもったものが生存するということは、これもシンケウィッツによれば、パラマスが宇宙における人間の特別の位置を示すものである[26]。その後、水がどれくらいの場所を占めるか、水の球（圏）の中心がどこにあるか、等々が論じられる[27]。このような知識はシンケウィツによれば、ユークリッドの『幾何学原論』に基づいた教育プランであるビザンティンの「四学科 quadrivium」にパラマスが基づいているらしい(28)。この辺りの議論は、パラマス自身の知識に基づいた、やや観念的な面が強い気もするが、当時の一般的知識がそのようなものであったのであろう。

次は（4）の部分である。ここでは自然的・感覚的存在としての人間を扱う。まずは視覚や嗅覚、味覚といった五感を問題にし、

「感覚に即して生起する形姿は物体に由来するものであるが、物体的なものであっても、物体ではない。それは端的に物体から来るものではなく、物体をもとにして形象づけられたものであり、物体に適合した形から、分かたれずして分かたれたある種の像のようで、それは視覚の場合にいっそう明らかである(29)」。

と述べる。視覚の場合はおそらく光の働きによって、物体の何らかの形が、ここではまだ明らかにされていないが、魂に刻印され、それをある種の像として、ヌースが把握、あるいは認識するということである。このことは次の第一六章で述べられている。

すなわち

「魂の想像能力は感覚からのこうした感覚による印象を今度は自分のものとして、感覚そのものではなく、それのうちでわれわれが像というものを、完全に物体とそれに適合した形から分離する。そしてそれ（像）を宝物のように貯えて、別なときに、……たとえ物体がなくとも、……内から差し出し、視覚や聴覚や味覚

や嗅覚や触覚の対象となるあらゆるものを自らに提示する」[30]。

ということは魂は最初は感覚による情報をもとに何らかの像を形成するのであるが、その後は自己の能力によっていつでも一度魂に刻印された像は再現が可能だということである。

そして「この魂の想像能力は理性的動物にあってはいわゆるヌース（知性）と感覚の中間領域に」位置する。そして「ヌースは魂の想像能力において感覚から得た像を、物体から分離され、すでに非物体的なものとして眺め、注意を凝らし、〔そのものについての〕考えを徐々に形成して」[31]ゆくのである。従って感覚からの刺激の窓口は魂なのであるが、感覚が得た像を統合して、何らかの認識にまでもたらすのはヌースの役目だということになる。つまり主導権を握っているのがヌースなのである。ところがこうしたさまざまな情報をわれわれ人間は感覚や想像力からヌースを通して集めるのであるが、それは決して霊的なものではなく、まったく自然的なものであり[32]、いわば人間の自然に関する認識はその範囲にかぎられていることになる。パラマスにあって、人間の霊的な認識と自然的な認識は截然と区別されている。ところが人間は神についていかほどのことかを知っている（でなければ神という言葉さえ出てこない）。しかしそれは以上の考察からすると、人間の自然的認識の結果からは帰結しない。それゆえ自然的なものとは別のものによるのであって、それは聖霊によるのだとパラマスは言って[33]、次に（5）の霊的認識を含めた「人間学」の叙述に移っていくのである。

結語　パラマスにとっての自然学の位置

以上概観してきたことから、われわれはパラマスの自然学への態度を多少なりとも把握することができる。まずパラマスは当然とは言え、伝統的キリスト教の世界観に基づいて、ギリシア人のように、宇宙に漲る自律的な霊魂のようなものを認めない。それは宇宙・世界が唯一の神によって無から創造されたからであり、宇宙・世界は神から何らかの仕方で存在を付与されたかぎりで生存・存続するからである。従って宇宙や自然を人が見て、そこに大いなる神の働きやさらには恵みを見てとり、また宇宙や自然の力の大きさを心に感じても、その宇宙や自然がそのまま神的なものであるとは認めないのである。つまり宇宙・自然はすばらしいものでありながら、それは結局のところあくまで被造物として、神の偉大さを表現しているものとして理解するのである。

そのような根本的態度を保持した上で、パラマスは当時の世界で通用していたいわゆる天文学や地理学に目を配る（この場合その出所がプラトンであろうが、アリストテレスであろうが、他の学者であろうが、パラマスは意に介していない）。総体的に、ビザンティン人はことさら自らの独創性を発揮しなかったとは言っても、古代ギリシア以来の知の集積の程度は抜群であったから（つまりビザンティン人はギリシアの知識を保持し、後世に伝えるところにその本領を発揮した）、パラマスの前には膨大なギリシアの自然科学的知見やその成果が横たわっていたのである。それをパラマスがまったく無視して彼の神学的持論を強調するというようなことは、十四世紀においては考えられないことであった。たとえ宗教的信条や伝統を重んずる神学者といえども、社会的に認知されていた学的成果は自らの理論に取り入れずして、済ませることはできなかった。しかしその場合でも、じっさいはすでに目の前にある知見はすべてが一致して同じことを述べているわけではない。ならば当然そこには種々の知見に接する者が自己の裁量で適宜取捨選択するという余地が残されているのである。従ってパラマスも己の信条に照らして、先人の考えを取捨選択したのである。その結果、すでに見たようにある時は、たとえばアリストテレスの論に従いながら、別の時にはアリストテレスに対立するという事態が生じたのもなんら不思議なことではない。

もちろんパラマスは神学者として議論しているのであって、自然科学者として振舞っているわけではない。彼が神学者として、あるいは司牧者として、そのかぎりにおいて、容認できる内容を陳述しているのである。ただその時代の知識や風潮からして、パラマスといえども世界の動きに逆流するような態度はとれなかったし、とろうともしなかった。その事情を考慮して、シンケウィッツは

「パラマスは世俗の学問を絶対に拒否したのではなく、事実は、たとえ限られたものであるとはいえ、それに場所を与え、人間の行為や努力を評価した。パラマスをアンチ・ヒューマニストと断ずることはできない」[34]。


と言ったのである。

しかしながらそうは言っても、パラマスが全面的に当時の自然科学的知識に身を任せていたとは思えない。この点、パラマスの論敵であったバルラアムが当時の新興の学問に多大の信頼を寄せていたのとは大いに異なるところである。たとえば現在、校訂されたバルラアムの著作の一つとしてわれわれは彼の『ロギスティケー』[35]を手に取ることができる。「ロギスティケー」と言っても、それはたんに論理学的な内容のものではなく、数学ある

いは幾何学の命題・定理を解説したもので、天文学にも論理学の規則にも応用可能なものである。彼はこの書の他にもちろん神学書も著しているが、その他、哲学に関するものや、自然科学に関するものをも著している。(36)バルラアムはギリシア人であるが、西方イタリアで生を受けた人であるから、当然西方の知的運動に敏感であって、その思想の洗礼を受けている。従って彼が西方の知的世界に親和性をもっていたことは自然なことである。それゆえ彼がパラマスに比べ、自然科学に関する書物を多く著したのは当然であろう。だからわれわれとしてはそうした知的状況にあったバルラアムではなく、修道生活や霊性の重要性を説いたパラマスにあってさえ、これまで見てきたように、当時の自然科学的知見と全く無縁ではなかったということが、たとえ制限つきであったとしても、かえって重要なのである。

加えてこのパラマスの書物が『フィロカリア』に収められていることには十分注意すべきである。はじめに述べたように、『フィロカリア』は修道生活の中で繰り返し読まれてきた。もちろんこれはニコデモスやマカリオスによって十八世紀後半に成立した観想を奨励するものであるが、十四世紀に書かれた書物がその当時まで存続し、そしてその存在が人々の意識のうちになければ、あらためて霊的な書物の一部として採録されるはずはない。パラマスのこの書物は、すでに言ったように、バルラアムとのヘシュカスム論争の中でパラマスの立論が正しいことを述べるものであったから、ヘシュカスムを復興させようとする「フィロカリア運動」にとって、非常に重要なものであったことは確かである。それなら修道生活を支える基本となる部分だけを収録すればよかったものを、全文収録したことは、どこを読むかは、読む側の自由な選択に任されているとはいえ、最初の自然学の部分も当然読まれたはずであるし、そう期待されていたことでもある。

このことはやはり最初に述べたことにまた戻ってしまうが、パラマスは、自然学を云々することが彼の神におけるウーシアとエネルゲイアの区別の問題に資するところが多いと考えていたからであり、また後世の人もそう理解したからこそ、これを『フィロカリア』中に収めたのである。ということはパラマスが扱う「自然学」もやはり何らかの仕方で霊的な領域に収斂していくものでなければならないであろう。

本章では取り上げる暇がなかったが、第一部の（5）から（8）までを先取りして見てみるなら、ここに論述される「人間学」はじつはこれまで述べきたった「自然」よりも人間精神の素晴らしさを語り、さらには身体をも含めたそのような素晴らしい人間を創造した神の偉大さを、人間を例として証示するものである。それゆえこの「自然」に関する論述も畢竟神の偉大さを示すものに他ならない。パラマスの意図は神の世界創造を正しく、ということは古代ギリシア人のようにではなく、キリスト教の教えるところに従って、理解するならば、自然という外面を通して、神が自然に付与した何らかの意図を人間は読み取ることができるということである。確かにギリシア人はさまざまな仕方で自然を考察した。しかしパラマスが問題とする認識には至らなかった。こういうパラマス解釈に立つなら、パラマスは自然を一種の「イコン（聖像画）」と見ていたことになる。自然には神の意図が隠されているのである。もちろんこのことは伝統的な「ヘクサエメロン文芸」の中にすでに示されていることなのである。バシレイオスの著作はそういう意図のもとに読まれねばならない。ところがギリシア人は、ハイデッガーの指摘を俟つまでもなく[37]、ピュシスとしての自然をテクネーへと読み替えていった。テクネーへの転換は、有用さをことととする、何にでも応用可能な自然科学を生むのである。パラマスがバルラアムを論難するのは、バルラアムの場合、自然科学的著作をものするのは、たとえば、基本となる「ロギスティケー」をもって、それを他の分野に応用し、人間の知の集積や実際的問題に資する意図を持っていたと見たからである。つまりバルラアムの仕事によって、彼の自然学は容易にテクネーへ転換されると見ていたからである。これに対し、パラマスの側に立つなら、自然は神を観想するための導入でもあると言える。従ってここからは人間生活にとっての有用さの概念は生まれてこない。自然のさまざまな姿を人間が認識して、そこから人間生活に有用な知見を集め、それをただちに適用させるという事態が生じる余地のない見識なのである。パラマスはもちろん初めに述べたように、バルラアムと神のウーシアとエネルゲイアの区別の問題をめぐって論争していた。その意味で、これから後に述べることが本来目指すものなのであるが、それは実は基本のところで自然をどう見るかということにかかわってくるのである。あるいは人間をどう捉えるかということにかかわってくるのである。従ってパラマスの書に見られる自然考察の意図は、自然はあくまで神へと至る道筋の導入部分なのであり、神はあらゆることにわたって人間に神の姿をさまざまな仕方で開陳しているということを解明することであったと考えられる。自然科学といえどもパラマスにとってはすべて神を観想するという視点で捉えられていたのである。

註

（1）Cf. Saint Gregory Palamas, *The One Hundred and Fifty Chapters*, A Critical Edition, translation and Study, by Robert E. Sinkewicz, C.S.B. (Studies and Texts 83) (Toronto: Pontifical Institute of Medieval Studies, 1988), ix-x（以下、Palamas-Sinkewicz と略記）またシンケウィッツの論文としては次のものを参照。Robert E. Sinkewicz, C.S.B., "Chrisitan Theology and the Renewal of Philosophical and Scientific Studies in the Early Fourteenth Century: The CAPITA 150 of Gregory Palamas", *Mediaeval Studies* 48 (1986), 334-51（以下、Sinkewicz と略記）。

（2）Philok. IV. (Athen, repr. 1976), 132-87.

（3）Cf. Palamas-Sinkewicz, ibid., 2-4; 36-39.

（4）テクストはシンケウィッツの校訂したものによるが、従来はミーニュのPG 150, 1121B-1225C、また先の註にあげたギリシア語原典『フィロカリア』の第四巻、そしてクリストゥーによるパラマス全集第五巻（*Γρηγορίου τοῦ Παλαμᾶ Συγγράμματα*, t. 5,

1992, 37-119.）である。

（5）Cf. Palamas-Sinkewicz, c.1, 82.

（6）Ibid., c.2, 84.

（7）Ibid., 85, note 3; Basilius, *Hexaemeron* 1,4 (PG 29, 12C), (SC 26bis, 102).

（8）『岩波　哲学・思想事典』（岩波書店、一九九八年）九三七—三八頁参照。

（9）Platon, Timaeus, 33b-34c. 訳は、種山恭子訳『プラトン全集　12』（岩波書店、一九七五年）三八—四一頁より適宜抜粋。

（10）こういう考えはシンケウィッツによればアリストテレスが指摘している。『霊魂論』411a7-16、『天体論』268b26-29. など。

（11）『ティマイオス』に見られる神は何かものを作りだすいわば製作者モデルである。パラマスはこれまで見てきたように、ギリシアの哲学者の考えを批判しているからと言って、その製作者モデルを別のもので置き換えようとするわけではない。たとえば少し先の第二二章では、神が世界を飾りつけ、美しく仕上げたというようなことを言っている。Cf. Palamas-Sinkewicz, c.22, 104.

（12）Cf. Palamas-Sinkewicz, c.3, 84-86.

（13）アリストテレス『天体論』1,2, 268b14-19. Palamas-Sinkewicz, 89 の note 14 による。訳は『アリストテレス全集』岩波版（第四巻）による。

（14）Cf. Palamas-Sinkewicz, c.4, 88.

（15）Cf. Palamas-Sinkewicz, c.5, 88.

（16）Cf. Palamas-Sinkewicz, c.5, note17, 89.

（17）アリストテレス『天体論』1,3, 270b20-25.

（18）Cf. Palamas-Sinkewicz, c.6, note18, 89.

（19）アリストテレス『天体論』1,9, 278b8-279a12.

（20）Cf. Palamas-Sinkewicz, c.7, 90.

（21）アリストテレス『天体論』1,3, 269b20-31.

（22）Cf. Palamas-Sinkewicz, c.7, 90.

(23) アリストテレス『天体論』1,3, 270b23.

(24) Cf. Palamas-Sinkewicz, c.9, 92.

(25) 荒川紘『東と西の宇宙観――西洋編』(紀伊国屋書店、二〇〇五年) 一五〇頁。しかしコスマス・インディコプレウス（六世紀）のように地球球形説を否定した学者もいる。G・E・R・ロイド『後期ギリシア科学――アリストテレス以後』山野耕治・山口義久・金山弥平訳（法政大学出版局、二〇〇〇年）二六九頁参照。

(26) Cf. Palamas-Sinkewicz, 10.

(27) Ibid., 12.

(28) Cf. Palamas-Sinkewicz, c.10-14, 92-98.

(29) Cf. Palamas-Sinkewicz, c.15, 98.

(30) Cf. Palamas-Sinkewicz, c.16, 98-100.

(31) Cf. Palamas-Sinkewicz, c.17, 100.

(32) Cf. Palamas-Sinkewicz, c.20, 102.

(33) Palamas-Sinkewicz, c.21 以下。

(34) Sinkewicz, 335.

(35) Barlaam von Sminara, *Logistikē*, Kritische Edition mit Übersetzung und Kommentar von Pantelis Carelos (Corpus Philosophorum Medii Aevi, Philosophi Byzantini 8, Athens, Paris-Ousia, Bruxelles), 1996.

(36) Ibid., xxvi.

(37) たとえばハイデッガーの『形而上学入門』などに見られる考え方を参照。

第四章　神の場とエネルゲイア
――パラマス問題解決の試み――

序

すでに触れたように、グレゴリオス・パラマスは、神のうちに被造物が絶対に認識しえない本質（ウーシア）と認識しうる働き（エネルゲイア）を区別したとされる。試みにその定式を代表的な著作『百五十章』に探ってみよう。すなわち

「神の本質はまったく理解しえざるものであるので、まったく無名のものである」[1]。

そして

「神の本質と神のエネルゲイアは、分かたれずして、至るところに現存しているので、神のエネルゲイアはわれわれにも接近可能である。神学者たちによれば、エネルゲイアは分かたれずして分かたれているとはいえ、神の本性はそれ自体として完全に分かたれないままに留まっているのである」[2]等々。

神のうちに「本質」と「働き」を分けることは、彼の意図がいかなるものであれ、彼自身の時代においても、多くの反論が出たし、近現代のカトリックやプロテスタントの神学者からも異論が多く提出されている。(3) もちろん彼の説を支持する神学者は正教圏のみならず、カトリック圏の神学者にも見られる。こうしたパラマス説をめぐる見解の相違を超え、この困難な問題を解決しようとする努力もなかなか成功していない。そこで本章では無謀と知りつつ、一歩誤れば、この難問の大海に飲まれてしまうことを承知で、一つの試みをなしたい。ただしその際、パラマス説を現代の思想に沿わせる形で論を進めたい。それは一つにはこれまでの行き詰まりを打開するための意図的手法であり、もう一つは、パラマスの思想を現代思想へ適応させることを視野に入れてもいるからである。

第一節　考察の対象――「創造」の問題

さてわれわれはパラマスの見解に対する多くの異論のために、パラマス的思考の回路を閉鎖するのではなく、むしろ異論を承知の上で、パラマス的思考回路を存続させる方向をとりたい。

パラマスによれば神に「本質」と「働き」がある。しかしこの「本質」に関しては被造的存在はそれを一切理解しえない。従ってそれについて云々することは始めから禁じられている。それゆえこれについては問題にしえない。すると扱えるのは、残るところその「働き」しかない。しかし逆にこのことはある意味で、われわれには神の「働き」について可能なかぎり接近すること（概念的考察を含めて）が許されているということでもあろう。これに対し神の「本質」はわれわれにとって絶対的な不在である。しかしその不在は今度は神の「働き」によって逆照射される可能性も否定できない。従って今「神の働き」がその主題になるが、それは（われわれにとって）絶対的不在なる神の本質がわれわれには知られざる仕方で「在る」という意識があってはじめて有効な考察となる。つまり「本質」と「働き」は分けては考えられないのである。

ではこのような立場で神の「働き」を考えるということになると、その考察の地平を定める必要が出てくる。神の「働き」という語はギリシア語で「エネルゲイア ἐνέργεια」である。「エネルゲイア」は「働き」や、「作用」を意味する。では続いて「神のエネルゲイア」は「神は働く」あるいは「神は作用する」と動詞的に言い換えられる。このことによって、「働く神」がわれわれの眼前に現れてくる。ではそこでさらに、神は「どこで」「どのように」「何をもって」働くのかと問う。もちろんこの問いの答えは容易にその真相を現さないし、このような哲学的問いは拒否されている可能性もある。しかしながらその試みは幾分なりともその答えの投影されたものをわれわれに示しはするであろう。それを期待しつつ、神がもっとも力強く働いたと思われる「世界の創造」を考察の場に定めたい。

さてわれわれにとって神の「世界創造」を考察するためのよりどころは『旧約聖書』の「創世記」第一章にある。しかしここから何がしかの哲学的考察に資するものが出てくるであろうか。圧倒的な神の力を人々に伝えようとした聖書記者にとって、今われわれがあわよくば手にしたいと思っている哲学的糸口は、興味の外にある。だがギリシア教父たちはこの神話的記述を通して自己の論を組み立てた。してみればこのような神話的とも見える記述を通しても、思索の糸はより柔軟に撚られるであろう。

『創世記』によれば神の創造の業は六日に及ぶ。そこでの創造の記述は天体を含め、いわばわれわれが住む地球環境に関連するものにかぎられている。それは聖書記者の関心が人間に集中していたからである。従ってこの記事は現代の科学が求める物質の起源や、事実としての創造の説明ではなく、すべてを造りなす神の強大な力、世界の存在の根源の描写に尽きている。聖書全体が神の力の観想へと人を誘うものであるからだ。

ところでパラマスはその『百五十章』第二一章で、こう述べている。まずわれわれ人間は聖霊によって、「神のみが真実の存在であり、常に存在し、変化せず、非存在から存在を受け取るのではなく、また非存在に赴くのでもなく、三つの位格をもち、全能」であることを学んだ。また「神は一挙に」世界を創造した。このように言った後で、「神は始めに天地を創造されたが、それは『すべてを受け容れ』、すべてを力強くうちに担う『質料を』[4]」創造した、と宣言する。先には神の属性を列挙したが、神の世界創造は瞬時のことであるとことわった上で、しかしそれはまず一切を受け容れ（πανδεχῆ）、そのうちに一切を担う「質料 ὕλη」を創造したと言う。ここから何か創造は瞬時にとは言いながら、二段階的に行われたように感じられる。しかしこれは『創世記』に六日にわたっての創造が記載されていることに繋がる見方であろう。つまり『創世記』では、世界は六段階で完成したとも読めないことはないからである。

ところでこの『百五十章』を校訂したシンケウィッツは、「質料 ὕλη」がプラトンに固有の哲学的術語でないにもかかわらず、プラトンの『ティマイオス』を参照するよう指示する。[5] ではプラトンはそこでなんと言っているのか。

第二節　プラトン哲学における創造説話

シンケウィッツが指摘するのは『ティマイオス』51ABであるが、その前にわれわれは『ティマイオス』における議論の発端を一瞥してみよう。『ティマイオス』28-29においては世界の「製作者 δημιουργός」がまず前提される。この製作者が、これもすでに前提されている「常にあるもの・生成ということをしないもの」と「常に生成するもの・あるということの決してないもの」のいずれかに注目して製作すると、結果は前者によればよいものとなるが、後者であれば生成消滅の運命をもつ不完全なものとなる。そして世界・宇宙は「ある出発点から始まって、生成した」(28B)と言われる。だがその生成には「原因」が必要であるとも言われる(28A)。そしてここで語られている宇宙は感覚されるものであるので、それは原因たる万有の主によって生み出された(28C)ことは明らかだとされる。しかしこうしたティマイオスの言からは、宇宙の「製作者」と「モデル」の存在はわかるが、そのモデルをあてはめる「何か」があるのかどうかは不明である。もちろんここではティマイオスの関心が「常にあるもの・生成ということをしないもの」とは何なのかにある以上、このことは当然のことかもしれない。しかし出来上がった「宇宙」は「何らかのものの似像」だということは必然的なこととされる(29B)。その後ティマイオスは宇宙の魂や形体などについて雄弁に語り継ぎ、宇宙の素材等に関して、われわれの論じる問題に移るのである(47E-69A)。

つまりティマイオスは、以前は「モデルとして仮定されたもの・常に同一を保つもの」と「モデルの模写にあたるもの・生成するもの」(宇宙)という二つのものしか区別しなかったが、さらに議論を深めるためにもう一つのもの、すなわち「あらゆる生成の、いわば養い親のような受容者(ὑποδοχή)」を考えるべきだとする(49A)。ここには「製作者」は出てこないが、それはすでに出来上がった「万有について」の話だからである。そこで「生成するもの」「生成するものが、それの中で生成するところの、当のもの」「生成するものに、似せられるもとのもの(モデル)」が必要になる(50D)。

そこでシンケウィッが参照するよう指示する『ティマイオス』51ABはこうなっている。ここでは「思考によって捉えられ常にあるところのものの模像のすべてを、自分自身の全体にわたって何度もうまく受け入れなければならない、当のもの（受容者）」が問題になり、「それ自身は本来、どんな姿も持たないのが適している」のであるが、それをどう呼ぶかとなると、いろいろな組成要素などと呼ばず、「むしろこれを、何か、目に見えないもの（ἀνόρατον εἶδός τι）・形のないもの（ἄμορφον）・何でも受け入れるもの（πανδεχές）・何かこうはなはだ厄介な仕方で、理性対象の性格の一面を備えていて、きわめて捉え難いもの」と呼ぼうと提案する。ここでのシンケウィッの意図は、このプラトンの「何でも受け入れるもの（πανδεχές）」と先に引用したパラマスの「しかしそれはまず一切を受け容れ（πανδεχῆ）」の「一切を受け容れ」が符合することに注意を喚起することにある。従ってシンケウィッはこの場合パラマスにプラトンの影響を見ようとしているのである。われわれはこのことについては後に再度問題にすることにして、さらにティマイオスの語るところに耳を傾けてみよう。

ティマイオスはさらに言い換える形で論を進め、宇宙の生成以前に「あるもの」「生成」「場（χώρα）」があったと言う（52Aと52D参照）。ここに始めて「場」という語が出てくる。それは前に「受容（者）」と言われていたものが、新たに「場」と名づけられたのである。この場は52Bによれば、「滅亡を受け入れることなく、およそ生成するかぎりのすべてのものにその座を提供し、しかし自分自身は、一種の擬《まが》いの推理とでもいうようなものによって、感覚には頼らずに捉えられるもの」のことである。

ここで岩波版『プラトン全集　別巻　総索引』によって、「場」をまとめると、次のようになる。(6)すなわち「場」とは、「生成の養い親・受容者」（49A）、「いつも同じもの」（50B）、「母になぞらえられるもの（ここで父は「あるもの」であり、子は「生成物」、模像である）」（50C-D）、「『あるもの』の模像を受け入れるもの」（51A）、

「生成物に座を提供するもの」（52A-B）、「擬いの（νόθος・庶出の、似て非なる）推理によって（λογισμός）、感覚によらず捉えられるもの」（52B）、「宇宙生成以前にすでに存在するもの」（52D）である。すなわち「宇宙生成以前から存在し（つまり生成に先立ち）、感覚ではないが、真性の推理とも言えない擬いの推理によって把握され、つまり純粋な感覚的把握を逸脱する仕方で捉えられ、それ自身は変わることなく、いっさいをその身のうちに受容する母なるもの」と言えようか。

だが宇宙は自ずから生成したのかというと、しかしそれには製作者があると言う。ところがこの製作者は一方で、優れた者（29A）、万有の作り主、父であって、それを〔われわれが〕見出すことは困難なものである（28C）が、他方、宇宙を製作するに当たってはそのモデルを必要とし、また何らかの原因をも必要とする（29D-E）。宇宙の製作はいわば何か分業のようなもので、ある意味で宇宙は自ずから生成する・成るものであって、その生成する切っ掛けを製作者は何らかのモデルに準ずることによって始動させているように見える。このかぎり世界は、神という超越者が素材なくして、まったくの無から創造したというキリスト教的創造論とは異なる。もっともキリスト教はすでにこのプラトンが素材先在説をとっていたのを、それでは神の全能性に抵触しかねないので、それを回避して、当時の思考傾向には異質の「無からの創造」を提示したと言われている[7]。プラトンでは必ずしも厳密な意味での全能の神を措定する必要がなかった。従ってこのようにやや曖昧とも取れる宇宙の生成論になったのであろう。

第三節　プロティノスの考え

さてパラマスに戻ってみると、シンケウィッツはパラマスの言にプラトンの影響を見ていたのだった。すなわちパラマスは「一切を受け容れ（πανδεχῆ）、そのうちに一切を担う『質料』」と言っていた。確かに「πανδεχῆ」はプラトンの言葉であったが、「質料」はプラトンにあってそれほどの術語的地位を占めていない。むしろそれはアリストテレスの得意とするところである。しかしアリストテレスは質料を語っても、『ティマイオス』におけるようなミュトス（神話）を基とする宇宙創造の次第は語らない。アリストテレスの神論を展開したといわれる『形而上学』Λ巻においては「ウーシア」を考察のはじめに置いて、アリストテレス以前の自然学批判を通し、アリストテレスの考える神の特質の分析を行うが、運動、形相―質料、現実態―可能態、原因といった概念的用語をもってアリストテレスの世界を叙述するのみで、究極原因としての神は説いても、宇宙創造という観念を提示しない。天地は永久に存在すると彼は考えていたからである。

ではパラマスが言ったような、すべてを受け入れ、担う質料という考えはどこに由来するのであろうか。少なくともそう考えたのは、プロティノスであると言われる。つまり

「質料をはじめに語ったのはアリストテレスであり、ストア派もこの用語を受け継いだ。そしてこれまで見てきたように、プラトンは生成の受容者を語り、その後でこれを「場」とも呼んだ。そしてプロティノスがこの『受容者』がアリストテレスの『質料』と考えた(8)」。

というのである。ではプロティノスは何と言っているか。彼によれば、「いわゆる素材（質料 ὕλη）は『下に横たわる何か（ὑποκείμενον）』（基体）であり、形相の『受け皿（ὑποδοχή）』（受容者）である」[9]。

つまりここでは質料が基体として形相の受け皿（受容者）であると言っている。確かにこれはパラマスが言っていることと符合するように思える。

もちろんプラトンもプロティノスもパラマスのように創造は神によって素材なくして無からなされたとは考えない。従ってパラマスの用いる術語がプロティノスの言葉と符号するからといって、直ちにそこに影響関係を見ることはできない。それは速断である。ただしシンケウィッツは先に見た『百五十章』のテクスト註において、『ティマイオス』だけではなく、パラマスの他の著作をも参照するよう指示している。それは彼の『説教』四三、3である。それによれば「神は始めに知覚しえ、感覚にかかわるすべてのイデアを大地に植え込んだ」[10]と言う。するとここでは受容者に当たるものは「大地」ということになる。先ほど見たように、プラトンにおいて「受容者」である「場」は、「生成の養い親」で「生成物に座を提供するもの」、「擬いの推理によって」、感覚によらず捉えられるものであった。この「擬いの」ということは問題ではあるが、少なくともこの場は何か感覚的に把握されるものではないものと措定されていた。ところがパラマスでは、この場・受容者が「大地」という具体的で、感覚の対象になるものに変わっていると考えられる。これはプラトンとの重大な相違点と言えるのではないか。もちろんこれについては、次のように答えよう。すなわちプラトンなどでは先に触れたように、全能の神が何もないところから、この世界・宇宙を創造したとは考えないから、あのようにいくらかの手立てを講じて、宇宙生成の機微を論じた。しかしパラマスにあっては、神は一挙に宇宙・世界を造ったのだから、その前段階ともいうべき予備的なものは一切必要がなかったので、この地球の大地にそこからあらゆるものが生成する可能性をもった、いわば種のようなものを蒔いたと言ったのである（その際、彼はこの大地を「質料」と考えたのであろう）。この「種を蒔く」ことが神の働きであると考えられよう。またその意味でいったん創造された大地にはある種の自立性が与えられたと考えてもいい。そこからもっと先を考察すれば、自然科学的認識に至るかもしれない可能性をもっている。

第四節　場の問題

さてパラマスは『百五十章』第七五章において次のように言う。

「神に三つのもの（τριῶν ὄντων）、つまり本質（ウーシア）、エネルゲイア、神の三つのヒュポスタシス（Τριάδος ὑποστάσεων θείων）がある。神と一致・結合するに値する者たちは、……神と一つの霊なのであるが、……本質において一致するのでないことは先に示され、またすべての神学者は、神は本質において与りえざるものであることを証言している。しかしヒュポスタシス的結合（ἡ καθ᾽ ὑπόστασιν ἕνωσις）は神―人たる御言葉の場合にのみ成就される。〔そこで〕残るところは、エネルゲイア的結合（κατ᾽ ἐνέργειαν ἑνοῦ οῦσθαι）で、それに値する者たちが神と一致するためにあることになる。そして神に結びつく者が神と一つになる霊は、霊の造られざるエネルゲイアであると呼ばれるが、たとえこれに反対意見の者が快く思わなくとも、神の本質であるとは呼ばれない(11)」。

すなわちパラマスは神において、「本質」、「ヒュポスタシス」「エネルゲイア」の三つのもの（ἕν）を措定している。もとより「本質」は超絶的なものであるから、われわれの考察に馴染まないが、三つのヒュポスタシスについては、それが「父」と「子」と「聖霊」であって、神のうちでこの三者は三でありながら、絶妙な仕方で調和していると東方キリスト教では理解されている。ところで以上のような理由で「本質」は別として、「ヒュポスタシス」はある意味、神内部における一種の構造と考えられる。もちろんこのような構造を措定することが、厳密な一神教であるイスラームから論難されたことであるが、今はそれを問わない。それは神の内側の考察の援けとなる。では「エネルゲイア」はどうなるか。先のパラマスの言葉では、人間が神と一致するような場合を「エネルゲイア的結合」と言い、キリストの場合の神人的結合である「ヒュポスタシス的結合」と区別されている。神と人が一致・結合するという事態はいわば神が神から出て、人間のもとに赴くことである（もちろんこれは神と人が境目もなく融合するのではない）。すなわちそのとき神は自己の内から外へ出る。別様に言えば、神の力が外へ作用する。その典型が世界の創造である。そしてこの世界の中において、ある種の人間は恵みにより、神と「エネルゲイア的結合」を果たす。また「ヒュポスタシス的結合」もこの連関で言えば、現実のイエスという人間において神―人が実現しているわけだから、神の外の現実である。つまり神は自らの内に留まるだけではなく、自らの外へも作用を及ぼすべく、出ていくのである。これは神内部の調和がある巨大な力・エネルギーとなって、外へ溢れ出すというイメージで考えてもいいかもしれない（それを愛の発露と言ってもいい）。このとき神のエネルゲイアはいわば自己を出て、世界を創造する。それゆえこの世界はまったく神と無関係なものとして存在するのではなく、神に包摂されている。世界は完全に自立的に存立するのではなく、あくまで神の摂理的力によって支えられているからである。

神の世界創造は、古代的理解では、一般に宇宙という天体を含む壮大な物質の出現であり、他方で純粋な霊的存在としての天使、そして霊・魂・身体を備えたものとしての人間、および魂と身体から成る動植物というものの出現に及ぶ。ここではその内実はともかく、外面的にはある固定した様相を呈する物質と、それと次元を異にするかに見える霊・魂の領域というふうに二つの相が考えられている。ただしこの二つの相はまったく相容れない、相互に完全に分離したものであるかどうかは断定できない。むしろ相互に関係しあっていると見るほうが、神という同一の者によって造られたものである以上、妥当する。つまり神が造ったものにはそれぞれに相応する意味があり、その意味は単独では価値をもたないものと考えられるからである。たとえば霊・魂というものは現に目に見えないものであるから、それを何らかの仕方で、これもわれわれの目に見えない神と関連づけることはたやすい行為である（たとえば神の像を人間の魂等に見る見方）。しかし神が無目的にこの世界を造ったのではないとすれば、物質的なものにも、何らかの神の意図はこめられていると見るほうが理にかなっている。

ところでパラマスは、神の本質と働きが異なることを述べる『百五十章』第一四三章において、

「創造することはエネルゲイアに属し、生み出すことは本性に属する（τὸ μὲν ποιεῖν ἐνεργείας ἐστι, … φύσεως δὲ τὸ γεννᾶν.）[12]」

というキュリロス（三七〇／八〇―四四四年）の言葉を引用している。従ってパラマスは創造を神のエネルゲイアの業、「子」を生むことは神の本性に関わることと見ていたことになる。これは創造や本性といった言葉の指し示す内容からも当然うべなわれることであると思う。

このように創造がエネルゲイアに関わることであるとすると、創造された世界（物質も精神的なものも含んで）はエネルゲイアの充満したものと言えるだろう。つまりそこには神の働き（エネルゲイア）の力が漲っている。すなわちわれわれはそのエネルゲイアの中にあり、神のエネルゲイアの発露としての世界は、いわば神性の充溢（プレローマ）であり、それが展開したものである。またパラマスはエネルゲイアを「知恵」とか「霊」、「善性」あるいは「神性」などと言う。(13) こうしたことはすべて何らかの働きを示している。「知恵」も「霊」も「善性」も「神性」もそれは皆深く神と関係するが、われわれはそれら神のうちにあるものが神の外へと押し広げられ、注ぎ出される（ἐκχέω）ことによって、はじめてそれとして認識するのである。「知恵」や「善性」といったものを人が讃えるとき、人は神の業なる働き（エネルゲイア）を讃え、かつ「働く神」をその根底に見ているのだ。

それではパラマスにおいて働く神はどう表現されるだろうか。一つの例として、『百五十章』第九七章の文言を取り上げる。それによれば、

「もし神の本質が神のエネルゲイアと異なるところがないのなら、生み出すことと発出させることとは造ることと異ならないであろう。しかし父なる神は子を通して、聖霊において造る……(14)」。

ここでパラマスは神の本質とそのエネルゲイアは異なると主張するための一つの論拠を述べているのだが、今

は次の言葉、すなわち「父なる神は子を通して、聖霊において造る ποιεῖ ὁ θεὸς καὶ πατὴρ δι᾽ υἱοῦ ἐν ἁγίῳ πνεύματι)」に注目するにとどめる。すると父―子―聖霊の三者の創造における関係が浮き彫りにされてくる。そしてそこに「造る主体・父」と「διά 通して」なる媒介者（子）、そして「ἐν において」なるある種の場所的存在者（聖霊）が明るみに出てくる。しかしここで「ἐν において」とは何を意味するのだろうか。「ἐν」を「の中で」と訳してみてもさほど意味は変わらないであろう。「造る主体」である「父」は創造の計画者・指示者であり、「通して」が創造に参与するものという資格を「子」に与えているが、子を経過しないでは創造が成立しなかったとすれば、この「子」はたんに媒介者であるというより、創造の「作用者」の面ももつと考えられる。しかし三位一体ということからすると（至聖三者は三でありながら、一なのだから、創造も三者共通の働きである）、聖霊の創造における位置づけは何なのか。「ἐν において」と言われる聖霊は何か創造の場を提供する一種の創造の「援助者」であり、広い意味の創造の「受け皿」なのであろうか。しかしプロティノスで見た「受け皿」の意味はむしろ「質料」であって、聖霊には当てはまらない。パラマスでも「すべてを受け入れて、担う」のは質料（大地）であった。もちろん聖霊が何か具体的な場所であるわけではない。だがプラトンの「場」はすべてに座を提供するが、それ自身は感覚によらず、擬いの推理によってしか把握されないものであった。それゆえプラトンにあっても「場」を何か物質的なものとして想定することはできない。聖霊はこうした意味での「場」なのであろうか。

パラマスにとって聖霊は当然のことながら、すべてを受け入れるという意味での何かではない。「ἐν において」という語は確かに、何か「そこにおいてある」という場所的なニュアンスをもっているが、聖霊は受け皿的なものではない。ここで聖霊は伝統的に「生命の与え主」とか「神の息吹」と言われていることを思い出すと援けになろう。そうなるとこの「ἐν において」はむしろすべてのものの「根底」ということを示すものなのだ。この一見空間的で場所的な言辞は、創造の計画者と作用者を伴いつつ、一切をその根底で支えるものである。すなわちすべてのものが「そこにおいて」ある。それは聖霊が生命だからであって、その意味で聖霊は根源的生命であり、すべてを生み出してくる元のものとして、一切がそこから出てくる非空間的「場」と言ってもよいであろう（また生み出すということで、聖霊は神の働き（エネルゲイア）とも深く関係する）。しかしもしこのようにだけ考えれば、生み出されてくるものはすべて何らかの形で生命をもったものでなければならないように思えるが、しかしこの世界・宇宙には一見したところ、生命を十全な形でもっているとは思えないものも存在している。ではそうしたものは聖霊において造られなかったのであろうか。神は世界を創造したのであるから、当然非生命的・物質的なものもまた生命をもつものと同じように聖霊がその存在の源と考えられる。すると一切の存在者の存在は深く神・聖霊に根差しているわけで、非生命的物質とみなされるものも実はその根底には何か生命的なものがあると考える方が理にかなっていよう。現実にわれわれがそう考えていないということは、実はわれわれが物質をそうは見てはいないか、あるいは物質の姿が見えていないということによるのである。

　以上からわれわれはパラマスにおいて、神は働くこと、その際世界の創造には神のエネルゲイアが深くかかわり、三者なる神は一挙に世界を創造しつつも、それをわれわれの地平で考えれば、創造の計画者、作用者、非空間的場所的なるものという三つの契機を擁することを知った。そして特にその中で聖霊は生命の与え主として、一切のものを根底から支えるものであることを知った[15]。

　そこで以上のパラマスの考え方を軸にして、今度はやや飛躍的ではあるが、近現代に現れ、ある傾向を共有する一群の思想家の代表から、如上の問題に関するヒントを得てみたい。

第五節　テイヤール・ド・シャルダンの神の場

テイヤール・ド・シャルダン（一八八一―一九五五年）は一時期日本においてその名がよく語られることがあったが、現在では少数の人の関心しか引いていないようである。彼はもちろん神学者ではなく、古生物学者、地質学者であり、神学を専門としない立場からの人間の進化の問題は存命中ヴァティカンからひどく冷淡に扱われ、譴責を受けるほどであった。しかし彼の理論が厳密な神学的なものではないにしても――ほとんど直観的と言ってもいいが――、それは彼自身のギリシア教父研究と古生物学と地質学という科学的経験の上に立って論じたものので、閉ざされた神学的思考を打開する力をもっているのではないかと思う。

その彼の著作のうちで『神の場』（“Le milieu divin”[16]）と題されるものがある。註で示したように、邦訳は二種類あるが、一つはこのタイトルを「神のくに」と訳し、他は「〔宇宙のなかの〕神の場」と訳している。つまり“milieu”をどう捉えるかによって訳語が多少違っているわけである。一般に milieu は（1）真ん中、（2）中間、（3）環境、社会、（4）〔複数で〕～界、（5）媒質と辞書にはある。これはもちろん mi-〔半分、半ば〕と lieu〔場所〕から合成された言葉である。従って“Le milieu divin”とは「神的な milieu」ということで、いわゆる待望される「神の国」という意識も含めて、神がその力を及ぼす環境を指し、またこの宇宙の中で働く大きな神の力を前提とした言葉である。それゆえ日本語として異なる訳語ではあっても、その指し示すところは一致していると考え、これまでの論述に整合させる形で彼の著作を『神の場』としてあげることにする。

シャルダンは幼少の頃から「物質の核心で《光り輝くもの》」に心を引きつけられていたという[17]。ということは、彼は物質という一見非生命的なものの中核に、表面からだけではわからない物質を成り立たせている何か根源的なものを見ていたのだ。彼は幼少期から青年期にかけての勉学を通し、「物質の両側に、すなわち、物質の前方にはエネルギーの世界があり、物質の後方には生命の世界があった」[18]という見解に達したという。それが後年「物質の精神力（あるいは霊的な力）la puissance spirituelle de la matière」といった概念を生み出していったのである。

今われわれが「創造」ということを問題にしている以上、「物質」を等閑に付すことは決してできないであろう。物質はもっともわれわれに近しいものでありながら、精神に劣るものとして、低劣な地位に貶められてきた。その反動であろうか、物質を殊更上位に上げようという欲求から、精神の重圧を逃れるべく、精神を無みし、世界全体は物質が支配的地位を占めるという考えが主導権を握り、数量的、事実的現象が尊重された。それゆえ精神にしても、物質にしても、何らかの形でその関係の改善とその本来的理解を促進し、その上での正当な意味での物質の復権は必要である。[19]シャルダンの物質観はそのような試みの一つと考えてもよいであろう。

さてシャルダンは物質を次のように考える。まずマニ教的二元論を排した上で（ということはキリスト教的立場からキリストの受肉を最重要事とするからだが）、彼の立場として、「修徳的、神秘的観点 du point du vue ascétique ou mystique」から、「物質とは、科学や哲学が物質の名に冠しているような何らかの抽象的本質（des entités abstraites）を指すのではない」とし、われわれにとっての物質とは「われわれが触れ、感じることのできる、自然的な（神学的意味での）ものとしてわれわれに現れてくるかぎりでの、われわれをとりまく事物、エネルギー、被造物の全体ということ」であり、「それはその中核にわれわれが沈みこんで生きている共通の、普遍的で、感知しうる、無限に運動する、多様な場」だとする。[20]さらにこの前提の上にたって、物質を眺めると、一方ではそれは重荷であり、鎖であり、苦、罪である〔死へ向かう面〕が、他方で視点を変えれば、それは「同時に、肉体的な歓喜、恍惚的な刺戟、男性的な努力、増大の悦び」であり、「魅了し、更新し、結び、花咲かすもの」であり、「物質によってわれわれは養われ、高められ、他者と結ばれ、生命に満たされる〔生命が満ちる面〕」(21)。

さらにシャルダンは物質を、われわれの努力が赴く先として、「物質的または肉的にとられた領域」と「精神的に spirituellement とられた領域」に分け、前者は「克服されすでに達成されたもの」、後者は「われわれの進歩、探究、征服、《神化 divinisation》に向かう新しい努力に現れるもの」(22)と定義づける。後者がいわば物質のこれまでとは違った面、シャルダンによって喚起させられた物質の別の相貌（あるいは物質の真の相貌か?）と言ってよかろう。この文言の中に「神化 divinisation」という言葉が見出されるが、これこそシャルダンがギリシア教父という源泉より汲み取った重要な思想である。それはきわめて大胆とも言えるし、驚くべき思想とも言える。しかしもし「人間の神化」が語られるとすれば、「人間」は身体と精神（霊・魂）から成るゆえに、その神化はたんに精神的側面のそれではなく、身体と精神両方のそれでなければなるまい。その場合人間の「身体」もまた神化されるなら、シャルダンが物質の神化を説いても驚くにあたらないであろう。さらにシャルダンは「たとえ物質全体の中に利用できないエネルギーが含まれているとしても、さらに不幸なことに、次第に分裂を起こす転落的なエネルギーや要素が含まれているとしても、それにもまして、そのキリスト・イエズスにおける漸進的昇華が、創造主の手によって進行中の根源作用と映るある分量の精神力が現実に含まれている」とし、物質の中にたとえ微量ではあっても純粋に物質的なもののほかに精神力があると断言し、現在はその力が散在している状態だが、「神の霊はあらゆる領域に浸透し、働きかけている」。そしてシャルダン特有の進化論に従い、「個々の人の生において精神的物質と肉体的物質の間の境界は絶えずより高いところに移行」し、人類が「キリスト教化」

されるに従って、精神へと向かう。こうした状況は物質が精神に向かう《趨勢》なのであり、この運動には終着点が要請される。そして「いつの日かあらゆる物質の神化しうる部分（substance divinisable）は魂の中に移され、選ばれたすべての運動は復活される」[23]（これを世界のパルーシアという）と述べる。

シャルダンは精神と物質双方に対し、どちらか一方に偏る見方を排し、両方ともに視野に収めることを勧め、この両者を統合するものが、超自然であるとして、「超自然は被造物を超―生気づけるのである。どんなに超越的なものであっても、神の愛や熱意は人間の心、つまり大地の精気によって整えられたものの上にしか降らない」[24]と明言する。

以上の準備的考察の後、シャルダンは「神の場」を語る。彼の基本的見解は次のようである。

「われわれをめぐる、左右、前後、上下いたるところに感知しうる表面的な様相をちょっとだけ越えてみれば、神的なものが湧き出し、透けて見えてくる」、「神の現存が開示されるのは、単にわれわれの面前や、周囲だけではない。それは遍くあらゆるところに湧き出で、われわれをとりまき、貫通している」、「例外なしにあらゆる被造物によって、神的なものはわれわれをとり囲み、われわれに浸透し、われわれを捏ねまわす」[25]。

このようにわれわれの被造的世界は神の現存するところである。ある意味われわれは神の臨在から離れることはできない。それゆえ彼はこう言う。たとえこの世界が一見して卑俗なものに見えようとも、その真の姿において、「この見える世界は、聖なる場所」[26]なのである。従って神の場では「もっとも対立していると思われる諸性質を自己のうちに集め、調和している[27]」と言える。すなわち神の場においては、反対物の一致が実現しているということである。それは偉大な調和であると言えるし、そのことは神の内なる三一構造が無限の調和をもっていることの神―外での実現である。この神の場は

「宇宙のすべての力でわれわれを圧迫することによって何ものよりも近く、ふれ易いものであるが、しかしそれはこの世においては、われわれの抱擁から絶えず逃れていくもので、われわれがその波に流されてわれわれに可能な営みの極限まで高められ、上昇することによって、始めてとらえられるものである。つまり万物の近づきがたい一番深い根底に現存し、われわれを惹きつけているが、われわれを引きずってあらゆる完成の共通の中心であるものの方へと導きながら、つねにより遠くへ後退していく[28]」

のである。神の場とは本来的にはわれわれにもっとも近しいもの、つまりわれわれを引っ張って高みへと上昇させるものであるわけだが、しかし他方、被造的世界の完成に導くためには、神の場自身は常に後退するという。この「後退」という言葉はカバラ的表現（ツィムツィム・収縮）を思い起こさせるが、神が決してわれわれの前にその姿を現さないということとの類比で、神の場が決して人間の恣意によって把握されるものではないということを示唆しているのであろう。

さらに続けてシャルダンの考えを問うてみよう。

もしわれわれが素直にこの世界を見、そしてその世界の織り成すさまざまの姿を、古の賢者のように驚嘆しつつ眺めれば、そこに複雑に絡み合ってはいるが、しかしそれらすべてを統括しうるような完全性を見出すだろう。

ではその完全性はどこから来るのか。シャルダンはそれは「たった一つの《源泉》から発する」と言う。それは「神はすべての現実を収斂する究極の点であるからこそ（いわゆるΩ点）、われわれの模索に対して、いたるところに普遍的な場として発見される」からである。そして「どんな世界の要素も、今ここにおいては、その母線がそれらを収斂する神に集中していく円錐体（cône）の形においてしか存続しないものである」。そのたった一つの源泉から出るものとしての被造物は、「多様のもとにおける一者、手近にあるようにみえてとらえられないもの、物質性のもとにおける精神性として発見される同じ一つの現実」であり、いわば神がわれわれに力を及ぼすときには、「必ず普遍的中心の光がわれわれに注がれている」し、われわれはいかなる現実をもその本質においてとらえる場合は「われわれの事物の構造自体によっていやでもその完全性を究極の源泉にまで遡ることに」なり、「そのような中心、源泉はいたるところに存在している。それが無限に深い、点として表象されるものであるが故にまさしく、神は無限に近くあり、いたるところに拡がっている。神は中心であるが故にまさしく、あらゆる地層を占領している」[29]。このような汎在神論的記述によって、さらに言えることは、

「神の場はどんなに巨大なものであっても、現実には一つの中心である。……その中核ですべての存在を統合する絶対的、究極的な力をもっている。神の場において、宇宙のすべての要素は、そのもっとも内的で、もっとも決定的なところによってふれ合う」[30]

のである。

神の場はある意味、点と言われていることから、従ってそれは場所でありながら、通常の三次元的空間をもつ

場所とは言えないであろう。しかしこの場というものにおいて、すべての被造物は触れ合うと同時に、神とも触れ合っている。シャルダンの考えからすればこうでなければなるまい。

第六節　言祝ぎの礼儀（典礼）

われわれはいささかシャルダンに時間をかけ過ぎたかもしれないが、本論においてシャルダンの持つ意味は決して小さくはない。もっとも神の場ということでシャルダンに言及すれば、シャルダンと無関係ではない現代のロシア・コスミズムをも取り扱うのが公平であろうが、それでは論が拡散するおそれがあるので、また稿を改めて論ずる方がふさわしいであろう(31)。

ところでわれわれの考察の出発点であるパラマスに再び戻ることにしよう。パラマスのエネルゲイア論に関して、われわれが確認したのは、神のエネルゲイアは世界に充満し、われわれはその働きの中にいる、つまり世界は神のエネルゲイアの発露として、神性の充溢的展開であった。ただしその神の顕現はこの世的に神のエネルゲイアが翻訳された形で現れたものにすぎない。その証拠に、いわゆる神のウーシア（本質）は被造物から徹底的に逃げ去り、かつ超越する神の側面を表しているゆえ、それはたとえば高い山での「キリスト変容」（「マタイ一七章」、「マルコ九章」、「ルカ九章」等参照）のイコンにおけるキリストを囲むマンドルラの中心に描かれる暗黒の卵型の円のイメージであろう。他方、内在する神は、聖霊の働きによって、われわれを根底から支え、われわれを包摂し、歴史に介入して、そのエネルゲイアを及ぼすものである。確かに神の本質は被造物のあずかり知らぬ暗黒であり、一見取り付く島のない渺渺、空漠たる深淵であるが、それはエネルゲイアが造られざる神であるとパラマスが言う以上、この本質と無関係なものではない。それはわれわれの前には決して現前しないが、働きとしてわれわれに近接する。その意味でシャルダンが言うように、物質にも一種の精神、すなわち霊たる神と結びつく物質に賦与された神性とでも言ってよいものが宿っており、世界はいつの日か、一切が神のものになるとき、一切が神へと、個我を超越して、わだかまりなく戻っていくとき、つまり神のエネルゲイアに十全に満たされるとき、霊肉の二元論は破棄されるだろう。

それに至るまでは、しかし、不完全ではあっても、その最終段階の先取りとして、東方の師父の教えるところでは、神が親しく人間の最内奥たる「心・カルディア」において交わり、イコンという物質的形象を通して神の現存を感知せしめ、物体中の物体とも言える聖体を人間が食するという行為によって、無限を有限なものに取り入れるという不可能事が実現しているのである。シャルダンの言うように、神の場はわれわれに神の現存を知らしめるところであるとすれば、人間もまたその存在そのものによって神の場である。その最たるものが受肉の出来事であり、それはまた人間の神化の基盤である。

もしこれまでの考察が何か核心に触れるところがあるとするなら、シャルダンの言う「物質の精神化」や人間が行う「観想的祈り」、そして人間にとり究極事である「人間神化」はいずれも神を言祝ぐ業（礼儀）だと言うことができる。B・W・アンダーソンは、『創世記』を注解しつつ、こう語る。

「創造の教説は、すべての被造物が神の計画の中でそれぞれの場所を割り当てられていると主張している。それは、すべての被造物が、創造者に仕えまた栄光を帰することによって、それぞれに定められた役割を果たすためなのである。……天と地のすべての被造物が、『リタージー』すなわち安息日を頂点とする神礼拝に参与する」[32]

と創造のリタージー（liturgy、典礼）を指摘している。創造行為の中に神の意図を読み取るならば、一切のものの存在の根本様態は神へと向かい、神を言祝ぐ礼儀（典礼）に参与することである。そのため神の場としての宇宙万物の保全が精神的存在としての人間に課せられた任務なのである。

結　語

以上の考察からパラマスが神のうちに「本質」と「働き」を分けたということには、どのような意義があるのか、シャルダンの見解と合わせて考えてみたい。そのため便宜的に図を用いて考えてみよう（図1参照）。

まずウーシア（本質）なる神は超越的で、われわれの認識の及ばないものであるが、このウーシアなる神は父・子・聖霊の三一神であり、この三者が絶妙の調和をはかっていることを東方キリスト教の伝統的思考に従ってまず確認したい。その上で、この神から神のエネルゲイア（働き）の充溢したものが、世界の創造という神の愛の発露となって現実化する。

われわれはこの神のエネルゲイアが全被造界を包摂するものと考え、それをシャルダンの円錐形をもって全被造界を表現する。すなわち神の愛のエネルゲイアは全被造界を覆って余りあるのである。この被造界を便宜上、「精神圏」と「物質圏」に分け、神のエネルゲイアが全被造界を包摂するというところから、神は内在的に、根

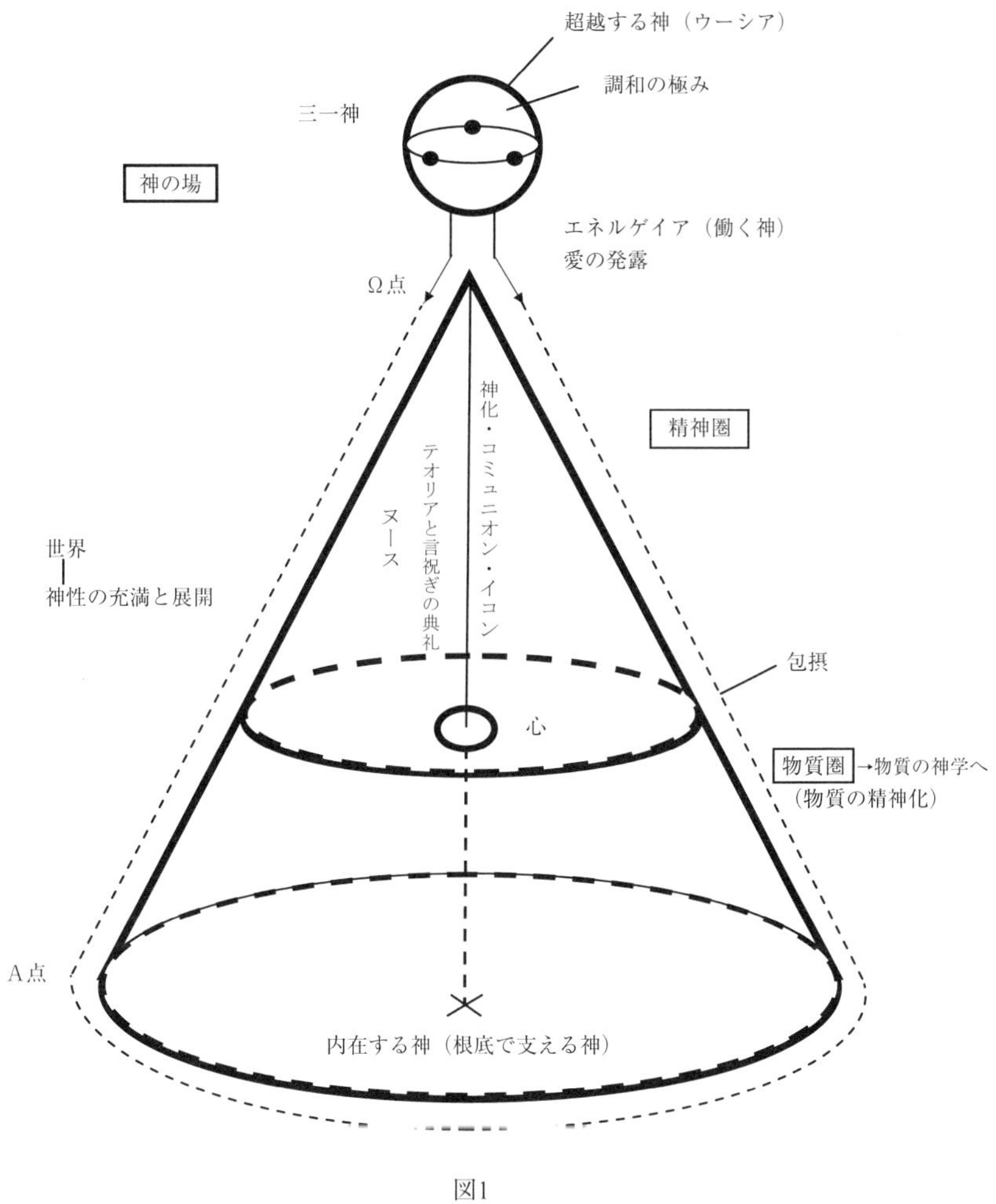
超越する神（ウーシア）
調和の極み
三一神
神の場
エネルゲイア（働く神）
愛の発露
Ω点
神化・コミュニオン・イコン
テオリアと言祝ぎの典礼
ヌース
精神圏
世界
神性の充満と展開
包摂
心
物質圏→物質の神学へ
（物質の精神化）
A点
内在する神（根底で支える神）

図1

底よりこの世界を支えていると理解する。

さてこの世界において、精神圏と物質圏の境に位置する人間は、この二つの世界にともに触手を伸ばしつつ存在する。その人間の中核的部分である「心」は、生命的な心魂の宿る場でもあるが、東方キリスト教によれば、この心の内奥において神と出会うのだとされる。神と出会うときに人間の側から神へ向かう能力としてヌースが考えられているが、このヌースにより観想（テオリア）が行われ、身体的行為としての聖体を食することとともに神との交わり（コミュニオン）に赴く。しかし一方でわれわれの前には神の国の窓であるイコン、つまり霊的なものと物質的なものが出会う場が与えられ、そこにおいて、より具象的に神をイメージしつつ、また神の現存を意識しつつ、神の国への参入をはかり、やがては神の恵みがあれば人間神化へと達する。

すでに述べたように、この世界は神性の満ち溢れる神の場であり、物質の基点はシャルダンのA（アルファ）点であり、神化に達する点はΩ（オメガ）点であると考えられる。

もとよりこの図ですべてが表せるわけではないが、以上のように考えるならば、ここに十四世紀の神学者パラマスの思想と二十世紀の古生物学者、地質学者の見解は統合される。そしてこのことによって新たに「物質の神学」なるものの構想もまた「受肉の神学」との関連で浮かび上がってくるであろう。

註

（1） *Capita 150, Γρηγορίου τοῦ Παλαμᾶ Συγγράμματα* , τόμος 5 (Thessaloniki 1992, c.144, 115. Saint Gregory Palamas, *The One Hundred and Fifty Chapters*, A Critical Edition, Translation and Study by Robert E. Sinkewicz, C. S. B. Pontifical Institute of Mediaeval Studies (Studies and Texts 83), 1988, 248-50 (Palamas-Sinkewicz と略記).

（2） Ibid., c. 74. 77, Palamas-Sinkewicz, 168-70.

（3）詳細は、拙著『エネルゲイアと光の神学』（創文社、二〇〇〇年）一〇一—六九頁参照。

（4）*Capita 150*, c. 21, 46, Palamas-Sinkewicz, 102-04. οὕτως οὖν « ὁ θεὸς ἐποίησεν ἐν ἀρχῇ τὸν οὐρανὸν καὶ τὴν γῆν, » οἱόν τινα ὕλην πανδεχῆ καὶ δυνάμει τὰ πάντα φέρουσαν,…

（5）Palamas-Sinkewicz, c.21, 105. n.37.

（6）『プラトン全集　別巻　総索引』（岩波書店、一九七八年）四〇〇—一四頁。

（7）筒井賢治『グノーシス——古代キリスト教の〈異端思想〉』（講談社、二〇〇四年）一〇二—一五頁参照。

（8）『プロティノス全集』第二巻（中央公論社、一九八七年）一五頁（「素材」についての訳者解説による）。

（9）Plotinos, *Enneades*, II 4, 1,1.

（10）Palamas-Sinkewicz, 105. n.37. 及び Τοῦ ἐν ἁγίοις πατρὸς ἡμῶν Γρηγορίου ἀρχιεπισκόπου Θεσσαλονίκης, Παλαμᾶ. *Ὁμιλίαι ΚΒ'* (ed. Oikonomos, p.135, 20-21.) Athen,1861. 所収の Ὁμίλια,α.,ΝΓ; πᾶσαν γὰρ ἰδέαν αἰσθητῶν τε καὶ αἰσθητικῶν τὴν ἀρχὴν ἐμφυτεύσας ὁ θεὸς τῇ γῇ

（11）*Capita 150*, c. 75, 77-8, Palamas-Sinkewicz, 170.

（12）Ibid., c. 143, 115, Palamas-Sinkewicz, 248.

（13）Ibid., c.70; 82; 95, 75; 82-3;89-90, Palamas-Sinkewicz, 164; 178-80; 194-648.

（14）Ibid., c.97, 91, Palamas-Sinkewicz, 164; 196.

（15）ただしこのように神のうちに「計画者」「作用者」「非空間的場所的」といった一種の哲学的分類を採用することをバシレイオスは、その著『聖霊論』（Baile de Césarèe, *Sur le Saint-Esprit*, Introduction, texte, traduction et notes par Benoît Pruche, Sources Chrétiennes 17bis, 1968. 邦訳、「聖大バシレイオスの『聖霊論』」山村敬訳（南窓社、一九九六年））において（特に第二章以下）禁じている。バシレイオスに相対するアエティオス（？—三七〇年頃、非類似派の論客）らは、世界の創造に関し、「誰から」は創造者、「誰によって」は補助者、道具、「何において」は時間ないし場所、だとするが、彼らをバシレイオスは父と子の非類似派として非難する（創造の製作者モデルの拒否）。バシレイオスは聖書の文言を楯にとって、聖書ではアエティオスらの言うような「から」「よって」「おいて」という言葉が使われているが、それが父、子、聖霊に一義的に限定されることなく、三者の間でいわば融通無碍に用いられ、しかも相互に交換可能であるとする（第五章）。

ところがわれわれの論攻は哲学的観点に立っているが、それはバシレイオスが言う父と子の非類似を云々するためではない。バシレイオスにしても「聖霊」に関して、父と子と不可分であることを証するために、いわば哲学的議論を展開している。たとえば「存在するものの唯一の原理（始め）が、子を通して創造し、霊の中で（において）完成する」（第一六章、38）と言って、この「霊の中で（において）」の詳細な用法を論じている（第二五章）。彼の本意はこのような前置詞の用法を、一見哲学的アプローチと見える手法によりつつ、聖書のうちにことがらの本源を探ることであり、彼にとり「正統的」見解に反する議論を弄する者たちの論議の方法を便宜的に「哲学的」と言っているように考えられる。従って以下われわれはこのことに留意しつつも、われわれの議論を進めることにしよう。

(16) Pierre Teilhard de Chardin, *Le Milieu Divin, Essai de vie intérieure* (Éditions du Seuil, Paris, (1957)1967). 邦訳『神のくに・宇宙讃歌』（テイヤール・ド・シャルダン著作集 五）、宇佐美英治・山崎庸一郎訳（みすず書房、一九六八年）、『宇宙のなかの神の場』三雲夏生訳（春秋社、一九六八年）。

(17) テイヤール・ド・シャルダン『物質の核心——わが魂の遍歴』（原題：*Le Coeur de la Matière*, 1950）美田稔訳（日本テイヤール・ド・シャルダン研究会）（オリエンス宗教研究所、一九九九年）一三頁。

(18) 同上、二一頁。

(19) 拙著、『エネルゲイアと光の神学』（創文社、二〇〇〇年）第三章「身体もまた祈る——パラマスの身体観への試み」二六八—八八頁、参照。

(20) Chardin, *Le Milien Divin*, 121-2. 邦訳、春秋社版、一〇八頁。（ただし一部みすず書房版の方が訳語としてふさわしいと考えた場合は適宜変更してある）

(21) Ibid.,122. 邦訳一〇九—一〇頁。

(22) Ibid., 125. 邦訳一一二頁。

(23) 以上、Ibid., 126-8. 邦訳一一三—一五頁。

(24) Ibid., 128-9. 邦訳一一五—一六頁。

(25) Ibid., 133-4. 邦訳一一九頁。

(26) Ibid., 134. 邦訳一一九—二〇頁。

（27）Ibid., 134. 邦訳一二〇頁。
（28）Ibid., 135. 邦訳一二一頁。
（29）以上、Ibid., 135-7. 邦訳一二一―一二三頁。
（30）Ibid., 137. 邦訳一二三頁。
（31）ロシア・コスミズムを扱ったものとして、S・G・セミョーノヴァ、A・G・ガーチェヴァ編著『ロシアの宇宙精神』西中浩訳（せりか書房、一九九七年）があり、この中で、ヴェルナツキイとの関係でシャルダンにも触れ、その他パラマスにも言及されている（一六一―一七、三二一頁）。本書への参照を教父思想の立場から示唆するものとして、谷隆一郎『アウグスティヌスと東方教父――キリスト教思想の源流に学ぶ』（九州大学出版会、二〇一一年）二四七頁がある。またスヴェトラーナ・セミョーノヴァ『フョードロフ伝』安岡治子、亀山郁夫訳（水声社、一九九八年）も参照。
（32）B・W・アンダーソン『新しい創造の神学――創造信仰の再発見』高柳富夫訳（教文館、二〇〇一年）三九―四〇頁。

第五章　ヘシュカスム論争とは何であったのか

――バルラアム『第一書簡（一―二九）』を通して――

序　いわゆる「ヘシュカスム論争」の経緯

「ヘシュカスム論争」と一般に言われるものは、一体何であったのか。この問題はすでに何度も議論されたものであるが、かといってその論議が尽くされたわけでもない。というのは論争の始まりのことを少し詳しく調べてみると、論争の経緯や中身でさえそれほど明快、単純なものではないことがわかってくる。それはこの論争の起こりが複雑な要素から成り立っているからである。しかも論争そのものが教会会議という公的な議論の場に移される以前は、一人の人の疑義に始まり、それに対する返答が続き、次いで主としてかかわりのある者たちの間で交わされた書簡を通じての論争であったので、それら書簡の時間的前後関係が問題になるが、その時代特定はすべての研究者によって一致しているわけではない。時代特定は錯綜していると言ってもよい。しかも時代特定が狂えば、書簡による論争の場合、問いと回答の間でちぐはぐに見えることも起こりかねない。パラマスたちの著作の理解を困難にしている原因は、彼らの著作のほとんどが論争の書、あるいは論争の過程で生まれてきたものだということである。従ってこの論争の時間的筋道を誤るとその理解はとんでもない方向に向かうことになりかねない。

その上この論争には政争もからんでいた。しかしわれわれの関心は何よりもパラマスとバルラアムとの論争にある。ところでパラマスとバルラアムとの論争を二期に分けて考える論者（フュリゴス Fyrigos, A.）がいる。それによれば第一期は一三三四―三五年で、これを「パラマス主義をめぐる論議（contorversia palamitica）」、第二期は一三三六―四一年で、これを「ヘシュカスムをめぐる論争（polemica esicastica）」と言う。[1] このように区分けすることはいわゆる「ヘシュカスム論争」の中身を正確に把握するためには適切なことと思われる。

ところで本章はパラマス、バルラアム双方の考え方どちらに理があるのか、どちらが正しく、他方は誤っているのかといった審判的判断をするために草したのではない。この二一世紀に至って、たとえば東方教会と西方教会の思惟傾向のいずれが正しいのかといった問題意識で論じることは時代錯誤も甚だしいだろう。われわれとしては、そういう優劣の判断ではなく、地理的にきわめて狭いと思われる地中海地域でどうして聖霊や神認識へのアプローチが異なったのか、そうしたアプローチを取るメンタリティの相違は何なのかをこそ問うべきであろう。

そこでこの論考ではまず論争の起こった第一期あたりの経緯を、種々異なる時代特定の問題には踏み込まずに概観し、その上で論争の一半を担っているバルラアムの『第一書簡』を基にして、そこで何が論じられ、そのことが指し示す問題の地平を若干明らかにしてみたいと思う。

第一節　「パラマス主義をめぐる論議 contorversia palamitica」の経緯概観

南部イタリアにいたギリシア系の修道士バルラアムが何らかの意図をもって[2]首都コンスタンティノポリスに到来したのは、カズダン（Kazhdan）編纂の辞典によれば、一三三〇年のことである。[3] 首都到着後バルラアムはコンスタンティノポリスの宮廷で重用され、皇帝アンドロニコス・パレオロゴス三世の庇護を受けた。おりしも西方より一三三三―三四年に教皇使節が教会合同を討議するためにコンスタンティノポリスに到来し、バルラアムはビザンティン教会の代弁者として使節との交渉の任に当たった。また皇帝より一三三九年アヴィニヨンにいた教皇ベネディクト十二世のもとに秘密裏に特命を受けて赴いている。

さてバルラアムは一三三四年（二月から十二月の間）に聖霊の発出や教皇首位権に関するラテン教会の神学思想を反駁するいくつかの書を著したとされる（“*Contra Latinos*”）[4]。当時彼はいわば東方教会のスポークスマンであった。

ところでこれらの経緯について時代特定で意見があわない問題がある。それはバルラアムがラテン人を前にして教会合同を視野においてビザンティン教会の立場から当該問題をギリシア語で講演したもの（Or. I, Or. II）[5]の時期についてである。これはシンケウィッツ（Sinkewicz）によれば、はじめジャンネッリ（Giannelli）が一三三九年にこの講演を行ったとし、それにメイエンドルフもスキロも賛成しているが、後にダルゼ（Darrousès）がこれに異を唱え、その時代を一三三四年十二月二十日（教皇ベネディクト十二世選出）より少し後としていて、シンケウィッツもまたそれに賛意を表明していることである（彼は一三三五年の春のいつか、としている）[6]。シンケウィッツはダルゼの反論を紹介しつつ、この時代特定を一三三九年にすることに反対しているが、しかしバルラアムの研究者であるフュリゴスはこれを信頼性に欠けるとして退け、ジャンネッリの意見に戻っている[7]。ここにもヘシュカスム論争解明の困難さの一端を垣間見る気がする。

また先の註（1）で、スキロが論争の兆しがすでに一三三七年にあったとしているのは、次のような事情があるからである。バルラアムは一三三四年に（Fyrigos による）、皇帝よりの使命として、聖霊の発出に関してビザンティン教会の立場を擁護するため、ラテン教会に対して一種の反論『*Contra Latinos*』を著した。パラマスはこのイタリアからやってきて、短時日のうちに皇帝の信を得、ビザンティン教会を代弁する立場にあった〔人文〕学者のことを聞いて、はじめからある種の警戒心をもっていたらしい。ビアンキによれば、パラマスはバルラアムがラテン贔屓であり、かつ彼が教父よりも異教の哲学者の思想を好む理由を識別できると信じていた。そこではじめ誰と特定することなく暗に仄めかしながら、バルラアム批判を含めた『聖霊の発出に関する演繹的論証』（第一と第二）を著した[8]（この頃パラマスはアトス山のエスフィグメヌー修道院の典院〔修道院長〕であった）。ところがパラマスは後でバルラアムの論考『*Contra Latinos*』の存在を知り、その写しをアキンデュノスに依頼した。そしてそれがパラマスのもとに届いたのが、（これにも時代特定で異論があるが）シンケウィツによると一三三六年の聖霊降臨祭のころであるとされる[9]。それを読んでパラマスにはバルラアムの考えに疑念が起こり、ただちにアキンデュノスに書簡を送り、さらにバルラアムの考えを聞きだそうとした（一三三六年五月か六月のはじめ―シンケウィツ。ナダル（Nadal）も同じ[10]）。

パラマスにとり問題だったのは何よりも「フィリオクエ」であった[11]。そしてこの書簡の中でパラマスはラテン人のフィリオクエに関する議論をバルラアムが擁護していると考えて、その考えの要約を述べる。問題になったのはその中でバルラアムがラテン人の議論を支えるものとしてナジアンゾスのグレゴリオスの言葉をもち出しているとパラマスが言うところだが（ナジアンゾスのグレゴリオスは御子を ἡ ἐκ τῆς ἀρχῆς ἀρχή としたので西方の聖霊発出論は東方の主張と齟齬はないとする意見）、バルラアムの『*Contra Latinos*』にはその発言が見当たらない。この問題についても研究者の間で議論され、いくつかの解釈に基づく解決案が提示されたが、合意には至っていないようである。

もうひとつパラマスが論じたのが、バルラアムが神学的な真理においては演繹的論証をなすことができないとしたことである(12)（今回はこれに触れない）。

このパラマスの書簡にアキンデュノスが回答し、特にパラマスが神学的推論を「演繹的論証」としていることに当惑する旨が述べられ、一方バルラアムも今は失われた書簡とともに書簡風の論考（バルラアムの第一書簡）でこれに反論したらしい（Fyrigos によればこの二つの書簡は一三三四年の六―八月に交わされている(13)）。

第二節　バルラアムの『パラマス宛第一書簡』の概要

さて以上のように諸研究者の間でいくつかの文書の時代特定が一致していないことを承知の上で、バルラアムの書簡を通して、ヘシュカスム論争の当初の問題を考察してみよう。対象は『バルラアムの第一書簡』（スキロによれば一三三五年(14)）である。この書簡はフュリゴスによって全一一〇段に分けられているのでその区分に従う。フュリゴスのまとめるところに従えば次のようである(15)。

まず序文（第一段）。ついでバルラアムがナジアンゾスのグレゴリオスの言葉を使っていることにつきその意図を説明し、パラマスが公平に考えてくれるよう促す（第二―二九段）。さらに「演繹的論証」という言葉の厳密な言い方と広い意味での言い方の区別を明らかにし、神学的真理の研究のために前者の意味でこれを使用することはできないとする（第三〇―九五段）。最終的に「演繹的論証」と「弁証法的論証」の間にある違いを説明し、また後者が真理に導くとした上で、バルラアムは、ラテン人との議論において、ギリシア教会の教義を証明するために彼が定式化した三段論法を「演繹的」と呼んだことを弁明し（第九六―一〇七段）、結尾のことば

（第一〇八―一一〇段）を述べる。はじめと終わりの文章は皮肉を交えたものとフュリゴスは言い、その上でこの論争の始まりのころの議論のテーマは（1）バルラアムがラテン贔屓と疑惑を持たれたこと、（2）神学領域で論証を用いることの是非、が問題であると総括する。(16)

以上を念頭に置いた上で、本論ではまずはじめの部分、つまり先の（1）（第一―一九段）に限定し、そこにパラマスの見解も加え、この論争の一端から見えてくるものの考察に着手したい。

第三節　バルラアムの見解の検討

バルラアムはその書簡の序文、第一段で自分の立場を宣言している。それによれば、子が聖霊の始原（ἀρχή）であり、原因（αἴτιος）であるなどとは考えておらず、子が聖霊の産出者（προβολεύς）でもなく、聖霊に二つの始原（すなわち父と子）を規定しているわけでもない、父だけが、父から本質的に（οὐσιωδῶς）出てくるものの始原であり、原因であるから、(17)と言ってラテン教会の信奉者でないことを印象づける。

さらにバルラアムにとって論争の相手はもとより「フィリオクエ」を信奉するラテン人であって、ギリシア人ではさらさらない。バルラアムのこの種の問題に関する議論の進め方の基本方針は、論敵と目される者たちに知られていることがらに基づいて、つまり相手の懐に入って、彼らが同意するよう説得することである。そのためまずは彼らが同意するとわかっていることがらを提示し、自分たちが認めているところからは出発しなかったので、バルラアムの文書では、ラテン人が同意することがらが示されているのである。(18)バルラアムに言わせれば、そういう手法がパラマスの誤解を生んだのだから、パラマスの反論は不適切であるということなのである。

次に彼は問題とされる「始原（ἀρχή）」についての見解を述べる。彼は

「それに基づいて神に二つの始原・原理を措定する方法は二つある。一つは、ある他の〔始原〕〔に基づいて〕別の〔始原〕を考えることであり、もう一つは、互いに対立し、区別されるもの（すなわち二つの始原・原理）を考えることである[19]」。

と言う。そして二番目のものは神には当てはまらない、とされる。すると残るは最初のものとなるが、それもバルラアムは支持しない。なぜならまさしく彼はそれを論駁しようとしているからである[20]。つまりこの考えは、A（父）という始原からB（子）が出、そのBが始原となってC（つまり聖霊）が出るということになり、それは聖霊の発出にそぐわないとバルラアムは考えるということである。その理由としてはラテン人はその考えに反対していること、そしてギリシア人の見解とも一致するからである。すなわち子は明らかに聖霊の産出者ではないということである[21]。ここでバルラアムは聖霊の発出に際し、二つの始原を認めていないということになり、このかぎりバルラアムはパラマスをはじめとする東方の見解と違うところはないということになるし、ラテン人も二つの始原を認めていないということになる。ではなぜ論争になるのか。バルラアムはラテン人の代弁者なのか。

A　パラマスの見たラテン人の考え方

当該の問題に入る前に予めパラマスが西方の考えの何を論難するのかを見ておこう。彼はその『アキンデュノス宛第一書簡』の2において、ラテン人たちが聖霊の始原を二つとしながら、矛盾しないとする見解を纏めている。それはこの問題についての西方の四つの立脚点である[22]。

①〔当該の二つの原理が〕（明確に）区別されるとか、互いに対立するとかではなく、一方のものが（ἑτέραν）他方のもとに（ὑπό）、あるいは他方から（ἐκ）あるという意味で〔矛盾しない〕。

②さらにナジアンゾスのグレゴリオスという権威が、子のことを「始原よりの始原 ἡ ἐκ τῆς ἀρχῆς ἀρχή[23]」と言っているので、父のモナルキア（父の単独主権）は保全される。

③ギリシア人も神の本性は一つであり、位格は三つであることには同意し、しかも本性に関する特性は位格のそれとは異なることも承知している。その観点に立つと、問題となっているいわゆる「二つの」始原のうち一方が他方より存在（ὕπαρξις）を受け取っている場合には、それを「二つの」始原とは言わないのである。神に二つの始原を措定するのは不信の極みである。

④しかもナジアンゾスのグレゴリオスは「始原よりの始原」という先の言葉に「それで何の妨げもない」と付け加えている。つまり子は聖霊の始原であるが、それは彼自身始原ではあるものの、彼自身〔父という〕始原から存しているからである。

以上がパラマスが纏める西方の根拠である。

B　ナジアンゾスのグレゴリオスとバルラアム

ではまず、パラマスも引用していたナジアンゾスのグレゴリオスの言葉を見ておこう。グレゴリオスは②での当該箇所でこう言っている。

「それは神の言葉そのものであった、〔彼は〕世に先立つもの、見えざるもの、把握しえざるもの、非身体的なもの、『始原よりの始原』、光よりの光、生命と不死の泉、元型の刻印、不動の印璽、区別しえざる像、父の定義と言葉、自らの固有の像に至り、肉のために肉を担い、私の魂のために思惟的（νοερᾷ）魂と混じり、似たものによって似たものを浄化し、あらゆる点で、罪を除いて人間となる」。

これは「子」についての記述である。子は「始原よりの始原」であるとグレゴリオスが言っている以上、父なる始原から出る子なる始原という言葉は有効性をもち、父を筆頭にいただく子という図式は有効であるとラテン人は主張しているとパラマスは言う。

ただここで言う「始原」とは一体何を指すのか、と疑問を呈するのが、バルラアムである。グレゴリオスのこの言葉は霊の始原について語っているのではない、なぜなら神学者グレゴリオスは霊について述べているわけではないからだと、彼は言う。そこで先に挙げたパラマスのラテン人たちの見解の①では、「一方のものが（ἑτέρων）他方のもとに（ὑπό）、あるいは他方から（ἐκ）ある」と指摘されているが、その「一方」とか「他方」という言い方は一見言葉の上では異なるものであるが、バルラアム自身は「同じ」ものを指していると解釈していると言う。それは三つの位格のそれぞれは始原から出て、始原へ戻ると解しているからだ。それでもバルラアムが間違っていると主張するなら、それは用語の問題に過ぎないとかわす。

そしてバルラアムは、ラテン人らは最初から誰も「聖霊の二つの始原」を考える者はいないが、しかしもし子は聖霊の始原かと尋ねられれば、「然り」と言うし、父が聖霊の始原かと尋ねられれば、これまた「然り」と言う。だがもし、では聖霊の始原は二つだねと言われると断然「否」と答えるのだと言う。[24]

これをどう考えるか。ギリシア人にとっては「始原と始原」そして「二つの始原」と言葉を変えて言ってみても、これは始原が「二つ」ということに変わりないので、これを主張するラテン人は愚か者だということになる。それに対し、ラテン人は「神からの神」「神とともに」「始原よりの始原（被造物の始原として）」という言葉はキリスト教徒に共通に使用されるが、そこには「二」ということが含意されていることは明らかだ。そちらは二だと認めておいて、先の方は二がおかしいというのはどういうことだ。大切なことはこうした言葉の中に父の「モナルキア」の概念が含まれていることではないのか。[25]

C　パラマス批判

さてバルラアムはラテン人がほとんどしばしば二つの始原に傾くことを弁護していると断った上で、彼の手法としては、始めからラテン人の誤りを糾弾するのではなく、彼らが容易に認めることを基にして、ラテン人の誤りを正したいと述べ、重要なことは先にも触れた「父のモナルキア」が保全されているかどうかだと言う。[26]

そしてパラマスが提出した反論をバルラアムは論駁しようと試みる。バルラアムはパラマスが「始原」について語っていることを三点に絞る。[27]

① 「始原よりの始原」は創造の「始原」のことであること。

② 神の位格は別として、「神」や「諸存在の始原」と言っても、それは三つあるいは二つの神や始原を必ずしも語るわけではないこと。

③ たとえ一方のものが他方より存在するとしても、二つの始原が一つであると言うことは不可能であること。

このパラマスの見解を検討して、バルラアムは①は東西教会に共通の見解であると認める。[28]②についてはこれも当然であると認めるが、この言い方だとラテン人が、「聖霊の始原は父と子だが、実は聖霊にとって唯一の始原があり、〔それは父である〕」と言っているのと同じであって、むしろラテン人の方に軍配が上がるのではないかと言う。[29]そしてパラマスの言が「父は子を通して聖霊において諸存在を導き出す、従って諸存在は父から子を通して聖霊において創造されるのであって、三つの始原からではない」であるなら、これがそっくりそのままラテン人の言う、「父と子は聖霊の二つの始原ではない、父は子を通して霊を発出させるからである。従って霊は父から子を通して進み出るゆえ、二つの始原からではない」ということと同じことになり、パラマスがとやかく言わずとも、ラテン人は正しいことを言っていることになる、とバルラアムは主張する。[30]ここまではどちらが正しいかという問題ではなく、むしろ言い方こそ異なるように見えるが、実は互いが同意できる内容のものであることを明らかにしようとバルラアムは意図しているように見える。

しかし③については問題があるとバルラアムは言う。

往々にしてラテン人は二つの始原を語っていると非難されるが、決して彼らはそう言っているわけではない（少し前ではバルラアムはラテン人が二つの始原に傾きやすいと指摘していた）[31]。だからラテン人は二つの始原を主張するというのは、彼ら自身が認めていない議論である。従ってこのように非難することは相応しくない。

他方、ギリシア人にとっては、すべてのものの創造の始原に関しては、子と聖霊が父より存在（ὕπαρξις）を得ていることから、モナルキアが保全されないと考えることは馬鹿げたことだ[32]。このように述べてバルラアムは③を問題にしたきっかけとなるパラマスの言葉を吟味する。

問題は「どうして二つの始原が唯一の始原であるのか」というパラマスの問いかけであるが、これを考えるに際し、バルラアムはパラマスがアキンデュノスに宛てた書簡の言葉を取り上げる[33]。パラマスはアダムの第三子セトを例として提示する。彼はラテン人が聖霊の発出に関し、二つの始原が実は一つであるというが、ではセトの場合を考えてみようと言う。まずエヴァはアダムから生じたので、セトは一つの始原から生じているのか、また一方が他方から生じたので、〔アダムとエヴァは〕セトの二つの始原ではないか。また〔以後〕エヴァから生まれる者にとって、アダムという始原から生じたエヴァは第二の始原と言えるのではないのか。しかも生み出すこと（τὸ γόνιμον）は両者に関わることだが、〔生まれたものは両者と〕異なる、つまり異なったヒュポスタシス〔主体〕のうちにある。だからそれらの始原は一つではなく、一方は他方に由来している。その場合、それらは一つではないが、にもかかわらず生むことは両者に属し、始原が唯一ではないとすると、どうして神の三位については二つの始原が一つということになるのだろうか。神を生むこと（τὸ θεογόνον）に関しては共通のものはなく、父が神学上「神を生む神性」であるのだから。[34]

その後でパラマスの言には三つの点において問題があると言う。まず第一に、もとよりラテン人は二つの始原を語っていないので、パラマスがラテン人はそう語っていると決めつけているのである。ラテン人と討議するとき、彼らは「子が『神を生むこと』に関して父と共通するところがない」と主張していることを理解すべきである。[35]

〔第二は〕また「父は本質を超えた神性の唯一の源泉である」ということをラテン人が理解するところは次のようである。つまりこれは子が神を生むことに関し、始原ではないということではない。それは父は端的に神性の源であって、子の源であり、生む者、産出する者であるが、他からそういう地位を得るわけではない。しかし子については産出する者としてのみある。それは霊の源としてのみあるということである。子は父との関係では源からであり、霊に対しては源である。つまり父は端的に神性の源である、つまり父はこれに対しては源であるが、別のものに関しては源からというのではない、しかし子は父から源であることを引き出すのである。[36]

〔第三は〕パラマスは人祖アダムの第三子セトの誕生という例を提示したが、バルラアムはこれも筋が通ったものではないとはねつける。それはパラマスの言に対して、ラテン人はこう反問するからだ。すなわち人間アダムとエヴァには相違点は多いが、同一性はわずかである。それに対し父と子は逆である。すると父と子の場合は同一性が優っているので、それを通して唯一の始原があり、他方は相違点（他性）が優っているので、唯一の始原はないというのか、と聞き、それは愚かしいことであると断ずる。[37]

つまり人間の出生と聖霊の発出はまったく異なったものであり、同一の次元で論じられないというのがラテン人の反論だとバルラアムは言う。[38] そういうことを根拠にして、ラテン人はある場合には唯一の始原を、ある場合には唯一ではない始原を語っても不都合ではないと主張したら、ギリシア人としてはどう返答するかとバルラアムはパラマスに迫る(39)。

ギリシア人の場合でも、「神よりの神」「神とともに」「始原よりの始原」と言うとき、父から出てくるものを「一」へと関係づけることで、父のモナルキアを保全している。もし三つの位格のうちの二つ〔子と聖霊〕が一つのもの〔父〕から存在（ὕπαρξις）を得ていないなら、三神になろう。神学の伝統では、一つの神性が原因であって、三つの位格が一つの神であり、一つの始原である(40)。

次いでバルラアムは「二つのものが一つのものを原因として在る」ということに関して、その言葉の権威をナジアンゾスのグレゴリオスに仰ぎ、彼の言葉を六つ引いてくる(41)。それによれば、①「父は統一（ἕνωσις）であり、それに続くものは父から〔出て〕、父へと導かれる(42)」。②「神は唯一で、子と霊は一つの原因に帰せられる(43)」。③「神性が一つであるがゆえに、われわれにとって神は唯一であり、その一に向かって彼から出たものは戻っていく(44)」。④「神性と第一の原因、つまり父であり、モナルキアであるものをわれわれが眺めやるであろうとき、われわれに見えたのはそれが一つだということである(45)」。⑤「それ〔ミーニュによれば、子と聖霊〕が〔父と〕ともに永遠であるなら、どうして〔父と〕ともに始原なきものでないだろうか、たとえそれ〔原因〕の後ではなくとも、そこ〔第一の始原〕から〔出る〕のだから(46)」。⑥「〔それは〕われわれにとっては、そこから出るものたちがかの一へと限定して収斂していく尊ぶべきモナルキアである(47)」。そして父のモナルキアを保全する多くの証拠があると言って、バルラアムはパラマスへのまずは第一の問題点を締めくくるのである。

第四節　両者の見解の検討

それでは両者の見解を検討しよう。まず確認することは、パラマスは当然ギリシア正教の人であり、バルラアムはイタリアのカラブリア地方出身であるがイタリアにおけるビザンティン帝国の蒔いた種から生え出た正教の人だということである。この点二人は同じ宗教・宗派に属しているが、育まれた環境は自ずと違っている。また前者はアトス山というギリシア正教の中枢的な場で修道生活を送った人であり、後者は神学教育の仕上げのためにイタリアからビザンティン帝国に渡ったとされる。そうすると宗教的精神のありようにおいて両者は共通のものであったはずであるが、この両者の齟齬はいったい何であったのか。それを今問うことにしたい。

おおざっぱな言い方をすれば、両者はこと聖霊の発出問題に関しては、微妙なずれをもって論争しているという印象を免れえない。

バルラアムの西方教会との論議の仕方は、彼が主張してやまないように、いわば西方の土俵で相撲を取ろうとするものであり、バルラアムによれば、パラマスは逆に西方の非をとがめだてするようなもので、東方の見解をある意味無理にでも押し付けているので、戦略上まずく、相手の反感を買い、これでは元も子もなくなると言っている。しかしパラマスから見れば、バルラアムは西方の土俵に上っているうちに西方の方に鞍替えしてしまっている。本人が気づかないうちにバルラアムは西方の思考回路にはまり込んでいるわけである。それはある意味バルラアムが育った南イタリアがすでにして西方的思考の染みこんだ土地であったからかもしれない。

では両者が論議している言論の上での差異はどういうことになるのであろうか。それは「始原」ということの解釈にある。

このことはいわゆるコンスタンティノポリス信条の文言、すなわちその中の子に関する部分、「われわれは信じる……唯一の主イエス・キリストを、〔彼は〕神の独り子、すべての世々に先立って父より生まれ、光よりの光、まことの神よりのまことの神、造られずして生まれ[48]」がもとになり、傍点部分に倣った「始原よりの始原」というナジアンゾスのグレゴリオスの言葉を両者がとりあげている場合に生じるのである。信条のこの部分は子に関することであるから、「光よりの光、云々」は子に適用されるので、それに倣った「始原よりの始原」も子のことである。そしてこの文言は普通に読めば、最初の「始原」は父であり、次の「始原」は子を指すことになる。そうすると子は父に次ぐ始原なのか。

また信条の先では有名な聖霊の発出が宣言されるが、それは「〔またわれわれは信じる〕主であり、生命の与え主である聖霊を、〔聖霊は〕父より出て〔発出し〕、父と子とともに礼拝され、栄光あるものとされる[49]」である。ラテン文信条には「フィリオクエ」が付加されているのは周知のことである。

ラテン人はこの「フィリオクエ」を前提にして左記のグレゴリオスの言葉を用いているとパラマスは考える。従ってパラマスはラテン人がグレゴリオスの言葉を「フィリオクエ」を考慮しつつ引用するなら、「フィリオクエ」が容認されている以上、聖霊には父と子という「二つの始原」があるとしか考えられないと言うのである。

ところでパラマスが受け取っているラテン人の見解はこうである。つまり①父と子はいわば明確に区別された〔別々の〕原理というのではなく、一方が他方の「もとに」、また他方「から」あるので、独立した二つの〔主体的〕原理に聖霊は基づくのではなく、父なる原理に還元される〔モナルキアの保全〕。②グレゴリオスの「始原よりの始原」も父のモナルキアに服するものと考える〔モナルキアの保全〕。③④始原のうちの一方が他方より存在を受け取っておれば、一つの始原に遡及するので、始原は二つとは言わない（モナルキアの保全）[50]。つまりいずれも父の「モナルキア」は保全されているので、二つの始原という考えはあてはまらないとラテン人は主張するとパラマスは言うのである。

これに対しバルラアムはパラマスの反論のある部分は認める。特にこの「始原よりの始原」は聖霊の発出についてではなく、創造の始原、つまり「父は子を通して世界を創造した」という意味で使われることは当然であるとし、したがってラテン人は聖霊の始原を二つとは言っていないとする。

ただパラマスは、ラテン人がこの「始原よりの始原」という言葉が父のモナルキアを損なわないと考えていることに反論するが、たとえそうではあっても二つの始原が一つと言うことはできないと言っていることには反対する[51]。そしてパラマスがアキンデュノスに宛てた書簡を取り上げて問題を鮮明にしようとしたことはすでに触れた[52]。その際、バルラアムは神の場合と人間の場合を同列に扱っているとしてこれを斥けたのである。確かに神にまつわることがらを人間の、それも出生にかかわる局面で比較することは奇異を通り越しているかもしれない。パラマスにはそれが分からなかったのか、とバルラアムの研究者スキロも指摘する[53]。

この二人の議論は一種の水掛論争なのであろうか。そういう面も否定はできないように思われる。揚げ足取りという感じもする。ただここで西方の考えを支持しているように見えるバルラアムの考えの後ろに何があるか、それを示唆しているかに見えるフュリゴスの註を見てみよう[54]。これは先にパラマスの論にバルラアムが三点にわたって問題点を指摘したところで、すなわち「〔第二に〕また「父は超本質的神性の唯一の源である」ということをラテン人が理解するところは次のようである。……[55]」。

フュリゴスはここでトマスの『神学大全』第一部第三九問題とアンセルムスの『聖霊の発出について』を、またスキロはトマスの『神学大全』第一部第三三問題を参照するよう註をつけている。そこでスキロに従って『神学大全』第三三問題第一項を見てみよう。第三三問題は「御父のペルソナについて」（全四項）であり、第一項は「根源であるということは御父に適当するか」を問う(56)。トマスはアウグスティヌスの「御父は神性全体の根源である（Pater est principium totius deitatis.）」を反対異論に挙げている。これはバルラアムの言（第二三段）では、「御父のみが超本質的神性の源であること（Μόνην εἶναι πηγὴν τῆς ὑπερουσίου θεότητος τὸν Πατέρα…）」と符合し、問題はラテン語では principium（根源）、ギリシア語では πηγή（源・源泉）となっていて、使用される言葉が違うが、これはギリシア語の方は、ディオニュシオスの言葉、すなわちその『神名論』(57)の言葉から取られているからである。従って言葉の意味するところは大きく異ならないと思われる。

さてトマスはまず根源を「何ものかがそこから発出してくるところのもの id a quo aliquid procedit」と定義する。これは何にでも適用される言葉であり、今の場合、父から他者が発出するので、父は根源であり、それは父にふさわしいことである。次にトマスは東西教会の見解を意識して、ギリシア人は神論において「因 causa」「根源 principium」を区別することなく用いる（たとえばディオニュシオスはよく神に「原因 αἰτία」という語を用いている）が、これに対し、ラテンの学者はもっぱら「根源」という語を用いる。それは「因」という言葉を語れば、そこに暗黙裡に「因」に対する「果」という語が含意され、そのかぎり結果的で有限なものが入ってくるので、「因」ではなく、「根源」を用いると言うのである(58)。そしてギリシア人では子と聖霊について、両者が「根源に依存するものだ」と言われているが、これにラテン人は賛同しない。なぜなら父は根源ゆえに、なにほどかの権威はもつが、しかし従属とか劣等性といった観念を子や聖霊に帰せしめない、子と父は同じ一つの存在であるからだ、とトマスは言う(59)。

以上のトマスの言をもとにすれば、バルラアムが、「〔第二に〕また「父は本質を超えた唯一の源泉である」ということをラテン人が理解するところは次のようである。……」と言っていることの裏づけをとることができるように思える。父に「唯一の源」という語を当てはめても、そこには、子は聖霊を生まないという意味が含まれていることではなく（つまり微妙だが、ある意味「生む」という可能性もある）、父は〔神性の〕端的な源であるということを述べるに留まるとバルラアムは言うのである。そうするとトマスはある意味用意周到な発言をしているともいえる。「因」ならどうしてもその結果（果）を想定するから、父が「因」なら、そこから生まれた子は「果」になってしまう可能性がある。そのような原因—結果系列的思考を避けるために「根源」という語を用いるのだ、と。おそらくギリシア人はそのような語の区別を考えていない。従って用語としても、源泉（πηγή）や始原（ἀρχή）という言葉を縦横に用いる。そしてそれらの語の間の差異には拘泥しない。

ではトマスはいわゆる「フィリオクエ」に関してどのようなことを言っているのか。そこで『神学大全』第一部第三六問題（全四項）を見てみよう。その第二項において、トマスは「聖霊は御子から発出するか」を問題とする。[60] トマスの態度は明瞭で、始めからいわゆる「フィリオクエ」を認める立場で論じる。したがってその解答の始めに「聖霊は御子に由来すると言うことは必然である」と言う。すなわち、もし聖霊が御子に由来しないならば、いかなる仕方においても聖霊は御子からペルソナとして区別されえないことになろう[61]、と言う。それは言い換えると、もし聖霊が父に〔だけ〕由来する（父からのみ発出する）のなら、聖霊は子とペルソナ的には区別されないことになる、ということである。このことについてトマスは三つの観点から論証しようとする。一つは「関係」、一つは「発出の特質」、もう一つは「秩序」の三点である。このうち特に最初の「関係」について見てみると、彼は次のような趣旨のことを述べる。つまり神のペルソナは関係によってのみ互いに区別されるのだが、その場合それらは対立的関係であることを要する。

父は子と聖霊に対して二つの関係をもつが、〔しかしもし〕これが対立的関係ではない〔とすると〕、二つのペルソナを構成せず、父というただ一つのペルソナに属することになる。これでは異端になるので、子と聖霊は対立的な関係をもつことになる。しかし神のうちには起源の関係以外に対立する関係は見当たらないので（被造物の場合とは異なるという意味で）、子が聖霊に由来するか、聖霊が子に由来するかのいずれかだが、前者は誰も支持しえないので、後者、すなわち聖霊が子に由来するとしなくてはならない(62)、と言うのである。

他方、「秩序」に基づく場合では、一から多の発出は無秩序ではありえないとし、父という一つのペルソナから子と聖霊が発出するとすれは、一から多が発出するので、そこには何らかの秩序がなければならず、それは一方が他方に基づくという秩序以外には考えられないので、子と聖霊がいずれか一方が他方から発出するのでなければならない。ギリシア人のうちにも聖霊の発出は子に対して何らかの秩序をもつと理解しており、聖霊が子の霊であり、聖霊は子を通して父から出ると言っている。ギリシア人のある者が聖霊は子に由来すると言いながら、しかし子から発出することを認めないというなら、それは無知、頑迷以外のなにものでもないと断じている(63)。

このようにして見てくると、東西の聖霊の発出に関する議論は実は明快な議論展開がなされているようには思えない。最終的には何らかの信念を根拠として論理とは別の次元の問題に移っているような感じもする。聖霊の発出問題は決して理論的地平の問題ではないから、それは当然であると言うこともできよう。しかし異なる見解が対立している以上、相互に理解を深める努力は依然として必要ではある。しかし当時の神学者間にはそれは望むべくもなかったように思われる。

さてこれまで概観してきたことに基づいて、現時点でわれわれはどうこの問題や状況に対処すればいいのであろうか。

こと聖霊の発出問題に関しては、バルラアムは言ってみれば現代のエキュメニズムを志向する論者に似ている。可能なかぎり相異なる見解を調停し、両者が歩み寄れる場を探す者に似ている。そしてその際双方の内の一方にかなり接近し、その意図を忖度し、他方に理解を促そうとする努力の過程で、知らず知らずその一方の見解に同化していったようにも見える。(64)

他方、パラマスはあくまで東方教会の見解に忠実であり、特に公会議の文言の改変には厳しく反対する立場から、そしてどれだけバルラアムを始め西方の神学者が聖霊の子からの発出の正当性（父のモナルキアの保全）を主張しても、いったん父以外に発出の根拠を許容すれば、なし崩し的に父のモナルキアは消滅し、三つのヒュポスタシスの調和した多性がゆらぐことを疑わなかった。そのとき彼にとってこの見解はもはやキリスト教のそれではなくなるのである。

バルラアムの「始原」や「関係」に関する論議は精妙さを有している。フュリゴスによれば、バルラアムはトマスの著作を、それも多分ラテン語で知っていた最初のビザンティン人である。(65) とすればその論の緻密さは当然かもしれない。それに対しパラマスの論はすでにセトの誕生の例でも見たように、かならずしも論理に適った議論を展開しているとは思えない。したがってシンケウィッツも言うように、パラマスをして彼自身の哲学的素養の欠落はバルラアムを理解する道を閉ざしたとも言える(66)。

このことはすでに多くの研究者が指摘しているところでもあるけれど、パラマスにとっては信仰から来る教義の内容はたとえ理知的には理解できなくとも、使徒・教父以来の信仰の伝統や遺産の上に立つ信ずべきことがらである。それに関し幾分かの理性的説明が付加されるとしても、それはあくまで補助的説明でしかない。特に神の本質にかかわることは人間には窺い知れないことだからである。これに対し、バルラアムにとっては信仰の指し示す地平に可能なかぎり近づいていくためには、人間の理性の及ぶ範囲を策定しつつ（これがメイエンドルフには不可知論者と映った）、しかし理性の範囲で知りうることがらは徹底的に探究していくことが必要であり、そのかぎりギリシアの哲人の教えは有効である。

だから今こそわれわれは問わなければならない。パラマスの余り論理的とは言いがたい議論とあくまで論理の及ぶ範囲にかぎって議論するバルラアムの双方がキリスト教の根本精神の基盤から救われる道はないのか。それともはやそのような道を探る余裕のないほど、東と西の考えは別れてしまったのだろうか。その答えはバルラアムの書簡の後半に展開される「神認識における推論」の問題を見てからのことになるのかもしれない。そこでは特にギリシアの論理に基づいた議論展開がなされるだろうからである。

註

（1） Cf., Antonis Fyrigos, *Dalla controversia palamitica alla polemica esicastica (con un'edizione critica della Epistole greche di Barlaam)* (Roma, 2005), 164-65.; Luca Bianchi, *Monasteri, icona del mondo celeste, La teologia spirituale di Gregorio Palamas* (Edizione Dehoniae Bologna, 2010), 54. またビアンキはバルラアム後のパラマスとアキンデュノスとの論争を一三四一―四七年とする。またフュリゴスに先行するバルラアム研究者スキロ（Schirò）は「ヘシュカスム論争」を大きく二期に分け、第一期

は一三四一年に終息、しかし論争の兆しはすで一三三七年にあったとし、第二期を一三四一—五一年としている。Cf., Barlaam Calabro, *Epistole Greche, I primordi episodici e dottrinali delle lotte esicaste*, studio introduttivo e testi a cura di Giuesppe Schirò (Istituto Siciliano di studi Bizantini e Neogreci, Testi e Monumenti, Testi 1, Palermo, 1954), 2.

（2）ビアンキによれば、それは自らと信仰を同じくする者たちと交わって暮らし、おそらくはアリストテレスを原語で読みたいと思ったからだとされる。Cf., Luca Bianchi, ibid., 54.

（3）*The Oxford Dictionary of Byzantium*, prepared at Dumbarton Oaks, Alexander P. Kazhdan (Editor in chief), Vol.I (Oxford, 1991), 256. その他、Yannis Spiteris, *Palamas: la grazia e l'esperienza, Gregorio Palamas nella discussione teologica*, Introduzione di Massimo Cacciari (Lipa Edizioni, Roma, 1998 (1996)), 24.

（4）Cf., Fyrigos, ibid., 172-76.

（5）(Or. I) *Συμβουλευτικὸς περὶ ὁμονοίας πρὸς Ῥωμαίους καὶ Λατίνους*, (Or. II) *Πρὸς τὴν σύνοδον περὶ τῆς πρὸς Λατίνους ἑνώσεως*.

（6）Cf., Robert Sinkewicz, "A New interpretation for the first episode in the controversy between Barlaam the Calabrian and Gregory Palamas", in *The Journal of Theological Studies*, No.31, 1980, 489-500. シンケヴィッが示す他の研究者のものは以下の通り。C. Giannelli, "Un progetto di Barlaam Calabro per l`unione delle Chiese", *Miscellanea G. Mercati*, iii (Studi e Testi 123; Città del Vaticano, 1946), 157-208.; G. Schirò, ibid.; J. Meyendorff, *Introduction à l'étude de Grégoire Palamas* (Patristica Sorbonensia 3; Paris, 1959).

（7）Cf., Fyrigos, ibid., 179.

（8）Cf., Bianchi, ibid., 54. ビアンキはこの書の年代を明確にはしていないが、メイエンドルフでは一三三六年頃（二書とも）。Cf., Jean Meyendorff, ibid., 341-42. しかしラヘット（Larchet）では一三三五年か三六年頃、Cf., Saint Grégoire Palamas, *Traités apodictiques sur la procession du Saint-Esprit*, Introduction par Jean-Claude Larchet, Traduction et notes par Emmanuel Ponsoye (Les Éditions de l'Ancre, Paris, 1995).14. パラマスのこの書は、*Λόγοι ἀποδεικτικοὶ Α', Β'*, in *Γρηγορίου τοῦ Παλαμᾶ Συγγράμματα*, Thessalonike, 1988, t.1 (PS I), 23-153.

（9）Cf., Sinkewicz, ibid., 496.

（10）PS I, 11 でも同じく一三三六年。Cf., *Gregorii Akindyni Refutationes Duae, Operis Gregorii Palamae CVI Titulus Dialogus inter orthodoxum et Barlaamitam*, nunc primum editae curante Juan Nadal Cañellas (Corpus Chrisitanorum series Graeca 31) (Brepols, 1995), xvii.

(11) Cf., Sinkewicz, ibid., 496.

(12) Cf., Fyrigos, ibid., 68.

(13) Ibid.

(14) Cf., Schirò, ibid, 38.

(15) Cf., Fyrigos, ibid., 69.

(16) Cf., ibid.

(17) Barlaam, *Epistola* I, 1 (Antonis Fyrigos, *Dalla controversia*..., 194-96).

(18) Ibid, 2-4 (Fyrigos, 196-98)

(19) Ibid., 5 (198).

(20) Ibid., 6-8 (198-200).

(21) Ibid., 7 (200).

(22) パラマス『アキンデュノス宛第一書簡』２（PS I, 204, 4-26）参照。

(23) ナジアンゾスのグレゴリオス『講話』四五・９（PG 36, 633C）参照。

(24) Barlaam, *Epistola* I, 10 (202)

(25) Ibid., 11 (202-04)

(26) Ibid., 12-3 (204-6).

(27) Ibid., 14 (206).

(28) Ibid., 15 (206).

(29) Ibid., 16 (208).

(30) Ibid., 17 (208).

(31) Ibid., 12 (204).

（32）Ibid., 19 (208).

（33）Ibid., 21 (210) およびパラマス『アキンデュノス宛第一書簡』６（PS I, 208,14-209, 5）。

（34）Barlaam, *Epistola* I, 21 (210).

（35）Ibid., 22 (210).

（36）Ibid., 23 (212).

（37）Ibid., 24 (212).

（38）Ibid., 25 (212-4).

（39）Ibid., 26 (214).

（40）Ibid., 27 (214).

（41）Ibid., 28 (214-6).

（42）ナジアンゾスのグレゴリオス『講話』四二・15（SC 384, 82, 17-18: PG 36, 476B 5-6）参照。

（43）同上二〇・７（SC 270, 70, 1-2: PG 35, 1073A 1-3）参照。

（44）同上三一・14（SC 250, 302, 2-3: PG 36, 148D3-149A1）参照。

（45）同上三一・14（SC 250, 302, 9-11: PG 36, 149A9-11）参照。

（46）同上二九・1-３（SC 250, 182, 14-15: PG 36, 77A15-B2）参照。引用に続くところでは、「始原なきものは、永遠でもあるからであり、永遠なるものは、父なる始原と関係するまでは、完全な意味で始原なきものではないからである」とある。

（47）同上二九・1-２（SC 250, 178, 6-7+10-11: PG 36, 76B2-3,6-7）参照。正確には（SC 250, 178, 6-12）、「しかしわれわれにとってモナルキアは尊ぶべきものである。モナルキアはしかし一つのプロソーポンに限定されない——というのはこの一つのものはそれ自身と争って多くのものになりうるからである——、しかし〔このモナルキア〕は同じ価値をもった本性、意志（γνώμη）の一致、運動の同一性、そしてそこから出るものたちがかの一への収斂から成り、それは創造された本性には不可能なことだが、そのように数においては異なっても、本質においては切り分けられない」。

（48）*Enchiridion symbolorum definitionun et declarationum de rebus fidei et morum*, ed. Henricus Denzinger, Adolfus Schönmetzer s.j., edition 36, 1976, 66-67. “Πιστεύομεν ...καὶ εἰς ἕνα κύριον Ἰησοῦν Χριστόν, τὸν υἱὸν Θεοῦ τὸν μονογενῆ, τὸν ἐκ πατρὸς γεννηθέντα πρὸ πάντων τῶν αἰώνων, φῶς ἐκ φωτός, Θεὸν ἀληθινὸν ἐκ Θεοῦ ἀληθινοῦ, γεννηθέντα οὐ ποιηθέντα, ...”

（49） Ibid., “καὶ εἰς τὸ πνεῦμα τὸ ἅγιον, τὸ κύριον καὶ ζωοποιόν, τὸ ἐκ τοῦ πατρὸς ἐκπορευόμενον, τὸ σὺν πατρὶ καὶ υἱῷ συμπροσκυνούμενον,... ”

（50） 既出のパラマス『アキンデュノス宛第一書簡』2（PS I, 204, 4-26）参照。

（51） Barlaam, *Epistola* I, 14 (206).

（52） 本章第三節のA参照。

（53） Schirò, ibid., 79.

（54） Fyrigos, *Dalla controversia* ..., 212, n.23.

（55） 本章第三節のC参照。

（56） Thomas Aquinas, *Summa Theologiae*, I-33-1. “Utrum competat Patri esse principium”. 訳は創文社版、第三冊、高田・山田訳、一九六一年による。

（57） 擬ディオニュシオス・アレオパギテース『神名論』第二章第5節（PG 3, 641D 5-6, Schuhla, 128, 11-12）。「本質を超えた唯一の源泉、それは父であって、父は子ではなく、子は父ではない」。

（58） Thomas, ibid., ad 1.

（59） Thomas, ibid., ad 2.

（60） Thomas Aquinas, *Summa Theologiae*, I-36-2. “Utrum Spiritus Sanctus procedat a Filio”.

（61） Ibid., corpus: Si enim non esset ab eo, nullo modo posset ab eo personaliter distingui.

（62） Ibid.

（63） Ibid.

（64） これについてはかつてメイエンドルフがバルラアムを「悪しき神学者」と断じた論文の中で、バルラアムはある書簡の中で「かつては聖霊は父のみより発出すると信じていたが、今は子からと信じている」と告白していることに触れ、その変節をなじっているところに現れている。Cf., Jean Meyendorff, Un mauvais théologien de l`unité au XIVe siècle: Barlaam le Calabrais, dans “*1054-1954. L’Église et les Églises* II” (Chevetogne, 1955), 61-62.

(65)　Fyrigos, ibid., 164.

(66)　Cf., Robert Sinkewicz, ibid., 500.

第六章　スコラリオスによるパラマス解釈（緩和されたパラマス主義）

――ビザンティン後のパラマス解釈への一瞥――

序

われわれはこれまでパラマスの神における本質と働きの区別の問題をパラマスに沿って、そしてパラマスの意図を内在的に理解する方向で検討してきた。パラマスの思想は、一応ビザンティン教会においてバルラアムとの論争を経て、公式的に認められたことは周知のとおりだが、いったんそれが是認され、教会の公式見解ともいうべきものになった後は、他の多くの例に見られるように、「パラマス主義 Palamism」という固定した見解になっていったと考えられる。つまりパラマスの思想について語られても、その内側を深く掘り下げて、可能なかぎりパラマスの思想をパラマスの考えに沿って理解するよりも、一つの定式・公式として了解されていったのではないかということである。

そこでいわばパラマス以後のパラマス思想の受容の有様をわれわれはビザンティン後期の思想家・神学者、スコラリオスの著作の中に探ってみたい。スコラリオスが単純にパラマス思想を公式として、鸚鵡返しに唱えるに過ぎない人なのかどうか、その辺りも含めて考えてみたい。

ただスコラリオスについてもいろいろな疑問がある。というのも彼は一つの線に沿った見解を保持していたという見方には当てはまらないところがあるからである。

というのも彼は東西両教会の合同問題では、初めは合同推進派であったが、フェッラーラ・フィレンツェ公会議後は合同反対派に転向した。また彼は熱心なトマス信奉者であり、その著作のいくつかをラテン語からギリシア語に翻訳しさえしている。しかし彼は聖霊の発出問題に関してはローマ教会に移籍したベッサリオン（一三九九？―一四七二年）に反論し、また徹底的にプラトン主義者であるゲミストス・ゲオールギオス・プレトーン（一三五五年あるいは一三六〇―一四五四年）とは袂を分かち、論難することしきりであった。いったいスコラリオスはその思想傾向が豹変する人間なのだろうか。

一種奇妙な折衷主義とも見える思想的立場をとるスコラリオスのことを今、少し述べてみようと思う。ここではスコラリオスに先行するグレゴリオス・パラマスの中心的教説、「神における本質と働きの区別」の問題を取り扱った彼の小論にかぎって考察してみたい。

まずは簡単に彼の経歴・生涯と著作の紹介から始めることとする。

第一節　スコラリオスの生涯と業績

A　生　涯

スコラリオスの生涯は以下のようなものである。[1] 名はゲオールギオス・スコラリオス（ゲンナディオス二世）（一四〇〇頃―六八年頃）。コンスタンティノポリス総主教（在位一四五四―五六年）を務めた。もと哲学教師で、コンスタンティノポリス裁判所判事を務めたことがあったらしい。ビザンティン帝国ではめずらしいトマス信奉者であり、アリストテレス主義者と言われる。伝統的な哲学のカリキュラムによる教育を受け、その教師たちから正教への愛とラテン神学、特にトマス・アクィナスの神学・哲学への愛を育まれた。このためか、ビザンティンきってのプラトン主義者、ゲオールギオス・プレトーンと対立した。スコラリオスはトマスをキリスト教著作家のうちの最良の一人、またアリストテレスを第一級の哲学者、そして彼の哲学はキリスト教と両立すると考え、アリストテレス哲学、トマス神学・哲学、教父哲学、ビザンティン神学思想の総合を図ろうとした。

スコラリオスはローマ教会との合同問題にかかわり、フェッラーラ・フィレンツェ公会議（一四三八―三九年）に出席し、合同を支持した。しかし帰国後、反合同派に転向（特に一四四三年以降と言われる）、一四五〇年修道士になり、修道名ゲンナディオスを名乗る。ビザンティン帝国滅亡（一四五三年）後、オスマン・トルコのメフメト二世によりコンスタンティノポリス総主教に任命され（一四五四年）、ゲンナディオス二世となる。彼は正教会とイスラーム政権との関係維持の協定を結び、これは一九二三年まで有効であった。しかし短期間で総主教職を辞し、アトス山に赴き、後、北ギリシアのセライ（Serrhai）近郊の修道院に死去するまで留まった。

B　業績（著作と翻訳）

彼の著作はその全集が出ている(2)。これは一応のクリティークがなされているとはいえ、写本の異同ぐらいが主で、引用の出典、聖書箇所などを明確にした厳密なクリティークとは言えないように思う。

著作の概略は次の通りである。

A．司牧、典礼、講話、詩文、文法に関するもの。

B．書簡（プレトーン反駁を含む）

C．神学関係

摂理と予定、魂について、神の子の受肉について、キリストの人間性について、等。

D．論争的作品

反ラテン的立場より（聖霊の発出問題、教会合同反対論、ベッサリオン反駁）、ユダヤ人に対して、イスラームに対して。

E．翻訳等

トマス・アクィナス（『有と本質について』、『対異教徒大全』、『神学大全』の抄訳、トマスによるアリストテレスの著作の註解の一部、その他）。

ポルフュリオス『イサゴーゲー』註解、アリストテレス『カテゴリアイ』註解

ギルベルトゥス・ポレタヌス『六つの原理について』の翻訳

第二節　神の本質と働きの区別に関する議論

本節では彼の『神の本質と働きの区別について』(3)を取り上げて、考察する。この短い論考についてはすでにグイシャルダンが取り上げて論じている(4)。その際彼はこの論考の要約（意訳）を提示している。しかしグイシャルダンの目的は、その書名が示すように、神の「単純性」について論じることであって、その要約は当然この線に沿ったものである。従ってわれわれの当面の課題とやや離れるが、一応それを参照しつつ、原文を併せて読んで

いくことにする。

この論考は全部で六章に分けられている。概略的にその内容を述べると次のようになる。

［第一章］

そもそも「区別」とは何かが論じられる。まずパラマスは神にその本質と働きが「実在的に」（πραγματικῶς、グイシャルダンでは：réelle）区別される（とスコラリオスは解した）としたが、彼の論敵、バルファムやアキンデュノスはその区別がたんに「観念上」（κατ᾽ἐπίνοιαν）の区別にすぎないとしたと指摘する。その上であらゆる区別は「実在的」か「観念的」か、であるとし、実在的区別は、論じるのはあまりにも多岐にわたるので、その中でももっとも重要な区別、すなわち「実体」（οὐσία）と「付帯性」（συμβεβηκός）についてのみ論じると彼はことわる。アリストテレスに範をとった実体以外の九つの範疇をあげ、付帯性の存在や区別は実体なしには存しえないことを述べる。しかし「創造され、また合成された実体」（οὐσία ἡ κτιστὴ καὶ συνθέτη）はこれこれの付帯性のもとでのみ存する。つまり一つの実体はある付帯性とともにあり、また別の実体は別の付帯性とともにあるが、同じ実体がいつも同じ付帯性においてあるわけではない。実在的区別は同じ類のもとに含まれる異なった種にとっては何ほどのものでもない（例「人間と馬」。両者は動物という同じ類に属する）。また同じ種の個物間の区別も何ほどのものでもない。個物は付帯性でのみ異なるのである。

また実体（ウーシア）に関しては、合成されている実体（οὐσία ἡ συνθέτη）（グイシャルダン：実在的実体 substance réelle）は必然的にその概念のうちに付帯性を含む。なぜならある実体は付帯性なしには存在しないし、現象することもないし、特に類や種に即したそのものに固有の付帯性なしには［存在しえない］。またいかなる付帯性も実体なしには存しないだろう。こうしたものはすべて実在的に区別されると言われる。(5)

［第二章］

次に観念上（κατ᾽ἐπίνοιαν）の区別について述べる。

これは「観念の存在物」あるいは「第二の可知的なもの δεύτερα νοητά」においてのみ存するものである。つまりわれわれのヌースの産物、われわれのヌースのうちにのみ存在するもので、その作用を「抽象」と言う。これに対し第一の可知的なものはわれわれのヌースの外にある。そして観念はたとえば「ペトロはペトロである」といった命題の形で与えられる。ヌースは当のペトロ本人に何かをするわけではなく、ある一定の用語でペトロそのものを分け、またそれを命題という形で互いに結びつけるだけである。ここからわれわれの認識において、「実在的」と「観念的」という二重の区別が生じるのだ。実在的区別の類において最終に位置づけられるものは「強力に」（ἰσχυρῶς）区別されることはない。[6]

［第三章］

以上を前提して、関心は「神の名」に向けられる。すなわち神においてその名・名称は何か実在的区別か、それとも観念的区別かということである。

一般に名・名称はさまざまな仕方でものごとに適用される。たとえばあるものは実体的に述語づけられるし、あるものは付帯性におけるかぎりで述語づけられる。たとえば「ペトロ」は本質的な仕方で（οὐσιωδῶς）人間を表す。そしてわれわれがそれを固有の意味において考えるとき、この「人間」という言葉のうちに実体に由来するすべてがある。しかし「人間は賢い、正しい、善い、白い……」ということは付帯性について語られており、これは動物にも適用されうる。しかしこれを限定して「人間は賢い、正しい、善い」となると、それは動物には直ちに適用されず、人間の魂に即して与えられた性質になり、動物の場合とは趣を異にする。人間の魂にふさわしいものは生来のもので、身体的な質より優れている。また人間が賢いというのと正しいというのは別のことで、それは人間において違った仕方で見出される。この意味で人間において「賢さ」と「正しさ」は区別され、その区別はより「強い」[7]。

［第四章］

ここでは神について論じられる。神には人間の魂に関して用いられる完全性の名称が適用されるが、付帯性は一切割り当てられない。人間はもちろんこの完全性を神の援けによって知っていて、被造物のうちにこれら完全性を探し求め、神に適用しようとする。その際神をあらゆるものの「原因 αἴτιος」として、その優越性に即した意味での完全性を適用するのである。一方で被造物はこの完全性に分有という仕方で与る。しかし神には諸々の完全性というものを〔われわれ人間の世界での〕意味と同じ仕方で割り当てはしないが、しかしわれわれは神にそれらの言葉の指し示す真実の意味をもって割り当てるのである。それは神が被造物より比較を絶した仕方でいっそうすぐれたものであるという理由で真実なのである。また神は一にして三であるが、アレイオス（二五六頃—三三六年）やサベリオス（?—二六〇年頃）が考えたように、これをわれわれの観念のみによることだとすると、神には真実にまた真理としてこの一にして三がないことになる。つまり神は観念によってのみ一にして三ということになる。

ここからスコラリオスは神に一性と区別を観念や理性の水準ではなく、実在的に措定する。それはこうした名称が創造主としての神にふさわしいからである（θεοπρεπῶς）。だからこの区別やそうした名の固有の真理を神そのものに割り当てる。通常人間は神を完全性にかかわる言葉で讃美するが、それは神が「知恵そのもの」「善そのもの」であるからである。

［この後、原因性の道、卓越性の道、否定の道といった神認識の説明が続く(8)］

［第五章］

ここでは本題を扱い、一番長い論考である。

それによればまず結論的に、神の完全性、つまり神の諸々のエネルゲイアはそれら相互において区別され、また神の本質（ウーシア）とも区別される、と述べられる。それは神に関しエネルゲイアやウーシアについて恣意的に語らないでおこうとすれば、ウーシアの名のもとに語ることとエネルゲイアの名のもとに語ることは別になるからである。ところで神の場合の区別は実在的でも、観念的でもない。つまり完全に実在的な区別を神にもちこめば、神の単純性を損なってしまう、つまり神は合成されたものとなるからである。このような区別は被造物のうちにある。しかし神は「充満を超え」、「完全性を超える」ものであるから、問題となっているものは神において「充満を超え」、「完全性を超える」仕方で存する。しかも神は類でも、何らかの類のもとにあるのでもない。類などはただ観念上でのみヌースのうちにある。観念（ἐπίνοια）にかかわるものは、ヌースなしにはありえないからである。また観念が問題にするのは、観念にとって可知的なものの「何であるか」ではなく、「いかようであるか」の方である。従ってそのような観念の関心の対象は可知的なものたるかぎりの知（γνῶσις）ではなく、そのような知の道具（ὄργανον）であり、一種の存在理解の技巧（τέχνη）であると言える。われわれは、言葉・名称を尽くして神を讃えようとも、それは神の真理には触れえず、到達しえないので、むしろ沈黙をもって神を讃えるべきである。

ところでわれわれは神について多様な仕方で語る。「神が存在する」は神を「存在」において考察する結果であり、「神は正しい」「神は人間を愛する」はまた別の地平で神を考察した結果である。われわれが神の完全性やエネルゲイアについて考えるとき、これらの名称のそれぞれに何か固有のことがらを結びつけて真実を表すと考える。しかし神の人間への愛は正義なしではありえず、正義はさらに人間への愛なしにはありえず、善性や他のことについても同様である。これは神においては最上の完全性と単純性と無限性が備えられていなくてはならないということから来ることであって、被造物の場合にはこれは通用しない。

そこでさらに神の内実に迫っていく。すなわち神のヒュポスタシスは父なる神の生み出したもので、神に本性的であり、永遠のものである。他方、被造物は神の意志によって造られた。神においてこの本性と意志はじっさいにまた実在的に（ἔργῳ καὶ πράγματι）区別される。もしこれら両者が同じものなら、ヒュポスタシスと被造物の区別はなくなってしまう。

スコラリオスはさらに進んで、神のヒュポスタシス間の区別は、神が「一」であるということを考慮した上でも、いわば強力な（ἡ μείζων καὶ ἰσχυροτέρα）区別であり、それに比べれば神の完全性やエネルゲイア相互の、そして神のウーシアとの区別はより弱いもの（ἡ ἐλάττων αὕτη）である。つまりエネルゲイアはヒュポスタシスのような「もの πράγμα」ではなく、「何らかのもの τι τοῦ πράγματος」あるいは「もののうちにある τῷ πράγματι」からである。そこでもし神のうちでのヒュポスタシスの区別という大きく、強力な区別が神の一性や単純性や無限性を損なうことがないなら、ましてや弱い区別が神の一性を損なうことはなかろう、と言うのである。(9)

［第六章］

第六章は結論である。

神の諸々のエネルゲイアは神において実在するもの（πράγμα）であるが、その実在の仕方は、神のヒュポスタシスが実在するとか、神のウーシアが実在するという仕方ではなく、ものの何かとか、もののうちにあるという仕方の実在のより弱い観念に即して（実在性の弱いもの）であり、しかしかといって観念上のことでは決してない。従ってこの区別はすでに述べられたように「弱い区別」なのである。問題となった神のエネルゲイアは互いに区別され、また神のウーシアとも区別されるということは正しいことだと結論する。(10)

第三節　スコラリオスとパラマス

以上のスコラリオスの論考を読んでみて気がつくことは、論考の最初にテサロニケの府主教（パラマス）や彼の論敵たちの名前が言及されているので、われわれはどんな議論がそこに登場するのかと期待するが、彼は論を進める中で、現代のわれわれがするようにパラマスや反論者の文言・発言を意識して引用することなく、それらの議論は周知のことであるとして、自らの論を進めているように見えるということである。そのかぎりわれわれはスコラリオスが、言ってみれば、自分の考える「神のエネルゲイア相互と神の本質の区別の妥当性」を論じているのだとしか思えなくなる。確かに当時と現代とでは論述形態の相違は大きく、一概に比較が成り立つわけではないことは明らかである。しかしそれにしても、もとはパラマスの発言が問題の端緒であったはずだ。しかしパラマスの個々の発言内容を逐一検討しないで進んでいることは、やや奇異に感じられる。

このことについては、推測であるが、スコラリオスの時代には『聖なるヘシュカストのための聖山覚書』というアトス山の修道院を中心とする公式見解なるものがあり、これが標準であり、権威であったのではないかということである。

この『聖なるヘシュカストのための聖山覚書』[11]（一三四〇―四一年）の成立にはパラマスが大きくかかわているらしいが、それはいわゆるヘシュカスム論争に終止符を打って、ビザンティン教会の公式見解を述べるものであった。

もちろんこの覚書は神学的思想を述べるものではなく、アトス山を中心とするヘシュカストたちが心得ておくべき霊性上の眼目を記したものであり、また公式的に「神における本質と働きの区別」を述べたものではない。基本はヘシュカストの霊的精進において重要な問題である神化をいかにして達成するかにある。そしてこうした霊性を阻害する者たちへの警告でもあった。また人を神化させる恵みが『覚書』では明言されていないものの、覚書発布の経過からすれば、神のエネルゲイアを指すことは明白である。つまり人は神の恵みという働きなしに自力で神化することなど到底できるものではない。神の本質がどこまでも被造物にとって与り知れないものであるだけ、この神の恵みは被造物が唯一、神と交流しうるてがかりである。しかしその「神化の恵みは、自然・本性、徳そして知を超える[12]」が、この恵みによって人は「言い表すことのできない〔神との〕合一」を遂げる。そして東方教父なら誰でも尊重する「タボル山」での主の変容時の「光」を神よりの光線等と呼んで、これが神のエネルゲイアであることを宣言するのである。そして「神の本質のみが造られざるものであり、その永遠のエネルゲイアはそうではない[13]」と主張する者の誤りを指摘し、エネルゲイアも造られざるものであることを再度確認するのである。こうして覚書ではいわゆる神学・哲学的な用語でヘシュカスムの核心を述べるのではなく、諸教父の言を引きつつ、神にその本質とエネルゲイアがあり、このエネルゲイアも造られざるものであることを明らかに述べたものだと言えるだろう。ただここから一種のこの宣言文はビザンティン教会の公式声明文となったのであり、この宣言文の前提にパラマスのいわゆる「神における本質と働きの区別」があることは暗黙の了解であった。従ってこの宣言以降はことさらパラマスの文言に触れる必要もなくなっていたと思われる。スコラリオスもその傾向に従ったのではないであろうか。

第四節　パラマスの考え

しかし宣言文は宣言文としても肝心のパラマスはこの問題にどう取り組んでいるのだろうか。われわれは次に彼の考えが端的に表現されていると思われる、すでに何度も言及した『百五十章』(14)を取り上げてみたい。当該の問題はこの書の第六四章以降に現れる。それは神の「照明」に関する論考の流れから出てくる。すなわち

「〔神の〕照明に与る者は、……それ相応に諸存在についての知識をも有している。天使たちもこの照明に与り、またそれは造られたものではなく、神の本質でもないということを、……知っている。……〔ここでパラマスはディオニュシオスを援用して〕〔ディオニュシオスが〕照明〔という言葉を〕複数で示すことによって、神の本質と区別したのである。というのは神の本質は一つであり、まったく分かたれえないからである(15)」。

パラマスはここではっきりと神の本質とその照明、すなわち問題とするエネルゲイアを分け、ともに造られざるものであること、本質は「一」であるが、照明・エネルゲイアは複数であることを明言している。

さらにいくつかの彼の言葉を挙げてみよう。

「ところで神の超本質は決して複数では語られない。しかし神の神的で造られざる恵みと働きは、太陽のイメージに従うなら、分かたれずして分かたれ、温め、照らし、生命を与え、増大し、照らされた者に自身の輝きを送り、見る者の目に顕現する(16)」。

「神の本質とエネルゲイアは、分かたれずして、至るところに現存しているので、神のエネルゲイアはわれわれにも接近可能である(17)」。

「神に三つのもの、つまり本質、エネルゲイア、神の三つのヒュポスタシスがある。……〔補い。人間が神と一致する仕方はエネルゲイア的結合と言われ、神人、キリストはヒュポスタシス的結合と言われる(18)〕」。

このような結論的文言の後にこれの証明となるようなディオニュシオスの言葉が引かれる。それはディオニュシオスがまず神のヒュポスタシスの区別を述べているとした上で、もう一つの区別、つまり神性の区別があると言っているとする(19)、そして

「神の発出とエネルゲイアに関しては、神は増やし、多数化すると語っており、この世では同じ発出は〔多くの〕発出となると言っている(20)」。

として、ディオニュシオスの「神性の区別」（神学者たちは神のエネルゲイアの名を神性と言っている(21)）というと

ころを「神の本質と働き」の区別と受け取っているようである（これは一種の読み替えかもしれない）。こうしたことを基にして、パラマスはエネルゲイアに属することは「造ること」（つまり神の創造行為）であり、神の本質に属することは「生み出すこと」「発出すること」（神のヒュポスタシスにかかわる）であるとはっきりと分けている。[22] それはもし神の本質とエネルゲイアが同じと考えるなら、「生み出すこと」「発出すること」が「造ること」と同じになり、被造物が神の位置に来ることになってしまうからである。[23] つまりパラマスはいわば神の内部の秘匿的部分に当たるものと、神の外に当たる被造世界を峻別しながら、しかしその両者が何らかの点で交流があることを示そうとしたのである。

その他、キリスト論からする反論等があるが、神の本質とエネルゲイアが同一であると前提するとキリスト教神学にとって不都合なことが生じるというのが、パラマスの反論者たちに対する主たる論拠であると思われる。[24]

最後にパラマスの言わんとすることをもう少しつけ加えるならば、次のような文言を挙げることができよう。すなわち

「神は本質ではないものをも有する。しかしそれは本質ではないから、付帯的なものである、ということではない。なぜなら過ぎ去らないもののみならず、何であれ、増減を認めたり、生ぜしめたりしないものも、付帯的なもののうちに数えられないからである。しかしそれは付帯的なものでもなく、本質でもないから、まったく存在しないものである、ということではない。むしろそれは存在するし、真に存在する。しかしそれはまったく変化しないものであるので、付帯的なものはない。だがしかし本質ではない。なぜならそれ自体として存立しないものに属するのだから。……それは『ある意味で付帯的なもの』である。これは本質で

はないということだけを意味している」[25]。

以上、パラマスの論を概観した。パラマスもその書の中で十の範疇などという言葉を使ってはいるが[26]、それは決してアリストテレスに依拠して論を進めるのが狙いだからではない、これは当時の一般的な思考基盤の一端を示したにすぎない。彼にとってはギリシアの哲学者の後ろ盾よりも教父のそれの方が重要であった。彼はギリシアの哲学者の名を挙げても、一貫して教父の権威に基づいて論を進めている。

第五節　再度スコラリオス

では以上を念頭に置いたうえで、今一度スコラリオスに戻ってみたい。

スコラリオスはどのようにこの問題を取り扱ったのだろうか。当然この問題に対してパラマスとは異なるアプローチをしたのである。彼はパラマスと違い、トマスの信奉者であり、トマスを通してのアリストテレスに深い信頼を持っていた。だから当然その論はこのような先人の思考形式（哲学）に由来している。いわば「スコラ的」に「区別」とは何かを第一番に問題にし、そこから出発したのである。もちろん彼はこの問題の地平がヘシュカスム論争にあることは熟知していたはずである。

繰り返しになるが、彼の議論の出発点は「実在的[27]」（πραγματικῶς）あるいは「観念的」（κατ᾽ἐπίνοιαν）「区別」についての考察であった。この実在的区別の議論に、アリストテレス的に「実体」（οὐσία）と「付帯性」（συμβεβηκός）の区別がさらに導入されたのである。

それに対し「観念的区別」はわれわれのヌースの産物であり、われわれのヌースのうちにのみ存在するものであると指摘し、実在的区別と観念的区別を差異化する。

一応このような哲学的概念を彼は「神の名・名称」（つまり神学の地平）に適用する。それは人間が神に対してさまざまな名称をもって呼びかけ、讃美するからであるが、この名称の神を表現するための有効性が問題とされているからである。従って哲学的概念を使用する以上、基本的に理性に頼んだ論述であることは明らかである。

人間が神に呼びかけ、神を表現する場合、通常人間の魂の優秀さ（徳）に関して用いられる完全性の名称をもって行う。だがこの場合神に適用する完全性はわれわれ人間の世界での意味と同じ仕方で割り当てられているわけではない。もちろん神は一切を優越しており、一切のものの「原因」である。だからこの場合の完全性の名称の適用は神をあらゆるものの「原因」として、その優越性に即した意味でなされていることは明らかである。もちろんこのような完全性を神に適用するのは、被造物を超えた神にはそれらの言葉の指し示す真実の意味をもって割り当てて当然だという考えが基本にある。そしてこうした被造物をかぎりなく超える神のうちに一性と区別を実在的に措定するわけである（神の三一性）。このような手続きは人間理性にも神認識への道を開く可能性を示唆するために行われるのである。

ところで彼の結論は、神の諸々のエネルゲイアはそれら相互において区別され、また神の本質（ウーシア）とも区別される、というものであった。ただしスコラリオスは、神の場合の区別は実在的でも、概念的でもないとしていて（理由は完全に実在的な区別を神にもちこめば、神の単純性を損なってしまうからである。被造物の場合には完全な実在的区別が妥当すると言う）、やや留保的に述べる。次いですでに見たように、ディオニュシオス的、新プラトン主義的な言い方で、神は「充満を超え」、「完全性を超える」ものであるから、当該の問題となっているものは神において「充満を超え」、「完全性を超える」仕方で存するのだと超越の方向に話が進み、一種の否定神学的口調を付け加えていた。その上で神の内部に目を移して、神の本性と意志は「じっさい、かつ実在的に（ἔργῳ καὶ πράγματι）」区別されるとしたのである。

そしてすでに指摘したように、パラマスには見られないスコラリオス独自と思われる考え（つまり留保付きの「実在的区別」）は、神のヒュポスタシス間の区別はいわば強力な（ἰσχυρῶς）区別であり、それに比べれば神の完全性やエネルゲイア相互の、そして神のウーシアとの区別はより弱いものである（実在性の点でより弱いものであるが、観念上のものではない）、とした点であった。つまりエネルゲイアはヒュポスタシスのような「もの」ではなく、「何らかのもの」あるいは「もののうちにある」、従って大きな区別であるヒュポスタンスの区別に比べれば、エネルゲイア相互やそれが本質と異なるという区別は弱いものであると断じたところである。この条件をもって問題の区別を正当であると結論するのであった。

このスコラリオスの判断は、パラマスがすでに見た「エネルゲイアはある意味での付帯性である」と言ったことを恐らくは踏まえて、エネルゲイアの方の区別を「実在性の弱い区別」と考えたことに由来するのであろう。もちろん議論を進める上でのスコラ的な議論はパラマスと異なるのは当然である。しかも「ある意味での付帯性」は「弱い区別」を意味するという意味であるということはパラマスの念頭になかったと思われる。じっさいパラマスは「実在的に（πράγματι）」という言葉も使用していないし、「強い―弱い区別」という範疇も措定しなかった。パラマスはエネルゲイアと本質の区別は区別でありながらも、ともに造られざるものであり、しかしエネルゲイアは「本質ではない」ということからのみ「ある種の付帯性」としただけである。それに対し、スコラリオスは神に強い区別を持ち込むなら、そこで神の単純性は損なわれると危惧して、パラマスの考えを保持しつつこの危険性を回避する意味で、弱い区別を措定した、と考えられる。つまりパラマスはその「区別」に「強い—弱い」を措定していなかったが、スコラリオスからすれば神に区別を無条件的にもちこむことは神の単純性を損なうという恐れを感じていたのである。ただこの「強い—弱い」区別という解釈ははたしてパラマスの言わんとしたことを正確に敷衍しえたかどうかは大いに問題である。これにはもっと詳しい検討が必要であろう。

このことを考慮して、グイシャルダンはスコラリオスを含むビザンティン教会の公式のパラマス主義を「緩和された mitigé」パラマス主義と呼んだのだった。[28] グイシャルダンは実はスコラリオスに対するドゥンス・スコトゥス（一二六五／六—一三〇八年）の影響にも言及し、スコラリオスの思考の複雑さを素描している。そして結論として彼はこう言っている。

「スコラリオスは神の単純性と属性の区別の問題に関しては彼が敬愛するトマスから離れ、その方法と哲学的議論においてはドゥンス・スコトゥスに依拠する。しかし自らの思想の根底では真のパラマス主義者として留まる。その思想の色合いは西欧的でスコラ的であるが、その目的は変わらなかった[29]」。

もちろんここでスコトゥスにまで及んだ議論をする力を筆者はもたない。ただスコラリオスの議論の射程と受けた影響の広さがわかれば今はよしとしたい。

第六節　オスマン・トルコ治世下のビザンティン後の精神状況への一瞥

それではこれまで見てきたスコラリオスの知的営為を通して見えてくるトルコ治世下のビザンティン後の時代はどのような知的状況であったのかを最終的に考察してみたい。

この時期われわれが知る名だたるビザンティンの思想家は、すでに触れたゲミストス・ゲオールギオス・プレトーン、ベッサリオンそしてスコラリオスであろう。(30) プレトーンとベッサリオンはともに温度差があるとはいえ、プラトン哲学の唱道者であり、スコラリオスはすでに見たようにトマス・アクィナス―アリストテレスの信奉者であった。またベッサリオンが東西教会の合同推進派であったのに対し、プレトーンはキリスト教に対して冷淡であったが、合同には反対の立場をとり、スコラリオスははじめ合同推進派に属したが後反対派に転じた。そして三人ともフィレンツェ公会議に参加している。ベッサリオンは公会議後イタリアに留まり、カトリックとなり、のち枢機卿になった。プレトーンはフィレンツェに滞在し、プラトン哲学を移植するに功があったが、ギリシアに戻った。スコラリオスについてはすでに述べた。

ここでわれわれはプラトン主義とアリストテレス主義の相克を見るべきであろうか。そうかもしれないが、われわれとしてはやはりスコラリオスのとった態度に注目したい。スコラリオスがどうして教会合同推進派から反対派に転じたのか、そのことに彼の思想的態度の深層が見えてくるのではないだろうか。

リヴァノス（Livanos, Christopher）によれば、スコラリオスは西方教会の哲学に魅せられ、しかも深くそれを学んだ人であったが、一貫してビザンティン教会に忠実であった[31]。教会合同はビザンティンにとってトルコの脅威を免れる方策としての意味をもっていたが、しかし公会議は失敗であった。それは東西教会の矛盾する教義的論争をもう一度その皺を開いて、あらためて織り直せなくするほどの混乱を招くだけに終わったからである[32]。しかも表面的・一時的に教会合同はしてみたものの、結果は帝国の崩壊で終わり、トルコが支配することになり、キリスト教徒は二流の市民に成り下がった。スコラリオスは最初は合同に賛成したのだったが、それが将来した結果を見たとき、これをローマ教会と狎れあったために神から罰を受けたと解釈したのである[33]。このような考えが彼をして合同反対に転向させる道を取らせたのである。

だとすればスコラリオスは何か奇妙な折衷主義者ではなく、一つの筋が通った人物であったことになろう。しかしその思想傾向においてはどうなのであろうか。スコラリオスにとって「トマスの現実的で、実際的な哲学へのアプローチは、神学のそれと同様[34]」訴えるものが多々あった。「少なくとも彼が三〇歳頃までは純粋にトマスの哲学思想に興味を抱いていた[35]」。しかし晩年（五十代から六十代）にかけて彼はトマスの神学思想に注目するようになるのであり、「これはある意味奇妙な結果になるが、彼のトマスの神学思想への興味はトマスの属する教会、すなわちローマ教会への幻滅と同時に増大しているということになる[36]」。彼がトマスの神学思想に注目したのは、それがイスラームなどのキリスト教外の宗教に対する効果的な防御策・護教論としてみなし、「トマスの体系的な手引きは彼の護教論のための格好の案内書と映った[37]」からである。

ことパラマス理解に関しては、スコラリオスの目にはパラマスの神における本質と働きの区別が、彼が言うところの実在的区別であるならば、それは「強すぎる区別」と映ったのである。従ってパラマスの立場を温存するために留保付きの、すなわち「強弱という区別」を条件として、賛意を表したことになるが、おそらくそれではこうした区別をことさら導入しない、パラマス説がもっていたラディカルなインパクトは削がれることになるだろう。しかしこうした強烈さをもつパラマス説が後世にまで存続していくためには、彼の処置には意味があったと言えるかもしれない。しかしその処置はまた当時でもパラマス説をパラマスに沿って解釈することが極めて難しかったのだということを表している。スコラリオス自身も十全にパラマス説を理解していたかどうかは疑問である。つまりパラマスの考えは一種、並外れた宗教的直観から来ており、それゆえそれを説明するための論拠は、論理の地平において誰もが肯いやすく、また明快に表現できるものではないように思われる。多くの研究者が戸惑った所以である。しかしビザンティン人にとっても、また当のスコラリオスにとっても、パラマス説理解が困難であるからこそ、スコラリオスは一種のスコラ的方法、すなわち理性（悟性）的接近方法を用いて宥め、広く理解の度を深めようとしたのである。

時代はしかし西方にとってもスコラリオスが進めようとしたトマス哲学・神学に基づく議論からは離れつつあった。また旧ビザンティン帝国内では哲学や神学の地平をさらに開拓して新境地を開く意気込みからは遠く隔たっていったし、ということはパラマス説をさらに深く理解しようとする意気込みも湧いてこなくなっていたし、アリストテレス哲学を中心に据える立場は西方では徐々にプラトン哲学への移行が起こっていた。フィレンツェのメディチ家の擁護によってプレトーンやベッサリオンの蒔いた種は大きく育ちつつあり、ある意味プラトンの再発見への道を歩み始めていたのである。

西方と東方の齟齬によるいがみ合いのために、双方が他方に対して何らかの興味と信愛の情を示すには互いに躊躇があった。リヴァノスが言うように、西方と東方の宗教的感情や教義に相違はあったけれど、終末を迎えつつあったビザンティンの知識人は西方神学にすさまじい興味を抱いていたのである(38)。しかしながら東方のある知識人たちが強く西方の学問に興味を抱き始めた頃、西方ではすでに政治の面でも、文化の面でも、東方に関心をもつことが少なくなっていった。逆に西方は次第に自立の道を歩み始め、西方の目からすれば東方は古代からの文化・文献を温存している場としてしか見られなくなっていた。ビザンティンの知識人の西方への影響、特にビザンティンの人々がルネッサンスを準備したという見方は、実はそうではなく、ビザンティン人の存在理由は、ただギリシア語という言葉を西方の人が習得するための媒体としてであった、というのが最近の見解である(39)。そうしたこと一切はじっさい東西世界にとって大変不幸なことであったが、ビザンティン自体がトルコのもとでの制約ある動きしかできない当時の状況では、西方へのアピール度も下がらざるをえなかった。この間の事情はやはりリヴァノスによれば、

「ビザンティン後の思想家たちのほとんどは、ベッサリオン、トレビゾンドのゲオールギオス、キーエフのイシドロスも含めて、西方に離脱した。プレトーンはキリスト教信仰をまったく捨てた。スコラリオスは正教会に忠実に留まったが、知的な成熟に達した後すぐにその才能にふさわしくない政治上の指導者に押し込まれた。もしこれらの学者や思想家のより多くがビザンティン後のギリシア人社会に留まっていたら、ビザンティンの知的伝統は継続し、積極的にオスマン支配下の生活に影響を与えたであろうことはまったく疑いえないが、しかし彼らのほとんどは――イデオロギー的にも、物理的にも――〔ビザンティンを〕立ち去ってしまったのである(40)」。

後世のわれわれには、こうした事例を通し、東西世界が相互に失った重要なものは何かに気づき、そしていか

にすれば今後そのような徹を踏むことなく、これからの共存する多様な世界像の構築への方途を探れるのか、という課題が与えられているのである。今一度われわれはそれをしっかりと自覚する必要があるだろう。

われわれは以上のように、一度はパラマス後のビザンティンにおけるパラマス受容の実情を窺ってみなければならなかった。そうした作業を経て、なおかつ現代世界において、パラマスの思想がわれわれに訴えかけてくるものが何であるのかを見極めていく必要があろう。このような考察の果てに、はじめてパラマス理解の新地平を切り開くことができると考える。

註

（1）以下は次の諸書を参照した。Sébastien Guichardan, *Le problème de la simplicité divine en Orient et en Occident aux XIVe et XVe siècle: Grégoire Palamas, Duns Scot, Georges Scholarios* (Lyon 1933); Christopher Livanos, *Greek tradition and Latin Influence in the Work of George Scholarios "Alone against All of Europe"* (Gorgias Press, 2006); Henrick Lagerlund (Editor), *Encyclopedia of medieval Philosophy, Vol. 1, A-L. Philosophy Between 500 and 1500* (Springer 2011);『キリスト教人名辞典』（日本基督教団出版局、一九八六年）五三頁。その他、ビザンティン哲学・神学に関しては、John Meyendorff, *Byzantine Theology, historical trends & doctrinal themes* (Fordham Univ. Press, NY. 1983 (1974)).（邦訳、J・メイエンドルフ『ビザンティン神学――歴史的傾向と教理的主題』鈴木浩訳（新教出版社、二〇〇九年））; Gerhard Podskalsky, *Theologie und Philosophie in Byzanz, Der Streit um die theologische Methodik in der spätbysantinischen Geistesgeschichite (14./ 15./ Jh.), seine systematischen Grundlagen und seine historische Entwicklung* (München, 1977).;*Byzantine Philosophy and its Ancient Sources*, edited by Katerina Ierodiakonou (Clarendon Press, Oxford, 2002).; Basil Tatakis, *Byzantine Philosophy*, translated, with Introduction, by Nicholas J. Mouttakis (Hackett Publishing Company, Inc. Indianapolis/Cambridge, 2003).; Georgi Kapriev, *Philosophie in Byzanz*, Köningshausen & Neumann (Würzburg, 2005); *Byzantine Theology and its Philosophical Backgroud*, edited by Antonin Rigo in Collaborations with Pavel Emilov & Michele Trizio (Brepols, 2011). などを参照。

（2）*Œeuvres completes de Gennade Scholarios* publié pour la première fois par Mgr Louis Petit, X. A. Sideridès, Martin Jugie, 8 vols. (Paris, 1933).
（3）*Œeuvres completes de Gennade Scholarios* Vol. 3, "*Περὶ τοῦ πῶς διακρίνονται αἱ θεῖαι ἐνέργειαι πρός τε ἀλλήλας καὶ τὴν θείαν οὐσίαν, ἧς εἰσιν ἐνέργειαι, καὶ ἐν ᾗ εἰσιν*", 228-239.
（4）Sébastien Guichardan, Ibid.
（5）*Oeuvres completes* ...228-29.
（6）Ibid., 230-31.
（7）Ibid., 231-32.
（8）Ibid., 233-35.
（9）Ibid., 235-38.
（10）Ibid., 238-39.
（11）Philok, IV (Athen, 1976), 188-93. 邦訳『フィロカリア』第七巻（新世社、二〇〇九年）三八六—九六頁。
（12）Ibid., 190. 邦訳三九〇頁。
（13）Ibid., 191. 邦訳三九一頁。
（14）テクストは、*Capita*150. 邦訳『フィロカリア』第七巻（新世社、二〇〇九年）二七一—三七四頁。
（15）*Capita*. C. 65 (72-73). 邦訳三一五—一六頁。
（16）Ibid., C. 68 (74). 邦訳三一七頁。
（17）Ibid., C. 74 (72-73). 邦訳三二〇—二一頁。
（18）Ibid., C. 74 (75). 邦訳三二一頁。
（19）擬ディオニュシオス『神名論』二・5（PG 3, 641D-644A）参照。
（20）*Capita*. C. 85 (83-84). 邦訳三二九頁。
（21）Ibid., C. 105 (92). 邦訳三四〇頁。
（22）Ibid., 96 (90). 邦訳三三七頁。

（23）Ibid., 97 (91). 邦訳三三八頁。

（24）Ibid., 97 (96-103). 邦訳三三七―三九頁。

（25）Ibid., 135 (111-12). 邦訳三六四頁。

（26）Ibid., 133-4 (110-11). 邦訳三六三頁。

（27）「実在的」という意味で、スコラリオスは πράγμα に関連する語を使用する。ただこの「プラグマ」や「プラグマティコース」は「実在的に」という意味であるかどうか検討しなければならないが、問題が現在の関心事から逸れるので今は省いておく。これについてはアリストテレスの用法等から説き起こした次の書を参照。山田晶『トマス・アクィナスの《レス》研究――中世哲学研究　第四』（創文社、一九八六年）、特にその一・Ⅲ（一七三―二七三頁）を参照。

（28）Sébasien Guichardan, ibid., 169, 176.

（29）Ibid., 212.

（30）彼らより以前のビザンティンの哲学状況については、拙論「ビザンティンの哲学」、中川純男責任編集『哲学の歴史　3「神との対話」』（中央公論新社、二〇〇八年）二四二―六三頁を参照。その他、本章、註（1）も参照。

（31）Christopher Livanos, ibid., 118.

（32）Ibid., 18.

（33）Ibid.

（34）Ibid., 21.

（35）Ibid.

（36）Ibid., 24.

（37）Ibid., 22.

（38）Ibid., 14.

（39）Ibid., 88.

（40）Ibid., 89.

最終的考察

これまで東方キリスト教世界で観想をこととする修道士たちの言説を中心に考察してきた。もちろんここで言う観想がただ一修道士においてのみ成立するものであるならば、それはあくまで個人的な体験の領域で終わるものであり、たとえ己の体験を後続の者たちに伝達するとしても、小さな集合の中での出来事であれば、それは閉じられたものとして終わってしまうであろう。従って霊的師父といわれる者のうち、すべてではないにしても、その観想の体験を小さな集合の外へ広げようとした者もいたし、また修道院という枠を超え出て、市井に暮らす一般信徒にもそれを伝え、日常生活の中で観想の一端を実践し、その果実を味わうよう導いた者もいたのである。しかし観想経験の伝達は仲間の修道士に向けられることが先決であり、それは修道院霊性の維持と発展のためには喫緊のものであった。従って霊的師父はまず己自身が霊的に高められることが必要で、そのための祈り・観想の実際的方法が問題になったのであり、己が霊的に高まるのに比例して、他者である他の修道士との関係が充実したものとなっていくと考えられたのである。彼らにとって霊的生活での実践とは、己の修養と仲間の修道士の指導にあった。従って特に東方キリスト教においては、現代のキリスト教世界で目指される修道院外の世界へ神の福音を宣べ伝えるという面での働きは、たとえばロシアにおけるシベリアやアラスカへの布教という点をのぞいては、希薄であったと言わなければならない。彼らは修道士たちが霊の道に深まることが、世界を聖化することだと考えていたのである。これは現代とは異なった価値観や社会構造のしからしむるところで、彼らのそうした環境に現時点での価値観をただちに当てはめることは、不公平の誹りをまぬがれないだろう。

ところでそのような環境にあったからこそ、修道士たちは「観想」に専心したのである。もちろん観想に深く専心できる者は、修道士の中でもかぎられていたことであろう。観想に専心することが諸般の事情でできない者は、己に与えられた修道院内の仕事に専心することで、その負い目を乗り越えたと想像される。

そこで観想に専心した者たちは、己の神体験という自分にとっても表現するのが困難なことをいったいどのようにして言い表したのであろうかというのが、われわれの問題であった。そのためにいくらかの霊的師父と称されるひとたちの発言を詳しく探索してきたのであった。そこからわれわれは何を汲み取りうるであろうか。今、それを問わなければなるまい。

われわれが第一部で考察した人々はみな修道士であり、神との一致という大目的を遂げるために観想は必須のものであった。彼らは隠修士であれ、共住修道士であれ、みな等しく沈黙のうちに深い祈りの中に沈潜することを実践したのであり、そのかぎり彼らに言葉は不要であった。ただ何度も指摘したように、自らの体験を他者に伝えるためには言葉なくしてそれを行うことは不可能である。この間の消息を物語る霊的文芸を見るかぎりでは、その体験を彼らは何か等しなみと思える言述で伝達したわけだが、それにしてもそこに言語が重要な働きをすることは決して否定できない。その言葉を受け取った弟子たちはすべてその言葉を基準にして、己の霊的状況を推し量るのであり、またその言葉に己の体験を載せて、またその弟子たちに伝えたのである。そこに霊的伝統というものが涵養されてくるのであるが、違った主体である者が体験することは当然その人固有の体験であるから、表面に現れた文言は同じであっても、内包されている状況は必ずしも同一のものではないことがあろう。弟子たちは、先輩の言葉と己の体験の間にもし齟齬があった場合、自らの体験の確実性を揺るがされたかもしれないし、その懊悩のエネルギーが次への段階を踏ませたかもしれない。指導者たる師父はそうした悩みの治療者でもあった。いずれにしてもこうした指導は観想へのあくなき探究があってはじめて成立するものであり、ある場合は講話などにおける言語を介した師と弟子との交流であった。師の祈りの内容は何らかの仕方で表現されなければ、弟子には見てとれないからである。

ただしこのとき使用される言語は修道院という場で通用する言語であって、その外の環境においては必ずしも素直に受け入れられたかどうかは疑問であるが、観想をこととする者たちにはその語の使用法等には習熟していたと見てよいであろう。たとえその言葉が現実世界で日々の用を処理するために使用する言語と似ていたとしても、語の示す内容はこの三次元的世界で用いられる記述的言語の枠をはみ出し、われわれの常識的意識を超出した、いわば神の世界に近いものを表現することを志向したものである。今となっては言い古された表現だが、その内容はわれわれの表層意識を内側にかぎりなく深く潜り込んだ深層意識にかかわることである。その意味でこれは門外漢には心安く到達しえない面をもっている。

第二部で中心的に論じた擬ディオニュシオス、その人については謎に包まれているので、確かなことは言えないが、彼が（あるいはディオニュシオスを騙る何人かは）修道生活をしているか、あるいは少なくともその生活の現場に近いところにいた人だろうと想像した上で、その語るところを考えてみれば、やはり観想によって把握したことを言語化していると考えて間違いはないと思われる。研究者はその思想の新プラトン主義的要素に注目して、ディオニュシオスを新プラトン主義的傾向をもつ思想家の列に加えようとすることが多いが、しかし単純に彼が用いる用語の性格から、また何よりもプロクロスに拠るところが多いという点だけから、単純に彼が新プラトン主義的な思想の持ち主であったとは言えまい。一般に教父たちは自分がどの思想を基盤としてものを言っているかには、ほとんど関心をもっていないように見える。大雑把な言い方をすれば、手元にあって、人々にほどよく知られていた思想・用語を用いただけである。彼らはそれでキリスト教の奥義が説明可能と見ていたのだ。従ってここでも言語は観想の内実を明かすための道具であり、その日常的言語とは趣が違うことを、ディオニュシオスの場合であれば、神にかかわる事態を説明するとき、普通の形容詞や名詞に「超―」という言葉をつけることによって、表層ならざる、深層の現実を描き出そうとしたのである。もちろんこれはディオニュシオスなる人物の好みかと思われる韜晦さを色濃く表出しているのであるが。今、一々引用しないが、幾重にもこの「超本質的な」という「超―」で繋がるような叙述がそのよい例である。もちろん彼が宗教としてのキリスト教がもつやや秘教的な側面にことさら肩入れしている感はまぬがれない（これは何かシリアと関係があるということなのだろうか）。そのためそこで紡ぎ出される言語の重なりが、ことの内容を明らかにする方向に向かうよりは、却ってその内実を覆い隠す方向に向かっているきらいがある。その難渋さはディオニュシオス理解の壁ともなる。しかしそのようないわば負の側面を帯びたものではあるが、一連のディオニュシオス文書はやはりどこまでも日常言語では言いえないことを、日常言語にいくらかの手を加えて、あからさまにしようと努力していることは認めねばなるまい。

第三部で取り扱ったヘシュカスムの雄、パラマスにあっては上述の事態がいっそう顕著な形で現れて来る。それは元来は祈りに専心している修道士の胸のうちにあり、それを同じ霊的環境で生きる他の修道士に祈りの手ほどきを兼ねて話すような内容が、修道生活という現場を離れて、互いに霊性についての思想を微妙に異にする者同士が相手の非を論駁する状況で明るみに出されるからである。つまりここでは互いが使用する言葉は十全に理解されなければ話が成立しないものであるが、常にと言っていいくらい論争の主体である、パラマスとバルラアムの両者は相手が自分の言葉を理解していないと言う。同じ言語を使用しながら、互いを理解しないとはどういうことであろうか。もちろん互いは音声としての言語は了解しながら、その音声が指し示している内容については理解を異にするということが多いというわけである。同じ東方のキリスト教に属すると言っても、パラマスはビザンティンの生え抜きであり、バルラアムには西側のイタリアの精神が浸透していた。互いが育まれた知的・情緒的・霊的環境の違いは大いに影響するはずだ。しかし一番大きい問題は、互いが問題とする事柄が、すでに見て来たように、現実のこの世界を超えた次元のことを表現しようとすることだという了解がありながら、いっこうに噛み合わないということである。神学上の論争である以上、論争する両者は同じ神学的認識の地平を共有しているはずなのに、しかし現実はそうではなさそうだということだ。

それはおそらく霊的経験の質の差によるのだろう。パラマスは晩年司牧者であったが、それ以前は修行者であった。バルラアムの生涯の細かいことはわからないが、当時最高の知的環境にいたことは明らかである。従って霊性も宗教体験も知という観点から見ることに慣れていたであろう。しかしバルラアムが論難したのは、理知的能力と地平を異にする世界のことであった。彼は論を進めるという論理的、構成的手法には長けていたがパラマスは論理性を優先するようなことには頓着しない。しかしパラマスは語ることが拒絶される手前で、その語りえざるものを言葉にしようとしていた。もちろん論争という事態によって生じる気負いはあったろうが、眼目は神的現実への人間の参入の可能性を、驕りをもたずに実現する方向の模索であった。つまり彼の陳述は「観想」という経験を経た上で把握した、神的現実の開陳であったと見るべきであろう。この状況を前にしては、バルラアム流の論理的アプローチは破綻するのである。彼がパラマスを理解するためには、パラマスの観想経験に立ち返らねばならない。その迂回路を経ることなくしては、両者は理解しえないが、しかしもしバルラアムがパラマスのような観想経験をもっていたならば、パラマスと同意見になったかどうか、それはなんとも言えない。つまり人はすべて同じ水準の観想経験をするとはかぎらないし、また経験を陳述する言葉が普遍性をもつことは困難だからである。了解するためには、他者の発言に耳傾け、可能なかぎりそれに沿って思考する以外はないだろうし、そこには反目や論難はあるはずのないものだからである。

しかし人はこうも問うことができよう。ではそもそも観想とは一体何なのか。ここで観想はギリシア語の"θεωρία"の訳語である。ラテン語の"contemplatio"。つまり「観想」は読んで字のごとし、「観る・見る」ことである。では何を見るのか、何を観じるのか。それは修行者が求めている神的現実、言い換えれば事柄の実相。たとえば東方教父の思い入れが深い、「山の上でのキリストの変容」、つまりキリストの姿がこれまでと違って眩く、眼を開けていられないくらいに輝いたという情景は、燦然と輝くキリストがいたというたんなる摩訶不思議な出来事を意味するのではない。それはそこに居合わせた三人の弟子たちの眼が開かれて、これまでは覚知しえなかった神的現実、事柄の実相、世界の根源的姿の中心にあるものが見えたということである。このときこの三人の弟子以外の者が仮にそこにいたとしても、神の計らいを受けなかった他のものにはそれは見えないのである。三人の弟子は見た。見たのだから、身体に備わった眼で見たのである。しかしそれを神の計らいを受けていないものには見えなかったということは、ただの肉体の眼では見られなかったということである。このように揺るぎのない神的現実を目の当たりにすることが観想の極みである。これに類する体験をした者が、必要に迫られてそれを他者に話すときがある。そのとき使用される言葉は二重性をもっている。一面は日常的な現場で使用される記述・叙述言語であり、もう一面は言葉そのものがすでに表現不可能であることを暗に含んだ観想言語である。たとえばパラマスの、神にその働きと本質を区別するという概念があるが、これは言ってみれば、こうした観想の中から生まれて来たものであって、これを記述言語的な観点から解明しようとしても、また論理の整合性を求めようとしても、その核心には迫りえない。ところがバルラアムはこの方向からパラマスの論に迫ろうとしたのである。そのため両者の意見は噛み合わなかったのである。

人間にとって「見る」ことは肉眼であれ、心眼であれ、事柄を一挙につかむ力をもつ。そうして把握された神的現実の幾分かを表現するものとして観想言語はある。言葉が心胆を削って表現しようとしても、必ずそこには表現しきれない部分が残る。だから観想言語にしても始めからある制約をもって存在していたのである。しかしこの制約は幸いなものである。人はすべてを明々白々に知ることはできない。むしろ知の届かない部分にこそ真実はあることを修行者は知悉していたと言うべきであろう。

あとがき

本書は前著『エネルゲイアと光の神学――グレゴリオス・パラマス研究』（創文社、二〇〇〇年）発刊後、さまざまな仕方で発表した論文が基になっている。

このような論文の一覧を眺めていると、「観想」という観点から一書に纏められるのではないかという思いが強く頭をもたげてきた。そこで観想を軸として、諸論文を再構成したものが本書である。

もともと筆者はグレゴリオス・パラマスの研究を志す者である。パラマス研究に際しては修道院霊性やパラマス自身が依拠することの多い、擬ディオニュシオスや証聖者マクシモスなどにも当然目を向けなければならない。つまりパラマスだけを研究していればパラマスが理解できるというわけではなく、霊性の領域やパラマスに先行する教父の研究は、パラマス研究に必然的に伴うものである。従って霊性を云々するのであれば、当然神を観想することが主題であり、東方教父の場合はたとえギリシア哲学的言語を用いて神認識等の神学を教父たちが説いているとしても、彼らは修道生活と無縁の者ではない以上、霊性そして観想を前提としない者はありえなかった。つまり彼らの神学の基礎は観想なのである。それゆえ筆者の考察する領域では、観想を抜きにしては議論そのものが成り立たないのである。

さてそのような意図をもつ本書の内容の概略は、総序に述べた通りであるが、筆者の意図を改めて述べれば、次のようなことである。

まず祈りの方法論や「ファンタシア」の対処の問題、そして霊的師父たちが頻繁に使用する「ヌース」なる言葉の意味や使用例、そしてイコンが発する神的現実を探ることによって、すなわち観想言語を考察することによって、そこにいわば「観想の文法」とでも言えるものが見出せるのではないかという狙いのもとに本書を編んだ。

またディオニュシオスについてはさまざまな問題があるが、頻出する「テアルキア」と言う言葉の意味の探求を出発点とし、神名や否定について考察をしたが、その著作は「観想言語」に則ったものであり、さらにこれまであまり言及されてこなかったビザンティン期における註解の特色を素描した。

パラマスについては、彼のディオニュシオス理解は、実はマクシモス（正確にはスキュトポリス―マクシモス）の註解（スコリア）によって成立した公算が高いことを示し、そこに第二部と同じように、ビザンティン期の古典理解の実情を見た。そしてパラマスの場合に大きな問題となる神のうちの本質と働きの区別の問題については、従来的な方向からではなく、異論も多いと思うが、思い切って教父や純粋神学からではなく、古生物学者であるシャルダンの見解と突き合わせてこの問題の現代的解決をはかろうと努めた、もちろんこの試みが成功したかどうか、それは賢明な読者の方々の眼識を待たねばならない。そして以前から筆者の気がかりであったいわゆる「ヘシュカスム論争」の姿をパラマス側から解明するのではなく、パラマスの論敵バルラアムにも持論を語らせ、両者の見解を突き合わせることによって、この問題に新しい光を投げかけようと努力した。パラマスに比べれば、バルラアムはエピゴーネンかもしれないが、パラマスが必死になって抗弁しようとしたバルラアムはいかなる見解をもっていたのか、そしてこのバルラアムの見解を通して、西方キリスト教思想の赴く先が透けて見えるのではないかと期待したわけである。このことは軽々には語れないところがあるので、これ以上考究することは後日を期したい。そして最終的にこれも筆者の気にかかることであるが、あれほどビザンティン世界を揺るがせたかに見えるパラマスの思想は、その後どのような経路を辿ったのだろうかという問題である。パラマスの思想が「パラマス主義」に頽落してしまうのか、それともパラマスの思想を足台にして、さらに独創的な思想が生まれる可能性はあったのだろうか、ということである。しかしビザンティンはトルコの支配下に組み込まれることにより、活発な精神活動は困難な状況になっていったことは確実である。その上、残念なことに、パラマス以後、東西教会間の感情は劣悪なものになり、ある意味まったく人間的卑小さの見本を呈するかのようになってしまった。加えてトルコ治世下のビザンティンは西方教会と対等に議論する力をもっていなかったように見える。ビザンティンの衣鉢を継いだのはロシアであると言われ、またそう自認されるが、ロシアが西欧と精神的な議論によって対峙できるのは、十九世紀終わりから二十世紀まで待たなければならなかったと考えている（もちろんそれ以前にロシアには独特の宗教思想が脈打っていたのだが）。

以上が本書の目指したところであるが、このようなある種、過去の遺物のようなものを研究する意味は何なのであろうか。われわれが生きているこの現代世界は本当に混沌としている。先は見えず、適切な対処法は不明である。一個人から家庭、職場、地域、国家、国際社会という世界の至る所でさまざまな問題が起きており、メディアにはそれに関する報道に事欠かない。それについて考えあぐねている筆者自身も、もとより適切な解決策を提案する力はない。しかしパラマスを初めとする過去の東方キリスト教世界での問題をこうした研究を通して考えてみると、当時も現在と同じような状況にあるのではないかと思えてくる。かの時代も、そこで起こっている問題に的確に対処する方法はそう簡単には見いだせなかったようだ。パラマスとバルラアムの議論がかみ合わなかったということが的確にそれを物語っている。

どの時代にとっても根本的なことは、己を含めた人間理解にあるように思える。現今、人間理解とはほとんどいつも他者理解が先決だとするが、じつは己を十分に理解しえていないことには気づかれていない。つまり自分自身が自分を扱いかねているのだ。自分自身を心底顧みることなく、自らの不如意のせいを他者に帰せしめているのが現代であり、自分のことを考えるとなればなったで、自分中心のものの見方しかできずに、やがて病的な方向に進み、うつ状態や被害妄想に落ち込んでしまう。

本書で問題とした「観想」はもちろん神を観想することであるが、神は捉ええないものであるゆえ、「神を観想する」と言ってもその神は何なのか。人はえてして神ならざるものを神とする迷妄の中に容易に入り込む。だからそこからの脱却は優れた霊的師父が必要だと言われてきた。しかし神を観想すると言うとき、これまで述べ来ったように、人間が「神の像」であるなら、その観想は己の本源である神の観想であるゆえ、じつは己の根源的姿を観想することになるのだ。掛値のない己の本源の姿を観想しえたなら、東方キリスト教的用語では、その人は神化したと言うのである。その境地に立つことができるなら、われわれは自他を含めて、人間を正当に理解できるのではないか。それが出来ない間は、われわれは多分いびつな生を送り続けるのである。遥か古の修行者たちが、骨身を削って精進した祈り・観想の道が実はわれわれに無縁のものではなく、現代社会に生きる一人一人にも開かれているということを改めて心に刻みつけることが要請されているのではないであろうか。

ともあれまがりなりにも筆者がこの方面の研究を続けてこられたのは、先達たる霊性の人びととの霊的繋がりや、また当然のことながら、師と仰ぐ諸先生をはじめ、同学の先輩、友人、研究仲間の有形無形の援助のお陰である。いちいちお名前を挙げないが、心より感謝したい。

ただ筆者がとった方法は、かつて山田晶先生がわれわれ学生に諭された言葉によっている。先生はテクストに当たることを第一とし、初歩段階で色々の研究書を漁って、わかったような積りになるなと再三言われた。テクストをして語らしめよということである。そしてもう一つ、もしトマス・アクィナスが現代に生きていたら、彼はデカルトについても、カントについても、ヘーゲルその他についても自分で註解しただろうと言われた。自分としてはその方法を自分なりにやってみようと思った。中世哲学の基本を原典に遡って探求する道を示された先生の学恩は計り知れない。

そしてもうお一人に感謝したい。それはローマの「東方教会研究学院」で、筆者のテューターになってくださった、トマーシュ・シュピドリーク先生（後に枢機卿）である。筆者はチェコ人であるシュピドリーク先生より東方霊性の手ほどきを受けた。先生は同じスラヴ人としてロシアの霊性に同感をもってわれわれに教えられた。筆者としてはこれまでビザンティンの霊性に時間を割いてきたが、ロシア的霊性や哲学の世界もあわせて考察したいと考えている。

本書の出版に当たっては、南山大学より「南山大学学術叢書」の一つとして、出版助成金の交付を受けることができた。多忙にもかかわらず煩雑で、大部な原稿を読み、審査に当たられた先生方、その他事務的な仕事に携わられた方々に厚く感謝する次第である。南山大学在職中にこれらの論文を草することが出来たのは、偏に思索と執筆の時間を大学より与えられ、かつまた論文の内容と関連する授業を担当することができたお陰と、今、つくづく身に受けた幸運と配慮に思いを深くしている。

またこの出版の実現に尽力された知泉書館の小山光夫、高野文子両氏にはいつも変わらぬご配慮をいただき、心よりの謝意を表する次第である。特に学術書の刊行に心血を注がれる小山光夫氏の熱意には胸の熱くなる思いを再三することとなり、それが筆者自身の執筆意欲の源泉になったことを併せて記す次第である。

二〇一七年一一月

大森　正樹

初出一覧

本書に収録した諸論文の初出は次の通りであるが、一書に纏めるに際し、統一をとるために用語を揃えたり、書き直したり、後に考えて不適切と思われるところ、およびさらに考察すべきところには訂正を施してある。

総序――書き下ろし

第一部

第一章　アトスの修道者ニケフォロスにおける東方霊性（ヘシュカスム）のかたち（『エイコーン』第三八号　二〇〇八年）

第二章　祈りの方法論――『フィロカリア』における伝新神学者シメオンと二つの不詳の著者による論攷を中心に（『南山神学』第二五号　二〇〇一年）

第三章　観想における φαντασία の問題――クサントプロス修道院のカリストスとイグナティオスの場合（『エイコーン』第三一号　二〇〇五年）

第四章　「ヌース」考（『アカデミア』人文・社会科学編　第九〇号　二〇一〇年）

第五章　観想の文法書としての『フィロカリア』（『パトリスティカ』第一六号　二〇一二年）

第六章　闇――神現の場（『共生学』第九号　二〇一四年）

第二部

第一章　擬ディオニュシオス『神名論』における「テアルキア」について（『南山神学』第三三号　二〇一〇年）

第二章　神名の「記述」と「語り」——擬ディオニュシオス『神名論』の一側面（『南山短期大学紀要』第二六号　一九九八年）

第三章　否定神学は肯定神学の裏返しか？——否定神学の現代的意義（『南山短期大学紀要』第二七号　一九九九年）

第四章　秘義的秘跡と観想——擬ディオニュシオス『教会位階論』（第一章、第二章より）の構造（『中世哲学研究』第二九号　二〇一〇年）

第五章　パキメレースによる擬ディオニュシオス解釈——ビザンティン的テキスト解釈の一例（『南山神学』第三〇号　二〇〇七年）

第三部

第一章　パラマスによる擬ディオニュシオス解釈の一断面——擬ディオニュシオス『スコリア』援用の問題（『中世哲学研究』第二三号　二〇〇四年）

第二章　神の本質の把握不可能性について——東方教父とトマス・アクィナスの解釈（『南山神学』第二八号　二〇〇五年）

第三章　パラマスにおける自然の問題　（『エイコーン』第三五号　二〇〇七年）
第四章　神の場とエネルゲイア――パラマス問題解決の試み　（『南山神学』第三五号　二〇一二年）
第五章　ヘシカズム論争とは何であったのか――バルラアム『第一書簡（一―二九）』を通して　（『エイコーン』第四四号　二〇一三年）
第六章　スコラリオスによるパラマス解釈（緩和されたパラマス主義）序説――オスマン・トルコ治政下のビザンティンの精神状況への一瞥　（『エイコーン』第四五号　二〇一五年）
最終的考察――書き下ろし

文献一覧

テクストとその翻訳

Apophtegmata Patrum (Patrologia Graeca〔以下 PG〕65), 邦訳『砂漠の師父の言葉』、谷隆一郎、岩倉さやか訳（知泉書館、二〇〇四年）。

Aristoteles, Analytica Posteriora, Oxford, 1968, 邦訳『アリストテレス全集』第一巻、加藤信朗訳（岩波書店、一九七一年）。

——De Caelo, Oxford, 1965, 邦訳『アリストテレス全集』第四巻、村治能就訳（岩波書店、一九六八年）。

——De Anima, Oxford, 1956, 邦訳『アリストテレス全集』第六巻、山本光男訳（岩波書店、一九六八年）。

——Metaphysica, Oxford, 1963, 邦訳『アリストテレス全集』第一二巻、出隆訳（岩波書店、一九六八年）。

Basileios, *Epistola* 234, 1 (PG 32).

Saint Basil, *The Letters*, vol. 3, K. Deferrari, London-Cambridge (Mass), 1953.

Basile de Césarèe, *Sur le Saint-Esprit*, Introduction et notes par Benoît Pruche, (Sources Chrétiennes 17bis), 1968, 邦訳「聖バシレイオスの『聖霊論』」、山村敬訳（南窓社、一九九六年）。

Barlaam Calabro, *Epistole Greche, I primordi episodici e dottrinari delle lotte esicaste*, studio introduttivo e testi a cura di Giuseppe Schirò, Palermo, 1954.

Barlaam von Sminara, *Logistiké*, Kritische Edition mit Übersetzung und Kommentar von Pantelis Carelos (Corpus Philosophicorum Medii Aevi, Philosophi Byzantini & Athens, Paris-Ousia, Bruxelles, 1996).

Fyrigos Antonis, *Dalla controversia palamitica alla polemica esicastica* (con un`edizione critica della Epistole greche di Barlaam), Roma, 2005.

Cyrille de Jérusalem, *Catéchèses Mystagogiques*, Introduction, texte critique et notes de Auguste Piédagnel, traduction de Pierre Paris, (Sources Chrétiennes), 73-4, 1966.

S. Dionysii Areopagitae *Opera Omnia* quae existant（PG 3 et 4).

Corpus Dionysiacum I, Pseudo-Dionysius Areopagita, De Divinis Nominibus, herausgegeben von Beate Regina Suchla, (Patristische Texte und Studien, Band 33), Walter de Gruyter, Berlin, New York, 1990.

Corpus Dionysiacum II, Pseudo-Dionysius Areopagita, De Coelesti heirarchia, De Ecclesiastica heirarchia, De Mystica theologia, Epistulae, herausgegeben von Günter Geil und Adolf Martin Ritter (Patristische Texte und Studien, Band 36), Walter de Gruyter, Berlin, New York, 1991.

Dionysius the Areopagite, *The Dvine Names and the Mystical Theology*, translated by C. E. Rolt, SPCK, London, 1977.

Pseudo-Dionysius Areopagite, *The Divine Names and Mystical Theology*, translated from the Greek with an Introductory Study by John D. Jones, Marquette University Press, Milwaukee, 1980.

Pseudo-Dionysius, *The Complete Works*, Translation by Colm Luibheid, Foreword, Notes, and Translation Collaboration by Paul Rorem, Preface by Rene Roques Introductions by Jaroslav Pelikan, Jean Leclercq, and Karlfried Froehlich, Paulist Press, New York.

The Mystical Theology and the Celestial Hierarchies, translated from the Greek with Commentaries by the Editors of The Shrine of Wisdom and Poem by St. John of the Cross, The Shrine of Wisdom, England, 1965.

Dionysius the Pseudo-Areopagite, *The Ecclesiastical Hierarchy,* Translated and Annotated by Thomas L. Campbell, University Press of America, Lanham・New York・London, 1981.

Pseudo-Dionysius Areopagita, *Über die himmlische Hierarchie, Über die kirchkiche Hierarchie*, eingeleitet, übersetzt und mit Anmerkungen versehen von Günter Heil, Anton Hiersemann, Stuttgart, 1986.

Des Heiligen Dionysius Areopagita, *Angebliche Schriften über "Götteliche Namen"*, Angeblicher Brief an den Mönch Demophilus, Aus dem Griechischen übersetzt von Professor Josepf Stiglmayr s.j. (Bibliothek der Kirchenväter, Zweite Reihe Band II) München 1963(1933).

Dionysius Areopagita, *Von den Namen zum Unnennbaren*, Auswahl und Einleitung von Endre von Ivánka, Johannes Verlag Einsiedeln (Sigilum 7), no date.

Dionysios Areopagita, *Mystische Theologie und Andere Scriften*, mit einer Probe aus der Theologie des Proklos, Otto Wilhelm Barth-Verlag GMBH, München-Planegg, 1956.

Oeuvres complètes du Pseudo-Denys L'Aréopagite, traduction, préface, notes et index par Maurice de Gandillac, nouvelle édition avec appendice, Aubier, 1980 (1943).

Pseudo-Denys L'Aréopagite, *Les Noms Divins* (Chapitres I-IV), Texte grec B. R. Suchla (*PTS* 33), Introduction, traduction et notes, Ysabel de Andia, Les Éditions du Cerf (Sources Chrétiennes No. 578), 2016.

Dionigi Areopagita, *Tutte le Operre, Gerarchia Celeste – Gerarchia Ecclesiastica – Nomi Divini – Teologia Mistica – Lettere*, Traduzione di Piero Scazzoso, Introduzione, prefazioni, parafrasi, note e indici di Enzo Bellini (I Classici del Pensiero, Vittorio Mathieu, direttore, Sezione I, Filosofia Classica e Tardo Antica, Givanni Reale, direttore), Rusconi, 1983.

ポントスのエヴァグリオス『実践の書』（Liber practicus）（PG 40）

Gregorii Akindyni Refutationes Duae, Operis Gregorii Palamae CVI Titulus Dialogus inter orthodoxum et Barlaamitam, nunc primum editae curante Juan Nadal Cañellas (Corpus Christianorum series Graeca 31), Brepols, 1995.

Gregorius Nazianzenus, *Orationes* (PG 35).

Gregorii Nysseni *In Canticum canticorum* (PG 44).

—— *La vie de Moïse*, introduction, texte critique et traduction de Jean Daniélou, s. J., No. 1ter, Paris, 1968. 邦訳『モーセの生涯』谷隆一郎訳『キリスト教神秘主義著作集1　ギリシア教父の神秘主義』（教文館、一九九二年）。

—— In Canticum Canticorum, Oratio, ed. H. Langerbeck, Leiden, 1960. 邦訳、ニュッサのグレゴリオス『雅歌講話』大森・宮本・谷・篠崎・秋山訳（新世社、一九九一年）。

—— *In Ecclesiasten Homilia* (PG 44).

——Adversus Eunomium (PG 45).

Γεωργίου τοῦ Παχυμέρους *Ὑπόμνημα εἰς τὸν Παρμενίδην Πλάτωνος* [*Ἀνωνύμου Συνέχεια τοῦ Ὑπομνήματος Πρόκλου*] George Pachymeres, *Commentary on Plato's Parmenides* [*Anonymous Sequel to Proclus' Commentary*], edited and translated by Thomas A. Garda, Sion M. Honea, Patricia M. Stinger and Gretchen Umholz, introduction by Leendert G.

Westernik, Athen, Paris, Bruxelles, 1989.

Τοῦ ἐν ἁγίοις πατρὸς ἡμῶν Γρηγορίου Ἀρχιεπισκόπου Θεσσαλονίκης, τοῦ Παλαμᾶ. *Ὁμιλίαι ΚΒ'* (ed. Oikonomos), Athen, 1861.

—— *Défense des saints hésychastes* (*Triades*) I-II, Introduction, texte critique, traduction et notes par Jean Meyendorff, Louvain, 1959, 2nd ed. 1973.

——Γρηγορίου Παλαμᾶ. *Συγγράμματα* t. 1, 1988, t.2,1966, t. 5, 1992, Thessaloniki.

——*The One Hundred and Fifty Chapters*, A Critical Edition, Translation and Study by Robert E. Sinkewicz, C. S. B., Pontifical Institute of Medieval Studies, Toronto, 1988.

—— *Traités apodictiques sur la procession du Saint-Esprit*, Introduction par Jean Claude Larchet, Traduction et notes par Emmanuel Ponsoye, les Éditions de l`Ancre, Paris, 1995.

Heidegger, Martin. *Gesamtausgabe II. Abteilung. Vorlesungen 1923-1944*. Band 40, *Einführung in die Metaphysik*, Vittorio Klostermann, 1983, 邦訳『ハイデッガー全集』第四〇巻、岩田靖夫訳（創文社、二〇〇〇年）。

Ioannes Chrysostomus, *Homilia* (PG 59).

—— *De fide orthodoxa*, (PG 94).

Kotter, P. Bonifatius, *Die Schriften des Johannes von Damaskos*, I,II, Walter De Gruyter, Berlin, New York, 1973.

Sanctus Maximus, *Disputatio cum Pyrrho* (PG 91).

-----*(Sancti Maximi) scholia in lib. De divinis nominalibus* (PG 4).

-----*(Sancti Maximi) scholia in librum De mystica Theologia* (PG 4).

Mistici bizantini, a cura di Antonio Rigo, Prefazione di Enzo Bianchi, Giulio Einaudi editore, 2008.

Récits d'un pèlerin russe, traduits et présentés par Jean Laroy, Éditions de la Baconnière, Éd. Du Seuil, 1978.

Anthony-Emil N. Tachiaos, *The Revival of Byzantine Mysticism among Slavs and Romanians in the XVIIIth Century, Texts Relating to the Life and Activity of Paisy Velichkovsky (1722-1794)*, Thessaloniki 1986.

The Life of Paisij Velyčkovs'kyi, Translated by M. E. Featherstone with an Introduction by Anthony-Emil N. Tachiaos, Distributed

by the Harvard University Press for the Ukrainian Research Institute of Harvard University, 1989.
ΦΙΛΟΚΑΡΛΙΑ ΤΩΝ ΙΕΡΩΝ ΝΗΠΤΙΚΩΝ συνερανισθεῖσα παρὰ τῶν ἁγίων καὶ θεφόρων πατέρων, 5 vols., Athen, 1976-84. 邦訳『フィロカリア』全九巻（新世社、二〇〇六―一三年）。
The Philokalia, The complete text by St. Nikodimos of the Holy mountain and St. Makarios of Corinth, translated by G. E. H. Palmer, Philip Sherrard, Kallistos Ware, Faber and Faber, vol. 4, 1995.
Writings from the Philokalia on prayer of the Heart, translated from the Russian Text, "Dobrotolubiye" by E. Kadloubovsky and G. H. Palmer, with a new Foreword and the original Introduction and Biographycal Notes, Faber and Faber, 1975.
Philocalie des Pères neptiques, composée à partir des Écrits de saints Pères qui portaient Dieu, et dans laquelle, par une sagesse de vie, faite d`ascèse et de comtemplation, l`intelligence est purifiée, illumine, et attaint la perfection, tome second, notes, traduction et postaface de Jaques Touraille (Desclée de Brouwer), 1995.
Petite Philocalie de la prière du cœur, traduite et présentée par Jean Gouillard, Éditions du Seuil, 1979.
Philon, *De posteritate Caini* , *De Gigantibus*, The Loeb Classical Library, 227, London, Cambridge, Massachusetts, 1968.
―― *De mutatione nominum* , The Loeb Classical Library, 275, London, Cambridge, Massachusetts, 1968.
―― *De vita Mosis* , The Loeb Classical Library, 289, London, Cambridge, Massachusetts, 1966.
Platonis Opera (J. Burnet), 5vols., Oxford, 1967. 邦訳『プラトン全集』全一五巻＋別巻一（岩波書店、一九七四―七八年）。
Plotini Opera, ediderunt Paul Henry et Hans-Rudolf Schwyzer, 3 vols., Oxford, 1977, 1991-92. 邦訳『プロティノス全集』全四巻＋別巻一、田之頭安彦編（中央公論社、一九八六―八七年）。
Œuvres completes Schlarios publié pour la première fois par Mgr Louis Petit, X. A. Sideridès, Martin Jugie, 8 vols., Paris, 1933.
『ソクラテス以前哲学者断片集』第Ⅱ分冊（岩波書店、二〇〇八年）。
Pierre Teilhard de Chardin, *Le Milieu Divin, Essai de vie intérieure*, Éditions du Seuil, Paris, (1957) 1967 邦訳『神のくに・宇宙讃歌』（テイヤール・ド・シャルダン著作集　五）宇佐美英治・山崎庸一郎訳（みすず書房、一九六八年）、『宇宙のなかの神の場』三雲夏生訳（春秋社、一九六八年）。
―― *Le Cœur de la Matière*, 1950. 邦訳『物質の核心――わが心の遍歴』美田稔訳、日本テーヤール・ド・シャルダン研究会（オリエンス宗教研究所、一九九九年）。
Santa Teresa de Jesusu, *Obras Completas*, Biblioteca de Autores cristianos, Madrid, 1986 (Mordas del Castillo Interior). 邦訳『霊魂の城』鈴木宣明監修、高橋テレサ訳（聖母の騎士社、二〇〇五年）。
S. Thomas Aquinas, *In librum beati dionysi de divinibus nominibus exposition*, Marietti, 1950.
—— *Summa Theologiae*,Biblioteca de Autores Christianos, 1961. 邦訳、創文社版。

—— *Contra Gentiles,*I-II, Biblioteca de Autores Christianos, 1967-68.

『キリスト教神秘主義著作集1　ギリシア教父の神秘主義』谷隆一郎・熊田陽一郎訳（教文館、一九九二年）。

『中世思想原典集成』第一―三巻（平凡社、一九九二、一九九四、一九九五年）。

『聖書――新共同訳』（日本聖書協会、一九八七年）。

『出エジプト記』（フランシスコ会聖書研究所、一九六四年）。

『七十人訳ギリシア語聖書』Ⅰ―Ⅴ　秦剛平訳（河出書房新社、二〇〇二―二〇〇三年）。

辞典類

Dictionnaire de spiritualité, vol. 11, 1969.
Lexicon für Theologie und Kirche, Herder, 1963.
Enchiridion symbolorum definitionum et declarationem de rebus fidei et morum, ed. Henricus Denzinger, Adolfus Schönmetzer s.j. Edition 36, 1976.
Evangelinus Apostolides Sophocles, *Greek Lexicon of the Roman and Byzantine Periods*, Georg Olms Verlag, Hildesheim・Zürich・New York, 1983.
The Oxford Dictionary of Byzantium, ed. by Alexander P. Kazhdan, Oxford University Press, 3vols.1991.
A Greek-English Lexicon, compiled by H. G. Liddell and R. Scott, Oxford, 1996.
A Greek- English Lexicon of the New Testament and other Early Chrisitian Literature, 3rd, ed., revised and edited by Frederick William Danker, based on Walter Bauer`s, Griechisch-Deutsches Wörterbuch…, The University of Chicago Press, 2000.

A Patristic Greek Lexicon, edited by G. W. H. Lampe, Oxford, 2000.
T. Muraoka, *A Greek-English Lexicon of the Septuaginta*, Peeters, 2009.
Henrick Lagerlund (Editor), *Encyclopedia of Medieval Philosophy*, Vol. 1, A-L. Philosophy Between 530 and 1500, Springer 2011.

田中秀央編『羅和辞典』（研究社、一九八一年）。

『キリスト教人名辞典』（日本基督教団出版局、一九八六年）。

『旧約新約聖書大事典』（教文館、一九八九年）。

古川清風『ギリシャ語辞典』（大学書林、一九九六年）。

『岩波　哲学・思想事典』（岩波書店、一九九八年）。

國原吉之助『古典ラテン語辞典』（大学書林、二〇〇五年）。

研究書、論文

Ammann, A. M., *Die Gottesschau im palamitischen Hesychasmus, Ein Handbuch der spätbyzantinischen Mystik* (Das östliche Christentum, Neue Folge, Heft 3/4, Zweite Auflage), Würzburg, 1948.
Anawati, G.-C., Gardet, Louis, *Mystique musulmane, aspects et tendances-expérences et techniques*, Paris, 1968, 187-213.
Andia, Ysabel de, *HENOSIS, L'union à Dieu chez Denys L'Aréopagite*, Brill, 1996.
Alfeyev, Hilarion, *St. Symeon the New Theologian and Orthodox Tradition*, Oxford, 2000.
Balthasar, Hans Urs von, *Das Scholienwerk des Johannes von Scythopolis*, Scholastik 15, 1940.
Beck, Hans Georg, *Kirche und theologische Literatur im byzantinische Reich*, München, 1977.
Bianchi, Luca, *Monasteri, icona del mondo celeste, La teologia spirituale di Gregorio Palamas*, Edizione Dehoniae Bologna, 2010.
Corbin, Henry, *L'imagination créatrice dans le soufisme d'Ibn 'Arabi*, Aubier, 1993
Dalmais, Irénée-Henri, *Les liturgies d'orient*, CERF, 1980. 邦訳『秘義と象徴——東方典礼への招き』市瀬英昭訳（新世社、

二〇〇二年)。
Derrida, Jacques, *Sauf le nom*, Galilée, 1993. 邦訳『名を救う』小林康夫、西山雄二郎訳(未来社、二〇〇五年)。
Giannelli, A.,"Un progetto di Barlaam Calabro per l'unione delle Chiese", *Miscellanea G. Mercati*, iii (Studi e Testi 123; Città del Vaticano), 1946.
Guichardan, Sebastien, *Le problème de la simplicité divine en Orient et en Occident aux XIVe siècle : Grégoire Palamas, Duns Scot, Georges Scholarios*, Lyon 1933.
Habra, G., *La transfiguration selon les Pères Grecs*, 1973.
Irénée Hausherr, *La méthode d'oraison hésychaste*, Rome, 1927.
—— Noms du Christ et voies d'oraison, *OCA* 157, Roma, 1960.
HIsamatsu, Eiji, *Gregorios Sinaites als Lehrer des Gebetes*, Münster, 1994.
Ivánka, Endre von, "Byzantinische Yogis?", *Zeitschrift der deutschen Morgenländischen Gesellshaft* 102. 1952, 234-39.(現在は、Id. Plato Christianus, Übernahme und Umgangstaltung des Platonismus durch die Väter, Einsiedeln, 1964, 418-25. に収められている)。
Kappiev, G., « Die antiapophatische Deutung des Dionysius bei Grogorios Palamas« , in *Die Dionysius-Rezeption im Mittelalter*, Brepols, 2000.
Koch, Hugo, *Pseudo-Dionysius Areopagita in seinen Beziehungen zum Neuplatonismus und Mysterienwesen*, Mainz, 1900.
Libera, Alain de, *La philosophie médieval*, Presses Universitaires de France, 1993. 邦訳『中世哲学史』阿部一智訳(新評論、一九九九年)。
Livanos, Christopher, *Greek tradition and Latin influence in the Work of Gerge Scholarios "Alone against All of Europe"*, Gorgias Press, 2006.
Lossky, Vladimir, *À l'image et à la ressemblance de Dieu*, Les Éditions du Cerf, Paris, (1967), 2006.
Meyendorff, Jean, Un mauvais théologien de l'unité au XIV siècle : Barlaam le Calabrais, in « *1054-1954. L'Église et les Églises II* », Chevetogne, 1955.

—— *St. Grégoire Palamas et mystique orthodoxe*, Éditions du Seuil, 1958. 邦訳『聖グレゴリオス・パラマス』岳野慶作訳（中央出版社、一九八六年）。

—— *Introduction à l'étude de Grégoire Palamas*, Paris, 1959.

——*Byzantine Theology, Historical Trends and Doctrinal Themes*, New York,1976. 邦訳『ビザンティン神学——歴史的傾向と教理的主題』鈴木浩訳（新教出版社、二〇〇九年）。

Puech, H.-Ch., La ténèbre mystique chez le Pseudo-Denys l'Aréopagite et dans la tradition patristique, in « *Études carmélitaines* » , t, 23, octobre 1938.

Ritter, Adolph, "Gregor Palamas als Leser des Dionysius Ps.-Areopagita", in *Deny l'Aréopagite et sa postériorité en orient et en occident, Actes du Colloque International, Paris, 21-24 septembre 1994*, Paris 1997.

Rossi, Lanfranco, *I filosofi greci padre dell'esicasmo. La sintesi de Nikodemo Aghiorita*, Edizione Il leone verde, Torino, 2000.

Rorem, Paul and Lamoreaux, John C., *John of Scythopolis and the Dionysian Corpus, Annotating the Areopagite*, Oxford, 1988.

Rorem, Paul, *Pseudo-Dionysius, A Commentary on the Texts and an Introduction to Their Influence*, New York, Oxford University Press, 1993.

Roques, René, *L'univers dionysien, structure hiérarchique du monde selon le pseudo-Denys*, Aubier, 1954.

Russell, Norman, *The Doctrine of Deification in the Greek Patristic Tradition*, Oxford, 2000.

Rigo, Antonio, "Il Corpus Pseudo-Dionisiano negli scritti di Gregorio Palamas (e di Barlaam) del 1336-1341", in *Deny l'Aréopagite et sa postériorité en orient et en occident, Actes du Colloque International, Paris, 21-24 septembre 1994*, Paris 1997.

Sendler, Egon, *Les icons byzantines de la Mère de Dieu*, Desclée de Brouwer, 1992.

Roberta Simini, Roberta, *Il Chassidismo Polacco e L'Esicasmo Slava, genesi, sviluppo, affinità e differenze nella commune reazione alle Modernità*. Edizioni Giuseppe Laterza, Bari, 2002.

Sinkewicz, Robert E. C. S. B., "A New interpretation for the first episode in the controversy between Barlaam Calabrian and Gregory Palamas", in *The Journal of Theological Studies*, No.31, 1980.

——“Christian Theology and the Renewal of Philosophical and Scientific Studies in the Early Fourteenth Century: The CAPITA 150 of Gregory Palamas”, *Mediaeval Studies* 48 (1986).
Tomaš Špidlík, *La spiritualité de l'orient chrétien II, La Prière*, OCA 230, Roma, 1988.
Spiteris, Yannis, *Palamas: la grazia e l'esperienza, Gregorio Palamas nella discussione teologica*, Introduzione di Massimo Cacciari, Lipa Edizioni, Roma, 1998 (1996).
Beata Regina Suchla, Die sogenannten Maximus-Scholien des Corpus Dionysiacum Areopagiticum, *NAWG*, 1980.
——Die Überlieferung von Prolog und Scholien des Johannes von Skythopolis zum griechischen Corpus Dionysiacum Areopagiticum, *SP* 18/2, 1989.
Basil Tatakis, *Byzantine Philosophy*, translated, with Introduction, by Nicholas J. Moutafakis, Hackett Publishing Company, Inc. Indianapolis` Cambridge, 2003.
荒川紘『東と西の宇宙観——西洋編』（紀伊国屋書店、二〇〇五年）。
W・アンダーソン『新しい創造の神学——創造信仰の再発見』高柳富夫訳（教文館、二〇〇一年）。
市川浩『〈身〉の構造　身体論を超えて』（青土社、一九八五年）。
井筒俊彦『イスラーム思想史』（岩波書店、一九七五年）。
——『超越のことば』（岩波書店、一九九一年）。
愛宮ラサール「十字架のヨハネと禅」、門脇佳吉『禅とキリスト教——瞑想＝自由への道』（創元社、一九七五年）。
大出哲訳「偽ディオニュシウス・アレオパギタの『神秘神学』」『カトリック神学』第七号（一九六五年）。
大森正樹『エネルゲイアと光の神学——グレゴリオス・パラマス研究』（創文社、二〇〇〇年）。
——「東方教父における神現と神名解釈の問題」『中世思想研究』第四三号（二〇〇一年）。
——「新神学者シメオンと神秘体験——『教理講話』を読む」『エイコーン』第二八号（二〇〇三年）。
——「ビザンティンの哲学」、中川純男責任編集『哲学の歴史　３「神との対話」』（中央公論新社、二〇〇八年）。
落合仁司『地中海の無限者——東西キリスト教の神—人間論』（勁草書房、一九九五年）。
G・ガーチェヴァ編著『ロシアの宇宙精神』西中浩訳（せりか書房、一九九七年）。

熊田陽一郎「ディオニュシオス・アレオパギテスの神学」『続・神秘の前に立つ人間――キリスト教東方の霊性を拓く』（新世社、二〇一〇年）。

坂口ふみ『〈個〉の誕生――キリスト教教理をつくった人びと』（岩波書店、一九九六年）。

スヴェトラーナ・セミョーノヴァ『フョードロフ伝』安岡治子・亀山郁夫訳（水声社、一九九八年）。

谷隆一郎『アウグスティヌスと東方教父――キリスト教思想の源流に学ぶ』（九州大学出版会、二〇一一年）。

ブレヴァード・S・チャイルズ『出エジプト記　上　批判的神学的注解』近藤十郎訳（日本基督教団出版局、一九九四年）。

筒井賢治『グノーシス――古代キリスト教の〈異端思想〉』（講談社、二〇〇四年）。

東方教会無名の修道者『イエスのみ名の祈り――その歴史と実践』古谷功訳（あかし書房、一九八三年）。

永見勇「スピリチュアリティとキリスト教――身体性と三位一体論の関連を通して」、湯浅泰男・監修『スピリチュアリティの現在――宗教・倫理・真理の観点』（人文書院、二〇〇三年）。

名須川学「デカルトにおける“mens”概念について」『新プラトン主義研究』第八号（二〇〇八年）。

R・A・ニコルソン『イスラム神秘主義――スーフィズム入門』中村廣次郎訳（平凡社、一九九六年）。

久松英二「ビザンツのヨーガ行者――『ヨーガ・スートラ』と「イエスの祈り」」『南山神学』第二四号（二〇〇〇年）。

ルイ・ブイエ『キリスト教神秘思想史　1　教父と東方の霊性』大森正樹・長門路信行・中村弓子・宮本久雄・渡辺秀訳（平凡社、一九九六年）。

藤原直達『大乗起信論とアヴィラの聖テレサ　心の深海の景色』（教友社、二〇〇九年）。

T・E・フレットハイム『現代聖書注解　出エジプト記』小友聡訳（日本基督教団出版局、一九九五年）。

セルゲーイ・ボルシャコーフ『ロシアの神秘家たち』古谷功訳（あかし書房、一九八五年）。

宮本久雄「擬ディオニュシオスの言語表現――「神秘」をめぐって」『宗教言語の可能性』（勁草書房、一九九二年）。

八木雄二『中世哲学への招待――「ヨーロッパ的思考」のはじまりを知るために』（平凡社、二〇〇〇年）。

J・A・ユングマン『古代キリスト教典礼史』石井祥裕訳（平凡社、一九九七年）。

G・E・R・ロイド『後期ギリシア科学――アリストテレス以後』山野耕治・山口義久・金山弥平訳（法政大学出版局、二〇〇〇年）。

人名・書名索引

事項索引

カ　行

サ　行

タ　行

ナ　行

ハ　行

マ　行

ヤ　行

ラ・ワ　行

大森 正樹（おおもり・まさき）

1945年，兵庫県生まれ。1970年，京都大学医学部卒業。1979年，京都大学大学院文学研究科博士課程単位取得満期退学。南山短期大学教授を経て，現在，南山大学名誉教授。博士（文学）。
〔著訳書〕『東方憧憬』（新世社，2000年），『エネルゲイアと光の神学―グレゴリオス・パラマス研究』（創文社，2000年），ニュッサのグレゴリオス（共訳，新世社，1991年），マリア・ジョヴァンナ・ムジ『美と信仰―イコンによる観想』（新世社，1994年），『中世思想原典集成』3（後期ギリシア教父・ビザンティン思想）（監修〔上智大学中世思想研究所とともに〕，平凡社，1994年）トマス・アクィナス『神學大全』第17分冊（共訳，創文社，1997年），『フィロカリア』第7巻（新世社，2009年）『フィロカリア』第8巻（共訳，新世社，2012年），『フィロカリア』第9巻（共訳，新世社，2013年）など。

〔観想の文法と言語〕　　ISBN978-4-86285-265-6

2017年12月15日　第1刷印刷
2017年12月20日　第1刷発行

著者　大　森　正　樹
発行者　小　山　光　夫
製版　ジ　ャ　ッ　ト

発行所　〒113-0033 東京都文京区本郷1-13-2
電話03(3814)6161 振替00120-6-117170
http://www.chisen.co.jp
株式会社　知泉書館

Printed in Japan　　印刷・製本／藤原印刷